月都花落 沧海花开

君子以泽

作品

湖南文艺出版社
HUNAN LITERATURE AND ART PUBLISHING HOUSE

博集天卷
CS-BOOKY

目 录
CONTENTS

花开 | 沧海 | 花落 | 月都

胤泽篇

曾经沧海

341·

推荐序

PREFACE

珍惜你的才华

君子以泽小友：你好，

我很有兴趣地阅读了你的两部新书。

你写得很努力又很勤奋，这是从你的字里行间读得出来的。

去年华侨出版社刚出了你上、下两大本足有64万字的《夏梦狂诗曲》，今年的日历刚刚翻开，你又要出版一本大部头的《月都花落沧海花开》。如果说去年的书写的是当代华裔青年在异域的追求和爱情生活，那么今年这一本写的则是充满想象力的小说。无论题材、故事、人物和作品展示的世界，都很不同。

正像发模兄给我介绍的，你是一个年轻的浪漫幻想小说家，文笔优雅精致，文风华丽大气，读来津之有味。再加上你的小说情节跌宕有致，受到男女读者的喜欢，在年轻人中有这么多的粉丝是很正常的事情。2013年网络读者投票把你评为"最底读者的———"也不叫人意外。

但是我要给你说的是，不要仅之满足于这一切表面的浮华。飞像青春需要珍惜一样，创作的才华更需要珍惜。李白、杜甫、白居易、苏东坡etc他们的千古绝句流芳百世，文天祥以"人生自古谁无死，留取丹心照汗青"，顾炎武以"天下兴亡，匹夫有责"，吴伟业以"冲冠一怒为红颜"闻名于世，中国的历代文人有"语不惊人誓不休"的传统。你有牛师的精力，充满了想象力，世界和社会的画卷正在你的眼前慢之渐次展开，起步就踏上一个不低的平台，更

需要珍惜你乙的才情和创作上的才华，把心
中最欲表达的、选用最好的方式，在另类的层
面呈现。

　　祝你在追求中不断世号！

　　　　　　　　　　叶辛

　　　　　　　　2015、2、5、

自

PREFACE

序

花　沧　花　月
开　海　落　都

《月都花落，沧海花开》这本书的灵感，最初来自于深夜的一滴水。

可能你听了会觉得匪夷所思：看见一滴水，也可以写成一本书吗？说来有些奇怪，我所有幻想小说的构思，都是从一个很普通的事物开始的。记得有一天晚上，我坐在房间里看书喝水，正巧读到《初月赋》里的那一句："无筐笥之团扇，有虚空之半轮。"这时，一滴水滴在桌上，我打开窗子，又刚好看见窗外有一轮明月，和书中描写的一模一样。当时我就跟一个酸秀才一样，感慨了一番：今人不见古时月，今月曾经照古人。只是月常不老，人愁老。相比遥远的月亮，这滴水和人一样，都是如此渺小。但若此时不是一滴水，而是一片海，恐怕就不会再畏惧月亮的遥远与伟大了。月与海、日与天、江河山川，这些才是永恒的东西。只是这些东西往往都没有感情，就如明月与沧海，它们两两相望，却永无交集。大海广袤无边，然而不论在哪里，它都得仰望月色。月光照着海，洒下银辉，却永远也无法探索海的深邃。如此一来，这似乎是一件有些伤感的事，它们就像两个相望而不相交的人一样……

想到这里，一个故事在我脑中嗖嗖地成形：月亮，月都。大水，沧海。小水，洛水。大海，司海的神灵。水滴，眼泪。相望不相交，跨越千年的思念。不到五分钟，《月都花落，沧海花开》的最初构思就成形了。

当然，从初步构思到写完一个故事，中间需要很长时间：积累、构架、书写、修改。在写《月都花落，沧海花开》的过程中，我最大的感触就是：中国有这么长的历史、这么多的文献，真是太好了。能够顺利完成这本书的写作，也让我觉得自己作为一个中国人是非常幸运的，因为我能够比较轻松地读懂《山海经》《神仙传》《史记》等古代文献。

记得以前我读曹丕的诗集的时候，偶然发现那本书的出版社还出了上百本经史子集，在书目里，我看见了李贺、杜牧、柳永、王安石、唐伯虎等人的名字，还有一些上高中时就很爱读的经典文献，诸如《诗经》《尚书》《左传》等。当时，我真是激动坏了，跟朋友说："这里的书我全部都要买下来。"朋友说："你啊，没生在古代真是可惜。"我想了想说："不行，古代没有网络，没有抽水马桶，重点是回去以后古籍就没现在这么多了。"对方立刻被我打败，扶额说："你当我没说过。"

我一直以来都很喜欢读古书，这在很大程度上是受我父亲的影响。从记事起，我家的书柜里就有完整的《资治通鉴》和《史记》。父亲只要一闲下来，就会去翻这些书。他还喜欢跟我讲很多历史故事。他最喜欢的历史人物是曹操和康熙，这也影响了我。所以，古风小说一直是我的心头爱。从2011年写完《奈何》到现在，也有三年多的时间了，我还没有再写成一本完整的古风作品。这一本《月都花落，沧海花开》刚好与《奈何》息息相关，属于同一个系列——"碧落华缘"的故事，不过剧情更长一些，时间跨度也更大一些。这份稿子最初有三十万字，中间被我删删改改，改成了二十多万。在这方面，我经常被朋友说成"可怕的处女座"，对自己的文章下手都这么狠。

最开始，这本小说的名字是《溯昭辞》。"溯昭"指的是女主角洛薇的家乡，是上古之神创建的洛水之都，所以结局里才会有一句"人面桃花辞溯昭"。但与编辑商量后，觉得另一个选择《月都花落，沧海花开》会更好，因为"月都"指的是我们可爱的青发雪肤小王姬，"沧海"指的是青袍黑发的胤泽神尊，刚好洛薇篇和胤泽篇分别代表逗号前后的四个字，这个名字似乎也更加贴切一点儿。不过，没有看完前文的读者，不可以偷偷跳到胤泽篇看剧透哦。因为我知道，看完胤泽篇你肯定还会回来翻看前文的。（笑）

最后，谢谢你选择了这本书。与《奈何》的阴间鬼界不同，这本书的故事主要发生在灵界、九州与仙界，希望它能带给你不同的阅读感受。同时，还要感谢中华民族悠久的历史文化，为我们提供了这么多灵感与素材，让我们这群热爱文字的人，享受到了取之不尽、用之不竭的快乐。

君子以泽

洛薇篇

溯昭辞

三百一十三年后，我又在梦中回到孩童时代，

回到这个大海凝冰的夜晚。

这也是我与那个人初逢的夜晚。

楔
子

Chock

月
华
初
逢

三百一十三年后，我又在梦中回到孩童时代，回到这个大海凝冰的夜晚。

这也是我与那个人初逢的夜晚。

一年一度的采珠日，为与哥哥拼个你死我活，我一头扎进海水之中。不料时运不济，正逢海啸卷过。方圆几十里的海域内出现了巨大的旋涡，分开的海水中央，探出一张怪兽的血盆大口，大小堪比下方的旋涡。我不由得惊叫一声，想要躲开，那怪兽却猛地往上一冲，伸出利爪，将我擒住。它身长四丈，青黑交错，金瞳如火，赤带如织锦，不用猜也知道这是一条传说中的蟠龙。①

蟠龙身带剧毒，伤人即死。

想到此处，我便不敢轻举妄动，但仍止不住呜咽，惊恐之泪扑簌簌流下。不管是否认得出来，所有的溯昭氏都被它的形貌吓着，惊呼起来，落荒而逃。哥哥骑着鹢鸟，掉头飞来，欲与之对抗，却被蟠龙一爪击退到百步之外。蟠龙牢牢地捏住我，长啸一声，卷起惊涛骇浪，它大肆抖动着身体，朝海东面狂奔而去。不过眨眼之间，同族们已变成无数个小黑点，再过少顷，便彻底消失在昏云暗雾之中。汪洋溥博如天，海风摧山搅海，对这蟠龙而言，却是如履平地。随着夕阳渐沉，黑暗袭来，我终于耐不住惧怕之情，号啕大哭起来。可不管我怎么哭闹，都影响不了它可怖的速度……

几百丈？还是几千丈？我不知它究竟跑了多远，只知道有刀般的风雨割在脸上；周围一旦出现海岛之影，都会被迅速抛在脑后。

直到冰裂声轰然惊响，我才看到海水澹澹，惊风战栗，浩荡波涛冲涌升空三千丈，恍然凝结为一道冰门，在月光下化作刀刃，挡住了蟠龙的去路，令万物静止。

蟠龙紧捏了我一下，令我险些吐出来。然后，它原地深长吐纳气息，放慢了脚步，转身飞向海岸，飞向一座孤高的陡壁。听见咔嚓之声，我低头往下一看，发现连海水都结成了冰块。那正是蟠龙的利爪碰裂冰块的声音。

已入夜。明月高挂夜空，小如银白圆盘。我从未见过这么远的月亮，因此海上的一切，连同那深蓝的坚冰，都显得缥缈虚幻，如坠梦中。万千星辉洒在冰面上，将微小冰粒衬得银光闪闪，使我不由得眯上了眼。蟠龙飘忽沿崖而上，在峭壁顶峰悬空而停，恭敬谦卑地垂下头去。

它正对的山峰上，有一座松岗赤亭，亭中放着玉罍琼杯。亭前站着一个青年，他背对我们而立，身材高而挺拔，黑发如水，长袍如烟，大片曳地，玄蓝一如此夜的海。

青年沉声命令道："放了她。"

蟠龙转眼没了方才的气势，轻手轻脚地把我放在悬崖边。然后，一颗金丹从青年袍中飘出，落在蟠龙爪中。青年道："这个顶得上百名水灵。走吧。"

蟠龙低头一看，金瞳中流露出惊喜之色，再朝青年垂首示意，长啸一声，顷刻间冲下山崖，没入深海。我魂飞魄散地跪在地上，望着眼前这个青年的背影，想说点儿什么，却战战兢兢地一个字也说不出来。我年纪太小，尚不会强大的法术。但是，这个男子的神力，哪怕是在十里之外，我也可以凭本能感受到。

他也不与我说话，只是走到亭中，为自己斟了一杯酒。青冥悬月，酒声潺潺。他的身姿洒落若仙，又恍如月华，高隔云端。终于，他侧头望了我一眼，嘴角带着一抹嘲讽："小水灵，你的胆子还真不小。"

这般时刻，寻常人怕是会问问他是何许人物，而我却认真说道："我是溯昭氏，不是什么水灵。"

"水灵便是水灵，何来甚多名字。"他虽笑着，却毫不客气，一副瞧不起人的模样。

我衣衫湿透，浑身淤泥，早已无力站起，却依旧用袖子擦擦脸，挺起小小的胸脯："都说了，本王姬叫洛薇，是溯昭氏，休得乱改姓名。"

他终于不再坚持，只轻笑道："行，叫你洛薇便是。"

月色娟娟，海声如诉，倏忽间，青年已饮尽杯中酒，他望了一眼空中满月，似在自言自语："今旧地空悬天英，也不知遗人尚有千载否？"

他这番话显然不是说给我听的，不过夫子曾告诉过我们，天英乃灾星，"地空悬天英"，能窥之处，怕是要有灭顶之灾。我不乐意看见天英，也确实看不见天英，只道："我只看见一轮婵娟，何来天英？"

青年道："这两天没了，先前高挂了十天，也只能从此处望见。"

"你在这里待了十来天？"

"是两个月。"

我愕然道："两个月，都一个人在高山凉亭上，餐风饮露？哦，不，是餐风饮酒。"

"不是人人都需要进食。"青年继续为自己倒酒，仿佛在告诉我：有酒足矣。

这人神力十足，莫不成正在修仙？莫非，他已是个半仙？不管是哪一种，都令人不由得欣喜雀跃，我道："敢问足下尊姓大名？"

他转过头来望着我，眸载星光，鼻若雪山，颧骨两侧，有两条水纹形印记蜿蜒而下。原应是个楼高不及烟霄的美男子，可他的眼神中却有一股独断专行的调调："你更应该关心自身的安危。方才若不是我救你，你已经被那蟠龙捉回去当安胎药了。"

"安、安胎药？"我不禁捏了一把冷汗。

"那蟠龙的夫人怀孕了，你们族人是最滋补的药。"

难怪！方才它对我凶悍至极，却又不立刻杀掉我，原来是想把我活捉回去炖汤……想到此处，我不由得打了个寒战。可是，蟠龙如此猛毒，遇到这青年竟也负弩前驱，这令我对他的身份更加好奇。只是，我尚未找到再次追问的机会，他已击掌两下，对我说道："现在天色已晚，你该回去了。"

大片阴影扩散在我前方的地面上。我原以为是乌云，但转过头去，差一点儿又被吓倒在地：不知何时，又有一条龙出现在悬崖旁边，以同样的垂首姿态对着我们。只是这条龙背有双翼，周身赤黄色，比方才那一条还要大上许多。它不过轻缓吐息，空中便有大片寒雾腾腾升起。我受到那寒气的刺激，不由得打了个哆嗦。

书中曾经提过，龙五百年为蛟龙，千年为应龙。有鳞曰蛟龙，有翼曰应龙。眼前这庞然大物，竟然是一条年岁过千的应龙！一日内连见两条龙，第二头还这么带劲，我一下子觉得有些吃不消。但心想这青年有御龙之力，除了被它凶狠的外貌吓了一下，我知道自己尚且安全。

下一刻，这应龙把爪子伸过来，捞我坐上它的脑袋。我低呼一声，只听见那青年说道："它这便送你回家。以后出门，还是谨慎小心为妙。"

"等等！等等！"我随手抓住一两根龙须，急切地说道，"我父王说过，只有仙才能御龙，难道……你是个仙？"

"不是只有仙才能御龙。"

"那你究竟是什么人？你叫什么？今日之恩，洛薇必铭记在心，有朝一日……"

"不过举手之劳，不必。"青年生分道，"你我相隔甚远，多半今生无缘再见。"

"起码告诉我你的姓名！"

"我无姓名。"

他又击了两次掌。应龙朝天展翼，迎风而翔，三两下便把我带到了极远的地方。我扭头再度看了一眼那青年。海风鼓起他的宽袖锦袍、他的曼舞黑发。不过一个普通至极的山峰，却满载了明月的清辉，以及在浓夜中绽放的绝世风华。身为溯昭氏，我们原本就容易被水光和发亮的东西吸引。那海面闪烁的万千冰粒，更拉出一条星斗银河，在我心中洞开了一片夜空……

后来我才知道，此前天英悬空，预示了二十七年后，我家乡一场烽火四起的浩劫。而这个人，亦是我人生中一场美丽旖旎的浩劫。

我想，这以后所有的缘与怨，爱与恨，都是源自最初的这份天真的憧憬。

相隔甚远，无缘再见。

这短短八字，听上去平凡无奇，却预示了此后三百余年无尽的思念。

若真是就此搁浅，无缘再见，该多么圆满。

佛曰：人生有八苦：生、老、病、死、爱别离、怨长久、求不得、放不下。

人生中最美之事，便是知道你也如我一般，用情至深。

人生中最痛之事，便是知道你情深至何处。

世人只道长情好，却不懂得岁月蹉跎，情债难还，一生执着，亦是大过。

注释：
① 改编自《太平御览》："蟠龙，身长四丈，青黑色，赤带如锦文，常随水而下，入于海。有毒，伤人即死。"

第一章

流火莲雨

Chapter One

杨叶牂牂东倚楼，
静女洛水弄筌篌。
鸿雁含珠落沧海，
溯昭五杰皆风流。
身披星斗花满袖，
一日品尽月都酒。
故人相去万余里，
新客还来过九州。

——西涧《溯昭辞》

　　瞧瞧上面这首诗，可是出自我们先王之手，写的正是鸿雁变法之后，我大溯昭的繁华盛景。我以小王姬洛薇的名号发誓：我大溯昭位处极仙之地，是一块风水宝地，也是诸多妖、人、神、兽心中的圣地。至于为何会发生今日之事，我也未能琢磨清楚。而作为溯昭的王室贵族，本小王姬若想要讲自己的故事，原应展现异族对我们俯首称臣的画面，或是夫子对我锦心绣口的文章连连称好的画面，或是我施展纵水术像花妖一样在空中旋转的画面……但春恨十常八九，人难万事如意。本小王姬故事的开端，却是始于一个悲伤的夜晚。这个悲伤的夜晚，发生了一件悲伤的事：我们大溯昭氏，被仙侵略了。

没错，我说的仙，就是天上飞的那种仙。

寒冬腊月，北风卷地，满城飞雪，洛水于极寒中凝为一川烟冰。此夜，母亲正在教王姐刺绣，小老虎趴在我的腿上，我跪在父王身边为他捶腿。忽有士兵来报，说沧海门前的守卫全都被杀了，除了在城内滥杀无辜的外族，还有两道云影卷进来。没人看清来者何人，只知道此刻城内死伤无数，一片惨状。听见沧海门失守，父王震惊得猛然站起，二话不说，纵水飞了出去。

沧海门是溯昭的正城门，那里的防守也最为牢固，这么轻松就被打破，这来人究竟是何方神圣？我也紧跟着母后、王姐赶出去一探究竟。

风雪凌乱，千里烽烟，城内喊杀声无数。更可怕的是，这么短的时间内，入侵者已抵达紫潮宫上空。那是两名男子，一名是黑发青年，有三只眼，手持毛笔，身穿黄袍；一名是白发老者，须长及腰，手持拂尘，身穿白色道袍。二人均束发戴冠，冷淡高傲，驾烟云虚浮高空。

他们四周无水。也就是说，他们不是溯昭氏。而自身便能飞行的外族，只有……

"来者何人？"父王抬头大声问道，"我们与二位无冤无仇，为何伤我溯昭百姓？"

与父王的盛怒相比，那青年却无丝毫年轻人的轻浮，只是拿眼睥睨着我们，沉着正如这凌寒风雪："大胆妖孽，尔等在北海横行作乱上千年，也敢如此倨傲无礼，以下犯上。"

"什……什么？一派胡言！真是一派胡言，我们溯昭氏，千年来一直安居一隅，何来横行作乱之说！"

父王是一位仁慈的明君，此生从未被人如此说过，回话也是颇有教养。我可没那么好欺负，抱着玄月站出来，跟着起哄道："就是就是，你又是什么东西？敢用这种口气和我父王说话！说我们是妖孽，我们大溯昭氏还当你们是妖孽呢！"

青年杏目半合，更加充满凉意。那老者反倒勃然大怒，挥了挥拂尘道："不知天高地厚的小水妖！可知道自己在对谁大呼小叫？吾乃紫微座如岳翁、黄道仙君，今日便是奉仙尊之命，前来结果尔等性命！"

这下连我也傻眼了。

侵略者竟是仙界之人。这怎么可能？之前，法力高深的仙人，对我们都谦让客气，他们居然管我们叫水妖、妖孽？我道："你在逗什么闷子！我们可是受神庇佑的水之一族，我大溯昭是胤泽神尊建立的，你这来路不明的老家伙才是妖孽！"

黄道仙君道："小水妖，我们不过是奉命前来清理祸害，尔等若改过自新，还可重新投胎，再修为人。你若还在此出言不逊，诋毁天神，当心魂飞魄散，于六道轮回中荡然无存。"

如岳翁并着食指拇指指向我，大义凛然，正气冲天："私养上古凶兽，还说自己并非妖孽，简直可笑。"

我道："我没看出凶兽，只看出你是上古神台上的一团狗屎，神憎鬼厌。"

那老家伙已被我气得不行，父王却转过脑袋，看了看我怀里的小老虎，拍了一下脑袋："这，有兽状似虎，有翼能飞，便剿食人，知人言语……寡人昏庸，竟未看出，这小虎崽是穷奇……"①

听见"穷奇"二字，我也跟着噤声。这名字并不陌生，我不知在书本上见过多少次。

盘古开天地，女娲造人后，水神共工与火神"水火不相容"，屡次发生大战。人间涛涌波襄，火奔雷鸣，最终共工战败而怒，以头触不周山。山崩，乃天柱折，地维缺。②此后，女娲以五彩石补天，共工死。而共工其氏族精神不灭，化身为凶兽穷奇。穷奇乃至邪之兽，见人打架，它会吃了有理的一方；闻人忠厚，它会咬食其鼻；闻人恶逆，它会猎兽以赠之。

再看看我家小老虎玄月的模样：它缩在我的怀里，用两只毛茸茸的小虎爪抱着脑袋，睁大水汪汪的眼睛，哆嗦着小翅膀望向我。和我对上眼后，它还朝我伸来爪子。正因为长得可爱，我便疏忽了它的特征。之前玄月偶尔爆发蛮力，我稍有警惕，却还是低估了它，认为它长大会变成猛兽——原来它根本就是一头凶兽！沧瀛大神保佑啊，我养了一头穷奇幼崽！这可如何是好！

等等，这情况不对。玄月是我从虎铺买下来的。倘若它真是穷奇，那它的父母也该是成年穷奇，上古凶兽，何其残暴，怎么可能被那废物老板捕杀？即便不是他亲手所杀，捕杀穷奇之人，也应该知道这幼崽有多大的能耐，不可能随便把它放跑才是。我大声道："且慢，我还有话要说……"

"妖孽，休得拖延时间！"

这时，如岳翁向左挥打拂尘，碎石泥土从四面八方飞来，团聚在巨盘明月中央。他向右挥打拂尘，那些石土凝聚成数块硕大的坚石，疾驰旋转，沙砾横飞。速度之快，令人瞠目结舌。然后，他向我们的方向挥打拂尘。那些坚石自月中飞来，化作数把匕首，寒光阴冷，直刺父王要害。父王即刻引水护身，挡掉一部分攻击，匕首速度减缓，却还是在他身上刮出了数道血口。

虽然我们有纵水之力，却也仅限于无生命之水，并无将血液冻结的能力，也无以水化物之力。因此，从小到大，我见过的最厉害的法术，也不过是灵术侯演习时施展的"大河凝冰"——凝河面之水成冰，再把整块厚冰升起，在空中震碎，扔出袭击目标。虽然最初这法术的灵感来自沧瀛神，但这需要借助河水本身的力量，而且对灵术侯那样灵力非凡的人而言，也需要花不少时间储存力量。

然而，对如岳翁而言，将泥土化石、石化匕首，只不过需要眨眼的工夫。直到此刻，我才意识到眼前的敌人，究竟有多可怕。真要取我们性命，他们不费吹灰之力。

"住手！"我大喊道，"玄月不是凶兽，它只是我从异兽铺买回来的宠物，如果它当真如此厉害，我们根本就擒不住它啊！"

两个仙人充耳不闻。这时，三侯也带着溯昭兵将前来援助。黄道仙君完全不曾动手，仅是用法术变出雾墙，挡住所有来自我方的攻击。此外，便只有如岳翁一个人对阵。他不过左右挥挥拂尘，便有千百名士兵死在他的法术之下。我从未见过人死，顷刻间便见同族涂炭，血流成渠，惊呆到只能与母后、王姐抱作一团，欲哭无泪。灵术侯法力高深，勉强能与如岳翁对抗一阵，却还是败下阵来，捂着腹部伤口，跪在地上。眼见又一波将士冲上去，如岳翁不厌其烦地横扫千军。

黄道仙君道："不必多费时间，擒贼先擒王。杀了那水妖头目。"

如岳翁点点头，用拂尘旋了个圈，引起地上所有的匕首与碎石，见它们旋转一阵，便汇聚成了一把青锋长剑。大雪残卷，剑光如雪，径直朝父王的方向飞去！

我和王姐同时失声惊呼。然而，接下来的悲鸣声，却并非来自父王，而是不知何时松开我们，独自跑去挡在父王面前的母后。她目光坚毅，用手接住剑锋，五指均被削断，却也没能使利剑停下。那把剑穿透了她的胸膛。

"梓童！！！"父王痛哭跪地，将她紧紧抱住。

"母后！！！"

我们想要冲过去，却被一旁的军令侯拦住。他道："别去，你们帮不上忙！你们千万要保住性命，否则溯昭后继无人！留在这里，哪儿都别去！"而后，他自己冲上前去。

滴答，滴答……母后的鲜血落在白雪中。她身体颤抖，凶狠地望着云中的两个仙人，毫无畏惧之意："丑陋……道貌岸然，以除害为由，行杀生之事……"

两个仙人有短暂的沉默。军令侯下令发射出百支冰箭，也未起分毫作用。母后吐出一口鲜血，握住父王的手，胸膛剧烈起伏，胸口的衣襟本是一片苍雪，现在已被浸染成海棠色："陛下……不要管我，保护好两个孩子……"

父王的手、衣襟均被染红，他红着眼眶，重重答道："好！"

黄道仙君道："抱赃叫屈，困兽之斗。"

他朝前飞了一段，挥笔在空中写下银光符文，再用笔将这些符文推出。大雪顿时停了一刹那，银光照满整片夜空。我们抬头往上看，有什么东西铺天盖地地落下来，张开一道炽热的天罗地网。还未靠近，都觉得自己的肌肤已被灼烧。我抱着王姐，痛苦得发抖，绝望将我们所有人笼罩。

父王却站起来，纵水登空，张开双臂。整个溯昭的水源，都如烟般升起。此刻，不论是溯昭疆土、悬浮岛镇、沧瀛神像，还是冥空中那一轮明月，都像浸泡在流水之中。视野里一片流光潋滟，又如柳絮般摇摆，模糊得只剩一片混沌。在这片混乱中，我听见如岳翁急道："这群妖孽，躲到哪里去了？"

黄道仙君道："罢了，我们找不到他们。这还真是胤泽神尊的法术。老岳，我发现了一件有趣之事……"

迷迷糊糊中，我做了一个美梦。梦中窗外仍下着大雪，珊瑚红，金兽香，炉火正旺。母后命人取了一件裘皮披风，再走过来亲手披在我的肩上："薇儿，瞌睡了便回去休息，明天还要去玄书房，到时又没精神。"

父王道："这孩子，每天就知道在万轴殿惹事，给夫子添乱，还喜欢欺负人家翰墨。现在臣之不在，不然好歹有个人可以管管她，真是越来越无法无天。"

泪水扑簌簌流下，我赶紧用手背擦掉。母后蹲下来，用丝绢为我拭泪："又用手擦眼睛，脏。为何如此伤心？说给母后听听。"

"父王，母后，不要丢下我不管好不好？"

母后慈爱地笑道："傻孩子。我可是你的娘，如何会忍心丢下你不管？不论何时，母后都会在你身边。"

"梓童，你又要惯坏她。"父王拍拍我的肩，则是一如既往地辞严气正，"女儿，父母不能陪你一辈子。大部分的道路，都要你一个人走。即便父母真的离你而去，你也不可以脆弱。怎么能随便哭鼻子？"

我头摇得犹如拨浪鼓："不要！我要永远和父王母后在一起！你们不要离我而去！"

父王叹了一口气，温暖的大手盖在我的头上："薇儿，还有十多年，你也要成年了，不可如此任性。人的一生，不是单单为自己活。要记得，你是月都溯昭的小王姬，是我莽华王的女儿。如果有一天父母不在身边，你要肩负起辅佐王姐、统治溯昭的重任，知道吗？"

为何父王的话这么像是在道别？我也没有太多要求，只想要他们再多宠我一会儿，只要一会儿，等我再成熟一些便好。我不愿再听父王说教，便躲到母后的怀里，撒娇般呜呜哭出声来。还是母后比较疼我。她没有教训我，只是慢慢地抚摸着我的背，唱着小时候我就喜欢的歌谣，歌词里有月都的风清月明，浮岚暖翠。她的手指如此温柔，只要在我额上逗留片刻，所有的烦恼与害怕，都会烟消云散。

这南柯一梦，最终被王姐的怒骂声惊醒。

"别吵醒她，让她休息！出去，你们这些废物！现在溯昭大难临头，你们还有心思担心王位！统统滚出去！"

我猛地坐起身，看见王姐的背影出现在昭华殿门前。而我在里面的小房间，这里潮味深重，案上摆满了乱七八糟的文书。听见我翻身，王姐回头看了我一下，进来关门，快步走到床边，轻声道："薇薇，放心，现在我们已经安全了。你若是疲倦，可以再睡一会儿。"

"安全？父王呢？母后呢？为何说我们安全了？那两个仙人呢？"

"父王使用了流水换影之术，把溯昭移到了安全的地方。我们现在已经与外界完全断开联系了，水雾障气会令任何人都找不到我们。"

"那父王和母后呢？"我抓紧王姐的手，"母后受了重伤，是不是？我看见她中剑了，手指还断了……母后她还好吗？"

王姐并未回答我，却紧紧握住我的手指，像是在忍耐巨创深痛，用力到我的手都已经发疼。然而，她还是避开了我的问题："有事我们晚点儿说，你再多休息一下吧。"

"王姐，母后她到底怎么了！回答我啊！"我忽然停止了大喊，连呼吸都不敢用力，只轻声说道，"母后……是不是，是不是……"

"薇薇，我可以告诉你答案，但是你要坚强，不可以哭闹。因为，母后，还有父王……"说到此处，王姐自己的泪水先落下来，"他们为了保护我们……他们……"

到最后，王姐都没能把话说完。

但我已经猜到。流水换影之术是溯昭氏的禁术，传闻是继承自沧瀛神。因为这个法术耗力过多，任何溯昭氏的肉体都无法承受。强制使用，只会灰飞烟灭。

虽然溯昭已经挪位，大雪也已消停，但它仍旧离月很近，因而至此深夜，还是有着全天下最美的月色。此刻，碧华千顷，冰雪未消，堆积了一片玉做的人间。若不提之前发生的事，无人会知道，这里的王已经不在。我独自狂奔到洛水边，沿岸寻找父王的英魂，却只能看见风起雪扬，波光凄冷，芦苇凋零，荒草乱飞。

没想到，父王骗了我。

小时候他带我来这里散步，曾对我说过，所有死去的溯昭君王，都会成为这里的英魂，永远在此庇佑子孙后代。可是，除了一汪幽青的洛水，满岸摇摆的芦苇，这里便只剩下无尽的永夜。极寒令人难以呼吸，我跪在地上，痛苦浸泡着四肢百骸，头脑却是一阵又一阵地胀麻，如此沉重。此刻，仿佛有千斤巨石压在背上，我再也站不起来。

母后也骗了我。

她说过，她会一直陪着我，会一直陪在我身边的。

"父王……母后……"我的双掌撑在雪地上，窒息到快要晕厥。

就在这时，前方似乎有晶莹的火光亮起。我吸了一口气，抬头往前看。不想，那洛水的正中央，出现了一个男子的背影。他撑着一把白色水墨绘伞，黑发及膝，一身玄蓝长袍垂在水面，足底绽放着冰亮的流光。

如今，但凡是个黑发的人，都会令我惊惧万分。我道："什、什么人？"

随着纸伞转动，那个人缓缓转过身来。

像是早料到回头看见的人是我一样，他在伞下对我淡淡一笑。那不是多么灿烂的笑容，甚至比月光遥远，比积雪寒冷。然而，却是这世间最温柔的笑容。

刹那间，风雨华梦，春归时候，似都在这人回首处。

而那道荧光，原也是从他手中亮起。他轻踏水波而来，好像变成了这片黑夜中，仅剩的光亮。我逐渐看清，他手里拿着的，是一朵含苞待放的莲花。莲花包着会发光的莲子，虽然花瓣合拢，也有金光从里面漏出。

我道："是……是你？你为何会在此处？"

没错，这人正是二十七年前，召唤应龙送我回溯昭的青年。他没有回答我，只是在我面前蹲下，摊开手掌。随此动作，莲花也跟着缓缓绽放，上百颗莲子从中升起，细小璀璨，金光熠熠，如七月流萤，渐次照亮黑夜。

此景太赏心悦目，我忍不住伸手去触摸莲子，谁知却被烫了回来。青年摇摇头，将这朵莲花放在水面，牵着我的手，走到洛水中央，再撑伞遮住我的头顶。我正好奇自己如何站在水面上，他松开我的手，抬起手掌。奇妙的事发生了：整个洛水上出现了千万朵金莲的花骨朵，然后，就如第一朵莲花，先后不一、生机勃勃地在黑暗中盛开，释放出更多萤火虫般的莲子……

晚风猎猎，菡萏花香。此处飘过一场和风细雨，是灿金莲雨。

"好、好美……"我揉了揉发疼的眼睛，看得出神。

但等了半晌，都没有得到他的回应。我禁不住抬头看了看他。他亦同样回头望了我一眼。他没有太多表情，看上去却比任何微笑的人都温柔。只是，他那双温柔的眼，比哭泣时还要悲伤。这样的对望让我莫名觉得有些难过，我下意识地伸手触碰他。然而，他却瞬间化作万道金点，随风散去，与那些莲心萤火一样。

只有那些金莲还飘在空中，证明了方才的一切并不是梦。我小心翼翼地踩着水面，回到岸边，竟依然能感受到莲子的热度。虽然还是很难过，但已不至于像之前那般绝望窒息。这个青年到底是什么来头？看他这样来无影去无踪，应该是个仙人才对。不过，会用发光的莲花分散我的注意，这样温柔的人，肯定和那些仙人大有不同。

不论景色多美，我还是得回去面对父母的辞世。只要一想到，此后一生，再无二老陪伴，我的心情便无比沉痛，连亘古不变的月色也染上了紧霜风凄，令人不忍凝望。

然而，我无论如何都不会想到，回到紫潮宫，会同时看见哥哥和开轩君。昭华殿中只有零零散散的几个人，王姐站在王座前，冷漠地望着哥哥。哥哥被两个侍卫扣住，耻辱地将手背在背后，却挂着一脸的不屈不服。开轩君站在哥哥身边，一会儿看看哥哥，一会儿看看王姐，似乎很是担忧。

"王姐！"我跑上前去，站在哥哥另一侧，"这是怎么回事？"

王姐冷冷道："你自己问他。"

我看看哥哥，他没看我，表情毫无变化，似乎没打算解释。他与王姐沉默地对峙了一阵，反倒是开轩君急道："唉，洛薇，你快劝劝你王姐，让她不要如此冲动。"

我又望向王姐："王姐？"

王姐道："臣之，告诉她，你都做了些什么？"

哥哥道："我什么都没做。"

"人证物证俱在，你还想狡辩到何时？"王姐拿出一纸文书，咬牙切齿道，"你这忘恩负义的东西！父王母后如此善待你，你……你却……"

哥哥还是同样的态度："我说了，这封信不是我写的。"

王姐气得浑身发抖，大步走下王座玉阶，拾起那张纸，放在他面前："这不是你的字，是谁的字？"

哥哥道："字迹可以模仿。我对父母的忠孝之心，日月可表，我从未做过这种事。"

"满嘴谎言！"

王姐狠狠地把那张纸扔出来，哥哥别过头，躲开了它。我赶紧接过那封信，一目十行地看完，深感惊骇。这是一封写给仙君的信：吾前为黄道仙君所遣，充北海水妖王义子。其国祚奸邪，遣恶导非，勾结邪鬼作祸，危乱北海。其女有二，小女私养凶兽穷奇，长女色诱仙而欲……

"除了我养了玄月属实，简直是通篇胡说八道！"我愤怒道，又盯着那个"虎"字看，"等等，哥，我记得你写的'虎'字，下面那个勾都拉得特别高。王姐，这可能真是别人捏造的。"

王姐道："薇薇，你别插嘴。我知道你不相信他会做出这种事，之前我也差点儿被他骗了。你知道他这些年离开溯昭，都是去了何处吗？"

"不是去拜师学艺了吗？"

"你知道他的师父是谁吗？"

"不知道。"

"黄道仙君。"说到此处，王姐又一次朝哥哥投去憎恨的目光。

哥哥道："我的师父不是他。"

"那你师父是谁？"

面对王姐咄咄逼人的问话，哥哥只是皱了一下眉头，却还是忍着没说。室外依旧寒冷，殿内烛光摇曳，照亮了王姐气盛的容颜。她轻笑一下："回答不出，是吗？臣之，那我换个问题：既然你是凡人，为何活到快五十岁，还是现在这副模样？"

哥哥还是沉默不语。

其实，他并非我和姐姐的亲兄弟。记得我们很小的时候，父王在九州撞府穿州，遇到一个修道之人。这道人告诉父亲，自己曾收养过一个孩子，名叫傅臣之，资质颇佳，精巧过人，只是活到二十来岁，却丝毫不见长，还是孩童的模样，在周遭人群里引起了不小的议论。父王心想这孩子或许不是凡人，于是要求见面。然而见面之后，他发现傅臣之真的只是凡人模样，亦不能妖化，但这孩子也真如道人所言，敏而不邪，冷而不亢，如繁星丽天，芒寒色正。父王很喜欢他，一不做二不休，收他为养子，带回溯昭，也算为道人减轻了负担。就这样，我们一起念书长大，直到前些年，哥哥离开溯昭，到外面去拜师学艺，极少回来。但在我心中，他还是初次见面时那个可爱的包子，还是我最依赖的王兄。

我道："王姐，你这就太为难哥了。他成长速度慢，不正是他被父王带回来的原因嘛。"

"那是因为他根本就不是凡人！"王姐拔高音量，拽着哥哥的领口道，"傅臣之，你现在当着大家、当着你妹妹回答这个问题——你究竟是人还是仙？！"

什么？！

我难以置信地看着哥哥，陡然想起前些日子，他被蜘蛛咬过一口，但第二天就连疤痕也消失了。哥哥快速地看了我一眼，一双细长的狐狸眼轻轻合了一下，嘴唇苍白："我是仙。"

心跳停了一拍。我只觉得口干舌燥，吃力地吞了吞唾沫："你是几时发现的？"

王姐冷笑道："他都在那封书信上写得如此清楚了，他是奉命卧底于溯昭，你还问他是几时发现的？你若不相信，再看这个。"

她从一旁的侍卫那里接过一张纸，递给我。我扫了一遍，发现那是哥哥儿时写的一首诗：

北有瀚海，不可泳矣。

斗[3]下淑女，不可求矣。

高眄九垓，我项痛矣。

云龙风虎，燕然归矣。

这首诗是初次与哥哥相见那日他写下的。

那已是二十多年前的事。那一天，玄书房来了一个新孩子，顾盼遗光彩，长啸气若兰，那细皮嫩肉的样子，比一般的妙龄姑娘还秀气，那肤若凝脂的媚气，比幽都之山的玄狐精还骚包，但他脸上肉嘟嘟的，就像一个可爱的包子。光是这长相，就已经让人过目不忘，更重要的是，他并非溯昭氏，因为，他的头发是黑色的。要知道，我大溯昭氏的纯正发色都是深青，随着年龄渐长，发色会越来越浅，最终变成月白色。法力极强极有资历者，甚至会变为纯白色。我们刚念书时，夫子便说过："玄发，凡者也。凡者，人妖也。"当时，我们没人见过仙，不知道仙也可以是黑发，因此，都认定了他是人或者妖。果不其然，当时哥哥答道："晚生自幼失去双亲，为九州傅氏道士收养，因而在九州长大。"

九州，时乃汉之天下。从那一刻开始，我们所有人都认定，哥哥是凡人。那会儿夫子并不知道哥哥是父王收养的，只道："臣之，这里已没有空位，今天的课恐怕要你站着上了。"

我却自告奋勇，拍了拍自己身侧的空位："谁说的，我这里明明有位置。"

夫子面带难色:"这……小王姬,如此老夫恐怕无法与陛下交代……"

"无妨,只是今天而已。"我朝傅臣之勾勾手指,"你,过来坐。"

在玄书房一向横行霸道惯了,这事对自诩小王姬、天下无敌的我而言,再平常不过。而哥哥先是一愣,而后浅浅一笑,在我身边坐下。我撑着下巴瞅了他几眼,发现他长得可真不像凡人。在溯昭出现最多的人,便是大玄之山上的玄丘之民,抑或大幽之国的赤胫之民。④前者浑身黝黑,后者膝盖下全是赤红肌肤。这些人相貌粗壮,性情淳朴,又因"贱名者长生"的缘故,名字也取得很不飘逸。可哥哥非但名字取得儒雅别致,连人也长得这般好看。溯昭的惯例是女孩束发,男孩散发,他也不例外。黑亮的头发披在肩上,只在后脑系着一条丝带,衬着白荷般的小脸,简直漂亮极了。察觉到我的目光,他侧头看我一眼,有些腼腆:"还请指教。"

"是不是汉人长得都是你这般模样?"我喃喃道。

"我的模样?"

"粉嫩得跟包子似的。"我笑了笑,"开心吗?你比我们溯昭氏所有女孩加起来还可爱。"

闻言,他小小的包子双颊变成了粉色。可他还是皱了皱眉,俨然道:"这不是赞美。我不白,汉人也不白。"

逗了他一阵,夫子便让我们抄文赋名句。学生们整齐划一地打开桌上的水壶盖,开始运气,指尖对壶一指,里面的水便呈柱状逆流而上,一路引向砚上的墨条,将墨条裹住旋转。不一会儿,墨水便滴落在砚台上。我想,到我发挥的时刻了!这是唯一一个施展法术的机会,一定要弄个壮观的。我把袖子卷到手肘,摩拳擦掌,正想来个一泻汪洋,谁知哥哥也卷起袖子,把水壶里的水倒了一些在砚台上。然后,他拿起墨条,慢条斯理地在上面磨来磨去……

亲眼看见这一幕,所有学生都呆如木鸡。只见哥哥已写了满满一页楷书,字迹工整如云,看得周围学生全都出了神。其中一个小才子望着哥哥的字，若有所思道："字是写得漂亮，只是连基本的纵水术都不会，以后的道术课该如何是好？真可惜，无法人尽其才，悉用其力。"

另一名学生道："写字好看了不起吗？不过是个凡人，怎能与我等进一道簧门。真不知道是谁把他塞进了玄书房。恐怕连作诗也不会。"

经几个自命不凡的孩子挑衅，哥哥写下了一首诗。这首诗叫《北有瀚海》，便是王姐此刻拿出的这一首。夫子读过此诗，只给了令人不解的评价："谈及书法，时人道藏锋以包其气，露锋以纵其神。你用笔如锥画沙，勾面藏锋，却力透纸背，入木三分。傅臣之，你年纪尚轻，满腹锦绣是好事。然而心中想法颇多，怕是……"

再结合如今发生的一切，方明白哥哥是字如其人，与我什么事都爱嚷嚷的个性不同，他是什么事都爱藏在心里。而那首诗，最后两句的意思是：日日抬头思念九天的家乡，我的脖颈也已疲乏。云从龙，风从虎，待我大功完成，便可燕然归去。

原来，他一早便知道自己并非凡人。

"薇薇，父王母后之死，都是因为我们这个好兄弟。他和黄道仙君勾结已久，想要私自占领溯昭。而我们溯昭氏，则将永生永世沦为仙界之奴。我不会给他这个机会。因此，明日我将继位，成为溯昭新帝。"王姐面若冰霜地望着哥哥，一字一句道，"城内逮捕到的仙兵，背叛溯昭之人，杀无赦。"

我急了，摇了摇哥哥的袖子："哥，你快解释啊。"

然而，直到最后被带走，他也没说一个字。经王姐解释后，我才知道，原来告密人是哥哥的随从。随从一直待他忠心耿耿，却不料他会做出如此不忠不义之事。父王母后方才去世，他便赶回溯昭，想要佯装无事地安慰我们，再处理掉我们姐妹俩，自己称王。可是，不论他们怎么说，我都不愿相信王兄是这样的人。

午夜，我一个人在房间里无法入眠，忽然听见有人敲门。我跳下床去打开门，一股冷风袭来，开轩君站在冷月下，看上去情绪十分低落："在下前来赔礼。"

我拉开门："进来坐吧。"

"不，在这里说便好，我还指望当你姐夫呢，让流萤误会可不好。"他笑了笑，口中呵出雾气，但很快又严肃起来，"其实，把傅公子带回溯昭的人，是在下。"

"是你？"

"正是。在下离开溯昭后，一日途经雪山冰谷，结识了傅公子，得知他是挲华王的养子，于是结伴而行，共返仙界。在下有一位故友，与如岳翁交好。前两日听说他与黄道仙君已到北海除妖，竟是指溯昭氏。此前，在下在洛水略施法术，以便日后快速返回溯昭。在下便将此事告诉傅公子，答应带他一同回来……不想，我们赶到后已为时过晚，傅公子还遭人陷害……"

"你也觉得我哥是被陷害的？"

开轩君正色道："自然。傅公子有山高水长之风，怎可能害死自己的再生父母？"

"可是，王姐一点儿也不相信他……"

"你王姐看似温和，性情却很冲动，人死不能复生，就怕她错杀好人，余生悔恨无尽。"

我道："那我们该如何是好？"

开轩君往四周扫了一圈，从怀中掏出一把钥匙，塞在我手里："这是傅公子的牢房钥匙。我去偷来的。"

我惊道："堂堂大仙人，竟做偷鸡摸狗之事！"

"这也是为了你姐。"开轩君无奈摇头，"好了，快去见见你哥，我再回去劝你姐。对了，我还在地牢里挖了个洞，若过了午夜我这边还无消息，那就说明劝你姐失败，你可以让傅公子先逃命，有事我们再回来商量。"

我不禁扑哧一笑："堂堂大仙人，竟做啮鼠穿虫之事！行了，小姨子这关你是过了，以后允许你娶我姐。"

开轩君笑道："别浪费口舌，快去吧。"

注释：

① 出自《神异经·西北荒经》："西北有兽焉，状似虎，有翼能飞，便剿食人。知人言语。闻人斗，辄食直者；闻人忠信，辄食其鼻；闻人恶逆不善，辄杀兽往馈之，名曰穷奇。"

② 出自《补史记·三皇本纪》："诸侯有共工氏，任智刑以强霸而不王；以水乘木，乃与祝融战。不胜而怒，乃头触不周山崩，天柱折，地维缺。"

③ 此处的"斗"，指的是北方七宿第一宿，借代北方。溯昭位于仙界极北，北海之上。

④ 出自《山海经·海内经》："北海之内，有山，名曰幽都之山，黑水出焉。其上有玄鸟、玄蛇、玄豹、玄虎、玄狐蓬尾。有大玄之山，有玄丘之民，有大幽之国，有赤胫之民。"

第二章

碧华之誓

Chapter Two

万枝丹彩树娇烂，

伞下袍锦柳生烟。

遍野狂风发如鬃，

千里迢迢碧溪川。

——《幻梦令·其一》

　　开轩君是个仙人。但他与黄道仙君、如岳翁不同，是个没什么心眼儿的大好人。他之所以会出现并长住在溯昭，是因为他是个痴情的主儿。

　　数个月前，我偷溜出宫，到空中夜市闲逛，瞧中了玄月这个小可爱。可惜当时我压根儿不知道，买东西还要花钱。我想把玄月带走，被虎铺老板狠狠地凶了一顿。有个人出来解救我，替我出钱把玄月买下来，那人便是开轩君。第二日，父王说有仙造访溯昭，引得宫里宫外，一阵轰动。这闪亮登场之人，还是开轩君。他彬彬有礼，静若处子，见了来人，不论是谁，先把一套拱手点头的客套做个周全再说。当时我还想，我大溯昭还是甚有面子的，连仙人都对我们礼让三分。随后，父王介绍他与王姐认识。一见王姐，开轩君如被妖精勾去了魂一般，傻傻地望着她，先前那饱学名儒的姿态，早已被抛到九霄云外。而王姐也不甘示弱，睫毛扇得跟蝴蝶翅膀似的，若不是当时人多，她大概会恨不得溜走，倚门回首，摘朵青梅嗅一嗅。那一天，开轩君与父王、大祭司一同畅饮聊天，王姐作为王储，亦坐在一侧旁听。只是在这个过程中，她与开轩君不知眉来眼去了多少次。他们每对望一次，那寸寸柔肠，那绵绵情意，那情景，真是花椒煮了猪头，肉都酥了麻。

王姐青发如碧波，半掩杨柳腰，是无数溯昭少年眼中的女娲娘娘，是无数已婚儿郎心中的巫山神女。开轩君会瞧上我王姐，完全是意料之中的事。而王姐会瞧上开轩君，更不是什么没出息的表现。

这跟我们溯昭的历史有关。上古时期，天帝身边有一位法力无边的沧瀛神，名叫胤泽。胤泽神尊司掌天地万物之水源，可将沧海冻为深冰，为上界诸神所敬仰。然而，他也是诸位神尊中最为自私、骄傲、不懂爱的一位。他唯一在意的人，便是自己的姐姐。姐姐因苦恋心上人，求不得，终日以泪洗面。为了逗她开心，胤泽神尊将神界的水引到北海之上，以此水之神力，临月建了一座空城，并令神界之水环城而绕，称之为"洛水"。这座都城有着六界罕见的景观：每月十五日，芙蕖盛开，乱红纷飞，满月会占据大半星空，将所有景致照成一片银白。遗憾的是，美景令姐姐欣喜，却并没能使她振作起来。又过了几年，她郁郁而终，此处成了胤泽神尊的伤心地，他再也没有来过这里。

洛水本有灵气，此城位临极仙之地，又残存神尊之法力，日积月累，滋养了生命，让这座空城逐渐活了过来。百年后，溯昭氏诞生在这里。他们外表美丽，青发雪肤，传承了沧瀛神的神力，生来便会纵水之术，很快便将此地修建成一座欣欣向荣的都城。而经历爱姐之死后，胤泽神尊也学会了如何善待他人，并化身为溯昭之神，庇佑着这座城的子民。

以上，便是"神尊建溯"的典故。《溯昭史·建溯本纪》也有记载："胤泽，始神也。建溯昭于洛水。"因此，我们的信仰与异族有所不同：大部分种族信奉上乾神，即天帝，六界中最高的神。但在溯昭，信奉上乾神者仅有一成。我们至高的信仰是沧瀛神，也认定了自己与神仙是一脉相承，便对他们怀着无端的憧憬。只是在我们心中，仙人应该像我们大祭司那般模样：瘦瘦的身子穿着宽宽的袍子，细细的手指着长长的胡子。开轩君虽然是几百岁的老家伙，看着却与王姐同龄，还有超出意料的漂亮皮相，因而王姐动心，也是意料之中。

唯一出乎意料的是，父王为他俩指婚时，王姐当场拒绝。后来听母后解释，是因为王姐知道我玩心重，不宜为王，而溯昭王室有规定，溯昭帝必须与同族成亲，她作为我的亲姐，希望我能随心所欲地嫁给喜欢的人，不必计较他从何处而来。王姐性格温柔，骨子里却是个牛脾气，一旦下定决心便再不回头。之后，开轩君久久逗留，昼昼求爱，夜夜宿醉，口头禅便是"求之不得，寤寐思服"，他衣带渐宽终不悔，王姐都不曾有半分动摇。两个月过去，开轩君终于灰心丧气，与父王作别，离开了溯昭。

无论如何都不会想到，他再次回到溯昭后，这里已是另一番光景。想到此处，我不由得又想起父母的死，一颗心沉如铁石，推门走了出去。不巧的是，我刚一出去，便在回廊里遇见王姐。她狐疑道："你又出来做什么？"

我支支吾吾道："我想父母，睡不着。王姐也睡不着吗，不如陪我在院子里走走？"

"我还有事要处理，你自己先逛。"王姐还是一副心事重重的模样，却比先前软言温语了很多。

见她匆匆离开，我偷攀上房檐，朝着天牢的方向赶去。我的纵水登天术尚不熟练，一路磕磕碰碰地赶到官殿西部的天牢，没想到竟又一次看到了王姐的背影。她一溜烟进了天牢，过了半个时辰，才有两个狱卒送她出来，其中一个千依百顺地说道："殿下请放心。明日行刑之前，我们一定把话问到。"

王姐道："看好他，不得有半点差池。"

两个狱卒唯唯连声地把她送走，开始窃窃私语。我躲在树梢后面，偷听他们说话：

"看见没，大王姬和臣之殿下已经彻底撕破脸了。原来陛下都是臣之殿下害死的，唉，人心真是太可怕了啊！"

"是啊，现在陛下变先王，我们溯昭见不得光，还得由个这年轻姑娘来统治，恐怕接下来的几十年都别想有好日子过喽。"

"嘘，什么年轻姑娘，马上就要变成新王了，当心隔墙有耳，你转眼就被派去扫大街。"

"扫大街和看死牢,我还真分不清哪个更惨。"

"说到死牢,怎么都没想到,有一天我会在此看守臣之殿下,还得帮大王姬严刑拷打他。真不知他在想什么,明明在溯昭,他已与两位王姬比肩齐声,却还要帮天界除掉我们,大抵仙人确实是'得天独厚'吧。"

"得了,就他那样,明天死定了,你看看大王姬给我们的都是什么刑具,这种冰刺鞭子你大概都没见过,打在身上,肉都得成条地拉下来,刺还会自动化在血肉里,打掉几根,就凝结几根新的出来,一直这么打下去,可真是生不如死。不过就我看啊,这傅臣之真是该!他害死我们的王与后,走,进去抽他,抽到他把一切招了为止!"

我适时跳下来,大步走上前去:"喂,你们俩!"

"啊,小王姬。"

"见过小王姬。"

"王姐不放心你们,让我亲自过来审问傅臣之。"我把手伸出去,"鞭子给我。"

"这……"

"这什么这?!拿来!"我呵斥道,硬是吓得那狱卒交出了鞭子,"不准跟进来,否则偷听到了政事机密,你们长十颗脑袋都不够砍。"

好在王姐还没继承王位,他们现在也不知道该听谁的,我稍微一忽悠,便顺利进去了。已近漏断时分,牢里一片死寂,唯有月华如水,一碧无际,透过窗扇,在地上投落出道道银白方条。终于,我在天牢最深处看见了哥哥。这一日天英星格外璀璨,与万千光辉同耀,孤冷地洒在他身上。他颓然靠坐在角落,手脚都被千金铁链套住。袍子上有上百条裂口,暴露出的肌肤,已有被毒打过的痕迹。听见脚步声,他也没有任何动静。直到我抓住栏杆,唤道:"哥……"

他猛地抬起头,错愕地望着我。他嘴角还有一抹血,但不论如何狼狈,总是散发着一股夜寒香清的气息:"薇薇……你为何……"

我看了看身后,赶紧用钥匙打开牢门,蹲下来面对他,却全然不知如何是好："你就什么都不打算解释？就这样等死吗？"

他笑了："我已经解释过，但没有人相信。"

"你是仙，法力高深，可以逃！"

"不，若我真的逃跑，就说明心里确实有鬼。到时，你也会对我失望。"

我快被气晕了："我是否失望，有你的性命重要吗？就算你是仙，也没有九条命啊。你这是对着镜子发脾气，自己和自己过不去。"

他又轻轻笑了一下，却只回答了一个字："有。"

"疯了疯了，你真是疯了！"我抓住他的手，认真说道，"我相信你。不管你说什么，我都相信。所以，以后遇到同样的情况，你别考虑我会如何想，自己先跑，知道吗？"

哥哥怔住，眼也不眨地望着我。我知道王兄心中已经感动得波涛汹涌，不过能够忍耐而已。我叹息道："你为何不早些告诉我们，你是仙？"

"小时候是不敢说，怕说了以后父王和母后会抛弃我。后来长大了，本想告诉你，但现在的师父又说，我的真正身世非同小可，时机成熟后他会公开，但这之前，不可张扬。"

"你师父到底是什么人？"

"他尊位很高，我不能说。"

我试探道："难道他是仙君？"

哥哥默默摇头。我道："难道是仙尊？不会这样厉害吧。"

他还是摇头。

"这……再往上就是神了，不可能的吧？"见哥哥不说话，我诧异了一下，摆摆手道，"别逗我玩，我才不相信。"

他还是没给出答案。时间不多，我不打算继续追问，到门口确认无人前来，便要用钥匙打开哥哥的手链和脚镣，他却拦住我："别，你不能收场。"

"总比你死掉好。"

"可是……"

"可是什么可是，再可是你就真死了。你要死了我会很难受，那你也愿意吗？别婆婆妈妈的。"我拨开他的手，快速开锁，在开轩君告知的位置敲了几下，果然找到了一个地洞。

逃出牢房，已至丑时，也没开轩君任何消息，看来王姐是铁了心要处死哥哥。我叹了一口气，道："看来你真不能继续待在溯昭。快跑吧。"

他却纹丝不动："薇薇。"

"嗯？"

"跟我一起走。"

"不行，我可是父王的女儿，不能离开溯昭。"见他久久不语，我急得焦头烂额，"别任性了，我不可能跟你走。你动作快些，晚了便跑不掉了。"

"我会回来的。总有一天，我会变得很厉害，回到溯昭，证明自己的清白。"

我本想接话，却看见他把手腕举起来晃了晃。那是一个小冰坠。我惊喜地拉起他的手："这不是我送你的吗，你居然还留着？"

溯昭的冰雕，早已成为我们独有的文化。只有我们可以凝聚灵气，令小范围的冰块在施法者寿命结束前不化。他手腕上的鹿形冰坠，应该是我小时候在冰雕课上的杰作。我把腰间形状一样的木雕坠举起来，在他面前摇了两下："看，你送我的这一个，我也留着呢。"

哥哥眉眼间绽开了笑意："薇薇，我还会去学纵水术。到时候，我也会做一个冰雕给你，每天带着你在洛水旁赏月，在桃树下品酒。如果你想飞，不用纵水，也不用乘翳鸟，我可以抱着你，腾云驾雾，一日千里，游遍天地六界间最美的河山。"

"好！"没想到王兄如此有情调，我感动得老泪纵横，"只愿你不会那么快娶大嫂。"

"不会。所以，在我回来之前，你也不可以嫁人。"

"那你早些回来。"

"子不嫁，我不娶。"

我伸出小指。他和小时候一样，和我勾了两下。我道："拉钩了啊，赖皮是小狗。"

他抬眼，郑重地望着我："薇薇，我喜欢你。"

那双眼睛载满星月之光，比天宇还要夺目。儿时读过那么多诗词文赋，什么双眸剪秋水，一望醉青雾，炯炯秋波滴，眼媚弯如翦，都无法描摹他眼睛这一刻的美。我不由得看得有些出神，心想哥哥真是美人，然后笑道："我也喜欢哥哥。"

"我的喜欢，和你的喜欢不同。"旋即，哥哥握住我的手，低下头来，沉声道，"我对你的喜欢，是男女之间的喜欢。"

"啊？"这不过是潜意识的反应，实际上我已停止思考。他突然拉近的距离，也令我的双颊不自觉发起烫来。我道："开、开什么玩笑……"

"并非玩笑。很早以前，我便清楚自己的感情，也从未有过半分犹豫。"他垂下双眼，长长的睫毛掩不住几欲喷薄的感情，但他最终做的，也只是在我手背上轻轻地吻了一下，"我一定会回来，娶你为妻。"

朗月清风中，他的身影化作一道轻烟，消失在薄雾云端。

我握住自己的手。刚才是怎么回事？王兄说……说他想娶我？是我的幻觉吗？这时，身体像是被什么强力拉了一下。不，这种时刻，真不是胡思乱想的时刻。我捂着脑袋，用力晃了晃，刚溜到旁边的小道，想要回到紫潮宫，却听见身后有人大喊："傅臣之在那里！快去抓他！"

一大群狱卒指向我，扯着嗓门大喊。我抬头看了看天，并未发现哥哥的身影，于是对他们喊道："统统回去，傅臣之不在此处！"

然而他们却统统冲过来，把我包围起来。我道："你们做什么？想造反？"

"傅臣之，你叛国灭亲，还想逃之夭夭？跟我们回去！"

"快去通知大王姬，这叛贼想要出逃。"

我指着自己道："你们是喝醉了还是中了法术？先看清楚我是谁……"

不，手指有些不对。我低下头，看见自己的双手已变大许多，手指修长，骨节分明。这手虽不是我的，却一点儿也不陌生。这是哥哥的手。除此之外，不知从何时开始，地面也比往常更远，似乎是由于双腿变长的缘故。再摸摸自己的脸，婴儿肥也消失不见，取而代之的是瘦削凌厉的触感。顺着额头摸到鼻子、嘴巴、下巴，确确实实不是我自己。终于，在他们押我回到牢房之前，我在路边的水潭里，看见了自己的倒影——我真的变成了哥哥！

重新回到黑暗之中，其中一个狱卒把我狠狠地推到地上，朝我吐了一口唾沫，挽起袖子道："傅臣之，你这狗贼，这些年离开溯昭，你都去了何处？都和什么人见了面？"

此时，倘若我说自己是小王姬，恐怕无人会信，反而会更加激怒他们。究竟是谁把我变成了这般模样？难道是……背上浮起一阵凉意，我道："你们去叫大王姬来，我要直接和她说。"

"我呸，现在大王姬忙得很，可没时间见你！你招不招？不招我们动手了啊！"那狱卒在我腿上狠狠地踹了一脚，疼得我抱腿发抖，"说！你都勾结了什么人？还有谁要来溯昭？"

"我招、我招，我都老实回答。"我举手投降。

这时只能瞎编，谎话还要编得像才行。然而，我刚思考完应对答案，却没能来得及说出口。因为，先前送王姐出去的两个狱卒也进来了。其中一个拿着冰刺鞭，在我面前抖了抖那鞭子。冰刺互相碰撞，发出叮叮当当的声响，在黑暗中闪着蓝色的光芒。他冷哼一声，道："怎能如此容易。这个不要脸的小白脸，死一百次都不足够，让我先抽他一次爽爽。"

"大哥，这玩笑开不得。"我往后退缩，"这打下去会死人的。明天早上王姐若看见的是我的尸体，恐怕您也不好交差不是？"

他再未接茬，只是举起鞭子，往我身上打下来。那冰刺究竟有多锋利？在感到痛苦嘶喊之前，我先看见鲜血溅在墙上，还夹着点儿红色的皮肉……

我想，不论再过多久，这个晚上发生的事都最让我不堪回首。中间我晕过去很多次，后来都被盐水泼醒，有好几次，我甚至想咬舌自尽，却被狱卒捏住牙关，强行塞了东西堵嘴。撞墙也不成，试图用冰刺割脉亦被迅速止血……总之，经过这个晚上，对我而言，斩首示众，不过就是结束最后一口气的事。

翌日清晨，当晨曦普照大地，我被关在车里，推到菜市场。一路上，几乎整个溯昭的百姓都围到路边，朝我扔蔬菜、鸡蛋。啧，真是浪费。行刑者正磨刀霍霍，王姐被群臣众星拱月地包围着，坐在高台上。开轩君站在她身边，还是一副诚惶诚恐的模样。我原以为疼痛过头便是麻木，但没想到过了这么多时辰之后，身上的伤口依旧疼得钻心刺骨。什么情感上的痛苦，失去父母的沉重，都无所谓了，在这种极端的肉体折磨下，我只想早点儿死掉，一了百了。

被押上行刑台，有人绑住我的双手，令我跪在青龙铡前。当脑袋被压下去时，我听见不远处，开轩君正对王姐叹道："流萤，傅公子是做了大逆不道的事，但我与他好歹算是君子之交，实在不忍目睹此事……"

王姐道："这与你无关，你不看便是。"

开轩君道："唉，只愿傅公子一路好走。"

像被泼了冷水似的，我那麻痹的脑袋清醒过来。

为何开轩君当初不是如此对我说的？他当时说了什么？

——"傅公子有山高水长之风，怎可能害死自己的再生父母？"

对，他是这样说的！

那个预谋一切的人，是开轩君！这人真是一个笑面夜叉，让我去牢房解救哥哥，却在我回来时，将我变成哥哥的样子，最后再借刀杀人，一口气除掉两个祸害，何其毒也！头顶上的大刀明晃晃的，我倏地抬头，大声喊道："王姐，我是洛薇！小时候，表姐曾经打过你一顿，然后你在她的床上尿过尿！"

全场一片寂静，群臣哑然不语。

王姐尴尬至极，使劲一拍座椅扶手，怒道："傅臣之，你真是好大的胆子！你从洛薇那儿听来了一些儿时愚事，便在这里冒充她？"

开轩君，露出你的狐狸尾巴。去劝王姐，让她赶紧下手杀我，我便可以说出更多的秘密，然后告诉她：你若不相信，便去找找洛薇，看看她是否已经失踪。

没想到，我失了算。开轩君确实有些着急，但说出的话却是："等等，流萤，这人杀不得！她可能真的是小王姬！"

王姐迟疑道："为何如此一说？"

开轩君道："昨夜小王姬来找过我，说想在王兄被处死之前，最后看他一次。我一时心软，便给了她一个变身符，让她化身狱卒，去探望傅臣之。因为怕她化身成你下令放人，我还特意挑了一个只能变为男子的符文。所以，这人有可能真是小王姬，伪装成傅臣之，代他受刑。"

这开轩君，究竟在胡说八道些什么？我不知他究竟有何目的，却十分笃定一件事：他有备而来，且早已做好准备借题发挥，我完全斗不过他。只见在王姐一个手势下，他朝我走来，拿出一张符纸，在我头上点了一下。一团光将我包围，我感到身体瞬间缩短了许多。无数人倒抽一口气，王姐也陡然从座位上站起来，惊呼道："薇薇！"

看样子，我已变回来了。无奈身上伤口太多，我还是瘫在原处，无法动弹。王姐纵水飞到我身边，将我抱在膝上，情绪无比激动："为何会是你？傅臣之呢？他去了何处？"

我无力说话，只是闭着眼睛，咬着牙忍耐身上的剧痛。随即，便有人将我抬开。眼前的一切都已迷离惝恍，不知过了多久，我听见王姐在怒斥别人。然后，一个男子胆裂魂飞地答道："回大王姬，前夜您走了以后，小王姬便以逼供为由，前来探望臣之殿下，我们在外等候了一个时辰，不见她出来，觉得不放心，便回到牢里巡查。不料，却看见小王姬在、在……"

王姐道："在什么？"

男子道："小的真、真说不出口。"

王姐恼道："说！"

我用力睁开眼，扭过头去，终于看见跪在王姐面前的人——那是用鞭子毒打我的狱卒。他跪在百官前方，贼眉鼠眼地望了我一眼，趴在地上，磕了一个响头："小王姬和殿下有私情，他们昨天在牢里苟合。看见我们进来，小王姬还叫我们赶紧出去，等他们完事了再回来，而且要假装什么都不曾看见，违者株连九族！"

这要我如何是好，真是喝西北风也堵了嗓子。这也没法儿，谁叫哥哥要随便抓我的手，还被他们看见。原来，那便是"苟合"，我又学到个新词。那狱卒还未说完废话，继续道："沧瀛神在上，小的觉得小王姬和殿下同室长大，情同手足，做出此等违背天伦之事，迟早会遭天谴，待小王姬离开之后，便私自对殿下用刑，不想打的是小王姬……犯下这等重罪，请大王姬赐死！"

王姐已气到快要捏碎座椅扶手了，却从头至尾保持沉默，静静地朝我看来。大臣们纷纷震惊叹息，满脸的新仇旧恨。在这片叹息声中，我只听见丞相恨铁不成钢般恼道："小王姬，洛薇啊！你可是我大溯昭的王姬啊，怎能，怎能……"说完这句，他还用力打得手背啪啪响，看上去痛心疾首："洛薇哪，看看你现在这样，如何对得起你九泉下的父王和母后啊！"

这事我真是百口莫辩，正想解释不过是哥哥单方面告白，开轩君却道："各位，此事莫怪小王姬。小王姬与傅公子虽然名义上是兄妹，实则无血缘关系，二人青梅竹马，两小无猜，即便暗生情愫，也是情有可原。何况小王姬尚且年幼，并不懂男女情事，为傅公子诱导，也是极有可能……"

这混蛋，又在抹黑我哥。我忍着身上的痛苦，道："哥哥不曾诱导我，他只是喜欢我而已。他也不是坏蛋，不曾做过伤天害理之事。坏的人是开轩君。你这虚情假意的伪君子，从一开始来到溯昭，就是一个结籽葵花，满腹心眼儿，现在你还想诬赖我们到何时？"

这下，王姐终于坐不住了，使劲一拍扶手，怒道："洛薇，你还帮着傅臣之那小子！你、你、你莫非真的和他……"

开轩君又假惺惺道："小王姬不懂事，真不怪她……"

王姐打断道："我在教训我妹，不要你做好人。"

开轩君只得闭嘴，装出一副委屈兮兮的可怜相。这下栽了，王姐已经完全信他。我该如何是好？我扶着身子，想要坐起来，却还是因身体无力，倒了下去："王姐，你宁愿相信这伪君子，也不相信我？"

"你若不与傅臣之……你若不与他走得这样近，我还愿意相信你。"

她站起来，眼神痛苦，似有千仇万恨，脚下趔趄，开轩君赶紧上去扶住她。她却一把将他推开，望着眼前数百张忧心忡忡的脸，苦笑了一下，终于缓缓说道："我溯昭氏自千年以来，一心奉沧瀛神明，安土乐业，人致其力，扶妖者之危，济凡者之困，不曾图财害命，亦不曾对上界有不臣之心。不想，竟遭异族背叛，仙者治害，今被迫匿影藏形，处身水火之中。而非我族人，其心必异。此必然大势，已验之事。从今日起，若有离溯昭者，以驱逐处置，与其五代子嗣，不得返还溯昭，违者斩立决。而小王姬洛薇，与叛者沆瀣一气，里通外国，理应处死，但念在其年幼，误入歧途，改遣至沧瀛祭坛云霞观修行，五十年内不得外出半步。此乃溯昭生死攸关之事，不容置辩，即刻生效。"

于是，我伤势未好，便这样稀里糊涂地被扔去了云霞观。所幸王姐还安排了几个人前来照料，同时还把玄月丢过来陪我。云霞观建在祭坛的一个角落里，又冷又偏僻，旁边便是悬崖峭壁，往外伸个脑袋，都会被高峰吓得半死。我在这里待了一个白天，已冻得手脚青紫，还得忍受剥肤之痛，真是比以往一年还要漫长。玄月蹲在我的床头，用小小的舌头舐舐我的伤口，想要缓解我的痛苦，但我还是感到疼痛难忍，只能平躺着打哆嗦。

唉，这日子，真是没法儿过。

稍微静下心来，我开始努力理清思路，整理这段时间发生的事。自己到底是哪里做脱了节，才会令整件事发展到这般田地？回想一下开轩君每一次出现的情景，我忽然意识到，那么多天衣无缝的巧合，其实极有可能都是开轩君有意为之：首先，玄月是上古凶兽，却被当成普通虎崽贩卖，出现在那么平常的摊铺里，这已极不寻常。其次，曾有一只蜘蛛精把大祭司吃了个干净，却披着大祭司的皮回来见父王，现出真身还想吃我，是开轩君用胳膊挡了它救我。如此一想，这蜘蛛精冒这么大风险，从头至尾只是为了咬我一口，不论如何想，都有些说不通。只能说明，它是开轩君用来使苦肉计的工具。他却没想到，即便如此，王姐还是拒绝了他。再次，开轩君说自己在外遇到哥哥，恐怕也是故意捡着机会"偶遇"……我正想自己已推理得八九不离十时，有几个蒙面人趁侍女不注意，偷偷溜进云霞观，把我扛到了雪崖边缘。

看见他们扣住我的双臂，我望天笑道："开轩君，想杀人灭口？"

开轩君倒也不再躲藏，从一棵雪松下走出来，微笑道："小王姬实在是玲珑剔透，留着你，恐怕五十年不到便会坏事。你放心，在下不会杀你，只会把你从这山崖上丢出去，是死是活，要看小王姬自己的造化。"

我瞥了一眼那千丈雪崖，真是哭都哭不出来。没错，我是溯昭氏，比凡人要抗摔一些，但从如此高的地方掉下去，不死也得残了，外加身受重伤，死是肯定死，但恐怕还得苟延残喘个几天几夜。这临死前的折磨，才是人间炼狱。我道："反正我是死定了，给个痛快吧。"

"在下怜香惜玉，可不愿亲自动手。你若愿意，我可让这些人给你个痛快。"他指了指身边的蒙面人，"只是如此，大溯昭的小王姬便落得个不堪羞辱自尽的下场，说出去恐怕有些不好听。不如跳下悬崖，让你王姐觉得你是跑了，对你还有些念想，盼你早日归来，你说如何？"

"行，临死之前，我只有两个问题要问你。"

"小王姬请讲。"

"第一个问题：你究竟是不是仙？你若是仙，为何不好好待在仙界，反而对一个溯昭王姬如此痴迷？莫非你在仙界不过是个丧家犬，只盼着到溯昭娶妻入赘？"

"这可不是一个问题。"他不为所动地微笑道，"我只回答你第一个问题——我是仙。你以为我千里迢迢赶来溯昭，只为娶你王姐？没错，你姐是天姿国色，但还不至于令我如此费心。溯昭有一个仙神都不曾发现的秘密，只要控制住它，我便可以走得更高更远，成为横行神界的尊者。当然，仙神无穷无尽的境界，你们这些小蝼蚁，永远也不会理解。"

"开轩君，你老实说了吧，我父王是不是杀了你全家？"至此，我已快被怒火焚烧成灰，转身挣扎道，"我父亲以素丝良马之礼待你，你却恩将仇报！你还是不是人？！"

开轩君伸了个懒腰："唉呀呀，小姑娘一撒泼，就实在太不可爱了。你大概已经忘记，这山崖里冰天雪地的，可是一点儿水也没有，以你现在的法力，恐怕没法儿在短期内令冰雪化水，载你登天。现在还不多求求我，恐怕真会摔成活死人，那该如何是好啊？"

我暴怒道："你动手好了！摔死我，我化作厉鬼也天天来找你！你这狼心狗肺的东西，就这狗模样，还想成神？我呸！你不得好死！！！"

听到那句"你还想成神"，开轩君脸色大变，就好像受到了冒犯，凛然道："那你就在地狱里看我成神吧，你这不要脸的小水妖。把她扔下去！"

两个蒙面人把我高高举起，扔了出去。我的身体在冷空气里迅速下坠，我挥舞着四肢想要自救，却无能为力。很快，开轩君的身影便被冷雾挡住，云霞观的雪崖也逐渐模糊。而下坠时间越长，我就越感到害怕。不知自己掉了几百丈，我听见"嗷嗷"的叫声，玄月也跟着跳了下来！它朝我伸着前爪，一双金色瞳仁发出蓝光，然后，山崖上的雪纷纷落下，化作流水，一场大雨淋下来。

"玄月！"

我赶紧使用纵水登天术，将自己托起来，轻飘飘地浮在空中。玄月也落在我的怀里。因碰到伤口，我疼得叫了一声。再低头往下看，谷底仅有数里之远。我用最后的灵气，令自己稳妥地停在谷底，然后双膝一软，晕倒在松软的积雪中。

我做了一个很长的梦。梦中的我还在玄书房念书，和童年伙伴们一起结束课业，跑出课堂。视野豁然开朗，进入眼帘的，是溯昭百年来空前的盛世。红花开满大街小巷，有四通八达之大道，千重万户之金楼。灵鹤成排穿云过，洛水接天映斜阳。但凡有水处，便有溯昭氏如仙般飞入虚空。有淑女怀抱丝桐，亦有君子佩剑英发，衣袂翩跹，与水共舞。烈日辉映下，水光激滟，乱红纷扰，如雾般掩得帝景犹抱琵琶半遮面。玄鸟队列上，美人如云，缟衣茹藘，她们身姿轻盈，褰裳而来，把我抱在膝上，便踏上玄鸟背，飞往高空。远处尽是悬空的如絮峭壁，寻常之水一般爬不到那么高的地方，洛水却能逆流而上，将之环绕。最高的山峰上，是紫潮宫和宏伟的沧瀛神祭坛。那里有九春三秋，清丽天景，有我回不去的童年，有那梦中也知晓已经辞世的父母。因此，这是一个美梦，也是第一个令我醒来时泪流满面的美梦。玄月"嗷嗷"叫着，像是怕我冻死在这里，用小虎爪推我的胳膊，不时咬我的耳朵，舔掉我的泪水。我睁开眼看见的，便是它那双水汪汪的大眼睛。见我醒过来，它活蹦乱跳地滚到了我的怀里。

"玄月，多谢了。"我摸摸它毛茸茸的脑袋，对它挤出一个安心的笑，"若不是你倾力相救，我怕是早已死无全尸。"

它眯着眼睛，像猫一样用脑袋蹭我的手。周遭还是寒天冻地，风雪呼啸。不知狂风将我卷到了何处，但我知道自己已不在溯昭。因为，两边的雪崖崎岖地向前蜿蜒，溯昭并无如此雄伟的山谷。我勉强撑着山壁站起来，眺望前方的路。玄月却好像比我有活力得多，袖珍的小身子蹦跶了几下，便绕到我身后。接着，我听到它在后方嗲嗲地叫了两声。

我回过头去，却被眼前的景象吓了一跳。那片雪原，无端长出一片绿地，绿地两侧，百里桃树蔓延至雾气中，所有飞进这片领域的雪瓣，都变成了红色花瓣。玄月中了邪一样，欢乐地叫起来，一溜烟跑进雾中。我叫了它一声，赶紧追上去，想把它拽回来。然而进入雾中，却感到身体一暖，我顿时被眼前的景象迷住了：万枝丹彩，满树娇花，竟是漫山遍野的桃林。桃花大片坠落，狂风骤雨般，凌乱了我的视野。待一阵花瓣雨下过，在这片绿地中央，我看见了一个青年的侧影。他站在千叶桃树下，手持同一把水墨伞，青丝如黳，袍锦风流，胜似堆烟垂柳。

又是那个男子！

我百般不解，为何自己总是会在这种时刻遇到他？然而，相比我的惊诧，他看见我，却未有半分意外。他只是侧过身，朝我投来漠然一笑，指了指自己脚下。落花沾满他的衣襟，翻滚在他的袍摆下面，玄月在他的腿旁，扑蝴蝶般与落花玩耍。而最神奇的是，玄月的红毛变成了黑白色！这样看去，不过是一只长了翅膀的白虎。

这又是怎么回事？我如堕五里雾中，快速跑过去道："玄月，你的红毛为何变成了白色？"

玄月这才看了看爪子，吓得往后一缩，整个翻倒在草坪里。我把它扶起来，抬头对那青年道："是你把玄月变成这种颜色的吗？"

那青年并未答话，只是点点头。我再问原因，他也没有开口。他只是在树下撑开伞，以此遮挡过多的花瓣，引领我往前走。他的身材修长，走路也很快，我三步并作两步，才勉强跟上他，追问道："请问你究竟是什么人？为何我总是会在危急的时候遇到你？你认识我吗？等等，你为何不说话？"

我的问话，他似乎都已听进去，却始终不曾开口，只是默然地带着我，走到了桃林的尽头。最后，他挥了挥袖子，指向一条羊肠小道，示意我去那里。被人无视的感觉很是不痛快，我往前走了两步，又回过头来，轻声说道："以后我还会再见到你吗？"

他背光而站，一双深黑眼眸藏在阴影之中。尽管不甚清楚，我却看出了他眼中透露的，是那种狂歌似旧、情难依旧的沧桑。他依旧没有发声，只是把伞收起来。阳光照在他的身上，他变成了透明的。花瓣雨落在他的肩头，从他的后脑起，他整个人也随即化作漫天花雨。我知道他必非凡体，所以不过是化身去了别处。却不知为何，看见这一幕，总有一种他将不久于人世的错觉。我心中一紧，赶紧冲上去，想要留住他。然而，他消散得太快。转瞬间，眼前什么人影也没有，空留红英凌乱，十里飘香。

走出幻境，我再次回到冰雪之中，只是早已远离了方才的峡谷。前方有大道通向雪山，烟嶂高达数百丈，延伸至太清，上有危楼石桥，仙鹤回游。山顶还有旋转发光的巨大岛屿，岛屿上方同样盖有数座仙殿。这，我究竟是走到了什么地方？我在溯昭长大，对溯昭周围的环境十分熟悉。看此情形，父王已将之移到了万水千山之外。更神奇的是，玄月的颜色又变回了红色。本来身上已无感觉的伤口，又一次剧烈疼痛起来。方才那个青年究竟是何来头，那片桃花林，莫非有止血消痛变色之神效？抑或说，我根本就是做了一个又一个的梦？

玄月正躺在我的怀里，似乎也是又饿又渴。我无力再使用法术，只见前方山脚处有一口井，我抱着玄月跑过去，想要弄一点儿水喝。谁知刚靠近井口，便听见不远处传来了说话声。我心道不好，便爬到一旁的小山坡上。人声渐近，只听见一个少年嗓音粗厚，似乎是个胖子："师妹，我看你这几天心情都不错，这是为何啊？"

少女细脆如银铃的声音响起："呆子，太师尊就要来清鸿山了，我能不开心嘛。"

胖子道："呵呵，师妹唤我呆子。"

接着，一个少年说道："你果然是呆子。你以为太师尊来访清鸿山，小师妹会如此开心？那是因为三师兄也要回来了！呆子！"

胖子道："现在他已不在师父门下，可不再是我们的三师兄。我们是不是该改口叫他师叔啊？"

少女道："哼，要改你自己改，我才不改。三师兄就是三师兄。"

少年道："唉，我看二师兄又要吃醋了……"

胖子道："对了，你们都见过太师尊吗？"

少女道："太师尊是神，是你随随便便就可以见的吗？你没看为了迎接他，现在整个清鸿山都焕然一新，跟重建了似的。"

胖子道："也是哦。我连仙尊都不曾见过，竟然就要见神尊，真可怕。"

少女似乎根本没听见他们说话，自顾自地喃喃道："三师兄要回来了，三师兄几时回来呢……"她跑到井边，望着井水发呆，却正巧在水中倒影里与我对上视线。

"什么人？"她猛地抬起头，指尖冒出一道光，朝我射过来。

我的胸口被法术击中，直接从山崖上滚下来。

好样的，又来这么一下，真是销魂。我是大溯昭的小王姬没错，但也经不起这花子婆娘翻跟头似的穷折腾啊。

第三章

青龙卧湖

Chapter Three

丰隆为身蚩廉翼，
景星降世卿云栖。
中州凤麒皆朝拜，
九天紫冥任我行。

——《沧瀛青龙赋》

所谓多行不义必自毙，说的便是我。儿时总是带头欺负小伙伴，这下一口气还在了自己身上，报应，报应啊！都被摔成这样了，他们还不扶我起来，反倒像一群孩童围观蚂蚁群一样，蹲在我和玄月周围低头观摩。我和他们面面相觑了一阵子，发现这三人果然和我料想的那般：一个是胖子，一个是明眸皓齿、活色生香的少女，一个是瘦猴儿一样的活泼少年。那少女睁着大大的眼睛道："你是……溯昭氏？"

这话真是问得我措手不及。我忘了自己头发是青色的，皮肤也比凡人白，极易为人警觉。然而，回想先前仙人们对待我们的态度，老实说本小王姬还是怕。我若大方承认，谁知会不会被他们点了当柴烧？所幸在我之前，那瘦猴儿已道："溯昭氏，那是何许人也？"

"就是三师……"少女似乎险些脱口而出，却迅速咽回去，"溯昭是北海上的临月之都，据说那里住着许多溯昭氏，他们都是青发雪肤，生来便会纵水之术。"

胖子望了我一眼，道："如此说来，溯昭氏都长得如此好看？可也是仙身？"

少女皱了皱眉，挤出一脸强笑："真是无知。我们与他们可是判若云泥。我也不知道他们算凡人还是算妖。若说是妖吧，他们又没有原形，若说是人……"她指指我的头发："人能长出这种颜色的头发吗？等等，喂，姑娘，你看上去可真眼熟……"

糟糕，难道她也见过我？我忙道："我不知道你们在说什么。这头发生来便是如此，看够了吗？"

"哎呀，小师妹，我看我们误会她啦。"胖子似乎心肠不错，"姑娘浑身都是伤，还伤得这么严重，我们还是带她去宁心观，找点儿丹药给她吃吧。"

少女还是有些不悦："纸上谈兵。宁心观的丹药是我们可以随便抓的吗？这姑娘是人是鬼，我们带给师父一看便知。你们俩快把她弄起来，跟我去见师父。"

我还没来得及挣扎，就被他们搬猪肉一般扛起来，飞上了山。这下真玩完了，被送到了仙家大本营。眼见他们飞过一座又一座山峰，我也看见了越来越多的仙人：他们有的穿梭在云雾里，御剑而飞；有的站在叠嶂上，吟赏烟霞；有的骑着不知名的飞兽，乘醉听箫鼓；有的年少轻狂，与人在空中飞行打斗，使用的法术溅出满天彩光……常人看见这般景象，恐怕只觉得如梦似幻，我却是小心肝乱颤，鸡皮疙瘩都快化作漫天暴雨梨花针了。这惨淡的人生，真正是出了污水沟又掉茅坑。

终于，他们到处打听师父的消息，追到了一个高嶂楼台。此处分明积雪皑皑，却群花绽放，百草丰茂，挤满了吃得略超标的仙鹤。在这群肥鹤中间，有一个餐霞饮露的瘦高老神仙。他负手立于悬崖边，雪发至膝，渺如云烟，一身象牙色长袍如风飘逸。听见三个徒儿叫唤，他转过头来，低头看了我一眼，又看了一眼蜷缩在我怀里的玄月，捋了捋胡须，长长的白眉抖了抖，只说了一句话："此乃大事。"

不管他们说的是什么大事，我只知道再这样流血的话，睡棺材就会变成我的人生大事。终于，我受不了了，决定晕过去。

当我再次醒来时，已经被包扎成了一个粽子，躺在室内的床上，身上还有暖流涌过，想来已被仙术治疗。周围有高耸的药柜，摆满了千千万万个瓶瓶罐罐。我支撑着身子下床，极不灵活地走出房间，在外面的正殿里，我看见了那白眉老仙。听见脚步声，他转身道："小姑娘，我察觉你身上有灵力流审，却并非全然仙力。你可是在修仙？"

我摇摇头："其实，我也不知自己是什么。灵力是天生的。"

"那今后你有何打算？"

我还是老实摇头："我也不知道。我甚至不知道自己身在何处，您又是何身份……"

白眉老仙道："你在仙界清鸿山，此处乃仙家弟子清修之地。所有半仙、散仙均可在此拜师学艺。吾乃虚星天君，奉仙尊之命，来此传道授课。"

"您是此处仙徒的师父？"

"正是。"

这虚星天君看上去很是慈祥，也没什么仙人架子，应该对黄道仙君和如岳翁干的坏事一无所知。俗话说得好，最危险的地方也是最安全的地方。我若能留在此处，总比在外漂泊，某日被那些仙击毙的好。我提着心眼儿，直接跪在地上："那，您可以收了我吗？我叫洛薇，是个孤儿，现下四处漂泊，无家可归，求大仙收我为徒！"说完这句，小心肝便抽了抽。转眼间我都成了孤儿，真是寂寞朝朝暮暮。

虚星天君道："先别急着跪。虽然你有慧根，也有一定的灵力基础，但清鸿山等级森严，吾乃天君，位列仙班第三级，不收飞仙以下的徒弟。你若真有心在此修行，我可以带你去拜个师父。"

"好！我这就跟你去！"我连忙站起，往四下打量了一圈，"等等，玄月呢？"

"玄月是那头小老虎，对吗？"他指了指角落里贴了封印的笼子，"你可知道，你养的这头小老虎，来头不小？"

我赶紧跑过去，在笼子外看着可怜巴巴的玄月："玄月本性不坏，前辈莫要伤它。"

虚星天君道："你且放心。蓬生麻中，不扶而直，白沙在涅，与之俱黑。穷奇虽为凶兽，但这玄月尚且年幼，若严加管教，施以封印，我相信它会茁壮正直地长大。只是，别人未必如我所想，有眼力之人，都能认出它是穷奇。你可想到日后该当如何？"

我想起先前进入的幻境，道："可否将它变成白虎？这样别人就不会看出它是穷奇了。"

"这主意颇好。"他用手指对着玄月轻轻一点，玄月便又变成了白色，"如此一来，寻常人大抵会将它认作雪峰天虎。另外，我已将它的力量封印，在它定性之前，都只会是寻常白虎。你这姑娘倒是挺机灵。"

看来那桃林中的青年将玄月变成白色，是有意提点我？我道："这主意不是我想的，是……"我隐去溯昭的部分，把遇到那青年的事交代清楚。

"这等奇事也并非闻所未闻，只是可能性太多。妖术、幻术、仙术、道术，均能产生幻境。"虚星天君想了想道，"不过，依你所言，那青年给你看的莲花，金瓣无茎，莲子升空，听上去倒是极像无相金莲。"

"无相金莲？"

"正是。这无相金莲只有神界才有，且离了无相池便无法存活。因此，你看见的必定是幻境，而且源头在神界。那幻境里的青年，不是仙便是神，来头不小。"

"那……那他的幻影为何会来找我？"

"这就无从得知了。"

完全找不到半点儿头绪。这时，我想起先前掉下山崖，是玄月将雪化成水救了我，它这么小，能使出这么大的力量，实在有些非同寻常。我道："它现在已经有灵力了吗？"

虚星天君道："是。穷奇乃水神共工之后裔，天生是会法术的。"

原来如此。真乃醍醐灌顶。这小东西，竟和我是同一类的，那开轩君究竟还是猪头，搬起石头砸自个儿的脚。现在只盼望玄月快快长大，变成攫戾执猛的凶兽，此后便任我差遣，助我呼风唤雨，夺回溯昭，真乃快事！快事！我瞅了一眼玄月，心中狂喜至极。不知为何，总觉得它吞了一口唾沫，往笼子后面退了一些，缩起肩膀，小身子抖了两下。

说到共工，我便想起了那个水火不相容的典故。说到水火不相容，我很快就把这五个字理解得透透彻彻，而且不是字面上的透彻。因为，我跟虚星天君去拜了师。师父是个中年男子模样的仙，身材微胖，黑发虬须。他擅长火系法术，膝下徒儿，除我之外还有两名散仙，一个半仙。比起虚星天君，师父显然没那么飘逸。不仅如此，他待我也不怎么靠谱儿。打从第一天起，他知道我连个半仙都不是，还是一介女流，便令我住在柴房附近养伤。过了一些时日，伤口逐渐康复，我便向师父求艺。他在火麟观为三位徒儿演示各种火焰喷发术，却派遣我去捡柴火。

要知道，仙界的柴火也是有些名堂的。寻常的木头在仙界一会儿便灭了，也没法儿飘在空中自个儿燃烧。所以，我还得专门去琼木林捡树枝。每次感到不甘，我便会想，师父是个弄火的主儿，他的法术我也学不了，便心安理得地当我的捡柴小妹。就这样混着日子，三个月过去，这清鸿山上也没几个人认得我。

直至有一天，我在琼木林再次遇到了虚星天君。他骑着重明鸟在我面前落下，那鸟羽如火，尾如金，美得不可方物。①我放下手中的篓筐，规规矩矩地对虚星天君行了个礼："见过师伯。"

虚星天君递给我一瓶丹药："洛薇，你来得正好。你太师尊途经神魔天堑，遭大量魔军偷袭，现在受了伤，正与凌阴神君在湘娥湖畔休息，你快快把这药给他送过去。我得再回去取新炼制的丹药。十万火急，跑过去。对了，他们之所以还是按计划来访清鸿山，正是因为不想弄得满城风雨，记得保密。"

"神、神君？"听见"神"这字，我被吓着了，赶紧道，"是是是！"

我抱着药瓶子，朝琼木林深处赶去。

琼树拔地参天，枝叶如白翡翠般，遮挡了视线。直至一条大道尽头，才总算看见了湘娥湖。湘娥湖被黛青山群环绕，以往均是水上连波，波上寒烟翠，而此次前来，却被深蓝巨物填去了大半。湖畔站着两个人，一个黑发青冠，一个白发华袍。听见脚步声，那黑发男子转过来，一双桃花眼仿佛常带笑意。白发男子则是苍老尊者的模样，不怒自威。这白发尊者必然是我师伯的师父。而那青发男子，应该是凌阴神君。听说太师尊可是神尊！我这辈子有幸见神，也算没有白活啊。我一时紧张得不得了。肩上的玄月似乎也同样紧张，抓牢了我的臂膀。

"太师尊！太师尊！药来了！"我挥舞着药瓶，朝他们狂奔过去。

跑到一半，我却听见玄月"嗷"地哭叫一声。然后，它猛地躲到我的背后。我是蛤蟆跳井，一声不懂，但当树木渐少，视野陡然开阔，终于明白它在叫个什么——湘娥湖里，竟卧着一头巨龙！它的眼睛冷漠而倨傲，背上有一条深深的伤口，几乎有一片山峦那么长。

我吓得脚下一抖，欢乐的步伐被木头绊住，啪的一声摔在地上，药瓶也滚了出去。

只见白发尊者摊了一下手，那药瓶滚了两下便飞到他手里。太师尊果然就是高，年纪一大把了，受了伤也看不出来，反应还是如此敏捷，身手非凡，还养着那么凶猛的龙，高，真是高！

打开药瓶后，他自己却未立刻用药，反而倒出几粒金丹，放到那条巨龙嘴里。看到此处，我对太师尊的崇敬之心，便又增了一分。太师尊果然宅心仁厚，自己受了伤，竟先考虑医治神兽。我一边爬起来，一边感动得热泪盈眶，谁知太师尊却转过头瞪了我一眼："你是谁家的徒儿，还不快快退下！不知太师尊养伤需要安静吗？"

"啊，是！徒孙这便退下！太师尊好好休息！"我鞠了几个躬，跑出他们的视线。

过了不足一盏茶的工夫，虚星天君已神速赶回，身后还带着一大批有头有脸的仙者。又过了一会儿，湘娥湖的方向飞出七彩之光，简直比烟花还要好看，过去应该可以看见各路奇术。我好奇得不得了，但又不敢靠近，只能继续奉师父之命捡柴，不时抬头，品赏一下空中的光彩。待到夕阳时分，黄金落满琼林，仙人们也陆续离开此处，却迟迟不见两位神出来。我偷偷摸摸地靠近湖畔，想看看神如何疗伤，但那二人却早已不见踪影，只剩那条巨龙还在湖中泡着冷水澡。我猛地一拍脑袋，这才想起他们可是神，神比仙法力更高，来无影去无踪，我等凡眼怎能看清楚！

果然神就是不一样，这龙看上去比应龙和蟠龙还要威武雄壮，身子下去，浇湿大半片琼林。既然是头一次看见这么大号的龙，我肯定舍不得那么快离开。我跟一只蝴蝶精似的在树林里窜来窜去，躲在一棵最大最近的树下，悄悄眺望它。见它长了一对鲛人般的鳞耳，又泡在水里休息，我料想这是一头司水的龙。水龙好！若能养这么一条神龙，让它载着我飞行，上天下地，俯仰间穿过全天下的江河湖海，恐怕威风到脸都会笑抽筋。不过，想想太师尊供着它的模样，简直跟我们拜沧瀛神一般虔诚。想骑它，恐怕略有难度。

坦白说，这龙就跟一条松腰带似的，相当无趣。我在树后头从黄昏熬到天黑，它一直保持着同样的姿势卧在那儿，闭目休息，眼皮都没动一下。我估摸着它已经睡着，于是胆子肥了些，往前走了几步。见它还是没有反应，我对玄月打了个响指，提着袍子，踮着脚，跟做贼似的溜到它旁边。伸长脖子望着它，发现这龙真真是个庞然大物，整个泰山压顶，鳞片如冰，微光凛冽，一颗眼珠子顶我两张脸大。若把我和玄月加起来当甜点，恐怕塞它牙缝都不够。而它受的伤确实不轻。尽管它用尾巴盖住了大半伤口，但露出来的部分，还是深得触目惊心。而且，因为它的身体实在太大，伤口无法完全浸泡在湖水里。它在睡梦中也皱着眉，肯定很疼。我轻轻地运气，引湖水向上，浇在它的伤口上。

很快，伤口处有冰雾腾升。我们用水疗伤生效时，也是同样的反应。果然，我们大溯昭氏是受神庇佑的水之一族。于是，我继续纵水为它疗伤。只可惜这家伙实在太大，没过多久，我便觉得体内灵力不够用，转过脑袋，想要让玄月帮忙。

扭头之时，我又被吓得一屁股坐在地上。

这龙不知何时已经苏醒。它正转过脑袋，睁眼望着我。此刻，天空深邃藏蓝，无边无际，玉树绕湖畔，轻烟抹青山，一轮凉月高悬西天，如冰盘浸泡在深海之中。这龙的眼眸也是发亮的银白，不经意看过来，简直比寒湖月影还要瘆人。

我的应变能力还是有几把刷子的，和它一对上眼，我立马从坐地改为跪地，老老实实地磕了三个响头："神龙饶命！小的再也不敢了！"

这龙却又漠然地转过头去，有那么点儿嗤之以鼻的意思。乖乖，这算个什么态度？既不感激，也不动怒。我想了想，还是继续帮它浇浇伤口。它作为神界之龙，无论如何都不会欺负我等鼠辈……不对，小辈。

这龙也未反抗，却也没有再合眼，只是睁着那霜雪般的眼睛，沉静地享受我的服侍。趁着施法的机会，我又观察了一下它的样子。相比先前见过的蟠龙和应龙，这龙的面孔似乎要年轻俊美一些——用这词来形容一条龙，真是比蛤蟆打伞还古怪。但这龙确实好看，脸颊瘦窄，银须鲜亮，骨骼舒展，肌肉紧绷到会发光，那双美丽的眼睛，更是神采傲然。只可惜不知道是个什么品种，不知道它的同类是否也这般好看。

我凑到玄月耳边说："玄月，你看这条神龙长得可真俊啊，不知是公是母。"

玄月的脑袋歪向一边，似乎正在思考。我又道："不过脾气可真不像头水龙，凶成这样没投生成火龙真是可惜。估计还没成亲吧？"

谁知，玄月还未回答，这龙却慢慢扭过头来，一双眼简直快要结冰。我再一次扑地。沧瀛大神救命啊，说这么小声它也听到了！！

一时失言成千古恨。接下来的一整个晚上，我几乎成了个尿包，和玄月轮流上阵，跟浇花似的帮神龙大人浇水。我可以用纵水术，玄月就比较辛苦了，只能飞上飞下含着小碗倒水。神龙大人的脸皮也相当厚，我与玄月都未成年，用着我俩它丝毫不觉不妥，反而跟太皇太后似的坐享其成。老祖宗的话有时真是充满人生哲理，值得我们用一生的时间去品味。譬如，乱丝难理，泼妇难治。我敢赌十瓣玄月肉嘟嘟的屁股，这神龙大人绝对是条高龄未婚母龙，脾气这么怪，不好生考虑一下自己的终身大事，就知道欺负小姑娘和小虎崽子。

想到这里，我又鬼鬼祟祟地横了它一眼。确实也不好怪它。女不怕胖，就只怕壮。长得虽俊，却跟一昆仑陆吾似的雄伟威武，君不见它泡个澡，湘娥湖的水都快榨干了，哪家翩翩郎君龙敢娶回窝？这下又受了伤，真是身心俱损。算了，可怜见的，还是多陪陪它吧。因此，我和玄月一直忙到午夜，才准备离开。临行前，我道："神龙大人，小的先回去歇息，明天早上再来看您，您也好好休息，小的这便退下。"

翌日清晨，我起床很早，背着空篓子朝琼木林赶去。琼木林不在我所住的修真顶，所以，还得专程去驿站，搭乘鸾鸟去对面山头的琼木林。驿站建立在偏北的山峰上，距离弟子们的活动区域还是有些远。因此，会在此处使用驿站的，多半是还不大会飞的半仙和出远门的仙。大清早他们都在刻苦修行，因此驿站空空如也，我看着千奇百怪的异兽穿云越雾，从四面八方飞过来，均停留一阵子，见我无意搭乘，便再一次飞走。在山崖上有一块琼木雕的告示牌，上面清楚地写着：

文鳐②—西海—昆仑—黑水—氿叶—招摇山

三足乌③—东海—蓬莱—少昊—天毒

狍鸮④—北海—单狐山—不周山—长胫国

…………

象蛇⑤—北天—轩辕座

酸与⑥—北天—摇光

…………

最前面的是异兽名，第二个是该兽划分之界，再后面则是经停地。到九州的普遍经停地较多，仙界境内一般只去一个地方。奇特的是，有的仙界终点站后面还有这种字样："转火凤至神界夜摩""转风蛟至神界白虎山"或"转蟠龙至神魔天堑境外"。初次看见这些字眼，我的第一反应便是：妈呀，神魔天堑可是连接神界和魔界的通道，那里常有魔者上蹦下跳，谁敢去那种地方！

清鸿山驿站倒是有不错的福利，便是乘坐鸾鸟一律免费。此处的鸾鸟只在修行境地内活动，我可以轻松抵达琼木林。我坐在千年老树根搭建的座椅上，舒舒服服地伸了个懒腰，等鸾鸟到来，不想却打到了一个人。转过头去一看，那是一个浓眉大眼的仙家弟子，他道："你是何人？以前从未见过你。"

我还未回答，熟悉的少女声音便响了起来："她是高阳灵人新收的弟子，当初在山脚晕过去，还是我们几个救了她呢。"

循声望去，来者竟是救我的那三个弟子。这浓眉大眼的弟子打量了我一番，道："你的长相与常人有异，可是半仙？"

少女道："什么半仙，二师兄你糊涂了？肯定是半妖啦。仙人哪儿有长成这样的？"

我道："我不是妖。虚星师伯说了，我身上没有妖气。"

"别拿师父来压我们，他老人家仁慈，连爬到他碗里的蚂蚁都能放生，我们可没那么好忽悠。你说你不是妖，那你倒是说说，你是什么？"那少女径直朝我走来，很是咄咄逼人。

二师兄道："柔离师妹，不可以耍大小姐脾气。"

柔离道："耍大小姐脾气又如何？我爹可是许昌首富，若不是娶了我娘羽化登仙，我本来便是千金大小姐的命。"

胖子道："师妹好厉害，呵呵，呵呵……"

好样的，区区一个九州之城首富之女，居然跟我大溯昭小王姬谈大小姐。本千金？我还是本王姬呢。真想把雪峰山的水全浇在她脑袋上洗洗干净。这对话若是发生在一年前，这千金已经跪在地上叫姑奶奶了。可惜现在本王姬落魄得很！我忍！

没想到这千金小师妹得寸进尺，瞅着我，满眼的挑剔："喂，你啊，六界之中，神、仙、人、鬼、魔，你哪一个都不像，就像妖。搞不好，就是人和妖生下来的。"

居然侮辱到我爹娘头上了！真是忍无可忍！我在内心中默默朝她扔了上万颗冰球，但还是笑盈盈地说道："师姐这样说可不好。"

"她还说我说错了。"柔离无视我，对二师兄撒娇道，"二师兄你看看她，白成那样，妖里妖气的，搞不好是雪妖变的。"

胖子道："师妹，你不是特别喜欢别人夸你白吗？"

柔离怒道："闭嘴！"

"师姐这样说当然不好。你想，你长得这样好看，在这清鸿山上肯定不乏爱慕者。你猜我是妖，若是猜对，丝毫不影响他们的喜欢，毕竟师姐已经貌美如花，无须修饰；若是猜错，恐怕会给人一种外秀内痴的印象。"我看了一眼山崖外，鸢鸟已经飞来了，又笑了笑，"师姐说是吧？"

柔离愣了愣，似乎怒气消了几分："我才不是那么肤浅的人。只要三师兄喜欢我就够了。倒是你，别老岔开话题，我们还在讨论你是什么呢！"

"我是个孤儿，所以也没法儿问父母自己究竟是人是鬼。但师姐好奇的问题，我更好奇。因此，倘或有一天我查出自己是什么，必然第一时间告诉师姐，若真是妖，师姐到时再惩治我也不迟。"

二师兄道："这小师妹说话有几分道理。"

鸢鸟正巧飞来。见她还打算说话，我赶紧跳上鸟背，与他们挥手作别。这一路飞去琼木林，我望着朝霞，有些想不通。这外头的世界和我想的真不一样。从小到大，溯昭在极北之地，都跟一座神都似的。我们有全天下最美的月色，最醇的芳醪，周遭的妖啊，凡人啊，都拼命想往我们家乡挤。溯昭氏也是众妖眼中的最美氏族。连那些臊气十足的狐狸精，都很爱学我们溯昭女子，把皮肤涂得雪白。西涧王诗里那句广为人道的"故人相去万余里，新客还来过九州"，便足以反映慕名而来的异乡客有多少。我百思不得其解，怎么我成了异乡客以后，却过得如此艰难？叹世界之大，无奇不有啊。此刻北望故乡，唉，只觉归思难收……

等等，我真是好了伤疤忘了疼。都是因为那个不明是非的臭王姐，认为我和王兄苟什么合，我才会被伤成那样，还差点儿因此丢了小命。若非我年轻，现在恐怕都成了裹着伤疤的虎皮人了。爹娘哥哥全都不在，还回去做什么？混账王姐，嘴上说着不要开轩君，内心可一点儿也不老实啊，哼。这两个月我在柴房里偷偷哭了多少次鼻子，也不见人来找我。既然如此，我这辈子都不要回去了！

花沧花月
开海落都

看开以后，我舒心了一些。当务之急，是先探望一下可怕的神龙大人。

重新回到湘娥湖，神龙大人果然还伏在水中，连姿势也没换一下。它分明醒着，却理也没理我。懒成这样，真是神也无法拯救。前夜我灵力消耗过度，实在提不起劲替它浇水。我跟它道了声早，和玄月一起打扫湖畔。打扫完了湖畔，我瞅了瞅神龙大人的背，道："神龙大人，你现在伤好些了吗？要不要我帮你擦擦伤口周围？可能会舒服些。"

它看了我一眼，没回答，我知道这是默认。啊哈，这可是骑龙的大好机会！我偷瞄一下它放在岸上的尾巴，欢快地跑上去，抓着上面的银发，像毛毛虫爬树般一耸一耸地爬上去。

谁知，恐怖的事情骤然发生。

神龙大人嗓子里发出一声沙哑的闷吼，震得湖水飞溅。我吓得动也不敢动。然后，它的身体颤抖了一下，顿时地震山摇。它扬起尾巴，把我扔到了十万八千里外。

飞出去的时候，我朝前伸长了手："为何啊！！！"

不就是摸个尾巴嘛，有必要如此吗？？？

而养了一只上古凶兽，最大的优势便是，即便神力被封，反应也绝对和普通小老虎不在一个等级。快落地前，玄月咬住我后颈的领子，让我摔得不那么狠，只是屁股先着地，青了一大片。我在萋萋芳草中匍匐着，发现自己真是聪颖过人，当初猜测它是母的果然没错，只有姑娘才会这么害羞，被摸两下就怒成这样。然后，我发现了一个活了四十来岁、父母从未告诉过我的秘密：我是个受虐狂。都被如此对待了，居然还想大度地跑回去，看看神龙大人的情况如何。

更无力回天的是，我真的如此照做。再回到湖畔，它早已恢复了平静，但湖里的水染红了些许。原来经过刚才的挣扎，它的伤口又一次开裂。但神龙就是神龙，即便如此，它也没有哼一下，还是一副高傲的样子，拽得二五八万。这姑娘是条汉子，我决定大方地和它进行君子谈判。我握拳道："神龙大人，我们商量个事。我在这里照顾你，哪怕不小心触了大人你的逆鳞，你也不能对我动粗，否则我不干了！"

我握着拳头，等到一朵又一朵云彩飘过。好吧，它没听进去。

此后，我便和玄月分工干活儿。它捡柴，我伺候神龙大人。饿了，我们便到旁边的树林，跟猴子似的摘仙桃吃。我们花了近一个时辰，摘了满满一筐桃子，献给神龙大人。然后，它张开巨口，咬着竹筐边缘，仰头一口全部吞下，嚼都没嚼一下。我和玄月不约而同，睁大双眼，就像看见水神吃掉献祭的村孩一样震惊又心痛。然后，神龙大人抻着长长的、优雅的脖子，把竹筐放回岸边，俯下身子，有些挑衅地望着我们。我懂。我戳戳玄月的肩："走吧。第二筐。"

"嗷嗷！嗷呜！嗷呜！！！"听玄月还在不满地抖动翅膀瞎叫唤，我拽着它的尾巴，就把它拖回仙桃林。

直到黄昏时分，卿云烂兮，纠缦缦兮，我们才摇摇欲坠兮，和神龙大人道别，回去休息。然后，从这一天起，每天我都养成了好习惯，带着玄月去照顾神龙大人。一晚，夜幕如海，弯月若钩，我去吃过晚饭回来，发现神龙大人的伤已恢复得差不多，激动得抱着玄月转了好几圈："神龙大人！你的伤好了！现在你可以像条活蹦乱跳的鲤鱼般跃龙门了！"

很显然，这马屁拍得没什么水平。神龙大人只转了转眼珠，便没再理我。看它反应平常，我却觉得有些沧桑，抱着玄月叹气："唉，人有悲欢离合，月有阴晴圆缺，天下没有不散的宴席啊。神龙大人怕是很快便会离开，我们就要见不到它了。"

湖水渺然，天色青莹，一个年轻男子的声音回荡在两岸山谷间："你想要什么，说。"

他说话的语调是冷淡的，但这声音低沉、缓慢、婉转，动听得让我想起了高山空谷间的古琴乐，不由得打了个冷战，从头到脚都一阵酥麻。但酥麻过后，我登时察觉情况不对，赶紧跪在地上，磕了三个响头："雷公饶命！小的再也不敢了！"

果然没有天雷降落。我真是太机智了。但那男声又道："乱叫什么，起来。"

脑门在地面埋了片刻,我找到了声音的源头,慢慢抬起头来:"神、神龙大人?"

"怎么?"

"您居然是公的?!您还会说话!!!"

它无视我的两个问题:"你在此处也伺候了我一些日子,必有所图吧。说,你想要什么?"

"有有有!我的家乡……"

说到一半我噎住了。想起黄道仙君和如岳翁做的事,谁也不知神龙大人跟他们是否一国的。即便不是一国,它也不可能因为这几天简单的照料,和那么多仙对立。于是,我改口道:"我的家乡没有龙,神龙大人可否载我飞行一段?"

我万万没想到,当了这么多天好人,受它百般折磨,它对我说的最后一句话,只有三个字。说完它便从湖中飞出,顿时怒涛卷霜雪,掀天动地,一刹那就飞到了云端之上。而它说的三个字是:"想得美。"

第二天清晨,我闲来无事,跑去藏书阁翻《神仙异兽谱》之龙卷,才真正感受到什么叫立春响雷,一鸣惊人——第一页的彩色丹青,便与神龙大人一模一样,上面写着两个大字:青龙。第一行的简介写着:"青龙者,东方之神,四象之一。受命于神,威泽六界。东方甲乙木,水银也,澄之不清,搅之不浊,近不可取,远不可舍,潜藏变化无尽……"⑦

我们从小便在书本上学过:四象者,青龙、朱雀、玄武、白虎也。也即是说,这豆腐里拣骨头、米饭里拣谷子的龟毛龙,竟是青龙!我不相信!!!这书肯定抄错了!!!

一个声音自我身后响起:"小师妹?"

扭头一看,身后之人是二师兄。我赶紧把书合上道:"啊,二师兄早。"

二师兄道:"师妹如此有雅兴,一早便独自在此处读书。"

"哈哈哈,是啊是啊,不吃饭则饥,不读书则愚嘛。"我往四周打量了一番,"倒是以往路过此处时,书阁里的人似乎要比今日多些。"

二师兄道："那是因为太师尊前几日在闭关养伤，这两日出关了，正在和师父谈事情。"

"原来如此。"

我心不在焉地和二师兄聊了一会儿，便匆匆道别。没办法，我这小心情真是难以平复。神龙不单单是神龙大人，它根本就是青龙大人，这比太师尊是神尊还要令人震惊。早知如此，前一晚它问我想要什么，我该直接说："金山银山，美男做伴。"何其痛哉。我摇头晃脑，走出藏书阁，却在门口看见柔离的身影晃了一晃。不过我并未在意，只是回柴房拿着篓筐，带上玄月，去了琼木林。

果然，神龙大人再未出现在湘娥湖，这并不意外。意外的是，我们捡了两个时辰的柴，原路返回，打算把柴放好再来，却在路上踩中了一个陷阱，掉入深坑。这挣扎的过程我不愿回想，总之，玄月使了吃奶的力气，也没能将我提起一寸。我让它出去帮我找师父，谁知它刚一出去，就发出一声奶气的惨叫。然后，有人把玄月装在布包里，在上方洞口晃了晃："不给你点儿教训，你真是改不了妖女本色。"

我抬头："师姐？"

玄月在袋子里钻来钻去，跟一条泥鳅似的乱跳。柔离哼了一声："洛薇，我早就觉得在哪里见过你。你就是个妖，溯昭的水妖。勾引你王兄便罢了，现在还要勾引二师兄。好好在里面待着吧！"

"等等！师姐，你误会了！我们有话好商量啊！"我在洞底叫道，但无人回应。她似乎已经走远了。

当天深夜，下了一场大雪。有了雪水，我终于可以从那脏兮兮、臭烘烘的洞里出来，但整个人也变得脏兮兮、臭烘烘的。一整天粒米未沾，滴水未饮，我奄奄一息地赶回修真顶。然而，屁股连椅子都没挨着，就已有弟子来告知，师父让我在熠耀殿北门罚跪，也没给个理由。不过我想，应该是柔离去跟他告了个状。反正解释也没人会听，来吧，跪就跪！

一夜过去，我很后悔自己有那么丁点儿骨气。

大雪覆盖清鸿山，与远处白雪皑皑的山峰连成一片。我垂着脑袋，浑身泥泞，狼狈不堪，极寒积雪凉得骨头都快碎裂。沧瀛神啊！我的老祖宗，你在保佑我的路途上扑街了吗？而仙家弟子们自顾自地飞行，连个同情的眼神都不曾投给我。方木头不滚，圆木头不稳。修仙果然难，淡化七情六欲，换个说法也就是让自己变得冷血。我连呼吸都快没了力气，只听见一个中年男子的声音，从熠耀殿内断断续续地传出："……她这般资历，只会闯祸，真是气煞我也。神尊，此等鸡毛蒜皮之事，自然不必由您插手，我这就去把这孽障带走……"

　　紧接着，几个人影靠近。我下意识地抬头。跟在后面的是师父、师伯，以及一群德高望重的仙者。走在前方的三人中，左边是先前见过的桃花眼凌阴神君，右边是白发尊者，应该是太师尊。而中间的人竟是……

　　那个青年站在玉墀上，皮肤雪白，身长肩宽，穿着曳地玄蓝华袍，长发犹如一抹深水溪流，覆盖着长袍，两侧颧骨上有水流形神印。

　　他只是静站在那里，已变成万里雪景中唯一的颜色。

　　是他——那个一直出现在幻境中的青年。

　　他为何会在此处？

　　一阵寒风吹过，他的黑发飘逸如云。看向我的双目，更是幽深犹如沧海。这时，师父道："洛薇，发什么呆？还不赶快给太师尊磕个头！"

　　"见、见过太师尊。"在磕头方面，我一向勤快得很，登时照做。

　　"起来。"

　　说话的人并不是白发尊者，而是中间的青年。

注释：

① 重明鸟，晋王嘉《拾遗记》卷一："尧在位七十年……有祇支之国，献重明之鸟，一名双睛，言双睛在目。状如鸡，鸣似凤。时解落毛羽，肉翮而飞。能搏逐猛兽虎狼，使妖灾群恶不能为害……"

② 《山海经·西山经》："又西百八十里，曰泰器之山。观水出焉，西流注于流沙。是多文鳐鱼，状如鲤鱼，鱼身而鸟翼，苍文而白首，赤喙，常行西海，游于东海，以夜飞。"

③ 《玄中记》："蓬莱之东，岱舆之山，上有扶桑之树，树高万丈。树颠有天鸡，为巢于上。每夜至子时则天鸡鸣，而日中阳乌应之；阳乌鸣则天下之鸡皆鸣。"

④ 《山海经·北山经》："……有兽焉，其状如羊身人面，其目在腋下，虎齿人爪，其音如婴儿，名曰狍鸮，是食人。"

⑤ 《山海经·北次三经》："有鸟焉，其状如雌雉，而五采以文，是自为牝牡，名曰象蛇，其鸣自詨。"

⑥ 《山海经·北次三经》："有鸟焉，其状如蛇，而四翼、六目、三足，名曰酸与，其鸣自詨，见则其邑有恐。"

⑦ 改编自《云笈七签》卷七十二引《古经》："青龙者，东方甲乙木，水银也，澄之不清，搅之不浊，近不可取，远不可舍，潜藏变化无尽，故言龙也。"

第四章

Chapter Four

胤泽神尊

北有瀚海，
不可泳矣。
斗下淑女，
不可求矣。
高眄九垓，
我项痛矣。
云龙风虎，
燕然归矣。

——傅臣之
《北有瀚海》

盘古开天地，共工撞不周，女娲补苍天，后羿射太阳……历史上任何重大事件所带来的震撼，都无法与我心中的震撼相提并论。正是因为内心过于波涛汹涌，我反而表现得格外沉静。

"是，太师尊。"我又规规矩矩地磕了个头，规规矩矩地站起来。现在仔细想一想，我们初次见面他可以让那么凶残的蟠龙俯首称臣，后来又在我面前把玩无相金莲，必然不是简单人物。但我无论如何都不会料到，他会是神尊。

"既然太师尊原谅你了，就站那边去。"师父如躲避瘟神一般朝我挥挥手，指着后方的一群弟子。

　　"慢。"太师尊伸手拦了一下，"你叫洛薇？"

　　"是，回太师尊，晚辈叫洛薇。"

　　这是为何，他的声音如此耳熟！按理说那么多年没听见他的声音，应该不觉得熟悉才是。而且，他对我的态度，好像也和先前两次不大一样。撑伞回眸时，那惊鸿一瞥，亦是风华绝代，却明显不像此刻这般，令我感到很是害怕。难道这就是传说中的神之威严？不过，说到撑伞，我下意识地看了看他的手，却发现他右手上戴着一枚青玉戒。若我没记错，幻境中那名青年手上并无饰物。

　　太师尊道："虚星。"

　　虚星天君拱手道："弟子在。"

　　我想任何人都无法描述，这场面究竟有多么古怪与好笑。虚星天君长着一头白花花的头发，两道雪柳般的长眉，好好一个德高望重的天君，居然要对貌美如花的太师尊如此讲话。不过，太师尊说起话来，果真有一股神的腔调。这段时间在清鸿山，我对仙与神的称谓也有了一些了解。仙的称谓很复杂。他们有的由凡人飞升而成，有的诞生在仙界，区别便是前者有姓氏，后者只有名。他们都有字与号。当叫他们的字时，要用字加尊位来称呼，像虚星天君，便是字虚星，尊位天君；当叫他们的号时，则只叫号，像如岳翁。亲近之人常会直呼他们的本名。一个仙有那么多称谓，光想想都觉得头疼。但这些规矩到了神界，便统统不存在了。所有神都只有一个名字。如我们溯昭的至高神沧瀛神，就只叫胤泽。

　　太师尊道："她犯了什么错，要在此罚跪？"

　　虚星天君赶紧与我师父交换眼神。师父也赶紧站出来道："回师尊，洛薇这几天早出晚归，行踪诡异，也没好好干活儿，所以才罚她跪。"

　　太师尊道："这不怪她，她这几天都在照顾我。"

　　这话让周遭的人都呆住了。我更是惊讶得险些掉了下巴。太师尊，我错怪您了，您还是如此完美无缺，菩萨心肠，竟为我找借口开脱，又一次救弟子于水火之中。弟子感动得老泪纵横，愿来生做牛做马伺候您！

"原、原来如此。"师父的汗都快要掉在地上结成冰了，"那洛薇这孩子还是挺孝顺的，是晚辈的错，错怪了她……"

之后，我便被叫到弟子堆里，陪着神界来的三位尊者，视察仙界学府的情况。柔离也在弟子堆里，不时扭过头来斜我一眼，似乎有一肚子的不满。走了一段，太师尊似乎有事，眨眼工夫便飞到一座山峰上。另外两位神则继续巡逻。我趁大家不注意，偷偷溜出去，爬上了太师尊前去的山峰。那山峰不高，但陡峭无比，爬起来简直要了我的老命，等我上了峰顶，却见他身形一闪，瞬间又飞走了。我朝前伸长了手："等、等等……"

这真是累人。他跑路的速度，竟比我说话的速度还快。我一屁股坐在地上，掐着玄月的脖子，使劲摇晃："你说说，太师尊他怎么就这么喜欢到处乱跑？每次想碰他，他都会变成花瓣啊光啊，瞬间烟消云散，这是在玩我吗！这么一大把年纪了，还跟一只花蝴蝶似的到处乱跑，真是为老不尊……"

有人道："你说谁为老不尊？"

"当然是我为老不尊。太师尊如此高大威猛，怎么可能为老不尊！"说完以后，我沉默了小片刻，猛地转过头，立马改坐为跪，"太师尊饶命，弟子再也不敢了！"

一阵大风刮过，云烟翻卷，空中原本有数条神龙翱翔，也惶恐受惊地飞到崖边。带头的勾着巨大的头颅，冲着我身后的方向垂下脑袋，应该是在听候发落。它的眼珠比盆还大，吐息比风还剧烈。太师尊视若无物般对它挥挥手，眼睛看向我，却连眼皮都没动："起来。你方才说我变成花瓣，是为何意？"

神龙低鸣一声，成列纵身而飞，眨眼间便消失在天边。他果然还是与以往一样，对这些上古神兽招之即来，挥之即去，再结合他的尊位一想，我不由得打了个哆嗦："太师尊不记得了吗？几个月前，弟子家里发生变故，伤心欲绝，是太师尊您过来变了无相金莲给弟子看，弟子才停止哭泣……"见他蹙眉不解，我又小心翼翼道："还有，后来弟子在冰山雪谷中迷路，是太师尊您为弟子指了一条桃花路，弟子才顺藤摸瓜找到清鸿山的……"

"几个月前？"

"大约三个月。"

"你必定是在做梦。近三十年来，我不曾离开神界半步。"

"近三十年？"我眨眨眼道，"那近三十年前，弟子也见过您！北海山崖，蟠龙险些把我叼走当安胎药，是太师尊您救了徒孙。"

他沉思少顷，笑若夜风晚雨："原来你便是那个小水灵，竟已长得这么大。"

山崖外，天接云涛连晓雾。他这一笑，尽管只是随意的轻笑，也没什么喜悦之情，却瞬间黯淡了雾中的万里晨曦。脑中有短暂的空白，我晃了晃脑袋，才开始消化他说的话："水灵？什么是水灵？"记得当初他也如此唤过我。

"这么多年都过去了，你还没弄明白。"太师尊似乎不大有耐心，"自己问你师父去。"

"太师尊，就看在我俩有三面之缘的份儿上！"

"我只见过你一次。"他毫不客气地说道。

"一面之缘也好啊，我真的好想知道自己是什么。他们总是叫我们水妖，我真的是妖吗？水里诞生的妖？"我站起身。

"不是。万物皆有魂，包括一花一草，一石一木。若是汲取大量天地之气，则可幻化为人形。其中，天气清而易散，生灵；地气浊而易聚，生妖。因此，多数生灵都会修炼成妖。若非有仙神相助，清气之灵很难幻化为人形。你之所以能化人，是因为你是洛水之灵。"

原来竟是如此。我大溯昭氏不是沧瀛神的后代，而不过是区区洛水之灵，也难怪面对仙人屠城时，会弱得不堪一击。听完他的话，我简直快要哭了："多谢太师尊提点，弟子悔不当初。弟子当初若能谦虚点儿，多请教太师尊，也不会落到无家可归的地步……"

只能说，太师尊真是一个妙人。寻常人听到我这番话，通常最少都会问一句"为何"吧，但他只是缓缓将视线挪到云雾中，说了四个字："逆我者亡。"

这答案真棒。我无话可说。我服了。眼见他又一次打算下山，我急道："太师尊，稍等。"

"又有何事？"他连头也没转过来。

"当初我问太师尊名字，太师尊说没有名字，难道太师尊就叫太师尊？姓太，名师尊？还是说，复姓太师，名尊？"

他似乎快要被我烦死了，轻叹一声道："我无姓。本名胤泽。"说罢他化作水雾，消失在山崖边。

胤泽？

胤泽！！！

我腿一软，往后趔趄一步。这下是真要跪了。胤泽神尊……太师尊是胤泽神尊！父王母后，我是蹬腿要来见你们了吗？我居然看到沧瀛神了……

现实与幻想的差距总是很大。我们紫潮宫上方的祭坛上就有沧瀛神的雕像，在我们溯昭氏的心中，他老人家应该是慈眉善目、白发飘飘的模样，想不到如此年轻。仔细想想，神界之人法力无边，与天地同寿，选个好看的壳子给自己使使，似乎也在情理之中。只是，在回去的路上，我一直没想明白，胤泽神尊说，近三十年来，他不曾离开过神界，那么我后面两次遇到的都是何许人物？莫不成是儿时一见，记忆深刻，我内心深处其实相当挂念他老人家，以至于在危难时刻产生了幻觉？或者就是妖怪使的戏法？这个似乎更解释得通……

总算找到一个机会，我溜回去沐浴一番，换了一套干净衣服，顿时神清气爽。再次回到弟子大队，胤泽神尊便没再出现，只有凌阴神君还在与前辈们巡查。我却又一次被柔离盯上了，她朝我丢来一个阴阳怪气的眼神，与旁边的师兄弟们嘀嘀咕咕起来。我还听见她小声说了一句："某人恐怕骑马从来不带鞭子，走哪儿拍哪儿，连太师尊都不放过。这不，又去拍马屁了。"

我终于忍不住道："师姐闭月羞花，马屁都不用拍，便已人见人爱。"

柔离道："你知道就好啊。反正比你好。"

二师兄无奈地打断我们："够了够了，你们俩真是没完没了。柔离师妹，你能不能少主动挑事？"

"不是我要和她吵。你看她这逢人便溜须拍马的德行，不知道三师兄回来以后，她又会使什么心机手腕。"

我道："谁知道你的三师兄是谁？你当心肝宝贝的人，别人未必当回事呢。"

"这话可是你说的啊，三师兄来了以后，你可不准和他说话。"

"你只要不缠着我，我保证不说。"

柔离气得直跺脚："谁缠着你了！"

二师兄看上去头疼无比："好了好了好了，不就是为了个傅臣之嘛，有必要吵成这样吗？"

什么，他刚才说了什么名字？我原以为自己听错了，谁知二师兄继续道："柔离师妹，忠言逆耳利于行，你听师兄一句，那傅臣之就是一个呆头呆脑的木桩子，无趣得很。你每天跟在他后面，他却丝毫不顾你的感受，这样又有何意义？"

"我就是喜欢他无趣的样子啊！"

瘦猴儿撇撇嘴道："还不是看脸……"

"等等，你们说什么？"我不由得往前走了一步，"傅臣之？哪个傅臣之？"

"你看，你还说不和他说话，现在狐狸尾巴露出来了吧。"柔离摇晃着二师兄的胳膊，一副不依不饶的模样，"二师兄，你看，她就是冲着三师兄来的。你快点儿把她赶出清鸿山，我再也不想看到她！"

这时，我突然想起，柔离说她看我很眼熟。这么说来，王姐成人仪式上哥哥曾回来过一次，当时他带了一个黑发师妹，我并未看清正脸，莫非便是柔离？难道哥哥真的在清鸿山？是啊，我怎么如此糊涂。他是仙，又在拜师学艺，那必定是在此处。我正打算多问几句，却见有弟子一路狂奔而来，道："师尊，师尊，擒虎峰下有大量妖物出现，食人无数，几个师兄过去迎战，已身受重伤，请师尊前去援助！"

师伯道："擒虎峰一向肃清，怎么可能有妖物？那妖物长什么样子？"

那弟子道："状如雕而有角，音如婴儿。"①

"看来是蛊雕……蛊雕喜水，群居之地离此处甚远，按理说不应出现在我清鸿山境内。"师伯自言自语道，"青云，你快带弟子去看看。"

二师兄道："是！"

我想问二师兄关于傅臣之的事，自然不能把他跟丢。趁他带着众弟子下山之际，我也跟着溜了过去。当然，此处并非溯昭，处处缺水，好在我熟悉清鸿山的驿站路线，赶紧骑着鸾鸟飞到擒虎峰下方。在山峰上的驿站停下，我听见山脚无数村民的呐喊声。顺着呼救声看去，下方有一个小村落，半空中有大片黑压压的大鸟，它们滑翔到地面，在人群中窜来窜去，以头上的尖角，刺穿村民的胸膛，便把他们叼到路边去啃食。有几个清鸿山弟子与它们对抗，但是打得非常吃力。

满目横尸，血腥得惨不忍睹。不一会儿，二师兄便带着弟子们赶下来，在空中与那些蛊雕作战。然而，其中那头最大的蛊雕仿佛吃了很长时间的紫金丹一般，瞳冒绿光，凶悍至极，速度极快，法术对它们影响甚小，即便是仙也很难追上。有它在中间带队，其他蛊雕还是继续杀着人，吃着肉。

二师兄飞到弟子阵营中间，伸直右手二指，双手相握，从山谷间召唤飞岩，再挥手指向它们。石块轰然落下，如刀剑般在妖怪间炸开，一口气击落了七八只蛊雕。此刻，那只蛊雕头儿掉过头来，嘶鸣一声。其余蛊雕听令，直接朝二师兄袭来。二师兄施法竖立护壁，它们被挡在外面，猛用尖角撞二师兄的护壁。不管别的弟子如何攻击它们，都无法阻止它们的猛撞。渐渐地，二师兄额上有细汗渗出，看来抵御得有些困难。尽管如此，那些蛊雕还是不要命般，一拨又一拨地袭来。柔离都在后方急得尖叫起来，却无能为力。

　　我也急得在原地直打转，抬头一望，发现对面的山峰上有积雪。此刻，护壁已经越来越薄，二师兄向上抬了一下胳膊，将护壁震碎，击落十来只蛊雕。然而，他未能有时间建立第二道护壁，只能向上空飞去。蛊雕们化作旋转的黑色刀片，跟着冲了上去。

　　这时，山脚有一个小孩子穿过峡谷，大喊着"娘亲"，朝一具尸体跑去。那头大蛊雕看见他后，即刻掉转身子，想要去吃那孩子。我不假思索，将山峰上的积雪凝聚成冰刺，令其下坠，狠狠地扎了那头大蛊雕一下，然后抱着玄月躲在岩石与竹林中间。那头大蛊雕显然被扎得有点儿痛，发出了婴孩般的啼鸣，朝我所在的方向飞来。它四处寻找放暗箭的人，并用尖角刺碎无数块岩石，抖落霜雪纷纷。我躲藏的地方十分隐蔽，原本万无一失，谁知在这关键时刻，玄月打了个喷嚏，声音还响彻了山谷。

　　那头大蛊雕闻声，掉转方向，绿眸一眯，伸长尖角，直冲过来。玄月被吓得乱刨爪子，惊声咆哮，似乎挣脱着想要飞出去。我使出吃奶的力气才把它勒住，心惊肉跳地望着大蛊雕飞来。

　　终于，在它离我只有几寸距离之时，我抱着玄月冲出竹林。只听见刺耳的巨响，那头大蛊雕因用力过猛，将尖角扎进岩石，一时拔不出来了。它失心疯般振翅蹬腿，一寸寸地往外拔尖角，碎石和沙砾乱飞，我想睁眼也睁不开。近处的积雪已被这该死的蛊雕震落，散得完全无法使用登天术。我试着操纵远处山峰上的积雪，但因距离太远，全然无能为力。最后灵光一闪，我晃了晃玄月："玄月，我要跳崖了，你还是像上次那样，到最后一刻提一下我的领口，这样我才不会摔死，知道了吗？"

　　玄月的大眼中充满泪花，呜呜叫着也不知道是答应，还是害怕。我抱着它跑到崖边，看了一眼下方的空谷，高得让我一阵头晕，还有一种想吐的感觉。此刻，那头大蛊雕已将尖角拔出来了。我声音有些发抖："我跳了啊！"

　　"嗷呜！"虽说兽类似乎不能哭，但我觉得玄月已经哭了。

　　在这千钧一发的时刻，一把剑从天而降，直接将那头大蛊雕从头到肚刺穿，并把它牢牢地钉在了岩石上。霎时间血浆四溅，混入泥土之中。大蛊雕连嘶鸣之声都未曾发出，便已断了气。其余的蛊雕过了一会儿才有所感应，知道老大已死，它们成群结队地飞下来，想要攻击我。这下是跳崖也无用了，我抱着玄月不知如何是好。然而，有更多把剑落下！当！当！当！当！数声巨响，将它们一个个钉住。

紧接着，一个身影也从天而降，拦腰抱起我，横穿云雾，飞到高空。他挥舞着手中的剑，以仙术幻化出上百道剑影，眨眼间灭掉了剩下的蛊雕。整个过程中，他冷静且从容。我心神未定，却定定地看着他的侧脸，低声唤道："哥哥？"

除掉剩下的蛊雕，哥哥剑花一挽，抱着我归队山顶。柔离一见他，激动得面红耳赤，不能自已，连手都不知道该往何处放。然而，她很快便看见了哥哥身边的我，一张小脸马上鼓出两颗金鱼泡。二师兄快速地瞥了一眼柔离，清了清嗓子："师弟，你回来了。"

哥哥很规矩地行了礼："见过二师兄。"

"你现在已不在师父门下，不必如此多礼。"二师兄笑得有些勉强，"只是，擒虎峰突然出现这么多妖怪，此事有些蹊跷。"

"方才我路过炼妖谷，发现那里红光冲天，景色异常。不知是否炼妖谷的结界有了漏洞……"哥哥回头看了一眼方才我躲藏的山峰，"稍等，我去检查一下。"

说罢，哥哥纵身跳下去，开始检查蛊雕的尸体。在此期间，瘦猴儿咂嘴道："现在三师兄真厉害，从这么高的地方跳下去，都不必再使用仙术，真是与往昔不可同日而语。果然名师出高徒。"

二师兄的脸色已经很不好看，柔离却还是骄傲地扬起下巴："以前三师兄还跟着我们师父的时候，入门时间是最短的，却是最有出息的一个，他原本就鹤立鸡群。"

说到此处，哥哥已经跳上来，手里拿着十多颗发亮的珠子："果然，那头大蛊雕身上有上百种妖气，十多颗内丹。看这些，都是内丹。它应该是在炼妖谷内杀了很多妖，其中不乏千年修行的妖。所以，这头蛊雕力量逐渐增强，冲破了炼妖谷的结界，才带领同类，来此横行作乱。"

"原来如此。若炼妖谷果真生此异变，则若蹈虎尾，涉于春冰。辛苦师弟，我们这就将此事禀报师父。请诸位随我一同回清鸿山……"说到此处，二师兄看了一眼柔离，又指了指我道，"对了，三师弟，你可认得洛薇师妹？"

哥哥道："认得。"

我们都等了半晌，并无后文，这答案可真是毫不拖泥带水。不过既然他如此回答了，二师兄也没好意思再问下去。此后，我们一行人回到山顶，我和不会飞行的半仙弟子骑鸾鸟上去，师伯的那一帮得意门生则御剑而飞，或腾云而上。柔离紧跟在哥哥后面，一路问他各式各样的问题，他的回答永远不会超过三个字，且都是"是""不""不知道"。可能是因为被收养的缘故，哥哥从小便是这种性格，律己甚严，沉稳可靠，从不主动跟人提要求，任何事情都藏在心里，在父母眼中永远都是最懂事的孩子。他向来不主动讨好别人，即便不为人喜欢，也不会试图变得和蔼可亲。这和我这种得了便宜还卖乖的个性，还真是没一点儿相似之处。因此，以前他还在溯昭时，便有很多人对他望而却步。然而，柔离却丝毫不觉冷场，还是一股脑儿地贴上去，东问西问，全然不嫌累。她还提到要为哥哥做酸梅酥，却不知他最不喜欢吃的便是酸的东西。

哥哥的口味，我是很早便已发现。小时候，我经常犯错，被父王罚抄书、写悔过书。哥哥写得一手好字，模仿我的字也惟妙惟肖，所以，我跟别人说"我抄悔过书"，也不过是他帮我写，我边吃边看。当时我总想，王兄认真的样子真是俊逸，尤其是认真李代桃僵帮我背黑锅之时。

有一次，点心一道道摆上桌来，看他如此认真，我用筷子夹起一块酸梅酥，送到他嘴边。他别开头不肯吃。于是，我就自己吃了。过了一会儿，我最爱的苏莲糕来了——当然，此糕只是由普通莲瓣制成，并不是由真正的苏莲做的。苏莲是一种罕见的莲花，我只在传说中看过。尽管如此，这夜的苏莲糕也口感软糯，香浓美味，令我食指大动地吃了许多。我夹了一块给哥哥，他还是同样的反应。于是，我和玄月把苏莲糕席卷而空。后面来了水晶箩果饺、合欢羹、牛首山鸳鸯汤，没有一道他肯吃。当时我还想，果然王兄还是和儿时一样，在食物上无甚喜好。每次当大家胃口大开、品尝佳肴之时，他总是一副冷冷淡淡的模样，吃到七分饱便收筷，不似其他孩子那般狼吞虎咽。这令不少小臣女芳心暗动，也令父王为他竖起大拇指："此子清心寡欲，藏锋敛锷，必成大器。"

最后上来的点心是拔丝羊奶甘枣。这是我最不爱吃的东西，因为它确实名副其实，里三层外三层地裹满了糖浆、羊奶、甜枣，甜枣中心还有羊奶、糖浆、糖果，可谓溯昭最甜的点心。这拔丝羊奶甘枣甜到何等程度呢？寻常人吃下去，表情常常比吃到柠檬还狰狞。我斜眼看了看玄月，心想这也是个奶娃娃，便夹了一块塞它嘴里。谁知，它张开小口，嚼都没嚼一下，就用舌头顶了出来，还滚乱了脑袋上的毛发，看上去很受折磨。见它明亮的大眼里满是凶光，我不由得感慨自己的口味真没问题，连玄月都嫌弃它，唉。之后，一个邪恶的念头一闪而过。我夹了一块拔丝羊奶甘枣，送到哥哥嘴边。

那甜到发腻的味道飘在空中，我几乎可以想见王兄捏着鼻子痛苦不堪的表情，真想大笑三声。怎知他偏了偏脑袋，把它吃了下去，还津津有味地品尝起来。品尝也就罢了，那向来不知冷热的脸，居然露出了一丝堪称幸福的表情。我目瞪口呆地看着他——难道，这是哥哥一向不好好吃饭的幕后真相？为了确认眼前的事实，我又塞了一块拔丝羊奶甘枣给他。他似乎没留意到自己正在吃什么，咀嚼时还嘴角微扬，写得更加认真。这下连玄月都抬起小脑袋，惊呆地张开一口虎牙，露出一脸钦佩之色。但哥哥还是无比专注，直到满满一盘枣都吃完，才意识到没有食物了，不解地转过头来看我。

"没，没有了……"我讶异得都有些口齿不清，"你若还想吃，我可以再帮你点……"

"你给我吃的是什么？"

我老实交代了点心的名字后，时间好像静止了那么一瞬间。哥哥面露尴尬之色："其实味道一般，为兄只是有些饿。"

每当口是心非时，他都会自称"为兄"。举例来说，儿时我叫他带我偷偷溜出溯昭玩，他道："为兄认为这个点子不错，晚点儿为兄来找你。"而后他便把母后带来。又有一次，我绘了一幅画，另一个朋友在旁边题字，问他这字画如何。他道："画不错，这字，为兄觉得亦是颇好。"

当妹妹的，还是该给兄长留点儿台阶下，我很体贴地没拆穿他。

可以说，我是最了解哥哥的人，但是和柔离来回瞪了几个回合后，心里却是拔凉拔凉的——不管回答柔离多少问题，哥哥都从未回头看我一眼。玄月认出了他，他也没点儿反应。柔离跟孙猴子上了天宫似的，非常得意，每和他说几句话，就扭头瞅着我显摆显摆。哥哥他到底是什么意思啊？难不成他觉得与我在此相认，有不妥当之处？还是说，他已经知道我只是灵，所以觉得我不配当仙的妹妹……不不，我怎能如此妄自菲薄！不能这么想，不能这么想……

回到修真顶时，已是黄昏时分，云浪浸斜阳，烟雪漏红影。与其他人道别后，哥哥背对着我道："我住在丹文阁，你跟我来一下。"

"哦，好。"我飞快地答道。

与我一前一后走去时，他的态度看上去颇为平常。难道经过上次的生离死别，他都无话要说？不过也不能怪他。他大概不曾猜到，自从他离开后，溯昭又发生了那么多事。终于，我们进了丹文阁。他的卧房在二楼。推开内垂门，他让我先进去，然后背对我关上门。

"薇薇。"他轻吐一口气，然后转过身来，"暌别多时，别来无恙？"

我无论如何也不会料到，这简简单单的八字问候，让我的泪水大颗大颗地掉了下来。从小到大，都只有我欺负他的份儿，也只有他为我急到哭鼻子的时候，我从来不曾在他面前如此狼狈地哭过，真是脸都丢到西天去了。但这几个月的委屈实在积压得太多，我越在心中劝自己不要哭，眼泪掉得越厉害。正当我垂头揉眼之时，哥哥走上前来，紧紧地把我搂在怀里。

这下我更是一发而不可收了，直接像个三岁小孩般哭出声来。这种兄妹相聚的感人时刻，玄月不合时宜地叫了一声，似乎是很吃惊。但我决定不理它，回抱着哥哥，使劲把眼泪鼻涕抹在他衣服上："哥哥，我好惨，我好委屈，我好可怜。你不知道，你走了以后，我吃了多少苦……没有人疼，没有人爱，有时候饱饭都不能好好吃一顿！走到哪儿被人嫌弃到哪儿，还被一群乱七八糟的仙人欺负，哥哥啊，呜呜呜……"

我说得越多，哥哥抱着我的胳膊就越用力。但他只是静静地听着，并没有打断我。直到我哭到无法言语，他才拍拍我的背，柔声道："没事，有哥哥在，以后没人敢欺负你。哥哥会保护你的。"

他身上的味道丝毫未变。每次闻到这种气息，我都会想起溯昭的瑞云、华宫的月色、飘满故乡街道的飞花。再美丽的仙界之景，也无法在我心中将之取代。因此，也没有任何人，能取代哥哥在我心中的位置。

直到星光洒满苍穹，清风皓月入夜，我终于恢复了平静，顶着一双又热又胀的眼睛坐下来，把哥哥离开溯昭后的事，统统交代了一遍。听言，他沉默了很久道："开轩君竟是这种人，我们都被他陷害了。"

我愤愤不平道："他就是一个人渣，王姐就是相信人渣的傻瓜。"

哥哥思虑了一会儿，道："这件事不能就此罢手，我们得抽空回溯昭一趟。"

"可是，光凭我们二人之力，能战胜开轩君吗？"

"此事我得好好想想。"哥哥若有所思道，"既然你已经离开了溯昭，此后便跟着我吧。"

"好！哥哥去哪里，我就去哪里！"

此刻，玄月"呜"了一声，伏在我的腿上，眼睛载满水光，望着哥哥，闪闪发亮。哥哥看了看它，笑道："当然，还有玄月。"

我和玄月感动得抱成一团。

哥哥道："我先带你去见我师尊。他未必会收你为徒，但带你同行，应该没有问题。"

"你师尊是谁？"

"你见了他便会知道。"

于是，我和玄月跟着哥哥，一起进入了熠耀殿。看见这个名字，心生一种颇令我吃惊的预感。而后，我们穿过主殿，进入后花园。曲径通幽，冬梅香艳，一壶新酒醉了月圆良宵。残英堆积处，落梅乱飘，同样扬起了梅树下那个青年腰间的玉佩红坠。他站在树下赏花，折了一支新梅消酒。只看见这背影，我已认出是什么人。我赶紧拉住哥哥的袖口，轻声道："你是太师尊的徒弟？"

听见这边的动静，太师尊轻啜一口酒，宽袖轻摆，风雅无边："臣之吗？"

哥哥向他拱手行礼："见过师尊。"

太师尊转过头来，望了我一眼，勾起嘴角笑了笑："原来你认识这小水灵。"

哥哥正经道："是的，师尊，这是我未过门的妻子。"

我尚未从他俩是师徒关系的诧异中走出来，竟又听见这一番惊人言论。其实，有件事我一直不大愿意回想，便是哥哥当初在牢外说的话。原本以为当时他不过一时冲动，未料此刻旧事重提，我顿觉整张脸都成了冒烟的熟番茄。太师尊的目光在我们身上不过停了一下，便又持酒小酌，笑道："两个小孩，毛都没长齐，便开始学别人私订终身。臣之，你懂什么是妻子吗？"

他虽笑着，批评人时，却令人不由得生出畏惧。哥哥似乎也有些害怕，态度却未曾改变："知道。妻子，就是要和她过一生的女子。"

太师尊道："答得不错。那我问你，你知道这小水灵的一生还有多长吗？"

"两百余年。"

"那你可知道，你的一生还有多长？"

哥哥哑胆不答。太师尊有一双非常美丽的眼睛，这双眼睛有着与他年轻的外貌不符的老练，却也被岁月洗练得冬月般落寞。他静静地审视着我们俩，道："对神仙而言，两百余年，不过倏忽一瞬。她是灵，你是仙，你俩本质根基不同。道不同，尚且不相为谋，更别说你们了。"

我连连摆手道："太师尊，您误会了，这是哥在开玩笑，我是他妹妹啊。我都不知道他是吃错了什么药，会拿这种事说笑。"

"臣之，看来这小姑娘比你机灵得多，懂得遵时养晦。"太师尊鼻子里轻轻哼了一声，继续喝酒。

"等等……太师尊，这并非遵时养晦啊。"我真是有理说不清，"他真是我兄长，我们俩在一个地方长大，虽无血缘关系，却情同手足，并未做过出格之事，除了他曾经未经我允许，和我苟合了一次……"

哥哥惊愕得连话都说不出来，只是猛地回头看看我。太师尊原在喝酒，也因我的言语顿了一下，才继续喝下去。哥哥道："薇薇，你在胡说八道些什么？"

夫子曰，学而不用之，天打雷轰之。果然，说出如此有文采又带官腔的词，我把这两位神仙都镇住了。活学活用，方能出口入耳。我得意扬扬地笑道："苟合啊，你忘了？在紫潮宫附近，明月下，地牢旁，草丛中，我们确实苟了那么一下合。"

终于，太师尊也被呛了一下，以手掩口，咳了几声。哈哈，连神尊都被我征服了，可见我这话说得是很有水平。太师尊朝我投来难以读懂的复杂目光："明月，地牢，草丛？"

我点点头："是啊。只有那一次，之后便再没有。这事哥哥很认真，我是笑笑便过去了。"

太师尊道："小瞧你了，真是个放得开的姑娘。"

"别瞎说！你懂这词的意思吗？"大半夜的，哥哥的脸也粉得如此明显。

我更得意了，摸摸下巴："当然懂得，不懂我会用吗？不过我真的没往心里去，毕竟时间很短，你没待多久便匆匆离去。"

太师尊没再发话，却望了一眼哥哥，清了清嗓子。不知为何，我从他眼中读出了一丝嘲讽。而哥哥好像已经崩溃，捂着我的嘴，拽着我的胳膊，与太师尊道别，便把我带出了熠耀殿。出去以后，他异常认真地命令道："听好，以后不管在什么人面前，都不准再提那两个字！"

好凶。我干巴巴地说了一句"好吧"，随口又道："只有我们俩的时候，也不能说吗？"

哥哥先是一愣，随后陷入了严肃的思考。他目光闪烁，睫毛在月光下乌黑明亮，好像真被这个问题难倒了。我伸手在他面前晃了晃，他这才回过神来，却还是摆出兄长的架势："在我面前也不可以太放肆。"

"那是可以还是不可以啊？"

他的脸又无端微微泛红起来，却始终未能道出那俩字"可以"，只是轻轻点了点脑袋。就是喜欢他百般容忍我的模样，我心情愉悦，朝他伸出手："哥，我准备回房休息，先跟我苟一下合。"

结果便是，他把我骂得狗血淋头，然后让我一个人滚回房睡觉。哥哥真是越来越奇怪了，苟合不是拉手的意思嘛。从小到大，我俩拉手都不知多少次了，方才也只是要和他拍一下掌。他怒个什么劲……

更悲情的是，翌日哥哥带来了一个坏消息：他要为胤泽神尊去仙界别处办事，此事紧急，得即刻出发，所以不能带着我。所以，他又要消失十天半个月。这段时间，我都得一个人待在清鸿山。仔细想想，现在我与他的实力相差绝非一星半点儿，若我还是保持现在的状态，恐怕跟着他，也会变成他的包袱。若不跟着他，这不还和过去差不多吗？不，昨儿个神尊都说了，我的寿命也就那么丁点儿，我才不要在此虚度人生。

其实，见过哥哥的仙术后，我心中便打起了如意算盘：如此大好的拜师契机，绝不能错过。没错，胤泽神尊未必会收我为徒，但只要把他哄开心，说不定可以老鼠捣个洞，挖个后门，换个师父，那也是幸甚至哉。有了这样伟大的宏图，我隔日便跑到熠耀殿说要找太师尊，然后被巡逻弟子撵了出来。于是，剩下一整日，我都蹲在石狮子后头，用一双机关算尽的眼睛盯着他们，总算在黄昏时找到空隙，溜了进去。

路过书房时，我听见里面传来两个男子说话的声音，其中一个的声音极好辨认，是太师尊。我把双手举起，盖在眼睛上挡光。透过门缝，我也看到了另一个人——凌阴神君。他们正站在书桌旁，对着一张长达数米的地图讨论。不多时，凌阴神君在桌面划了两下，将地图用法术引到空中。一时间，透明的地图活了起来：山河壮丽，流水潺潺，云雾游走，熠熠生光。在这片江山上方，有千万条水流徐徐转动，好似与下界有着千丝万缕的联系。他挥挥手指，将其中的水抽掉约莫一成，下界登时江河干枯，土地龟裂。他又换了数种抽水方式，下方的世界变法不同，最终结果却是同样的干旱万里。凌阴神君叹道："旱从地下起，最先波及的必定是九州。神尊，这可如何是好？"

"此次天灾乃是六界命中劫数，看来无法避免。下界想要避免此劫，怕只有一种方法。"太师尊指了一下那凌空地图，有三道红光把它分成三大块，"若令九州大陆灵气分散，至少可以撑个五十年。"

凌阴神君道："如此，那战事是不可避免了。战争死伤无数，生灵涂炭，也好不到哪里去。老大，你现在可有何打算？如今大汉皇帝身边有大臣弄权，乃军阀豪强，我去把他清掉可好？"

太师尊道："凌阴，我说过多少次，九州浊气重，你是神界之人，不到万不得已，不可亲自动手。"

凌阴神君笑了起来："哈哈，你连魔气都不怕，竟会怕浊气。我看放眼神界，就你觉得九州浊气重。神尊啊，莫要歧视众生。你这脾气也不知被天帝说了多少次了。"

"别提他，听着心烦。"

"是是是，现在你有何打算？"

"乔装成世家子弟，去找一个姓王的司徒献计。"

"乔装？我喜欢。那可得多找几个人。"凌阴神君嘿嘿一笑，"可以找几个仙女妹妹当丫鬟。"

"不必，此次前行务必低调。你和门口那小丫头便已足够。"

凌阴神君阴阳怪气道："什么，又是我……"

我还没来得及后退，门已洞开，我还维持着双手覆眉远望的动作。我眨了眨眼，笑得阳光灿烂："见过太师尊！太师尊今日还是红光满面，龙马精神！太师尊有何指示？"

太师尊扶了一下额，坐在椅子上，对凌阴神君挥挥手："你跟她说。"

很显然，凌阴神君也未弄明白太师尊的想法，他瞅瞅太师尊，又瞅瞅我，把太师尊方才交代的事情又重复了一次。我点头点得跟捣蒜似的，然后他一舞袖子，一道水光闪过。我低头一看，头发变成了黑色，原本趴在我肩上的玄月，也变成了一只小白猫，在我臂弯里缩成一个毛团。玄月低头一看那两只毛茸茸的爪子，"喵"的一声，吓得险些掉到地上。

太师尊扫了我一眼道："这样即可，她灵力弱，无须化身凡人。"

凌阴神君领命，又舞动宽袖，在地上画出一个冰术阵，道："小水灵，跟进来。"他自己踩了进去，人便消失。

我赶紧跟了进去，走在我前面的人，早已不是凌阴神君，而是一个楚腰纤细的持扇少妇。然而，她单手叉腰，扇风的样子大大咧咧，一看即知是个男子。他转过头来看见我，收敛动作，小圆扇遮着小半张脸，那双会说话的媚眼冲我眨了眨："洛小姐，我美吗？"

娘哎，果真是凌阴神君。我忍不住打了个冷战。过了顷刻，又一个人从传送阵里出来，是一个人高马大的虬须武将。尽管外貌改变很多，我却从眼神认出了这是太师尊。凌阴神君摇了摇扇子："呀，我家夫君真是雄壮彪悍，八面威风。"

太师尊道："你今日的身份不是我夫人。"

"那是什么？"

"进去便知。"

此刻，我们似乎正站在一处达官贵人的府邸旁，一眼望去，桃花飘零，抛家傍路。正巧有一个大将从门中大步走出，其身长七尺，细眼长髯，神形从容至极，便好似在江南赏花弄月。然而，当他走到拐角处，却矫健地跨上马背，逃也似的策马狂奔。他跑掉没多久，便有大量追兵从府邸冲出来，大喊："快！抓住曹操，别让他跑了！"

士兵如水般一拥而上，不过眨眼工夫，已追着曹操消失在大道尽头。太师尊静待片刻，朝我俩使了个眼色，上前对仅剩的几名看守士兵拱手道："在下西凉马啸，有事求见董太师。"

注释：
① 改编自《山海经·南山经》："水有兽焉，名曰蛊雕。其状如雕而有角，其音如婴儿之音，是食人。"

第五章

炼妖深谷

Chapter
Five

往事悲蹉跎，
化妖啼离歌。
幽明相思曲，
一恸铅华绝。

——《幽明》

我们求见的这位董太师叫董卓，据说是九州时下一个弄权作恶的大奸臣。我们跟着几个侍卫进入他的府中，只见一个大白胖子席地而坐，豹头环眼，色若死灰。他拿着一把七星宝刀，心不在焉地擦拭着。凌阴神君说他出生在众兽山附近，难怪长得跟一头兕似的。[①]他面前摆着凉掉的饭菜，倒地的壶，零散的箭，似乎方才与人宴饮，还收了个乱七八糟的尾。看来这都是那曹操干的好事。

太师尊毫不迟疑地走上前去，对董卓行礼道："见过董太师。"

"你是马寿成什么人？"董卓随意扫了我们一眼，眼睛左晃晃看看我，右晃晃看看凌阴神君，就是没看太师尊。

太师尊道："马腾乃在下叔父。"

董卓道："说吧，你来找我有何贵干。"

"在下奉叔父之命前来拜访董太师，以行远交近攻之策。"

"哼，我与马腾井水不犯河水，无事献殷勤，可是怕了我？"等了一会儿，见太师尊只是笑而不语，董卓又道，"你来谈邦交之事，却带了两个女人，要我如何信你？"

太师尊轻笑两声："董太师误会了，这小姑娘是我的贴身侍妾，今年不足十五。而这位佳人……"他看了一眼凌阴神君："实不相瞒，这是在下来京路上收的。董太师和在下也算半个老乡，应该明白，西凉女子素来英姿飒爽，美则美矣，却不及江南女子温柔。"

"你从西凉到洛阳，还绕路去了一趟江南？"

"浮生若水，恨长欢少，岂肯择千金而舍一笑？"

闻言，董卓用那双贼眼盯着我和凌阴神君瞧了几下。看得出来，凌阴神君已经有些受不了了，他满面柳媚花娇，小圆扇后面的手却快把扇子都抓破了。玄月虽然能懂人语，却明显没看明白太师尊葫芦里卖的什么药，只是随着几人的话题转动小脑袋。终于，董卓摸了摸下巴，道："这位佳人长得是有几分姿色，尤其是这双眼睛，勾魂动人，可惜年纪大了点儿。倒是你这侍妾青春可爱，有点儿惹人怜爱。"说罢，他贼眉鼠眼地多看了我两眼。

我被他看得浑身不舒服，但又不好发作，只能垂下脑袋，闷闷不乐地等他挪开视线。不想他却来了兴致，朝我走了两步。我正想后退，太师尊却伸开手，挡在我的面前，笑道："太师，在下确实怜爱这侍妾得很，恐怕不便赠予他人。"

我飞速抬头看了他一眼，只觉得他的背影无比高大。太师尊真是君子风范，虽然平时对我严厉，但关键时刻却会护着我，真感动。只是，稍微琢磨他这番话，又无端觉得有些不好意思。看来董卓对姓马的也有点儿忌惮，他搓了搓肥胖大手，不再纠结，转而看向凌阴神君："这姑娘除了年纪大，勉强也能看。若二人能结合一下，那自是再圆满不过。"

凌阴神君额头上的青筋已经快爆炸了。看来，他和董卓在女人的审美上差异颇大。凌阴神君喜欢妖娆少妇，董卓喜欢粉嫩少女。他费尽心思化成一个理想中的模样，被董卓相中的，却是这双原生的眼睛。此后，太师尊与董卓二人继续谈论政事，凌阴神君却一个字也没听进去。直到夜色已晚，他浑身上下都被董卓的贼眼揩遍了油，我们才离开董府。出来以后，凌阴神君轻轻摇摆杨柳腰，拐到无人角落里素整纤纤手，利索地挽起袖子，把圆扇咔嚓一声折成两半："真是比蟑螂掉进饭碗里还恶心！还不如直接杀了他！"

"你的恶心先放放，留到事成之后慢慢品味。"太师尊云淡风轻地说道，同时走向他，"转过来。"

"怎么？"凌阴神君转过身子。

太师尊化身为神尊原貌，在他头上点了一下，然后自己又变回了马啸的模样。凌阴神君摸摸头，又摸摸脸，一张脸变得惨白惨白的："你把我变成了什么样子？"

太师尊并未答话，转身上了提早准备的马车。而我最惊讶的是，面对此刻的凌阴神君，他就这样走了。正逢此时，那美人转过身来，有些无辜地望着我，罗绮裙袍上沾满杨花。我失了神，差点儿忘记这人是男人变的。而后我发现，走神的人可不止我一个。玄月浑身都软如酥糖，流着哈喇子，懒懒地叫道："咪……喵……喵喵喵……"

我又险些忘了，玄月是公的。现在可真是一只名副其实的发春的公猫。但真怪不得玄月，凌阴神君太美了。他的轮廓与先前仍有六七分相似，却年轻了许多，看上去十七八岁，眼睛与嘴唇竟有几分我的影子。当然，可是比我美得多。瞧瞧他，眼波横如澄江，眉峰聚如青山，真可谓若问此间销魂处，佳人盈盈眉眼间。真是好看，好看，连我这个姑娘都忍不住一直盯着他。跟他们上了马车，我有点儿明白太师尊的计划了，但也没多问。

凌阴神君见我与玄月都成了呆子，掏出铜镜一看，便如柳絮般倒在太师尊的肩头，满面春愁："神尊，我曾告诉过你，我此生不愿娶妻，是以无缘相逢心仪之人，现在我已改变主意：我能不能把自己娶了？"

太师尊慢慢扭过头，对着那倾国倾城的脸略扫一眼，轻抬了抬下巴。凌阴神君摸着脸，睫毛跟黑羽毛似的扇了扇，道："莫、莫不成……你想先爽爽？"

太师尊仍未接话，只是伸了伸胳膊，把他推到角落里："别过来，要吐了。"

凌阴神君指着自己的脸："看到这张脸，你也想吐？还有这个！"他伸手捏了捏自己的胸，又一次跟吃了春药似的倒在一旁。

看见凌阴神君这一系列表演，我和玄月两个都吓傻了，想笑笑不开，想叫叫不出。但太师尊还是郎心如铁，只扔了一句话："凌阴，给你这身体，是让你假扮十七岁的少女，不是让你扮青楼老鸨。过几天见了要见的人，不要卖弄风骚。"

凌阴神君猛地坐起来："啊？又是我？！"

然而，凌阴神君已被这新皮相迷晕了头，完全未对太师尊设防。直到第二天再见，他都还在花园里照镜子，在身上摸来摸去，看得我好不别扭。玄月倒还蛮喜欢这一幕，每当我抱着它路过花园时，都会喵喵乱叫一通。太师尊没有搭理凌阴神君，将我变成他的小厮，自己化身曹操，去了王司徒家中。入门前，我道："太师尊，徒孙有一事相求……"

"说。"他果决道。

"请太师尊收我为徒吧！"四周有人我不便跪下，只得深深鞠了个躬，"太师尊若不答应，我便在此长跪不起。"

"我不答应。你跪便是。"他还是相当果决，说完之后飘然而去。

这……好歹也稀泥抹墙敷衍一下嘛，看来之前觉得他变温柔了，都是错觉。我摇摆了一下，还是直起身跟着他进了司徒府。还未进入厅堂，一个身着文官服的枯瘦老者便迎了出来，似是王允，急切道："孟德，你怎么出来了？"看来，曹操此刻正在王允家中。

"王司徒，操有一计，不知当说不当说。"说这话时，太师尊的神态已与先前截然不同，眯着的眼睛时刻狐疑，笑容却豁达又爽朗。虽然我只见了曹操一眼，却觉得他学得惟妙惟肖，真不愧是太师尊。

"快快进来说。"

王允把我们请了进去，我看见太师尊坐下时，以袖掩酒盏，在里头放了一颗金丹，接着抬眼道："我一直在想，董卓骄奢好色，若使用美人计，不知能否制住他。"

王允道："这不失个法子，只是，这美人要到何处去找呢？"

"王司徒府里便有一个。"

"你说的是……？"

"您的义女。"

"你是说小女貂月？"王允摸摸下巴，有些犹豫，"若真能剿灭董贼，让貂月出马也未尝不可。只是，貂月虽然是个足不出户的大家闺秀，却离'貌美'二字尚远……"

"王司徒有这番苦心，已是我大汉之福。操敬您一杯。"太师尊把酒盏送了过去。

"不敢不敢。"王允缓缓将酒饮尽，却像是有些头晕，以手背撑住额头。

太师尊道："王司徒真是谦虚了，如若貂月不算貌美，那可以考虑一下您的二女儿貂蝉。"

似乎是那药酒生了效用，王允晃了晃脑袋，击掌道："是啊，小女貂蝉可真是貌美如花，此计可以一试！"

这一日过后，凌阴神君就这样无端被他老大坑了，冠上了一个闺名——貂蝉，成了王允的小女儿。又十来日过去，我与太师尊坐在凤仪亭旁边的房顶上，亲眼看见他与一名姓吕的少俊将军在亭下相逢，从拉拉扯扯，到欲拒还迎，到绸缪顾盼，到海誓山盟；此后，又看见他在董卓面前从妖娆万千，到欲拒还迎，到绸缪顾盼，到哭哭啼啼……

在这些日子里，凌阴神君夜夜离开司徒府，跑到太师尊面前抗议，但太师尊往往一句话将他打回去："莫不成这事你要我来做？"

直到被董卓摸了手，凌阴神君终于崩溃了，咆哮道："老大，你想玩死我啊！就不能直接杀了他吗，为何非要那吕布杀？我有这么大的魅力，可以让吕布和董卓互相残杀吗！"

太师尊笃定道："有。"

在摇曳的烛光下，我能看见凌阴神君，哦，不，貂蝉光滑的脸上，冒起一颗颗亮晶晶的鸡皮疙瘩。他忽然异常冷静："我就不理解了，你为何不让小水灵去？她是姑娘家，做起来不是更得心应手嘛。"

太师尊因而将目光转移到我身上，仿佛是在思索这个问题。我看上去应该是没什么反应，实际对上那双美丽的眼睛，却心跳加速，浑身都已绷直。

然而，他只是云淡风轻道："她还只是个孩子。"

这答案却让我感到莫名羞耻，别开眼睛不再看他。我真是个怪胎，到底瞎紧张个什么劲。

凌阴神君不依不饶道："你老实说，此事何时结束？"

太师尊道："到吕布杀了董卓为止。董卓一死，群雄必然并举，你将名垂青史，流芳百世。"

凌阴神君梨花带雨道："名垂青史的是貂蝉，不是我！貂蝉是你瞎取的名字！老大，别玩我了！我真的不能再被那董卓摸手，他若要亲我一下，我宁可自刎！"

当然，他最后未能说服神尊。又过了一些日子，太师尊见大事已成八九分，便带着我离开住宅，走到郊外，准备找个无人之地变回原身，归去仙界。城外寒烟轻起，衰草凝绿，有商女弹着琵琶，格外有一股亡国美人的悲凉腔调。我道："太师尊，凌阴神君究竟何时才能回去？"

"不用多久。"说罢，太师尊把玄月变回了原形。

我松了一口气："哦，那就好，我看神君每次来找我们，都是一副很痛苦的样子。"

"痛一痛没什么的，很快便能习惯。"太师尊又把我的头发变回原形。

"那董卓和吕布应该不会真的去亲他吧？"

"凌阴的千秋功绩，便让九州历史来评说。"太师尊答非所问，虽面无表情，却有一股悲凉的腔调。

眼见他即将变回自己，突然我们脚下泥土一松，掉入了一个无底深坑。在坠落的过程中，大老远便嗅到扑面而来的妖气，我特想对太师尊说一句话：太师尊，做人要厚道。人在做，天在看。不信抬头看，苍天放过谁。这下报应来了!

可当我真正掉进了下面的世界才知道,不厚道的是师尊,遭报应的是我:我正置身于一个蜿蜒的回廊中,眼前飞沙走石,瘴气连绵,四周的泥土中尽混着断壁残垣,看来以前应该是一个地底宫殿。而自神尊建溯以来,我大溯昭氏最灵敏的,莫过于直觉。虽然眼前只有沙石尘土,但我还是能意识到先前逼近的妖气此刻已完全将我包围。探望四周,太师尊和玄月早已不知道跑到哪里去了。前方不远处,似有鬼影憧憧,妖灯飘移,让我一步也不敢动。

然而,土原本克水,在这干旱的沙地中,不过多久我便觉得呼吸困难,浑身不舒服,眼睛也快睁不开了。此刻,一个声音从上空传来,响彻整个宫殿:"小水妖,本来你逃离了那水妖城,若隐姓埋名好好过日子,六界之大,我也不会来为难你。但你可好,明知山有虎,偏往虎山来。今日之果,均是你自己种的,死于非命,也怨不得别人。"

我傻眼了。这声音如此耳熟,无数次在过去几个月里出现在我的噩梦中——是如岳翁!这一刹那,母后被削断的手指、父王颓然倒下的身影,以及整个溯昭的百姓的哭喊声都像一个个恶梦一般袭来。我竖起浑身汗毛防备,脚却不由自主地有些软了:"这是哪里?你为何要送我来此?"

如岳翁道:"呵,真是没用。在清鸿山待了三个月,竟连炼妖谷都认不出来?"

"你为何要把我弄到这里?!我不是妖啊,我是灵!"

"我自然知道你是灵。"如岳翁苍老的嗓子里发出两声怪笑,"但人老了,有时就是会糊涂,有时看着你,也觉得和妖没什么两样。对于我们仙而言,宁可错杀一万个灵,也不放过一只妖,区性何况灵的生命原本轻贱不值钱。好好在此享受与妖物李郭同舟的日子吧。"

"等等,你别走!让我出去!"然而,后来不论我怎么叫唤,如岳翁都再未响应。

炼妖谷,这三个字着实有点儿吓人。相传太上老君的六样宝贝里,紫金葫芦原本有两个,他用其中一个在清鸿山建了一座葫芦形的囚妖观,以囚禁被仙人捉到的妖。然而，随着时间推移，一个小小的道观不足以装下越来越多的妖，后土娘娘便把它挪到了山外的峡谷中，建成了这个炼妖谷。

原本妖物被困入紫金葫芦中，会在一时三刻化为脓水。在这个加大号的炼妖葫芦里，最上层的沙土就是会风化妖的东西。在炼妖谷上层待的时间越长，就死得越快。简而言之，炼妖谷就是妖的十八层地狱。没有妖愿意待在最上层，因此，越往下走，妖物就越可怕。而且，炼妖谷直通阴间无间地狱，也就是那个永世不能超生的地方。

抬头看了看上方的天空，发现天是紫色的，想来便是天帝亲自设下的结界，任何妖灵碰了以后都会渐灭无闻。这下真是遇上大麻烦了。太师尊他到底去了哪里？当时我明明看见他和我一起掉下来的，怎么不见他的影子？

身上的不适感越来越强烈，我很快做出了决定：一咬牙，闭着眼睛朝前跑去……然而，道路长且远，很久都没有尽头，那些已经被风化的妖怪在风中悲鸣，让我屡屡有一种自己将晕倒化为灰烬的错觉。

就在快要撑不住的时候，脚下的沙地一软，我又一次掉了下去。这一次，我出现在一个残破的小石房里。此处总算没了瘴气与风沙，却布满了苔藓，潮湿阴冷。看见苔藓，我挪步到门前，发现回廊两侧果然有流水，然而整个回廊里，挤满了各种妖物：有绿眸闪烁的老树精，有掉落满地灰粉的飞蛾精，有在墙角摆动的藤条精……它们蛆虫般在整个回廊上蠕动，只是看一眼，我都觉得胃里直冒酸水。

往后缩了两步，回头却看见苔藓也蠕动起来，朝我喷射出毒液！我操纵回廊中的流水，化冰刺穿它。绿色浆液溅了满墙，它在地上动了两下便没了动静。

此刻，一个老树精正巧从门前路过。我吓得差点儿再次发起进攻，它却只是看了我一眼，便懒洋洋地爬开。我试着踏步走出房间，发现一整层楼的妖怪都软绵绵的，没什么杀意。找到楼梯，走到下面一层，发现所有妖怪还是同样的状态，而且大部分都是植物昆虫修炼而成的妖怪。再下去一层，妖物变得有些棘手。迎面而来一只飞鱼妖，用尖刺攻击我。我纵水往上一跃，和它交手几个回合，把它消灭。周围的妖物看了一眼飞鱼妖横在地上的尸体，纷纷畏战而逃。于是，我一路顺利地从四层杀到五层，不曾失手。

终于，到了第六层。此处与上方截然不同，墙上沾满鲜血，地上还有被啃食干净的白骨。看到这些白骨，我不由得打了个冷战。胤泽神尊说过，溯昭氏整个就很滋补。想当年，蟠龙捉走我，也是为了制作安胎药。那对妖来说必然也是一样。可是，楼上几层只有水，没有食物，亦无出口。若不继续往下走，只会饿死在上面。可是往下走，说不定会变成妖的腹中食物……

正感到矛盾之际，我看见西北方一道门前，出现了几十只人手。原以为自己眼花，定睛一看，发现那是一只修炼出了几十只人手的蜈蚣精！顿时觉得头皮都麻了，原想找地方藏身，肩上却传来撕心裂肺的痛楚！我惨叫一声，扭过头去，被那东西吓得差一点儿窒息——咬着我的，竟是一头树干粗的血红巨蟒！它长着人的头，披头散发，眼珠外凸，嘴巴大大张开，咧到耳朵上，所有锯齿又长又尖。记得以前在书上看到过，这妖物叫窦窳，生长在少咸山，以人为食，人吃了它的肉，却会中剧毒而死。我纵水化作冰刺，朝它的脑袋刺去。不想它却将我叼起来，猛地朝前蛇行而去！它移动的速度太快，我连周围的妖怪长什么样都看不清。终于，在一个角落中，它用蛇身缠住我，从肩头拔出利齿，张开大口，用短剑般的两排尖牙冲过来，似乎是想穿破我的脑袋。就在这时，我变化出几十根冰刺，直冲它的面门！其中有几根刚好插穿它的眼睛！它咆哮的声音传遍整个楼层，缠着我的蛇身也因此松开。我赶紧纵水跳出去，不要命地朝反方向逃去。

饿了那么久，我早已体力不支，只好在一个破房间里蹲下来，按着伤口，上气不接下气地喘气。松开满是血的手，发现血还止不住，只能又重新按回去，撕扯衣服打算包扎。

如果一直这样耗下去，迟早会被吃掉……

正想到此处，赫然罩下的阴影却吓得我心跳都停了——那是一张倒挂的恐怖面容，连接在长长的红色蛇身上。须臾，我意识到这又是一只窦窳，从身后的窗口探头进来。我往下滑动身体，躺在地上，避开了它的尖牙血口！它咬碎了墙壁，把头收回窗外，闪到小房间门口！我抬头看了一眼窗口，那窗只有脸盆大小，根本不够逃出去。从窗外引来冰刺袭击它，也因受伤变得有些迟钝，被它统统挡了回去。

窦窳张开一口尖牙，拉长身子，朝我伸了过来！我害怕到极点，只能抱头尖叫！

结束了。下一秒便会被它撕成碎片吞进肚子里……

可是，等了很久，身上都毫无痛感，倒是有温热的液体滴在我身上。抬头一看，只见一把剑从窗口伸进来，刺穿了窦窳的头颅。

"出来。"冰冷而熟悉的声音自门外响起。

我呆住。方才作战时毫无感觉，现在却觉得浑身发冷，手指僵凉得像在腊月的深潭中浸泡了一个时辰，牙关打战到连说一句"好"的力气都没有。而门外的人，说话分明是用命令的语调，却令我顿觉心头一热，眼眶潮湿。我擦掉手背上窦窳的血，站起身来，跌跌撞撞地跑出门去。

门外之人确实是太师尊。但是，他还是顶着马啸的壳子，只是刮了胡子，脱掉了身上的熊皮铠甲，将束在头顶的发在脑后绑成辫子，看上去轻便不少。擦干净长剑上的血，他把长剑插回鞘里："一点儿作战经验都没有，你一个人跑这么快做什么？"

"我……我以为太师尊不在此处。"

"我同你一起掉下来，可能不在吗？"看见我肩上的伤口，他从怀里掏出一个药瓶，丢了过来，"我现在没法儿使用法术，吃了，止血。"

我赶紧吞下药丸，道："不能使用法术，那你是怎么下来的？"

太师尊低头看了一眼腰间的剑，又抬头像看见笨蛋般嫌弃地看着我。我困惑道："太师尊为何会不能使用法术？我都可以啊。"

太师尊道："我的神身若在凡间久留，极易引来雪窖冰天。因此我化为人身，并非幻术，除非再次施法变回，否则这身体与凡人并无两样。在此处，人与妖都不能使用法术。我掉进来时，已经没有时间变回神身。"

"也就是说……现在这人身是一点儿法术也使不上？"

"对。"

"那如果人身被毁，会发生什么事？"

"会死。"

"那我们现在该怎么办？"

"炼妖谷里没有出口，我们只能下到最底层，从阴间绕路回到仙界。"

太师尊果然是太师尊，还是这么擅长用简单的回答，把人打击得灰飞烟灭。如此说来，现在太师尊比我还要弱，这一路上恐怕还要我护着他。顿时，责任感化作千斤巨石压在肩头。这才下了几层楼，我便已经无法与此处的妖单挑，再往下走，还得保护一个凡人，恐怕我俩是凶多吉少。反正横竖都是死，我跪下道："太师尊，倘若我们能从这里平安出去，求你答应我一件事。"

"说。"

"收我为徒。"末了，还不忘补充一句，"太师尊，现在我俩得相依为命，我保证，这一路会保护你的，但我真的想跟你混啊。"

"哦？你真能保护我？"他扬扬眉，莫名来了兴致。神奇的是，马啸这张脸分明平凡无奇，但配上胤泽神尊的表情，竟也散发着迷人的风采。

我心虚道："我会竭尽全力。"

"也好，我便点拨你几招。"

"是！多谢师尊！"我激动地说道，却迎上他骤然降温的眼神，于是气势又弱了下来，"多谢太师尊……"

我雀跃得太早。先前听哥哥说，胤泽神尊是个严师，我觉得只说对了五成，他分明就是个暴师。我俩逗留在这一层，找了几只小妖练练手。我和它们只交手几个回合，便把它们消灭掉，但是——

"施法动作不标准。"

"灵力太分散。"

"反应慢。"

"闪躲动作太大，会让你反击速度更慢。"

"引水还拐弯？你是在绣花吗？"

"力量这么弱，跑这么慢，你和那个有何区别？"他指着墙角流着绿水的苔藓怪。

…………

从小都在课堂上被夫子夸赞的我，尊严受到了毁灭性的冲击。我哭丧着脸道："太师尊，我只是灵……"

"对，我差点儿忘了。你不是水灵吗，怎么来来回回打了这么多次，就只会变冰刺？"

"我还会变冰雕。但作战的时候，实在没时间把冰块变得很好看……"

太师尊沉默了一阵："我是说，如果一直纵水发动攻击，你会浪费很多时间，为何不直接使用水系法术？"

我道："太师尊，我们溯昭氏都只能纵水，不能变水……"

"谁跟你说的？"

"你说的。"

"我何时说过？"

《溯昭史》说过，沧瀛神从天而降，告诉溯昭氏祖先，水乃溯昭氏的根源，若擅自将水从体内运出，便是拔了自己的根，会折寿。我本想把这段记载背给他听，但摆在眼前的事实显然是：封建迷信害死人。最终我只能说："那我能变水吗？"

"做这个动作。"太师尊把双手捧在胸前，像抱了一颗球，"再提气，集灵气于胸腹，引至手心。"

我跟着模仿他的动作，按照他说的话去做，果然体内有一股源源不断的清流往外涌，但一直盘旋在双肩。他走过来，一只手摁住我的背，一只手把我的肩往后掰："初学时，姿势务必要标准，否则会影响日后的修习。"

被他这样一碰，整个人的精神都抖擞起来。我连连点头称好，他又道："现在，把那股灵力推出来。"

照做后，奇迹发生了：我的双手之间，有薄薄的水雾升起，星河般旋转。我又惊又喜，却不敢发声，只是抬头冲他小鸡啄米似的点头。太师尊道："很好，勾住双手食指，集中精神，朝食指方向汇聚水雾，用纵水术将之凝成水流。"

我继续照做，水雾果真聚在一起，凝结成了潺潺细流。太师尊道："使其加速流转，推出去。"

当我将水流推出后，它变成了一股强有力的水势，把前方的岩石都推后了三四米。我顿时有一种神功大成的爽感，拍拍双手叉着腰，昂头挺胸，朝太师尊抬抬两条眉毛。

太师尊道："就是如此，这是最基本的'凝雾形水'。你记得，所有与水有关的道术，都由雾化水，水化冰，冰化刃。"

之后，他又传授了我一些基本法术要诀。原来，方才那一招"凝雾形水"若不将力量汇聚于食指，而是反其道而行，张开双臂，扩散雾气，则会变成"烟雾腾天"，让敌人看不清自己在何处。其实换句话说就是金蝉脱壳，迄今我觉得此招最为实用。授课完毕，我俩刚拐了个弯，便跳来一只一米高的蛤蟆精。在太师尊的提点下，我不出几个回合便把它解决掉了。正在得意，却不料螳螂捕蝉黄雀在后，一只可怕的蜈蚣精竟在极远处便看见了我们。它挥动上百只人手，吐着五尺长的毒舌，朝我们飞驰而来。

沧瀛神啊，这东西长得实在太吓人了！我们能不能逃跑啊！不对，沧瀛神现在是泥菩萨，保佑不了我。他现在是人身，根本跑不过这蜈蚣。我冲到太师尊面前，义无反顾道："太师尊，我来保护你！"

"这蜈蚣修行千年，你打不过它。退下。"太师尊还是一如既往地冷静。

"可是……"

"退下！"

我被他的呵斥吓得退了两步。他抽出长剑，身形笔直，以剑尖指地。我急中生智，施展"烟雾腾天"，不想刚放出雾气，便被蜈蚣精大老远吹出的气冲走。它发现了我们的虚弱，眼冒金光，似乎更加兴奋。它的眼睛有西瓜那么大，舌尖冒出黄色毒液。静谧的空气里，只有它飞快爬行的簌簌声。这个东西伸展开原来比窦窬还要大上数倍，皮就像钢铁那么厚，我俩合起来都不可能打得过。

眼见它离我们只有十来米远，太师尊提着剑飞奔过去。与此同时，那蜈蚣停了下来，抬起身子，伸长了舌头。

"太师尊！"

只见太师尊高高地跳了起来，直对蜈蚣的面门。蜈蚣浑身抖了一抖，又伸出四条长长的细舌。这下完蛋了，太师尊就要去了，我也离去不远矣。实在不愿面对即将发生的惨状，我捂耳闭眼了一会儿，但还是强迫自己睁开眼，去看接下来发生了什么。

然而，眼前的一幕完全出乎意料：那蜈蚣精睁着大眼，立在原地，一动不动。太师尊出现在它的尾部，单腿跪在地上，双手握着剑柄，剑身插入地面。此刻，他的辫子慢了一拍，柳絮般缓缓落在背上。那蜈蚣精却纵向从中间分成两半，往两边倒去。在一堆蠕动的内脏中央暴露出的地面上，有一条长达半条回廊的剑痕。血如河水般涌出，浸入这条细痕中。

简……简直是帅毙了……

我险些忘了，哥哥的剑法便是习自太师尊。只是，太师尊说他现在是凡人肉身，真不是在说笑？剑法再高明，凡人又怎能就像捏死一只蝼蚁似的轻松解决一只千年蜈蚣精？

好吧。神果然是神，变成凡人他还是神。

太师尊站起来，把干净明亮的长剑插回剑鞘，未转身，但半侧过头道："洛薇，走。"

"啊？哦，好。"

他刚才居然叫了我的名字？相识二十七年，终于有名字了，我容易吗我！

看着他走在前方的高挑的背影，我忽然觉得，这炼妖谷跟儿时的床帐一样温暖安全。我一路小跑追上去，像条小尾巴般牢牢跟在他身后。

炼妖谷实在太令人咋舌。接下来数日，我们都在长途跋涉，寻找下层的出口。所幸有的楼层里有植物，我们才不至于饥不择食到吃妖怪。而越往下走，就有越多修炼成人形的妖。到十七层时，太师尊还被一只国色天香的狐狸精缠上了。那狐狸精本以吸男人精气为生，阅人无数，看见太师尊这张凡人脸却也芳心萌动，说什么要和他在这鬼地方结成秦晋之好。太师尊差一点儿动手杀了她，最后还是我良久劝架，才把他拽到楼下。

终于到了二十层，我们刚进来，就看见前方有一个持剑少年的背影。在这里看见如此熟稔的背影，我还以为自己产生了幻觉。然而，他转过身来，竟真是哥哥。

我愕然道："哥？你为何会在……"

然而，他眼眶发红，二话不说，舞着剑朝我们刺来。

注释:
① 众兽山，《山海经·西山经》记载："……又西二百五十里，曰众兽之山，其上多琈琈之玉，其下多檀楮，多黄金，其兽多犀、兕。"大概方位在甘肃省西南方向。董卓乃陇西临洮（今甘肃省岷县）人，因有此一说。

第六章

Chapter
Six

画皮幽都

犹记白萍荷，
君面桃花色。
美人望不见，
逢面徒奈何。

——《奈何》

　　我用太师尊教我的"水帘重幕"暂挡这一剑，再轻推水波，闪到了角落里。按理说，哥哥应该追杀我才是，没想到我这样一躲，他就像没头苍蝇一样乱窜，转而攻击太师尊。出乎意料的是，哥哥竟能和太师尊打上数十个回合。只见二人的身影如闪电疾风，眨眼间，他们已经在小小的殿堂里飞檐走壁、对抗角逐无数圈，剑气震断了几根石柱。

　　最后，太师尊以手肘击退哥哥。哥哥的后背撞在墙上，眼见又要冲上来，太师尊却掐住他的脖子，单手把他高高推到墙上。我道："太师尊，不要杀他。"太师尊连头也没回，就直接挥剑砍下哥哥的脑袋。我顿觉胃里一阵翻腾，连话都没说出来，腿上一软，瘫倒在地上。

　　"别大惊小怪，起来。这不过是傅臣之的幻象。"说罢，太师尊把那躯壳扔到地上。果然，那躯壳化成一抹烟雾，转瞬消逝。

　　我一个打挺从地上爬起来，疑惑道："为何这里会有他的幻象？"

　　"普天之下，会幻术的妖怪多了，你要问我，我也不知，只能继续往前走看看。"

太师尊刚上前两步，我就赶紧挡在他面前："等等，我们会不会也中幻术？"说完这句话，他没回答，我也没再问，我俩之间有短暂的沉默。我赶紧改口道："我，会不会中幻术？"

"这要看你的意志力。"

这真是答了跟没答似的。不过想想还是算了，妖也好，魔也好，见了神尊，个个如恶鬼见钟馗一般。只要老实跟着他走，便可安然无恙。我继续安分守己地跟在他后面当小尾巴。然而，我们刚跨过一道门，便发现四周的景色变了样：在一条夏日长河旁，仙鹤飞起，白羽惊落，一群青发的小孩子蹲在岸边，以水凝刻冰雕，还调皮地操纵冰碴儿互相打来打去。人群中央有一个小姑娘忽地站起，睁大活泼的眼睛望过来，玉碧瞳，初雪肤，两根小辫子在水光中晃来晃去，仿佛桃花与冰雪捏出的娃娃一般。她朝我们这里摇了摇手，嗓音清脆："哥哥！哥哥！不要老是一个人坐在那里，快点儿来跟我们一起玩啦！"

这小姑娘看上去好生眼熟。她的一双大眼笑成了两条长长的弯弯的缝，提着衣摆跑过来，朝我们伸出莲藕小胳膊。如此可爱，连我都忍不住朝前了伸手。然而，太师尊提剑就把她砍成了两段。我差一点儿又被这血腥的画面恶心到吐。周围的环境又恢复了正常，太师尊用剑指着地上的两段小孩躯体道："这是你吧？"

我这才恍然大悟。难怪眼熟，这是我小时候的模样。岁月是把杀猪刀，原来我也曾经这样可爱过。不过，在认出是我的情况下，太师尊还砍得这么麻利，这真是伤情处，妖谷望断，鬼火已黄昏……

"看来，这些都是傅臣之的记忆。"太师尊往四周看了看，"既然连小时候的事都被翻出来，说明他已被妖怪俘虏了。"

"那我们得赶紧去救他。他在炼妖谷吗？"

"肯定离这里不远。"

又往前走了一段，出现了一条大道。阳春有脚，途经万户人家。两侧梨花盛开，如雪坠落，我们顺着大道往前走，一棵梨树后，冒出一张少女的脸庞。

"哇!"她叫了一声,像是在故意吓人。然后,她又笑得一脸灿烂,歪着脑袋,两条长长的双马尾垂下来,发间、手腕上点缀着粉色桃花。有花瓣掉在她的青发间,好似原本就生在上面一样。她朝我们勾勾手,小声道:"哥哥,快来,我跟你说哦,翰墨正在这树下面睡觉,口水鼻涕流了一脸,难看死了。嘿,你看这个。"她拿起一片梨花花瓣,将之卷起:"我要把这个插到他的鼻孔里。"

她刚跑了两步,又站住脚,回头道:"嗯?怎么啦?花瓣呢?"她看看自己肩头、袖口、衣襟,都没找到花瓣,却不知那花瓣其实在她头上。

记得了,我确实干过这事。我把花瓣插入童年伙伴翰墨的鼻孔,但这没用的家伙,打鼾太厉害,把花瓣吸到了喉咙里,差一点儿被呛死。因为这件事,我被父王连着骂了三个白昼,逢面便骂,真是太不美好的回忆。可是,这个花瓣在头顶的细节,我忘得一干二净,为何哥哥会记得这么清楚?而且,在哥哥的记忆里,我如此美丽灵动,令自己都有些不好意思。

当然,最后的结果是,太师尊又一挥剑,把眼前的少女砍成两半。我为自己的"尸体"默哀片刻,与太师尊继续往前走。

接下来的场景可是分外眼熟:地牢外,月光如练,青草繁茂。少女穿着白色斗篷,发如烟柳,随着清风斗篷微微颤抖。她抬起眼眸,对我们莞尔一笑,眼中满载星斗:"我也喜欢哥哥。"

我的心一下子跳到了喉咙,赶紧伸手去抢太师尊手中的剑,一下就把那幻影劈开,交还给太师尊。太师尊接过剑,思索了一会儿道:"原来,这便是明月,地牢,草丛。"

"是的,太师尊!"我精神抖擞地应道。太师尊居然还记得这事,真是让我觉得自己颇受重视。

"不错,还是如此奔放。"真奇怪,太师尊为何一脸欣赏?

接下来我们过了很多道门,里面有他拜师的幻影、读书的幻影、习武的幻影……但他绝大部分的记忆里,都有我的存在。当我真正当了孤儿,无家可归，才意识到哥哥这么多年都和我一样。不知为何，这些总是有我存在的记忆，令我无端有些难过。

终于，进入一道门，那里的幻景总算与之前大不相同：星河翻转，银汉迢迢，似是仙界夜晚。我们踩在一片溪水中，是处彩舟去棹，有三里荷花，九天纤云。有一片仙水，波纹粼粼如縠皱，亭台栏杆处，有一只彩舟露了个头，水面倒映出舟上女子的倩影。倒影中，她挎着一个装满星子的花篮，以水为饰，以风为裳，手指白细如葱，柳眼萦损柔肠。倒影并不清晰，然此情此景，画图难足。

见身旁的太师尊上前一步，我以为他又要挥剑把人砍成两半，谁知，他只是怔怔地望着那道倩影，连眼睛都忘了眨一下。终于，那彩舟徐徐前行，路转溪头，那舟上的女子也终于出现在我们面前。她把花篮里的星子撒在溪水中，玉钏摆荡，神色忧郁，眼角有星泪点点。以前我最怕看人哭，别人一哭，我就手忙脚乱兼闹心。然而，这还是我头一次见一个姑娘，连哭都哭得这样有仙气，让人恨不得把此景绘下来挂在墙上。

美啊，美。若说凌阴变的貂蝉是可触及的诱惑之美，那这女子，可谓只能远观的神仙之美。不枉我离开溯昭后，天南地北到处跑，这不，看见这些美人，就跟眼睛被按摩了似的舒服。我还在欣赏眼前的美人，却听见身旁的太师尊轻声道："尚烟……"

我疑惑地看向他。又听见那仙女琴声般的嗓音响起："儿子，你在那里做什么？过来，来娘这里……"

那仙女一脸担忧，把篮子放在船头，提着裙摆，从舟上走下来，赤足踩入溪水。

"别下来，水凉伤身。"太师尊丢下宝剑，大步朝前走去。

"太师尊，等等！"

我赶紧跟上去，拽住太师尊的衣摆，却被他一掌推开。他力气很大，我差一点儿被他推到地上，所幸我反应快，登时抓住他的胳膊，大声道："胤泽神尊！休得再靠前一步！那是幻术变的，不是真人！"

他这才停下，晃了晃脑袋，冷静下来。然后，他看看眼前正在哭泣的仙女，又回头看向全力拖在他身上的我，眼神变回了以往的淡漠："去，把剑拿给我。"

我拾起剑，见他正垂头不语，就一不做二不休，自己上前把那仙女的幻象劈开。随后，四周的仙界美景，变回了血腥的炼妖谷下层。一个声音在空旷的房间里响起："哎呀，真遗憾。胤泽神尊如此高高在上，都险些变成我的囊中物。"

"浮生帝，我就猜到是你。"太师尊冷笑一声，"怎么，当年被尚烟亲自送到此处，心有不甘，现在想再玩一次同样的把戏？"

浮生帝呲嘴道："尚烟那个臭婆娘，害老子丢了五百年修为，还被关在这鸟不生蛋的地方这么多年。但不想拿她当诱饵，真是一钓一个准儿。不管是你，还是这臭小子他爹，见了她，哪怕知道是假的，也跟吃了迷魂药似的自己踩到陷阱里。"

前方的那扇门里，又出现一个哥哥。他垂着脑袋，眼冒红光，拖着剑，僵尸般在原地摇摇晃晃。他的身后，还出现一个扇动翅膀、身子摇摇晃晃的小白虎崽——居然是玄月！

浮生帝道："方才若不是这小妖精叫醒你，我就又多了一个玩物。小妖精，待会儿你也别想跑。"

我道："我不是妖，我是灵！"

浮生帝直接忽略我："胤泽神尊，这可是你爱徒本人，今日，他战死方休。看你还能不能下手再把他劈成两半。"

语毕，哥哥慢慢抬起头，用剑指着我们。玄月也抬起小脑袋，挥舞着爪子，眼睛血红地对我们"嗷嗷"嚎叫。

接下来的交战场景，变成太师尊对抗哥哥，我对抗玄月。只见他们腾空下地，在空旷的妖殿中移形换影，太师尊的剑光银如霜雪，哥哥的剑光红染邪气，真不愧是两个高手之间的决斗，霸气得一塌糊涂。尤其是在太师尊的神力被限制的情况下，二人势均力敌，真是精彩万分，连刚才一直耍嘴上功夫的浮生帝也保持沉默，估计正观战观得惊心动魄。再看看我与玄月，则更是快刀斩乱麻，油炸花生米，比他俩更加干脆：我飞奔过去，用冰球把玄月从空中砸下来，压住它的身子，捏住它的四条小腿，谁知它却喷了我一脸口水，还像一只溺水的蜜蜂一样疯狂地扑打着翅膀，扑得我满脸瘴气泥灰。这小东西，发起疯来比常态下难对付得多。我揪着它后颈的毛皮，把它拎起来，翻着白眼把脸上的口水拭去，此后，就一直保持如此姿势。它挥爪、踢腿、伸足、秀乳齿、原地疯旋，都动摇不了我半分。

而太师尊与哥哥的战斗，确实有些棘手。太师尊的体力有限，而且神志清醒，得控制住自己，不能伤了哥哥；哥哥原是仙体，还会施展法术，太师尊需要身法很快，消耗大量体力，才能闪躲他全方位的攻击。时间长了，太师尊有些力不从心。察觉到情况不妙，我望着玄月，佯装喃喃自语："浮生帝，浮生帝，是浮生若梦的意思吧？取了个如此气势浩大的名字，我还以为能变出什么厉害的东西，没想到变出来的也还是假的，这与普通的狐妖有何区别？"

没想到这叫浮生帝的妖怪还心高气傲得很，他冷哼一声："假的又如何？已经让你们自相残杀。"

我笑道："哈哈，若是我们心甘情愿地在你的幻术中互相憎恨、折磨对方至死，那才叫真正的互相残杀。你这样弄死的不过是肉体，即便哥哥和胤泽神尊有一人死掉又如何？到最后他们还是不会恨对方，还是会觉得你才是敌人。"

浮生帝笑了一声："呵，你这小丫头，嘴还挺硬。行，既然你不相信我有能力让你们互相憎恨，反正我也闲着无事，那就先让你去动手杀你王兄看看。"

"来啊，你以为我会怕你吗？"

说是这样说，我在手心快速变出冰刃，集中注意力。之后，我看见一处壁画上有碧光闪了一下，接着乱七八糟的幻影便出现在眼前：有父王，有母后，还有开轩君与哥哥在一起商量密谋，杀害我父母的画面……我赶紧握住冰刃，用力在指尖一刺！这十指连心的痛，真非一般舒爽，我登时就精神抖擞地回到了现实中。

"壁画！"我对着太师尊和哥哥的方向喊道，"太师尊，浮生帝在壁画里！"

太师尊登时甩脱哥哥，飞奔向壁画的方向，一跃而起，将剑横在胸前，准备把那壁画划成两段。谁知这时，浮生帝急道："神尊手下留情！"

太师尊的动作并未停下，浮生帝又道："别别别，饶我一命，我和你做个交易！"随后，壁画上又有一道碧光亮起，飞到哥哥和玄月身上。他俩绷紧着身体，抖了一下，哥哥半跪在地上，玄月四脚朝天地躺在地上。

太师尊这才停下，但剑锋已经指向壁画："滚出来。"

浮生帝道："是是是，我滚我滚……"

真没想到，刚才说得如此狂妄骄傲，底下却是个大尿包。但令我有些意外的是，从壁画里哆嗦着滚出来的人，真是一个头戴春秋时期国君冠冕的儿郎，看上去与凡人并无两样。他缩着肩，跟个乌龟似的向太师尊磕了个头："多谢神尊大人饶命。"

我道："我就不明白了，你不就是个妖吗，怎么穿成这个模样？还是说你想当皇帝想疯了，所以化成皇帝的模样？"

"闭嘴，你这小妖精懂什么！"浮生帝扭过头来，愤怒道，"我本来就是个君王。"

太师尊用剑指向他："废话少说。"

浮生帝被剑光吓得往后一退，一屁股坐在地上，冠冕上的充耳叮当作响："是是是，说说我们的交易，不不，这不是交易，是小的愿为神尊奉上的一点儿小小心意。神尊应该知道，这炼妖谷有九九八十一层，你们现在才到了二十层，若一层层走下去，可有的走，也有的打。我这里有无间厉鬼赠的传送符文，可以送神尊和神尊的朋友们直接到八十一层，无间地狱入口处……"

太师尊道："拿来。"

浮生帝从怀里拿出几张符纸，颤抖着地放在地上。太师尊用剑把符纸挑起来，伸手接住："滚。"

那浮生帝真的滚着离开了，到门口拐角处爬起来，一溜烟地消失在空中。我赶紧去扶奄奄一息的哥哥，送水给他喝。同时，望着浮生帝消失的方向，我有些迷惑："这浮生帝战败前后的表现差别也太大了，根本不像一个人啊，他莫不成是在演戏？"

太师尊道："不，他一直都是这性格，弄死了不少人，自己却比谁都怕死。"

"好奇怪，为什么？都有胆子杀人了，还没胆子面对生死？"

"他是由齐桓公死前的怨恨凝结而成的妖灵，也即是说，他最初的记忆就是饥饿、悔恨、惨死和蛆虫，这类事他不会还想经历第二次。"

"齐桓公？那是九州的皇帝吗？"

"是春秋时期的一个君王。"

听太师尊描述，这齐桓公还是个人物：他生前东征西讨，称霸诸侯，但贤臣管仲死去后，他任用小人，昏庸无道。晚年重病期间，他的五位公子为争权夺位，连他饿死了都不知道，直到他死去六十七天，蛆虫都从窗子里爬出来了，新的君主才发现他死了，将他下葬。所以，他的怨恨一直盘旋在齐桓公尸体周围，没事就思考人生，最后得出了个关于生命的谬论：浮生若水，娱己害人。此后，这浮生帝最爱做的事，便是让人生活在他制造的各种幻境中，时甜时噩，最后活生生饿死。

听了以后，我觉得背上一阵阴凉："浮生帝既然如此阴险，会不会再次给我们下套？"

"不会。他虽卑鄙无耻，贪生怕死，却很守信，到底有一些像齐桓公的地方。"太师尊翻看了一下手中的符纸，"符文也是真的。"

"那我们现在怎么办？等哥哥醒了，就……下去吗？"老实说，听到那个无间地狱，我总是觉得浑身发毛……

"对。"

我怯生生道："太师尊，那里不是阴间最可怕的地方吗？我们下去了，会不会出不来啊？"

太师尊道："不会，地府每勾一个魂，哪怕只是牛马虫鱼，都会有详细记录，下无间地狱的就更不用说了，都是重犯，名字上过无数本册子才会被关在里面。若未被记录，鬼差便不会强行关押。"

我松了一口气，拍拍胸口。但太师尊又补了一句："我没去过无间地狱，不过去过的人都说那里有些恶心。"

我望着他，僵成了石块。

过了两个时辰，哥哥醒过来，玄月也恢复了正常。原来，我与太师尊掉入通往炼妖谷的传送阵后，玄月就连续几天几夜未眠，直飞清鸿山搬救兵。正巧哥哥回到了清鸿山，就跟着它一起到炼妖谷来找我们，但他们算是鼻梁碰着锅底灰，撞上了浮生帝这个难缠的家伙，双双中幻术，便一直被困在这里。

恢复清醒后，玄月似乎很不好意思，一直趴在我的膝盖上，翘起小屁股，把脸藏在爪子里。哥哥还有些虚弱，在旁边打坐，调养内伤。趁着这个机会，我也把如岳翁陷害我的事告诉了太师尊，但隐去了他与黄道仙君联手攻打溯昭之事。

"按理说，如岳翁应该看得出你并非妖体，为何会兴师动众追到九州，专门开个法阵把你弄进来？"太师尊想了片刻，眯了一下眼睛，"洛薇，你是否有事瞒着我？"

妈呀，姜果然是老的辣，太师尊脑子太好使了，一下就察觉到问题所在，这样下去恐怕真瞒不了多久。只是，事关重大，我实在不敢冒险，还是不能把溯昭之事抖出来，就怕到时神尊来一句"哦，这是我当时随便建着玩的空城，现在我不想玩了，灭了吧"，挥挥袖子，溯昭就变成史书上的地名。因此，我不敢多言，只能拼命摇头："没有，绝对没有。"

谢天谢地，哥哥道："师尊，我已休息完毕，可以出发了。"

久别多日，再看见哥哥，我的心情别提有多愉悦了。有他和太师尊保护，我还怕什么呢？无间地狱也不怕。我总算不用再当太师尊的小尾巴，而是缠着哥哥的胳膊到处跑。哥哥虽然还是没把情绪写在脸上，但从他的眼神也能看出，他心情颇佳。我挽着哥哥的手，偷偷问道："哥哥，那个叫尚烟的仙女，是你的亲娘吗？"

"你看到了？"哥哥点点头，"那是我亲娘。"

"她和太师尊认识？"

"对，他们是旧识。正因如此，师尊才会收我为徒。"

"你们两个。"太师尊皱了皱眉，"嘀嘀咕咕些什么，下地狱这么开心吗？"

我们像两个做错事的孩子，乖乖闭嘴。然后，太师尊掏出符文，将我们传送到了阴曹地府。

"无间地狱也不怕"，我要收回这句话。随着玄月一声格外奶气的尖叫，我来到了一个此生再不愿来第二次的世界。

随着一片血红出现在眼前，我闻到了一股扑鼻而来的恶臭，还夹着血腥味，伴着熟肉味。这味道实在太重，我一时间没有闻出它的源头，只觉得头晕目眩，恨不得直接失去知觉，躺倒在地上。同时，周围咕噜噜响起的声音也很奇怪，像是黏稠的液体和肉烧开后，水泡爆裂的声音。眼前厚雾重重，不知由什么凝结而成。

我们挥挥手，让雾气消失一些，出现在我们面前的景象，才是真正比饭桌上的屎壳郎恶心千万倍：我们站在一个巨大的地底窟窿里，四周有无数温泉般的池子，每个池子都由铁笼罩着，里面咕咕冒着的液体，是人的鲜血。在这些鲜血里泡着的，自然是堆积如山的尸体——不，确切说不该叫尸体，因为这些人虽然都被煮烂了，几乎个个断手断脚，但还是在里面挣扎着游泳、爬行。如此看去，简直像无数锅刚煲好的人肉汤。看见这些东西，再闻到那股味道，连呼吸都是莫大的折磨。

"我……我不行了……"我抓着哥哥的胳膊，"这里就是无间地狱？好恶心。我们快点儿走吧。"

只要一想到这里的雾气都是从血水中升腾而来的，我就在心中暗暗发誓，回去一定要沐浴一百次。哥哥也被这画面震惊了，单手捂住脸，就再也没有放下来。倒是太师尊淡定得很，只是皱了皱眉，径直往一道山洞口走去："去那边。"

我们赶紧跟着太师尊朝那个洞口跑去，却有一个白色的庞然大物跳落下来。我拽着哥哥往后退几步，看清了那东西的样子：那是一个六七米高的翼虎骸骨，翅膀有十米长。它没有声音，没有眼睛，但往前行走的姿态，却与书本上记载的凶兽穷奇无甚区别。再看看玄月，它显然已经被吓坏。那虎骨每朝我们走一步，它抓在我肩上的小爪子便会用力一些。

不等那虎骨扑过来，哥哥与太师尊已冲上去，与它打斗起来。这绝对是个表现自己的好机会！我将双手捧在胸前，凝聚灵气，想要施展一下法术，给它致命一击。然而，灵气还未聚齐，那虎骨已被他们击碎，变成一把碎骨，零散在地。我道："它死了吗？"

"死？在无间地狱里，没有什么不是死的。"

回答我问题的人不是太师尊，也不是哥哥。我闻声转过头去，不知何时，我们后方竟多了一个人，而我们三人都没察觉！那是一个看似凡人的二十来岁的男子，红袍如血，黑发如漆，长袍覆着手，漏出半截雪白折扇，整个人都轻飘飘地悬在空中。即便隔了这么远也能看见，他的睫毛浓且黑，几乎覆住眼睛。转眼间，他身形一闪，已出现在我面前。一股冷香洗清了空气，红袍如云般扩散，一把张开的扇子出现在我面前。当扇子挪开，他的脸庞在我面前骤然放大。这张脸鬼魅至极，却也艳丽至极，我一瞬间像中了迷药一般不能动弹，只睁大双眼木木地望着他……

"小心！"

哥哥把我拉到身后，拔剑想去刺破他的扇子。他一手背在身后，持扇之手轻轻一转，便把哥哥的攻击化去。之后，不管哥哥怎么和他打，他总是能用同样的方法闪躲过去。他张开折扇，轻巧地往我们这里一扇，有无数颗骷髅头幻影从天而降，直击我们面门。这一回，我用"烟雾腾天"躲开了他的攻击。他正想乘胜追击，太师尊冲上去，一剑划下去，便把他的皮肉切开。

他还没来得及闪躲，太师尊的剑如闪电般再次落下，把他砍在地上。看见他躯体里暴露出的白骨，我差一点儿当场呕吐，转过头去不敢再看。哥哥道："是个画皮。法力这么强，打了这么久才死，真不像是普通的无间鬼……"

他话尚未说完，那画皮又一次说道："说了，这里没有什么不是死的。倒是你们，一个小仙人，一个灵，一个凡人，也敢来无间地狱撒野。"

此话说完，他也刚好粘好身上的骨与皮，缓缓站起来。同时，那本来变成一堆碎骨的虎骨也站了起来。我惊道："天啊，他又活过来了！怎么可以这么快？"

"普通鬼若是受到重创，确实一时半会儿起不来。"太师尊望了那画皮一眼，"他确实不是普通的鬼。他以前是仙。"

画皮原本准备继续出击，却收了手："这凡人眼力倒是不错。你如何认得在下曾是仙？"

太师尊对着他的折扇扬了扬下巴："自然是因为你折扇上的画。云霄仙君，我是一直没搞懂你，天帝如此赏识你，连寝宫里都挂着你的画，你倒好，大材小用，跑到这里来画皮。"

"你是……？"画皮眯着眼望了太师尊一会儿，愕然道，"胤泽神尊？"

画皮认出了神尊，我却认出了画皮。以前我很爱读《百鬼通史》，不想他是我最喜欢的画皮鬼王花子箫！记得书中对他外貌的描述是："其色如桃花，鬓发如鸦，凡得遇者，常致思欲之惑。"如今见了本人，真是名不虚传。我拉了拉哥哥的袖子，道："哥，他、他是花子箫。"

我经常跟他讲花子箫的故事，所以他立刻便反应过来。花子箫笑道："这位姑娘认得我？"

"你大名鼎鼎，我当然听过。每一本和鬼有关的书里，都有关于你的记载。而且，你对你妻子好痴情……"我扭头看了看太师尊，却发现他正在用一种微妙的眼神望着我，我并未多留心，继续道，"太师尊，你就别说他不好了，他会沦落此处，都是为了让他的妻子进入轮回。"

太师尊道："仙界之事，我了解得比你多。"

就知道在人前拆我的台。我撇了撇嘴，没接话。太师尊道："云霄仙君，当年若不是你对那魔女执迷不悟，现在定已位列神班，可有遗憾？"

花子箫想了想，道："无妨，都已是过去之事。况且现在在下已可以时常告假，暂离无间地狱，只要再过一些年，便可离开此处，住入幽都。我素来喜静，只要给我一张纸，一支笔，几本书，不论是住在轩辕座，还是幽都，都并无差别。"

"心境倒是不错。那你好好待在这里吧，我们走了。"

"且慢。我送你们上去吧。刚好今日我妻子转世，以送你们出去为由，我可以不用告假，到幽都转转。"

太师尊无奈摇头："执迷不悟。"

这一路从无间地狱上十八层地狱，再赶到幽都，我就一个想法：想来此后的七天七夜都将是睡醒无滋味，茶饭难下咽。而有太师尊一同前行，真是打遍天下无敌手。最初花子箫带我们去见无间鬼差，鬼差对我们还是一副高高在上的样子，死活不肯放我们出去。但他一搬出"胤泽神尊"四个字，那鬼差竟跟浮生帝似的直接跪下来，说自己有眼不识泰山。就这样，我们顺利出来，抵达鬼界首府幽都城外。

在这之前，我从未见过鬼，不想这一回，把毕生能见的鬼种见了七八成：空中飘着小雨，有无头鬼提着大黄灯笼，一摇一摆地流了满草地的血；水鬼周身莹蓝，在河面上飘摇；归帆之上，船夫头戴斗笠，跟数琥珀似的，数着手中的眼珠；吐着长舌的吊死鬼抱着绣球灯，苟延残喘般以舌骨发出脆响……什么僵尸、勾魂、煞神、冤魂、双头鬼、夜叉、鬼婆等等，只要我在书中见过的鬼，都出现在这里，群魔乱舞，哭嚎连天，同时伴着幽灯轻摇，纸钱乱飞，真是自有一种恐怖的繁华。

看了一会儿，我有些受不住，转过头想要缓缓，不想却看见太师尊从一道光里走出来。他长身玉立，一袭长袍深蓝如夜，食指上的青玉戒莹莹发光，长发也散了下来。冷若冰霜的脸上，有一双幽深如海的眼睛。神界尊者出现在此处，自有一番屈尊降贵的倨傲之美。所有鬼魂都看直了眼，却也没几个敢多看。这几天朝夕相对，我也险些忘了，太师尊原本的相貌应该是这个模样。不知为什么，我却没有欣赏其他美人那般开心。

大概，这原本的神尊，离我是有些太远了……

此后，我们准备从通仙台回到仙界。胤泽神尊出现在阴间，这可不是一件小事，就连毫无意识的鬼火都会对他退避三舍，更别说其他厉鬼了。

抵达幽都正门，阴雨天飘着无边丝雨，细细如愁。奈河绕桥而走，中间多少断魂泪。花子箫的书童为我们送了伞，他自己也撑了一把，将我们送出来，停在奈河岸边："在下不能远离幽都，只能送你们至此。此去离别，海北天南，不知何时复相见也。盼平安。"

太师尊道："告辞。"

然后，太师尊和哥哥率先走去。花子箫却唤了一声："洛薇姑娘。"

我转过脑袋，指了指自己："仙君是在叫我吗？"

"在下有一事想请洛薇姑娘帮忙。"

"仙君尽管说。"

他指了指奈河桥："你可看见奈河桥上的队列中，有一个穿着青衣白裙的姑娘？"

我顺着他所指方向望去，那里有一排等候喝孟婆汤转世的鬼，有一个站在后方的女子，正穿着青衣白裙。我道："是倒数第四个吗？"

"正是。"他收了伞，把它递给我，"请洛薇姑娘帮在下把这伞送给那姑娘。"

"需要我捎话吗？"

花子箫望着那女子的背影片晌，缓缓道："不必。你就说是你送的。"

"好！等我，我去去就回。"

我持伞飞奔而去，中间也确实被几个鬼吓得魂不守舍。不过，也不知是不是太师尊威严的功劳，近看他们，好像并不是很可怕，反而有一种幽怨可怜的调调。我很快上了桥，拍了拍那青衣姑娘的肩。疏雨如绒，她回过头来，十八九岁的样子，杏眼薄唇，是一张很平凡的脸。我把伞举起来："这位姑娘，有人托我送伞给你。"

姑娘犹豫了一下，接过伞："是什么人？"

我认真道："他让我告诉你说，是我送的。"

姑娘愣了一下，扑哧一下笑出声来："你这人真是好生有趣。"她撑开伞，阴影中，发梢上的水珠如雾般湿白。她摩挲着伞柄，轻声道："我这一生短如薤露，不过一枕黄粱。不料到了转世前的节骨眼儿，有人萍水相逢，还如此古道热肠。若不是马上要喝孟婆汤，忘记前生记忆，我一定亲自上门道谢。请帮我把谢意带到。"

"没问题。我还要赶时间，先走了！"

"嗯。"

我转过头，正巧看见花子箫站在奈河桥下，并未撑伞。奇怪的是，先前哪怕他脱了皮，我也没觉得他像此时这般不堪一击。大概，是因为雨水沾湿了他的黑发。又见幽灯初上，鬼火跳跃，照亮他一袭灼眼的红衣。见我完成任务，他朝我拱手道谢。我原想过去当面跟他说那女子说的话，却听几名无间鬼卒临岸唤道："花公子，时间到了，请随我们回去。"

花子箫最后看了一眼那青衣女子，便转身离去。于是，在鬼卒的护送下，他又走向了通往无间地狱的路。淡烟细雨中，泉台路冥冥，他红袍垂曳，轻触芳草，一头黑发，仿佛夜般深邃。

花子箫这事，令我乘着马车，一路心情都不愉悦。哥哥在外面驾车，我无法跟人吐露心中苦闷，只能坐着发呆。玄月很担心我，后腿踩在我膝盖上，前爪一个劲地推我的锁骨，望着我的眼珠子晶亮晶亮。我终于忍不住了，抓住玄月道："玄月，你说，他们会有好结果吗？"

玄月能听懂我在说什么，但明显听不懂我的话，它呆呆地和我面面相觑。此时，太师尊道："他们已经有过好结果了。"

"太师尊的意思是，他们在仙界曾经是夫妻吗？"见太师尊点头，我长叹一声，"可是，现在云霄仙君这样喜欢他妻子，他妻子却一点儿也不知道啊。难道每次轮回，他都要这样送她走吗？太悲情了，我无法忍受。"

太师尊道："哦？如果你是云霄，你该当如何？"

我道："若换作太师尊，太师尊该当如何？"

相处这段时间，我已发现我们这位至高神明，和传说中那恩泽众生的沧瀛神完全挨不着边，他年轻貌美，自以为是，独断专行，面冷言横，甚至可以说和传说中的他是截然相反的人。所以，我的猜测是，他会说"我不会代她受苦"。结果，他最后给我的答案，还是非常出人意料："若换作是我，最初就不会和这魔女成亲。"

"高，真高。"我竖起大拇指，"本来我想说，太师尊如何做，我也会如何做，但现在想想，我大概还是会和云霄仙君一样，去救自己所爱之人吧。不过，那也要等到一百年之后。"

"为何要等到一百年之后？"

我笑道："一日为师，终身为父。因为太师尊对我恩重如山，我最起码要孝敬您老人家一百年吧。"

太师尊哼笑一声："小小年纪便跟西瓜抹了油似的，又圆又滑。"

看他眼中流露出的笑意，我也大胆了一些，朝他的方向挪了一段，但被他看一眼，又乖乖缩了回去。这并不能阻止我马屁拍到底的决心，我道："这些话可是句句发自肺腑。虽然太师尊并不愿意收我为徒，但等以后离开清鸿山，只要太师尊不赶我走，我就会一直跟着太师尊，天天为您老人家端茶送水，捶肩揉腿。"

太师尊道："说这么多废话，你就是想学仙术。"

"徒孙不敢！徒孙也知道，太师尊当时临时授课，也只是因为情况紧急，但一日为师，终身为……"

"行了行了，话真多。"他打断我道，"既然你也知道这些道理，那还叫我太师尊做什么？"

我睁大眼道："啊？"

此刻，窗外的哥哥大声道："薇薇，你还没懂师尊的意思吗？还不赶快改口。"

太师尊说，既然我也懂"这些道理"，指的便是"一日为师，终身为父"吧？难道，难道他打算收我为……

"哦，这……好吧……"我抓抓脑袋，自觉脸蛋羞红，"爹……"

我懂。神尊他年纪也不小了，哪怕外表永远是个英姿勃发的青年，内里也一定有一颗孤独的心。看见我这种活泼可爱的女娃娃，难免会动娶妻生女的念头。反正父王也已过世，认个义父，对方还是纵横六界的大人物，如何想都是一笔划算生意。只是，不知为何，从我改了口以后，有那么一个漫长的瞬间，车内外都是一片诡异的寂静。哥哥一直保持着他惯有的肃寂，太师尊好不容易缓和一些的脸，又变得疏冷难近。一时间，只有马蹄声蹬蹬作响。

　　一刻过后，我忽然想明白了什么，猛跪在胤泽神尊腿前，一个劲磕头："师尊，我错了！我真的错了！师尊，你饶了我吧，师尊！我给您磕头了！呜哇，你不要不理我……"

　　师尊真的再没理过我。

第七章

浮屠星海

Chapter
Seven

千载战事寡，
仙风暖杏芽。
凭寄少年梦，
不见海心塔。
碧月延天涯，
星辰尽荣华。
适逢浮屠者，
当赠浮屠花。

——《问桃花佛》

当马车在通仙台上停留时，看守者原本老远就让好了道，但见我们过去，他又猛地掏出兵器，朝着我们的方向。我正一头雾水，眼角的余光却扫到一道冷光闪过。待转过身去，发现身后站着花子箫养的那副虎骨。它已被无形的流水法术困住，翅膀高高张着无法动弹。看来，这是师尊的杰作。他的动作真是快，比我的反应还快，简直就是在用血淋淋的事实告诉我：芸芸众生，三等九格。若不是有师尊在，我肯定已经在这鬼地方轮回了千百次。

师尊道："你的主人都已送我们离开，你为何还要袭击洛薇？"

那虎骨不能说话，只是抖动着身子，朝着我的方向——不，确切地说，它是在“看”我身后的玄月。对玄月而言，看见一副长翅膀的老虎枯骨，就好比我们看见人的骷髅一般，必定是很害怕的。它缩在我背后，可怜巴巴地望着那虎骨，爪子抓得我奇疼无比。但是，不出片刻，它放松了力道，试探般地叫道：“嗷……嗷嗷！”

那虎骨的翅膀又抖了一下。玄月扑打着翅膀飞过去，却不慎被师尊的法术弹回来，在地上滚了好几圈。它又伸出小爪子跑过去，站起来，用两只前脚掌撑在法术上，抻长脖子仰望那虎骨。师尊默然片刻，道：“洛薇，你这虎崽不是雪峰天虎吗，它为何会认得穷奇？”

“这……”我心慌意乱地在身上乱抓，说不出一个字。

当然，胤泽神尊是什么人，谁也别想在他面前耍小把戏。还不等我回答，他伸手朝玄月一指，玄月的毛色登时变回了绛红。这下惨了。我踮着脚，偷偷缩到哥哥身后。师尊道：“洛薇，你给我过来！”

“是，是……”我耷拉着脑袋，回到师尊身前。

“你竟私养凶兽，还想瞒天过海，好大的胆子！”

“玄月不是坏孩子……”

“你再做那种怪脸，我就把你的下唇冻起来。”

我赶紧收回高高噘起的包了上唇的下唇。哥哥及时出来帮我打圆场：“师尊，薇薇不是故意的，最初她根本不知道玄月是穷奇……”

师尊道：“连你也帮她撒谎？”

“都是弟子的错，弟子当时愚昧，没认出它是穷奇，便买给了薇薇。”

“既然你认了，回去面壁罚跪，每天三个时辰，跪两个月。”

“是，弟子领命。”

好样的，我又让哥哥替我背了黑锅。师尊真是一个怪人。第一个把玄月变成白虎的人，明明就是幻境里的他，现在还怪我们瞒天过海。不过，越了解他，我就越确定，当初确实只是幻境。幻境里的师尊多温柔，会在河岸边赠我无相金莲，幻化萤火，还会在我跌倒时为我指路，对我微笑。现在这个师尊根本就是一个裹了美人皮的夜叉。不过，好在他法术够强，也够自信，见玄月和那穷奇对望很久，他解开了束缚之术。此后，玄月跑到穷奇脚下，婴孩啼哭般连声叫着，用额头蹭那穷奇的爪骨。穷奇也垂下头来，与玄月耳鬓厮磨。

哥哥道："难道，这穷奇是玄月的娘亲？"

师尊走上前去，观察了一下穷奇的身体，疑惑道："你们是在何地领养的玄月？"

哥哥道："在我们故土溯昭，仙界以北。"

"怪了。穷奇乃共工后裔，体内灵气十成是水性的。北天是玄武之天，玄武司土，北天境内有许多穷奇的克星。穷奇有百龙之智，按理说，应该不会随便进入北天。一个带着幼兽的母穷奇，更应该避开那里。可是为何……"师尊的手在那穷奇的脊骨上摸了一下，"这伤痕，分明是'玄武之崩'造成的。"

我道："'玄武之崩'什么意思？"

"那是高等土系仙术，只能在玄武之天境内施展，有尘岳神力加身，破坏力极大。"哥哥思索了一会儿，道，"这是不是说，此穷奇是死在北天？"

师尊道："成年穷奇相当凶猛，若是在其他地方与之对抗，即便是仙尊也不敢掉以轻心。但若是在北天境内，它被'玄武之崩'击中，那是必死无疑。"

"那这是为何？"我不解地看了一眼玄月，却见它在我面前挥舞爪子，一副急切的模样，我蹲下来道，"玄月，你是不是想说点儿什么？"

接下来，玄月做了一串匪夷所思的动作：它去咬了一堆草，铺在地上，张大嘴，慢悠悠地走到草地上，低头把什么东西放在地上。它趴在地上，欢乐地打了个滚，跳来跳去。忽然，它回头，眼神惶恐。然后，跳到右边，气定神闲地用爪子刨了刨下颚。接着，再跳回左边，害怕地叫了一声，一边悲痛地叫着，一边跳到了另一块地上。它望了望天空，用两只爪子撑在一块石头上，猛地扭头，望向跑过来的方向，挥了挥爪。最后，它又跑回那个方向，肩膀绷起，学着成年老虎的模样，凶吼了两声，抬头望了望天，像是被什么东西击中了背脊，长啸一声，摇摇摆摆两下，趴在地上，变成了一块小虎皮毯子。

我顿觉醍醐灌顶，倒抽一口气："竟是这样！"

玄月睁大眼望着我，似乎很是期盼。我一拍头："你今天变回原来的颜色，找回了男子汉的尊严，心情很好，都恨不得吃素积德。但你吃草过敏，所以晕了过去。没事，玄月，跟着我混，还是有肉吃的。"

玄月伸长舌头，倒在了地上。我温柔地微笑着，以慈母的姿态抚摸它的脑袋，却被一股力量震开了手。我愕然地看着自己的手，很快反应过来是师尊做的，回头委屈地看着他："为何打我啊？"

师尊丢给我一个"汝已朽木不可雕"的眼神，道："不要不懂装懂。"

"如此沟通，玄月也能活到现在，说明穷奇的生存能力确实强悍。"哥哥摇摇头道，"应该是玄月母亲叼着它在草地里散心，它却被一个长胡子的仙人抓走，母亲追去救它，却中了从天而降的土系仙术，所以死掉了。"

"是这样吗？"这年头的男子为何都如此可怕？竟比黄花大闺女还了解小动物。

当然，最可怕的是，师尊并未就此罢休，愣是去阎罗王那里查了生死簿，找到了玄月母亲的死因。果不其然，与哥哥说的一样，杀死玄月母亲的，是一个擅长土系法术的仙，而且还与我有着千丝万缕的联系——如岳翁。这一切统统对上号以后，师尊那双惯窥世事的眼睛，又一次朝我俩望过来。我和哥哥交换了一下眼神，知道实在没办法瞒下去了，只好把所有事老老实实交代清楚。

听完后，师尊并没有太吃惊，只淡淡地说："说，为何瞒着我？"

我道："我……我们不想给师尊添麻烦。"

"你这话说反了吧？"见我脑袋越垂越低，师尊望向别处道，"罢了，这事恐怕不像你们想得那么简单。况且既然溯昭已经被隐藏起来了，那肯定不在原先的位置，想找到它，绝非一两日之事。先随我回去，我们再从长计议。"

　　玄月再次被封印，与母亲依依惜别，这一路上都很反常，乖乖地趴在我怀里，一点儿也不闹腾，想来是很想娘亲。我觉得它很可怜，在心中暗暗发誓，以后一定要让它跟着我混得有肉吃。

　　此后，我们回到了清鸿山。师尊让几名仙君去寻找如岳翁的下落，又跟我师父高阳灵人、师伯虚星天君打了个招呼，说要让哥哥带我回房休息，他自己先用法术离开了清鸿山。师父无论如何也没想到，我会拜胤泽神尊为师，悔得肠子都青了，和其他人一样，对我的态度好了不止一点半点。柔离还是颇有骨气，对我依然傲慢得不得了，还抱着胳膊瞪了我几眼："那又有什么关系？要不了多久，我也会搬到少微，你别以为三师兄就是你的。"然后，继续缠着哥哥，笑得天真烂漫，问得滔滔不绝。

　　我和哥哥不过在清鸿山待了半天，便到隔壁一座城，乘大鹏，踏上去天市城的路。我们出发时，天色已晚，但去天市城的人还是很多。一路上经过仙界许多城，没多久，数里长的大鹏背上已坐满了各路神仙。大鹏扶摇而上，抟风而起。我还是第一次坐这么大的飞兽，激动得一直从鹏头走到鹏尾。大鹏可是名扬六界的神兽，因为体积太庞大，只会停在大都城的驿站。而且，它的最终站只有四个：青龙之天的天市城、朱雀之天的太微城、白虎之天的少微城、玄武之天的紫微城。这四大城市是仙界东南西北天的四座首府，每一座均是软红十丈，九衢三市，有直通神界的无垠之井。东方之天有七颗星宿，天市城在中央的房宿上。胤泽神尊在仙界最大的住宅，他设立的学府，也都在天市城。

　　要去这么有面子的地方，我自然又紧张又兴奋，但因激动过头，被哥哥训了一顿，才乖乖坐下来。哥哥道："等再见到师尊，他若不提溯昭之事，你也绝不可再提。他若提起，你也莫要让他介入此事。"

　　我点头道："我肯定不提，这毕竟是我们自个儿的事。"

　　哥哥道："并非这般轻巧。我听传闻说，师尊与天帝的关系很紧张，因而才久住仙界，非天帝召见，不回神界。师尊是溯昭氏的至高神，其实对整个溯昭而言，天帝无足轻重。师尊若介入此事，帮我们除掉开轩君或如岳翁，一旦有心之人将事情捅到天帝那里，怕会给他扣上私结党羽的帽子，处境会更尴尬。"

"原来如此……可是，他们为何会关系紧张？"

"我觉得是因为师尊的个性。你也感觉到了吧，他脾气挺臭的。"

"哈哈哈哈哈……"我笑得缓不过气来，"你也这样认为？我还以为是我想多了呢。"

"哪儿有，他这脾气简直闻名天下，连魔帝都知道。每次交战，魔帝都会挑拨天帝和师尊几句。但最好笑的是，天帝竟无法反驳他。"

在背后说师尊坏话，真不是好徒儿，但我俩讨论胤泽神尊的为人，都觉得趣味多多，足以打发飞行时间。原来，师尊的个性压根儿就没变过。盘古开天辟地后，身体崩塌解体，头成天，脚为地，前颅成神界，后脑成魔界，两个世界平行且对立，由天地间最大的裂缝——神魔天堑连接。有了这条通道，注定二界不得安宁。神与魔在历史上交战过无数次，并各自拉帮结伙：神管仙，魔管妖，鬼界两耳不闻窗外事，负责收两边丢来的垃圾，比如说曾经的仙君，现在的花子箫。至于凡人，仁者成仙神，邪者成妖魔。

在之前几次神魔交战中立下大功的神将里，便有师尊。师尊的一生何其辉煌，女娲补天、剿杀黑龙、涿鹿之战等上古大事，他都参加过。这样一位年轻有为的大将，自然深受天帝器重，但天帝是个多情之人，师尊却赛雪欺霜，二人不论在政事上，还是在私交上，都很合不拢。而司风之神八面玲珑，司土之神温厚踏实，司火之神热情忠诚，有了这样的对比，天帝心中的天平便渐渐斜了，外加有人煽风点火，就闹成了现今的境况。甚至还有坊间传闻说，天帝已有栽培下一个沧瀛神的打算。母后从小便告诫我们，做人很重要，这话确实一点儿不假。

抵达天市城已至深夜，只剩满城华灯璀璨。我发现这里真是一块宝地，处处是水，连星空中都流着清河，其中有银鱼游过，一如漂移的星子、发光的花瓣。沧瀛府建立在城郊的仙山上，我终于能用纵水术飞一次。抵达府邸之后，管事说神尊去了浮屠星海，让我们先在厢房歇息，隔日再找他。但想到哥哥第二天要带我逛天市城，我激动得睡不着，就出来溜达。跟仆人聊了几句，得知浮屠星海离沧瀛府不远，于是，我拎着一壶茶，翻过山峰，去找师尊。

起先，我以为浮屠星海只是一个漂亮的地名，没想到抵达此地，眼前的景象差点儿闪瞎了我的眼。它居然真就是字面上的意思，是由星斗堆砌成的海！以前在书中读过各式各样关于银汉的描写，都不足以描述此处哪怕一分的缥缈美丽。在此处，我完全分不清哪里是天，哪里是地，只看见天上地下尽是流转的澹澹飞星。仙山上，冰轮下，清云之中，天水倾泻，玉管凄切，不知从何而来。一道长长的悬崖伸入星海，上面立着一个孤傲的人影，他身后数尺处，放着一个琼桌，上有一个酒壶，一盘下了一半的棋。

看来师尊今夜是幽人独往来，颇有雅兴，自己跟自己下棋，自己跟自己喝酒，自己霸占着这一方美景。见他正眺望星海远处，我轻飘飘地落在他背后，轻手轻脚地靠近。谁知走到一半，却听他道："大半夜不睡觉，跑来此处做什么。"

敢情他是脑袋后面长了眼睛？我嘿嘿一笑，在桌子上倒了一杯茶，双手捧杯，在他身后跪下："师尊，多谢您收我为徒，徒儿来给您奉茶啦。"

"跑了一天不累吗？"他依旧背对着我，只微微转过头来，"你可知道，清鸿山离房宿有多远？"

我始终觉得，神保持着年轻的样子，是一件很不对的事。师尊回头这一望，虽然只有个侧脸，但那雪峰鼻梁，水墨眉眼，被那黑亮的长发一衬，在这明耿耿的浮屠星海中一晃，真是让我的小心肝都快碎掉。师尊，您可是老人家，长成这样真的好吗？相比师尊长成这样，我更希望自己未来的郎君长成这样啊。我捂着胸口喘了几口气，调整内息，淡定道："师尊，徒儿知道这一路有多远，但徒儿第一天拜师，奉茶之礼绝不可少。"

"哪儿有人半夜奉茶拜师？"

我笑道："没事，师尊觉得半夜奉茶不正统，明儿徒儿再给您奉一次！哦，不不不，真是该死，乱说话！应该是，以后徒儿天天都给您奉茶。"

"油嘴滑舌。"话是这样说，师尊却转过身，接过茶盏，浅浅地品了一口。

见他喝完，我笑盈盈地接过茶盏，端回桌子上，又把椅子搬过来，放在他身后："师尊站着辛苦了，我扶您坐下。"

说完我挽着他的胳膊，让他坐在椅子上，然后跪在地上，为他捶腿。师尊冷冷地哼笑了一下："你到底想要什么，老实招了。"

"您这样说，就太伤徒儿的心了。徒儿见此处风吹露寒，想着师尊肯定多有劳累，才来给您捶捶腿。"我挠挠脑袋道，"我原本就只是个小小水灵，如今成了孤儿，在这偌大的仙界也受了不少欺负，除去哥哥，就只有师尊真心待我好。师尊的义重恩深，徒儿恐怕此生都无以为报，只能跟在您身边做牛做马，任您差遣。"

师尊静默地看着我，轻叹一声："起来吧。"

"是！我再给您揉揉肩！"

"不必。"师尊站起来，指着星海远处道，"想去那边看看吗？"

"想想想！"我快速答道，又有些疑惑，"为何……"

师尊拾起袍上的罗带，并着食指与拇指，在上面划下一道光，把它递给我："抓紧这个。"

我点点头，接过那条罗带，有些摸不着头脑。然后，他身形一闪，一瞬间便把我拽到了星海中央。我吓得惨叫一声，立刻松手去捂眼睛，结果整个人往下掉去。师尊赶紧伸手朝下一点，青玉戒银光闪烁，用云雾把我托了起来，再指指我的手，那罗带自动缠在我的手腕上。他道："不要解开，否则你自己纵水慢慢飞吧。"

我拼命点头。然后，他带着我，飞过了万里星辰。不过刹那，我们所站的山峰已消失在视野中。他飞行速度极快，冷风擦面而过，鼓起我们的衣袍与长发，着实是又冷又舒爽。我开始害怕得哼都哼不出来，等渐渐适应了，总算挤出一句话："原来，神仙腾云驾雾的感觉如此好。"

"这不过是仙的飞行之术。神可刹那穿越山河，无须腾云驾雾。但我没法儿带你那么做，若穿行那么快，你的肉身会解体的。"

"解、解体……好可怕。"他飞得又稳又快，时常给人一种错觉，仿佛星海都由我们操纵。再对比纵水登天术，我们溯昭氏显得好可怜。我道："师尊，我有没有可能学会这种飞行术呢？"

"若你一直为灵，不可能。"

"那我可不可能修成仙呢？"

"我告诉过你，清气难聚，浊气易聚。灵体修成仙的概率几乎为零。"

"说了半天，我就是完全不可能学会飞了嘛。"我鼓着腮帮子，自己气了自己一会儿，又开始耍赖皮，"师尊您不是神吗，神无所不能，就教教我吧。飞行好威风，我想学。"

"那也没法儿让灵变成仙。你若真想学会飞行，只有一条路，便是聚浊气妖化，再成魔。魔不仅会飞，还会无影移动，比神威风。"

我连连摆手道："不不不，不要。我才不要当妖，总是被仙杀。何况我是师尊的徒儿，才不要去当坏蛋。"

"那就好好练可纵水登天术，熟练后能提速。"

我用力点头："是！"

这一刻，我答得很有精神，心境却并非如此。细想来，桂花三秋凋谢，蜉蝣朝生暮死，薤露晓时风干，却无情无怨，是以不明悲欢离合，不懂春恨闲愁。凡人几十年寿命，尚且笑他们命短，我可以活三百年，在这世上也并无寄托。然每次与师尊进行如此对话，心底这一份迟迟的遗憾，究竟从何而来呢？

环顾四周，天上地下，繁星一片。这里如此之大，我们跑了许久，仍未看见边境，取名为浮屠星海，真是一点儿也不夸张。终于，我们在一片云雾上看见了一个小摊铺，上书"铁口直断"。一个白发老仙系着球状发髻，坐在一头毛驴上，一身黄袍洗得发白。他原已恹恹欲睡，见我们靠近，他从铺子下方掏出一双镶了银片的靴子，冲我们招招手："追星靴追星靴！跑累了便来买双追星靴吧！宝靴追星在手，浮屠星海随意游！"

师尊原本无意搭理他，我却有些好奇地喊道："这位老仙，你不是算命的吗，怎么开始卖靴子了？"

见我们开始对话，师尊也在他的摊铺前停下。

"你要算命也行啊，这可是我的老本行，尤其是……"老仙望着我俩，凑过来眯着眼睛小声道，"姻缘。"

我一下子来了兴趣，但又有些不好意思表现得太有兴趣，于是嘴角抽了抽道："姻缘？"

老仙人深沉道："对，不灵不给钱。神尊在此，我这糟老头子可不敢乱说话。不信小姑娘把手伸出来让我看看。"

我看了一眼师尊，见他没太大反应，便把手掌伸出去。老仙人一脸淫笑地在我手上摸来摸去，却被师尊的冰刺扎了一下。他哎哟一叫，横了一眼师尊："现在的孩子真是越来越没礼貌，想当年，连昊天都对我畏惧三分。"

师尊蹙眉道："桃花佛，你爱调戏小姑娘的毛病为何还是改不掉？"

桃花佛道："老骨头看着小姑娘开心，你这乳臭味干的小子少管闲事。"

我承认，自己真吓成了刀尖上的雀儿，生怕这桃花佛下一秒便躺下了，谁知师尊却未受到冒犯，只是把我往后拽了一些。桃花佛扬眉望了望我，又望了望师尊："小姑娘，可想听听结果？"

"想！"刚说出口，迎上师尊瞪过来的眼神，我缩起来，"不想，也可以啦……"

桃花佛道："你面如敷粉，眼带醉笑，我们管这叫桃花面。这种面相可是极讨男孩子喜欢的。"

"真的?!这，这怎么好意思……"我觉得脸又不由得发起烫来，忸忸怩怩地夹着腿晃来晃去，却被师尊的法术戳了一下背，痛得站直身子。

"慢，先别急着高兴。虽然你很招桃花，姻缘线上却有一个很大的克星。"桃花佛望着我的头顶，在上面拨来拨去，像是那里真有剪不断理还乱的线似的，"此克星相当不好惹，怕是还会引来血光之灾……"

我道："血、血光之灾？"

"正是。"他正色道，从铺子底下拿出几片薄薄的东西，"要不要试试我独家秘制的桃花狗皮膏药？有活血化瘀、消肿止痛、培补脾肾之功效。"

我诧异道："你还卖狗皮膏药？"

桃花佛干咳两声："这年头搬到天市城的神仙多，把我们小村子里的人也挤跑了，糊口饭不容易……兼职，兼职。"

"什么是兼职？卖靴子、算命还是卖狗皮膏药？"

桃花佛又从桌子下掏出一个花篮子："此乃兼职。浮屠花，当地特产，两石一朵，买二送一。要来一朵吗？"

这花篮子在眼前一晃，我的眼睛便再也无法挪开：篮子里面装满了饱满的粉色花朵，看上去像是樱花，但每朵花的花骨朵里，不是软绵绵的花蕊，而是发光跳跃的星子。我伸手去摸了一下，这些星子如水珠般溅落在我的手上。桃花佛从中摘取两朵，笑眯眯地贴在我的双马尾上："看，这样多么妖媚动人，只要两石。"

"好啊好啊，我要。"

下午哥哥给了我一些仙界的货币，我在腰间摸了一下，师尊却终于无法忍受，不屑道："不过是用法术将浮屠星的碎片镶在樱花中，哪儿来什么浮屠花。走了。"

"啊，是这样吗？"

虽然有些遗憾，但师命不可违，我抱歉地看了看桃花佛，便拉着师尊的罗带，跟着他继续往前飞。可没飞多久，耳边便传来了桃花佛的声音："小姑娘，小姑娘。"

转过脑袋，看见他在我旁边飞行，我险些就"哇"地叫出来，他却做了一个"嘘"的手势，从花篮里掏出一朵浮屠花，递给我："这朵花我送给你，把它送给师尊这个臭小子当礼物。这小子和昊天个性不同，要面子得很。"

我接过花朵，小声道："嗯？为什么要送给师尊？我觉得他不会要。"

"因为徒弟初拜师，必须送师父一朵花，仙界有这种不成文的规矩。”

原来如此，难怪方才师尊那样不高兴，原来是因为我没送他花。我开开心心地接过花，桃花佛一下便消失在云雾中。再回头望去，已不见他的踪影。青龙之天果然是个藏龙卧虎的地方，连个算命老仙都如此高深莫测，师尊竟未发现他。只是，这桃花佛提及昊天两次，可想而知，昊天是个人物。我好奇道：“师尊，昊天是什么人？”

师尊道：“天帝。”

“哦，竟是天帝，天帝也找他算过命，难怪桃花佛如此……”我惊道，“不对，天帝也算命？还算姻缘？！”

师尊冷笑一声：“他还觉得准得很。”

没想到天帝果真如哥哥所说，是个多情之人，还找一个老神仙帮他决定。我回头眺望来路：“好后悔。刚才应该多问桃花佛几个问题的……”

没飞多久，前方又出现了几个摊铺。其中一个是书铺，卖书仙摆阵法一般，让书册凌空飘浮，环绕成圈，只留一道门的空隙，以便客人进去。师尊停下来，随手抽了一本翻看。卖书仙看见师尊，殷勤道：“胤泽神尊，小店来了不少新书，您可有兴趣瞧瞧？”

师尊道：“拿来看看。”

“有《天礼周法》《紫光术》《朱雀天游记》《九州美食》……”他翻出几本书，又小声道，“还有最新的三本好书《女宿春色》《探香记》《狐女传》，神尊懂的。”

“哦？”师尊轻轻扬了扬眉，嘴角有一抹意味不明的笑。

见此反应，卖书仙眼冒金光，快速从最下面抽出几本书：“有文字本，也有画图本，其中《女宿春色》的画图本是仿云霄仙君绘风的精品。神尊想要哪一套？”

师尊道：“《狐女传》的文字本和《女宿春色》的画图本。”

《狐女传》？怎么听都像小说的名字，可师尊怎么看都不像会看小说的人。指不定此书是介绍狐妖的法典。此后，他又挑了其他几本书，全让我做苦力抱着。从书铺出去，我低头看了一下最上方的《狐女传》，冲师尊闪烁着崇拜的目光："师尊真厉害，竟对狐女也有了解。"

"普通了解。"

见他如此云淡风轻，我反而对这书来了兴趣，用力对着书一吹，把书页吹开，正好翻到中间，我大声念道："囊解带已分，罗裙下暗香。销魂成双飞，如仙却断肠……"

只听见啪的一声，书被合上。师尊道："再不经我允许便乱动这些书，我扔你下去。"

"师尊，这诗是什么意思啊？为何我没看懂？"

"你不需要懂。"

"难道又是只有神仙才能看的书？哼哼，别以为我真一个字都看不懂。我看书中杏花公子和狐女的关系可亲密了，不然为何要赠花？"

师尊沉默半晌，道："你说得对，他们是莫逆之交。"

"不想书中狐女，也如此情深义重。"我想起桃花佛说的话，拿出方才他给我的浮屠花，伸到师尊面前摇了摇，"师尊，这花送给你。"

"你何时买了浮屠花？"

"这是桃花佛叫我送你的，他说，在仙界，新入门徒弟须得送师父花。"

"只怕是在忽悠你买花。"虽如此说，师尊却接过浮屠花，"既然你有这份心，为师便收下。以后不许乱花钱。"

"是！"我笑盈盈道，"只盼日后我与师尊，便似那狐女与杏花公子一般相好。"

师尊接过花的手停了一下，欲言又止，最后还是默默地将它别在腰间。我们正待离开，却见一名仙女靠近，惊讶地看了一眼师尊腰上的浮屠花，又看了我俩一眼，道："恭喜神尊，贺喜神尊。"

师尊道："为何道喜？"

仙女道："神尊素来单丝不线，不想今日竟情定浮屠星海，自然得前来道喜。"

情定浮屠星海？我左顾右盼，没发现周围有什么人，然后渐渐僵住——她说的人，不会是我吧？我道："仙女姐姐，这话可不能乱说，我与神尊并非你想的那般……"

"小妹妹别害羞了，方才你送神尊浮屠花，我们可都看在眼里了。你看，我的姐妹们都在祝福你们呢。"她指了指不远处，一堆朝我们窃笑的仙女。

我连连摆手："不不不，我送他浮屠花，是因为我是他徒儿，不是你们想的那样。"

仙女掩嘴笑道："还害羞。浮屠花乃是定情之物，尤其是在浮屠星海送花，更是求爱之意。胤泽神尊都已经接过花了，你还害羞什么呢？"

这下师尊也愣了："浮屠花是定情之物？为何我从未听过？"

仙女笑得花枝乱颤："连神尊也害羞了吗？也罢，这是你们的私事，我只是个外人，不好多问。总之，先道声恭喜。"

看见师尊一脸面无表情，我真是头皮都麻了，拼命辩解道："不行啊不行，师尊待我恩重如山！他就像我父……"

说到此处，下意识地看了师尊一眼。果然，他投来的眼神有点儿不大对劲。上次说师尊像我父亲，师尊也不悦很久。仔细想来，我也真是够狂妄无礼的。师尊可能比我爷爷的年纪还大，那到底是爷爷，还是太爷爷，还是太太爷爷……这下糟了，我根本不知道他多大。此刻，我头上冒出涔涔冷汗，最终急中生智，想出一个最妙的答案："师尊就好像我爷爷的祖宗一样！"

察觉到师尊骤然降温的目光，我提了一口气，哆嗦道："我、我年纪太小，按、按理说不该谈情说爱。而师尊他、他年事已高，你们要……尊老爱幼……"

师尊的视线已经快化作冰刃，将我刺穿。我觉得背都快被汗打湿了，心中求天天不应，求地地不灵。不过好在仙子是大好人，道："咦？你有爷爷？"

"哦，没有没有。他已经去世了。"

"真是羡慕，我和姐妹们都出生于仙界朝露中，连父母都没有，更别说祖父。有爷爷的感觉是怎样的？"

发现师尊翻看旁边的书去了，总算未再注意我，我捏把冷汗，轻松笑道："他待我很好，我的入门法术全是他亲自教的，不过他也很严格。我特别孝敬他，每天给他揉肩捶腿，端茶送水。唉，遗憾的是，他老了以后身体很不好，走路一瘸一拐的，所以不论走到哪儿，我都为他搬椅子，也会去搀扶他……"

我把桃花佛的事从头到尾说了一遍，花了很大功夫，总算说服了仙女姐姐相信，我和胤泽神尊真是师徒关系。还好仙女姐姐不是多事之人，只是跟我说千万小心，这毕竟涉及姑娘家的名节问题云云。听完教诲，我大松一口气，开开心心地回到师尊身边，想请他老人家尽管放心。师尊道："洛薇。"

"师尊，徒儿在！"我站得笔直，已经得意扬扬地准备邀功。

师尊道："我方才听你说，你为你爷爷端茶送水，揉肩捶腿。"

"是，我还搀扶了他，就像我搀师尊这般！"

"不错，是个孝顺孩子。"他翻了翻手中的《禅药要术》，把它丢到我手里，"我看这书不错。"

这会儿我的心情别提有多好了，跟在马屁上挂了蒲扇似的奉承道："师尊觉得好的书，自然只应天上有！"

"回去把它抄十遍。"

晴天霹雳。我呆立了良久，道："为何啊？"

"叫你抄便抄，少废话。"

卖书仙道："小姑娘，你师尊是关心你，希望你多学点儿知识。"

无缘无故被罚抄，我觉得有些胸闷，只能叹气道："也是。师尊是为我好。我父王还在世的时候，也最喜欢罚我抄书……"

师尊道："抄一百遍。"

"……"

不敢再开口说一个字。我真的不懂啊，师尊心，海底针。师尊的脾气真是越来越怪了。

第八章

星云之诺

Chapter Eight

高台玉泉仙气净，
重楼画桥飞絮青。
深海城邑鸟若鱼，
十里云霞是上京。

——《上京天市》

　　"你们每一个人，都是为师与胤泽神尊的直属弟子。因此，此后你们在外的言谈举止，存心处事，都得有十二分的讲究。切记，入我沧瀛门，最非同儿戏之事，便是……"说到此处，师叔捋了捋白须，用跟师尊九分相似的目光，静悄悄地扫过我们每一个人，"在成年或出师之前，绝不许谈情说爱，私订终身，违逆门规者，轻则废掉三十年修为，重则逐出师门，你们可都听清楚了？"

　　数十个弟子一同答道："弟子谨遵教诲。"

　　三十年修为，这也太狠了吧。这群仙真是命长事多，我这一辈子就没几个三十年，要被废掉岂不是从零开始。真正入门以后，大部分时间为我们上课的，其实是师叔，就是眼前这位白发尊者，当初我以为是神尊的人。我就说，就师尊那个性，如何可能有耐心手把手地教导我们。而故友之子就是走了瞎鸡啄到米的好运，只有哥哥可以时常和师尊单独切磋。

　　这一天在师叔那里报了到，去白帝山练了些基本功，刚好师尊又不在，哥哥便带我在天市城游逛，同时帮师尊采购一些东西回沧瀛殿。天市城与清鸿山不同，它周围有峥嵘险峰，却并非建立在连绵起伏的山峦上。此间仙气澄净，玉泉飞溅，画桥青絮，重楼高台，再大的石阶都是凌空而悬，加上盘旋的水流，整座都城一如浸泡在浅蓝的海中，烟雾如涟漪，飞鸟若游鱼，荡漾出全城参差万户人家，自有一番海纳百川的气度，云霞十里的繁华。

这里同样是青龙之天的经邦枢纽，市列珠玑，户盈罗绮，逛了一天下来，许多东西都令我眼界大开。这里有供人休息的仙气馆，里面种着从昆仑山移植而来的不死树，只要坐在树周围静养，便能迅速放松精神，提高法力；这里有水烟楼，进去以后便有童子奉上三杯芳醪，半醉半醒中抽着翡翠烟，泡入荷花池，舒坦得欲仙欲死；这里有占了八亩地的植物园，里面出售各界的植物与种子。

我还是第一次知道，同一颗种子，原来放在六界中长出来都不一样。例如蔷薇，它在九州夏季开花，在妖界秋季开花，在鬼界开出的花是蓝绿色，在仙界花朵特别大，在神界不仅大还会发光，茎叶会略微包住花骨朵，在魔界则不开花，反倒会长出深青色的荆棘。所以在植物园里，我们可以买到原生态的种子，也可以买到经过花仙种植栽培的异界花朵。当然，后者价格特别贵，还需要定期把植物带回来护理。除此之外，我们还看到了很多青龙之天特产的植物，如天流竹。这种竹子只有一米高，竹身碧蓝，润亮生玉，只在水中生长，竹笋小到可怜，我忍了很久，还是让哥哥把它买了下来。结果刚出植物园，它就被一个客人养的貔貅吃了……

我们又去了龙见棋局。此乃老仙人最喜欢光临的场所。他们只需要坐在云端，闭目养神，便可以在里头耗上几天几夜。刚进去观摩时，我只看见满天飘着各路白发老仙，他们一动不动，跟一堆桩子似的坐着，我还以为误入先人祠堂，吓得差点儿逃之夭夭。后来仔细一看，原来他们面前的棋盘上，棋子确实在来回挪动，一些暴躁的老仙，还会用法术把对方的棋子打飞出去。

天市城里，还有东天七宿中最大的异兽塔，专门出售或展览形形色色的异兽，大大小小的蛋。还可以在限定时间内，把未修炼成人形的异兽化成人。亲眼看见驯兽师将绿眼珠的树精，变成绿眼珠的美人，我自觉眼中寒光一闪，一脸奸笑地望向玄月。玄月吓得赶紧飞了出去，但还没能逃出门，就已被哥哥请来的化形师变成了人形：只见一个红发小男孩从空中掉在地上，背后背了一对小翅膀。他还如老虎一般刨着双手，刨了一会儿见情况不对，便转过头来。只见他头发蓬松，扎着小辫，长着一双盈盈大眼；张开小嘴，露出一对尖尖的虎牙，望着我们，委屈地叫着："嗷嗷嗷……"

原来这是玄月修炼成人的样子啊，好可爱，真是一个漂亮的孩子！我被玄月的小样子迷住，开心得想要去蹂躏他，化形师却像个呆子进迷宫，摸不清方向一般道："奇怪，为何化人以后，这白虎留了一头红头发？连眉毛都是红色？看来是我的仙术出了问题，这次化形不收你们钱。"

玄月被变回来以后，我赶紧拽着哥哥，抱着玄月溜之大吉。

我们在街上散了散步，在青龙殿门口，看见了一排金光四射的榜单。听哥哥说，这些榜单上每一块刻着名字的美玉，都是文玉树上结成的五彩玉。中间最显眼的是神界尊位榜，最上面一排上方写着"天帝"，下面挂着的玉上刻着"昊天"。第二排上方写着"神尊"，下面的玉石有十块，第一块上写的就是"胤泽"。

"我们师尊好厉害。"我望着尊位榜道，"你看，尊位榜他居然在第二排，这岂不是说明，他是六界中位居第二的神。"

哥哥道："这里并未放魔界的榜单，所以不能说得如此绝对。但说是神仙界位居第二，却是必然的。"

我接着看旁边的榜单"神界战功榜"，里面没有天帝，因此师尊是第一。再看下一个"收妖伏魔榜"，我疑惑道："咦？这个榜单人名和排序都和前面那个差不多，为何没有师尊？"

"不，他在这里。"哥哥指了指倒数第二排。

"这是为何？师尊不爱收妖伏魔吗？"

"不爱。师尊觉得私下伏魔是小打小闹，私下收妖又是仙的活儿，所以，他不感兴趣。而且……"他张了张口，却只道，"没什么，我们去别的地方转转。"

接着，我们到了一个颇有意思的地方，那便是仆从集市。说是仆从集市，其实就是异兽市场，里面都是变成了人形或半人形的妖兽。此处九成九的仆从都是驯化过的妖，只有小部分是散仙或灵。趁哥哥去隔壁香料店采购时，我探着脑袋，溜进那集市里。正被眼前如山如海的妖晃得眼花缭乱，一双修长的手伸过来，在我的下巴上刮了刮。我猛地后退一步，只见一个眼尾泛青、嘴唇淡紫的黑袍公子出现在我面前，笑魇冷冽："姑娘，一个人来逛吗？"

我连连摆手："不不不，我跟别人一起来的！"

他却像根本没听见似的，朝我步步逼近。就在他的手又一次快碰到我时，另一只手将他的手打了下去，然后，一个红裘公子转过头来，朝我微微笑道："别这样吓坏人家。这位妹子，你还好吧？"

这位的笑容真是与黑衣公子大不相同，我见犹怜，妩媚万千。望着那张脸，我真是立刻就醉了。那红裘公子不紧不慢地走过来，双手撑着膝盖，冲我眨眨眼睛，一张小脸比花还艳丽："妹子，你若是一个人住，可会感到寂寞？把我带走吧。我绝对不会给你添乱，只会让你夜夜画楼云雨无凭，日日醉解兰舟梦去……"

我听不懂他在说什么，只是捧着脸，痴痴地欣赏美人脸，笑道："好啊好啊好啊。"

红裘公子正想牵我的手，却听见砰的一声，烟雾四起，他和那黑袍公子都消失不见，出现在地上的是一只红狐狸和一只黑蝎子。然后，我的后颈领口被人拎住，往后拖去。哥哥垂下脑袋，捏住我的脸颊："小小年纪不学好，就学会和狐狸精、蝎子精调情！还好你没什么钱，不然还真打算把这两只买回去排遣寂寞不成？"

我吃痛地挥舞着双手："痛！哥！哥哥！大哥！我错了……"

"跟我回去！今天闲逛到此为止！"

在回去的路上，我才发现，哥哥其实才是真正有几分姿色的人。短短半条街，来跟他搭讪的妖精，竟高达十七只，其中十三只是母的，四只是公的，有十只都说愿意贱价卖给他，给他做牛做马。当然，如我所料，哥哥一个都没搭理。不管妖精们如何明眸善睐，靥辅承权，丹唇外朗，皓齿内鲜，他都不曾动摇，始终目不斜视，就跟一太监似的。

当然，尽管正颜厉色了一些，哥哥还是非常疼爱我。回去以后，在我的哀求下，他又一次为我受过，帮我抄写师尊让抄的《禅药要术》。几天后，任务完成，师尊也刚好从下界回来，我拿着厚厚的成果去找他。打听到他正在卧房休息，我心想这正是个好机会，可以把东西放门口就溜走，这样他根本没心思检查，也便不大可能发现有人代我抄写。

抵达师尊房门前，我推开一点儿门缝，想看看他是否已经睡下，不想里面轻烟冉冉，瑞脑香散，鲛人泪水凝成的珍珠台上，萤灯晃晃，师尊正侧卧于躺椅，低头轻啜从土地灵那里买来的美酒。一名红衣女子正坐在他身侧，红色裘裙满满地覆在地上，额心的花黄下，一双媚气的狐狸眼不断朝他暗送秋波。先前被那红狐狸精诱惑过一次，那迷人的眼波一直令我难忘，因此，不过片刻功夫，我便反应过来这是一只母狐狸。她用眼睛直勾勾地望着师尊，手指却欲拒还迎地往前送去，拉开他的衣领，在他的肩颈处流连。如此无礼，原以为她会被师尊一掌击飞，但师尊只是勾着嘴笑了笑，温柔又狡黠，仿佛看透了她的小把戏。见他默许，她胆子肥了不少，直接凑过去，轻轻说道："以前从未有人告诉过奴家，胤泽神尊竟是美檀郎……"

师尊默然半晌，开口第一句话，却不是对她说的："看够了吗？"

我缩紧双肩，结巴道："师、师尊，我、我已罚抄完毕。"

"拿进来。"

我只能硬着头皮推门进去。师尊把那狐女赶到一边，接过我递上的一叠纸，快速翻看了几页，又丢回我手中："回去重新抄。"

我道："为何啊？"

师尊道："并非你亲自写就。我未加量，只让你重新抄，你还问我为何？"

屋内烟雾缭绕，师尊眉目如画，清远美丽，与那狐女花枝招展的妖娆样，形成了鲜明对比。原来，师尊先前在浮屠星海说对狐女"普通了解"，指的便是这种了解！此刻，我听见那狐女捂着嘴，轻轻地笑了一声。虽然声音不大，但她那拼命掩嘴的样子，令我莫名烦躁。但我毕竟对师尊无比敬畏，不敢造次，于是压着火气，努力平静道："让别人抄也没什么吧。那是我哥哥，他抄我抄，也没太大区别。"

师尊长时间的沉默让我明白，这下自个儿真是怕死的遇见了送葬的，触了大霉头。我飞速抬头看了一眼师尊，他还是一如既往，喜怒不形于色。我担忧道："师尊，我……"

"你以为此处是溯昭吗？"

"什么？"

"你以为你还是小王姬，在仙界也可以胡作非为？"

他不带感情的问话，让我整个人都傻了。可这些都不过是开场白，后面的话才是重头戏："洛薇，你才入门，便在我面前这样无礼。在其他师叔师伯面前，你有多放肆，可想而知。"

他丝毫不动怒，从头到尾都是平淡如水。可是，正是这一份平淡，让我觉得心惊又委屈。什么叫我还以为我是小王姬？什么叫我把此地当成了溯昭？我理直气壮道："徒儿才没有放肆，徒儿什么都没做错，为何要抄那么多字？"

狐狸精果然没有辜负狐狸精的名头，从来不学正房夫人当和事佬，只是两袖清风地站在一旁，不时被我们的对话逗得笑一下。而师尊，他没看那狐狸精一眼，只是冷冷地扔了一句话："给我去禅房罚跪，未经我的允许，不许任何人探望，不许出来。"

"跪就跪！"

我颤抖着握紧双拳，狠狠地把那叠纸往地上一扔，但刚转过身去，师尊的声音又一次响起："洛薇，你若继续这样耍公主脾气，恐怕我这师门容不得你。"

我没有回话，摔门而出。

当日，在禅房被罚跪没多久，哥哥便赶到门外安慰我："薇薇，今天你是怎么了？被师尊发现代抄，原应受到重罚，你居然还顶撞他，这真不像你。"

"这种师尊，不要也罢。你根本不知道他和一个狐妖在房间里做什么，想想我都要吐了！"说罢，我吐着舌头，发出了呕吐的声音。

"那是狐仙，不是狐妖，二者是有区别的。"

"本质都是狐狸精，一样！他有这么多闲工夫去外面捡狐狸精，却没工夫搭理我们，根本就是不关心我们！"

哥哥沉默片刻道："薇薇，这是师尊的私事，我们不便评价。"

我一下子说不出话。哥哥说得有理，这是师尊的私事，我一个做徒儿的，有什么资格去评价他？哥哥又在外面开导了我一阵，终于离开。确认他没有再回来，我像只漏气的皮球般靠在墙上，耷拉着脑袋，越发觉得想哭。师尊说我把这里当成溯昭，这不是在开玩笑吗？天地间何处能与溯昭相比？又有什么人能与死去的父王母后相比？他还说我有公主脾气，问题是，我现在还是公主吗？想到这里，我满腹委屈无处发泄，很想趴在地上大哭一场，但又非赌一口气，不哭不闹，硬生生跪到了第二天早上。

童子推门进来时，说胤泽神尊允许我出去，让我出去用膳。我浑身失力，差一点儿就一头栽在地上，但尽管已经饿得眼冒金星，我还是一语不发。那童子也真不愧是师尊身边的人，和师尊一样冷酷无情，一副嫌弃的嘴脸："你连个仙都不算，就敢跟神尊叫板，还真把自己当回事。爱吃不吃，不吃拉倒。"说罢把门一关，砰的一声，震起灰尘纷纷。

又过了一日，我已经饿得浑身无力，像僵尸般虚脱地跪着，连睁眼的力气都没有。这一回两个童子把饭菜送来，见我还是不吃，其中一个往里面丢了几块泥，和在饭中，笑道："你既然不吃，那就这样吧。让你摆臭脸，看你饿了怎么办。"

他们大笑着出去了，我还依稀听见他们的嘲笑声：

"啧啧，不是我说什么，神尊收的徒弟的质量是一年不如一年了，连这种水灵也要收。真不知道为何还要我们送饭菜过来，反正她这样无用，与凡人无异，修为不能看，活也活不了几年，吃了不也是在浪费粮食吗？"

"你的嘴要不要这么毒，哈哈。"

"哎呀，不小心说了实话，哈哈哈……"

是夜，十五月儿圆。透过窗棂，我看见高悬寂空的月轮，虽饱满，却小到遥不可及。果然，在这六界中，只有溯昭才有那样美的月色。面前的残羹冷饭已发出臭味，闻了一天这一种怪味，我真是又饿又瞌睡又难受，只轻轻把头靠在墙壁上，却不小心睡了过去。然后，我又做了一个美梦：轩窗临月，月满高楼，清润之光夹着花瓣落在床头。母后倚靠在我身侧，用温柔的手指梳理我的头发，而父王也坐在另一侧，小声与母后对话。在这梦里，父王有着端正刚毅的面孔，温柔起来，却是全天下最温柔的爹爹。我歪着脑袋，撒娇地把脑袋放在他的大掌中央。见我又是一副任性小女儿形态，父王有些愁了，不厌其烦地絮叨着老话："薇儿，你听好，以后不论发生了什么，都不要忘记，你是洛薇，是溯昭的王姬，是我的女儿。这是你的命，也是你的责任……"

再度醒来，又是满脸泪痕。我擦了擦脸，发现喉咙里如装了沙子一般，吸两口气便止不住地咳了起来。似乎是在冷风中睡着，受了凉。我拍拍身上的灰，继续跪坐回原来的姿态。不过一会儿，外面鸡鸣阵阵，天亮成一片深灰。有人推门进来，带入一丝极寒的冷风。我不由得裹紧衣服，打了个冷战，又咳了几声。而后，有一双暗花青边白靴出现在视线中。冷冰冰的声音，从上方传来："闹够了吗？"

我吃惊地抬头，发现眼前之人是师尊，一时担惊受怕，却还是有些咽不下这一口气，只是垂着脑袋，不和他说话。师尊静站片刻，又道："劣徒，你还不知自己哪里做错了？"

我还是闷着不说话。

师尊命令道："洛薇。"

"师尊要觉得徒儿不好，那不要徒儿便是。"

"我几时说过不要你了？"他听上去又气又笑。

"您说了。您说我有公主脾气，还说我不该待在这里。还说我把这里当成了溯昭。老实说，您这儿是神仙境地，徒儿高攀不上，可在徒儿心中，还是溯昭更好呢。我若能回去，绝不会在这儿叨扰您，给您添乱，让您看着心烦。"说到这里，我嘴唇颤抖，声音也哆嗦起来，"而且，自从溯昭遇难，徒儿也没有再把自己当公主看过。要当公主，得先有父母吧？徒儿没爹疼没娘爱，连师尊都会嫌弃，若真是公主，是不是太寒碜了点儿？"

"你若真是如此想我，那我也无话可说。你罚跪时间已满，随时可以出去。"袍缘轻摆，那双靴子转了过去。

在他即将出门之时，我忍不住道："师尊，您待我一点儿也不好。"

他停了一会儿，道："你要我怎样待你好？"

"那狐女是您看了书，跑到外面去捡来的吧？"我攥紧衣角，愤愤不平道，"我也是被师尊捡回来的，为何就要被您嫌弃？"

他转过身来，叹了一口气："说了这么多，原来你是在吃那狐女的醋。"

我急道："才、才没有！徒儿只是觉得不公平罢了！"

"那狐女不是我的徒弟，不过是吟风弄月，逢场作戏的伴，不过多久便会消失。"他重新走回来，在我面前站定，"别闹了，起来。"

我自觉耳朵立了起来，顶着满脸干掉的眼泪，抬起脑袋看着师尊："您的意思是，徒儿会是一直陪着您的人，对吗？"

"这要看你。我是无所谓。"

"那我真不闹别扭了！"我精神抖擞地从地上爬起来，"徒儿这便去罚抄《禅药要术》一百遍！"

谁知刚站起来，眼前一花，师尊也变成了摇摇晃晃的重影。然后我两眼一翻，身体往后倒去……

再次睁开眼，我已不在禅房中，意识到自己正置身于回廊中，身体蜷缩在另一个人宽阔的怀抱里。我抬起沉重的脑袋，发现横抱着自己的人竟是师尊，跟在我们旁边的是师叔。原本还有些晕，瞬间便被吓醒。见我睁开眼，师叔道："洛薇，少给你师尊添乱，神界目前事务繁多，你师尊连续数日在仙人二界奔波，这两日本应去见天帝，都因为你闹脾气，耽搁了。你懂事点儿行不行？"

一时间，我愧疚得无以复加，张了张嘴，想说点儿什么，师尊却道："算了，薇儿是孤儿，来仙界这一路受了不少委屈，不必对她如此苛刻。"

我呆了一下，不敢相信这话是从冰山师尊的口中说出的："师尊，您……您方才唤我什么？"

"用过膳以后再说。"

只见乳燕衔泥穿庭院，飞花叠重影，不远处，菜肴茶汤的清香飘来。我点点头，又抬头看了一眼师尊的侧脸，把头埋到他温暖的胸膛中。不知不觉地，眼眶又微微发热起来。

这次和师尊闹别扭后，他虽然还是教训我，说我以下犯上，但之后确实待我好了许多，去哪里都带上我，也会亲自教我仙术，这感觉简直比吃楼兰的葡萄还甜。原来，看似冷酷刻薄的师尊，其实有一颗温暖的心。而每次出门在外，不管上天下地，对他而言总是易如反掌，只要有他在，妖怪们连我的一根头发都碰不到。因此，我总有一种自己也跟着神化的错觉。

他也向我和哥哥问起了关于溯昭的事。得知父王使用的仙术之后，他沉思默想良久，道："你们家乡溯昭，可是建立在碧月之下？"

我老实地点点脑袋。他轻叹道："我也犯了糊涂，竟没想到，溯昭就是当年我建的月下空城。"

"师尊终于想起来了啊！"我和哥哥对望一眼，真是恨不得擦一把辛酸泪，"既然如此，师尊能找到溯昭吗？"

"不能。你父王使用的流水换影之术是我创的，连我自己也无法解开。"

我的脑袋耷拉了下去。连沧瀛神都找不到，那我这辈子恐怕也无法找到了。

　　师尊道："提及这座城，臣之，当初还是为你娘亲建的。"

　　哥哥愕然道："我娘？"

　　师尊道："是。她是爱月之人，又喜静，那些年她为你爹泪干肠断，我便引神界之水，临月建了这座城，好让她不时过去散心。"

　　"哇，传说竟是真的！"再次听见这个故事，还是师尊本人说出来的，我拊掌道，"师尊师尊，哥哥的娘是您的姐姐吗？"

　　师尊道："她比我年长，但不是我姐姐。我与她不过是故交。"

　　"无论如何，这个故事实在太美、太动人了！我的整个家乡，果然都是师尊亲手建立的，师尊，您真是我们的祖宗，是徒儿心中的第一尊神！"

　　我原本跪在他面前，为他捶腿，此刻也停下来，一脸憧憬地望着他。他瞥了我一眼，推了一下我的额头："又做怪脸。"

　　我却一把抱住他的腿，像泥鳅一样扭来扭去："师尊好厉害嘛，师尊好厉害。徒儿最崇拜师尊了。"

　　哥哥道："师尊，现在还是不能告诉弟子，弟子的父亲是谁吗？"

　　师尊断然道："不能。反正你暂时也见不到他，知道也无用。"

　　"是。"

　　自从师尊开始带我玩以后，我确实变得特别黏他。而两个月以后，那狐仙果然如他所言，消失在我们的视线中。不过，随着与他相处的时间增加，我也渐渐理解了哥哥告诉我的"师尊也是男人"这句话背后的真正含义。那便是：师尊其实是个大色魔！当然，这话我连在哥哥面前也不敢说。但师尊身边的女人，根本就是两三个月一换，而且一个比一个艳丽，一个比一个风骚，艳起来力压群芳，骚起来人畜不分。我真不理解，师尊长得如此秀美，远远站在那里，再是缥缈的仙人，在他面前也会瞬间变成了凡夫俗子，怎么他就喜欢这个调调的女人，莫不成是为了互补？不论思考多少次，我都没能想明白其中的道理，到后来干脆不想，直接适应了他的品味。偶尔路过他的卧房，听见那些女子令人起鸡皮疙瘩的娇笑，也能做到左耳进右耳出。

师尊这些寻花韵事，一些同门师兄也略有耳闻。他们说，师尊这叫倜傥不羁，就跟天市城头号采花贼笑笑仙、上界头号风流之神白虎似的，属于男人本性。但笑笑仙我可见过，同行的师姐还不幸被他搭讪过，他那摇着扇子一脸轻佻微笑的模样，可真与师尊毫无半分共同之处。不管身边跟着什么女人，师尊的模样与平时并无半点儿不同，也不曾表现出其他男人拈花惹草时，那几分忐忑与色欲。我时常见他登云踏雾，月下独酌，上白帝山顶，下浮屠星海，除了我偶尔厚着脸皮硬跟着他，他从来都是独自行动。

该怎么说呢，我时常觉得，师尊是一个孤独的人，但是，他却相当耐得住寂寞，宁可让人睡上他的床，也不要她们走到他心底深处的地方。

就这样，岁月不居，时节如流，又一个十年匆匆过去。

这一年，哥哥的尊位连跳两级，现在我们都得喊他一声"天衡真人"，简直跟一张飘扬的战斗旌旗一般八面威风。当然，我乃仙外之物，自然没有什么好晋升的，但在师尊的教导下，我的仙术也变得相当了不得，连头发都变浅了很多。若有一日能寻回溯昭，一定能让所有人大吃一惊。

这一年，清鸿山的师兄师姐们也顺利飞升，迁居至天市城。早春三月雨肥天，红绽叶儿青，飞絮沾襟袖。我和哥哥到白帝山脚下，迎接乘大鹏而来的师兄师姐们。还在雾霭之中，便能看见大鹏展翅而飞，柔离正兴致勃勃地朝我们挥手。大鹏还没在驿站停下，她已自己飞过来，笑如花锦："三师兄，十年不见，你可有想起我？"

哥哥道："当然，我一直很挂念清鸿山的师兄师妹们。"

"三师兄，你长高了呢。哦，不，现在应该叫你天衡真人了。"柔离朝他拱拱手，明显就是忽略了我的存在，"天衡真人请受小女子一拜。"

恰在此时，另外几个师兄弟也跟着过来，一一与哥哥打招呼。虽说如此，他们的目光却时不时往我这里瞟。一阵嘘寒问暖过后，他们才来同我说话。二师兄道："洛薇师妹，好久不见，别来无恙。"

瘦猴儿的开场白还是一如既往，不按常理出牌："这真是洛薇？我都快认不出来了！"

柔离翘着嘴扫了我几眼，哼了一声："洛薇，你真是太师尊亲自带的徒弟吗，怎么比以前更像妖了？"

二师兄道："唉，柔离，别这样说话……"

果然不管过多久，这丫头的嘴都让人想撕那么一下。我嘴角抽了抽，挽着哥哥的胳膊道："哥哥，哥哥，我一会儿想去买发簪，你陪我去好不好？"

哥哥毫不犹豫道："好。"

"我没有钱了，你买给我好不好？"

"好。"

看见一旁的柔离都快吐了，我冲她得意扬扬地贱笑。柔离指着我道："洛薇，你、你、你、你真是越来越恶心了！"

我道："师姐，你可知道，哥哥最疼的就是我这妹子了。你要想当嫂子，行啊，先过我这关。不来讨好我，哥哥才不会理你呢。"

看见柔离气成那样，我心中的自己已经笑趴在地上。跟着师尊混，就是有好处，还当我是当初那个小屁孩儿，随你欺负吗？我挽着哥哥转身就走，又回头望了他们一眼，冲哥哥挤了挤眼睛："哥，多谢啦。你看他们一个个都瞪着我，真是出了好大一口恶气。"

哥哥道："他们不是瞪着你，是盯着你。"

"那不都一个意思？"

"当然不是。他们盯着你，是因为你……罢了，当我没说。"

我冲他天真地眨着双眼，一副快要哭出来的样子："哥哥，你快告诉我嘛，我真的一点儿都不懂。"

"我不想说。你自己领悟。"

见哥哥有些赌气，我忍不住叉着腰大笑道："哼！天衡小儿，你以为你什么都不说，我就不知道？他们盯着我，是因为我貌美如花，神似母后！但是，我大溯昭氏小王姬乃姑射神人，岂是这凡仙俗子可以觊觎的！哈哈哈……哇！哥，大哥，我错了……"

　　总而言之，桃花佛的话，还是有几分正确的。这十年来，本小王姬的桃花可是一朵接一朵，用一句足以让所有仙女打死我的话来说，便是：被那么多人追，有时也挺累的。但我不觉得是因为自己长得好看，而是因为，我是胤泽神尊最宝贝的徒儿。这不，我又要为师尊跑腿。与哥哥帮新来的弟子安顿好，我去了码头，寻得一个弱柳扶风的背影。那儿有纤纤佳人，身披彩纱，引来不少路过儿郎侧目。

　　"柔桑姑娘。"我拍拍她的肩，递给她一个瓶子，"这是师尊让我给你的百花丹，服用之后，你便可增加百年修为。你路上小心，这里离妖界还是有些远。你们，记得看好她啊。"后面这话是对她身边的仆从说的。

　　"神尊……他当真如此无情无义？"

　　柔桑满脸莹莹粉泪，看得我的心都揪起来了。这都要怪师尊，这两年他的口味变化略大。他以前特喜欢黑发朱唇的艳丽女子，但某一夜他被孔雀精坑过一次，喜欢的女子类型也在一夜间换得彻头彻尾。说到胤泽神尊也会被妖怪坑，恐怕没几个人会相信。但这事确实是真的，因为与我也息息相关：两年前，我与师尊去下界办事，一只道行特别深的孔雀精瞅中了师尊，想要和他来一段露水姻缘，却惨遭师尊拒绝。是时曹操刚刚进军官渡，师尊又以凡人之身出没九州，连天战火影响了他的判断力，导致这孔雀精附了我的身，他都未曾察觉。回仙界前一夜，我被孔雀精夺去意识，待我恢复意识时，人在自己房里，她已经被送去了炼妖谷。我问师尊其间发生了什么事，他什么都不愿说，只听同行之人说，前一夜孔雀精顶着我的壳子去了师尊房里，具体发生了什么事，也只有师尊和这孔雀精知道。

　　那之后，有那么几天时间，师尊对我的态度都怪怪的：不愿与我独处；不到迫不得已，不与我说话；即便说话，也从不看我的眼睛；我若想去伺候他，为他捶背，便会被他打开手；我一对他笑，稍微有一点儿不稳重地叫着"师尊师尊"，他就很不耐烦……他如此动怒，必然是内心在气我不争气，居然会被一只妖精附身。但依我对他的了解，想来他又有些气自己，连只小妖怪的障眼法都没识破。我确实斗不过有千年修为的妖，除了暗自怪自己无能，向师尊道歉，什么都做不了。

师尊对我的奇怪态度，也就止于那几日。他很快恢复了正常，只是，大概孔雀精令他心有余悸，从那以后，什么狐女、琵琶精、孔雀仙……任何妖艳的女子，统统入不了他的法眼。他反倒开始喜欢柔桑这种清纯雪肤的姑娘，而且从那以后，特别挑食，只喜欢这一种类型。

以前他和各种妖娆女别离时，我总是难免要和这些女人在码头打一架。记得有一只火鸟曾决绝地说"告诉胤泽，此后锦书休寄"，我也就老实地说了一句"姑娘放心，师尊他不会的"，结果她喷了一口火，把我都烧焦了。待师尊换口味后，大部分清纯姑娘还是比较温和的，我却每次都要为他的心如木石费尽口舌。就如这柔桑姑娘，壳子底下藏的是一只碧玉蝴蝶，那小心肝别提有多脆弱了。我抓抓脑袋，抱歉地笑道："其实，柔桑姑娘，你已经在师尊身边待得够久了，我从未见他与谁在一起两个月以上。而且，最初你跟他，不是也说过嘛，自己丝毫不喜欢他，只是想要修为。"

"我确实如此说过……"柔桑拭去泪水，"可是，我也不曾想过，神尊是这样好的人……我自知配不上他……"

她倒是没有死缠烂打，留下一道水墨般的背影，唱着"扬水离情，天若有情天也老"，便飘然而去。看她如此可怜，别说我，连玄月眼里，都写满了怜香惜玉。我实在受不住，去了城郊的八卦峰，找到了师尊。

八卦峰之所以有这名字，是因为山峦形似八卦，两点一实一虚，浑然天成，颇有意趣。此处地势险要，却集天地之灵气，是个养动物的好地方。师尊最近不知从哪里弄来了一只上古神兽烈焰饕餮，宝贝得不得了，将之关在八卦峰上饲养。我抵达山峰时，他正巧与一群神仙从洞中走出，漠然地看向我："薇儿，你来做什么？"

我还未说话，他的一位神界挚友已抢先道："胤泽神尊，眼光不错，这姑娘真是无比动人。"

"薇儿，真是好生亲昵。"另一位公子用折扇指着我，"难得看见神尊把相好带出来，还不赶紧介绍介绍，是哪家仙女妹妹。"

师尊只是望向一边，长叹一口气。我也猛地一拍额头，恨不得把自己拍死在地上。也是这两年的事，每次我和师尊出去，总是会被人家误认成一对。有一次我忍无可忍，问了一位误会的仙女其中的缘由，对方曰："神尊从不让人近身，却和你这样亲热，年龄又相称，让人不误会，当真颇难。你若长大一些，肯定更配。"有人评评理吗，这些人到底有没有长眼睛？年龄相称？我有那么老吗！师尊他外表是美青年，内在可是一老祖宗啊。普通的散仙认错也罢了，连这些神界的高人也认错？师尊他叫我薇儿，分明就是长辈关爱晚辈的呼唤，却被他们调侃成了另一个意思。我反复考虑，觉得这还是师尊的外表惹的祸。

师尊道："薇儿，先回我府里，有事待我回去后再说。"

那公子用扇子敲着手心，一脸玩味地望着我们："金屋藏娇，有意思。"

"好，我回去。"我深吸一口气，故意大声说道，"师尊，那我回去了啊。"

听见那"师尊"二字，他们一脸失望，却又很快变成一脸期待。那折扇公子尤其开心，朝我走了两步，双眼简直快冒了光："这么说来，这仙女妹妹只是神尊的徒儿。那我……"

我抽了抽嘴角，正想如何圆滑应对，师尊却挡在了我们中间，一点儿情面也不留："你没机会。"

"无趣，好生无趣。又不是神尊老婆，犯得着这样吗？"

看见他终于彻底绝望，我也好放心。下午，我听见柔离他们吵嚷着要去法华樱原，也没兴趣加入话题，只是自个儿趴在窗台上，望春色如许，心事重重。年龄，真是个恼人的东西。我如今五十二，正值青葱少女之年岁，理应无忧无虑，却也因为年龄，得小心提防许多事。例如十年前，我可以跪在师尊的腿下，跟玄月抱我似的抱他的腿，现在可完全行不通。以前我可以当他背后的小尾巴，人家顶多当我是他的小丫鬟，绝不会往其他方面想，现在我连站都不敢离他太近。就连跟哥哥也一样，身体接触也比以前少了很多。只是不知为何，我与哥哥很少被误会，或许别人看得出是同门师兄妹，但跟师尊却……

下午师尊回来了，我却全无心思去见他，讨论下回要怜香惜玉之事，就回房自己一个人心烦。直至晚上，我终于想到了一个绝世无双的好点子。

听闻师尊又去了浮屠星海，我带着玄月赶了过去。这些年玄月长大了不少，虽仍不足以载我，飞行却比以前快了不止一倍。所以，纵水飞向浮屠星海的路上，它还咬着我的衣角，把我拉快了不少。

是夜，飞镜高悬紫冥，玉河迢迢，云烟纵横，星斗灿烂如酣醉美人眼。师尊站在悬崖边，翘肩如檐，衣袂如烟，仍是背对着我便道："白日不来，现在来做什么？"

我往前走了几步，笑盈盈道："师尊心情不好，所以徒儿来探望探望，这也不行吗？"

"我几时说过自己心情不好？"

"当您心情好和心情不好时，都会来浮屠星海。今日和蝴蝶姐姐道了别，总不能是心情好吧。"

"别以为你很了解我。"

"说到了解，徒儿还真略微了解几分师尊的性子。但您如此神通广大，城府深沉，徒儿肯定没法儿看透您。打个比方说，您为何总是不断换女人？徒儿到现在，光记名字都快记累了。与一个人长相厮守，真的这么容易腻味吗？还是说，您怕与一个人在一起久了，分别时会痛？"

"胡说八道。"

"养一只兽，过个三五载尚且会有感情，更别说是人。您又何必否认？"

师尊沉吟良久不语，道："这不是你该问的问题。"

"徒儿知错。"

"这嘴越来越油，认错也越来越快，我真是没管好你。"

"徒儿只是想说，倘若师尊感到哪怕一点点的孤单，可随时找徒儿，徒儿在。"知道他定不会承认，我赶紧接着说道，"啊呀，我在说些什么蠢话，师尊怎么可能会觉得孤单。孤单的人是徒儿，所以徒儿常来找师尊谈心。"

师尊转过头，不悦地望了我一眼，显然是厌烦了我的弄巧呈乖。但跟着他这么多年，我的脸皮自然是薄不了的。我继续灿烂地笑着，过去替他揉胳膊。他很习惯我为他按摩，只要我的手放在他身上，他就会放轻松坐下来，正如此时这般。我挽起袖子，替他揉肩捶背，在他耳边灌迷汤："师尊，徒儿向你保证，即便出师，徒儿也不会离开师尊。"

当然，他的反馈总是不甚理想："你离出师还早，别做白日梦。"

"徒儿有家不能回，师尊天下江海均是家，其实我们都是一样的。师尊，若有一日，我能找到溯昭，您一定要等我，待我把家乡事处理完毕，一定回来找您。到时候，徒儿就不用修炼啦，只要师尊不那么忙，一声令下，徒儿随叫随到。说不定我真能修成仙，而后成神，永生永世陪在您身边，不让您孤单。"

师尊轻笑："说得倒是动听。但我已告诉过你，灵修成仙，几乎是不可能的事。"

"徒儿愿意为师尊上刀山下火海，粉身碎骨，在所不辞，一定会去试的。"我转了转眼睛，道，"九州有一本书上是这么写的：'子曰：徒也，师之袄也。'即是说，徒儿就是师父的小棉袄。"

"这话是你自己杜撰的吧。"

"咦，师尊为何会知道？"

原以为他要说，他读过《论语》，不想给出的答案是："我与孔仲尼是旧识。"

"师尊，这话题真没法儿继续。"

听他轻轻笑了，不知为何，我有些不愿把那万全之计说出来。我吁了一口气，还是逼自己说下去："不过，跟了师尊这么多年，徒儿却一直有一心愿未了。"

"你说。"

不知是否背光的缘故，师尊虽没笑，眼神却有几分温柔……不对，这必然是我眼拙，若是温柔，那还是师尊吗？！我垂下脑袋，腼腆道："徒儿想陪师尊，去找个师母回来。"

眼前星云旋转，月色无边。良久，我没得到他的回答。

第九章

法华樱原

Chapter
Nine

异兽水烟胜画，
天市千载繁华。
遥望孤峰锦楼，
吾师上界人家。
若问神去哪边，
无踪不入凡眼。
夜梦碧袍缥缈，
汝心荡漾如烟。

——《吾师美人》

我小心抬头看了他一眼："师尊？"

只见他居高临下地望着我，轻蔑道："你认为我娶妻之后，还需要你来陪吗？"

这气氛不对。我立即改口："不不，当然不需要。师尊英明神武，不论做什么，我们当小辈的，只能在旁边摇旗呐喊，哪儿敢擅言'陪同'。"

"既然如此，自己回去领罚。"

被师尊罚，简直就是我的家常便饭，现在我已学会不再问为什么，只道："好吧。"顿了顿，我还是不死心道："可是师尊，我真的很想要一个师母……"

语毕，我看着他，他看着我，我委屈道："知道了，徒儿该死，抄两倍。"

又抄、又抄。还不让哥哥代我抄。到底是抄书重要，还是上课重要？既然师尊不怕我抄书耽误学习给他丢面子，我不上课便是。这一回抄的书更无趣，是《东海杂记》。翌日正午，白帝山上，我翻着那些记载水产、灵石、仙树的资料，打了个呵欠，慢吞吞地在纸上划下鬼画符。不远处，师叔在山头教他们以仙术劈石，一个个都练得可带劲了。反正轮不到我，也抄不到尽头，不如偷个懒。我撑着下巴，想起师尊前一夜那张冰块脸，虽令人害怕，却是相当好看。这么好看的一个师尊，为何不肯娶老婆呢？虽然大家都惧他敬他，但我知道，若他真点个头，恐怕想要嫁他的姑娘，会从青龙天一直排到朱雀天。想到此处，我诗兴大发，拿着师尊的狼毫①一挥，快速在纸上作诗。

刚写下前两句，记忆中的师尊形象便清晰起来。他的一颦一笑，一言一行，甚至连高高拿着筷子根的模样，都在我脑中晃了一遍。渐渐地，我有些明白了，师尊不愿娶师母，是因为师尊缥缈高贵，再牛的仙，都配不上他。于是，我接着写下最后一句，点了一滴墨，圆满收尾。此刻，有人在前方唤道："洛薇师姐，你在做什么呢？"

来者是正在休息的师姐师妹。我摸着下巴，很是骄傲地把那张纸递给她们。那纸上写着：

异兽水烟胜画，天市千载繁华。

遥望孤峰锦楼，吾师上界人家。

若问神去哪边，无踪不入凡眼。

夜梦碧袍缥缈，汝心荡漾如烟。②

师姐读完诗，噗地笑出声来："师妹，你真是古灵精怪。这诗写得真是太贴切了，神尊确实如此高高在上，让人觉得可望而不可即。"

我扬扬眉："师尊可是个美人。"

师妹道："我的天帝啊，这诗真是要笑死我了。我还没见过神尊本人呢，但已经迫不及待地想看看庐山真面目。"

换作以前，假使我问师尊什么问题，他都会觉得我闲事管得太宽，并因此惩罚我，我多少会有些怨气。但想起前一夜的对话，我一点儿火气也没有，反而觉得师尊如此冷淡，有一点点可爱。我笑嘻嘻道："你们知道吗？昨天我说要陪师尊找个师母回来，师尊居然不同意，还凶了我一顿，真是没劲。"

师姐道："啊，师妹，你可真是个初生犊，居然敢跟神尊提这种要求。"

"所以我又被罚啦，这不，正抄着呢。"

师妹道："他为何不肯娶师母呢？"

"不知道，师尊高深莫测，我是徒儿，可不敢妄自揣摩。"我撇着嘴，嘴角却微微带笑。

"不管怎么说，你这诗可真是写得太妙。"

说罢，师姐和师妹又读了一遍，然后笑出声来。无可奈何的是，她们的笑声太大，引来不少弟子的围观。我还没来得及阻止，这首诗便在他们中间传了个遍。紧接着，屎盆子接二连三地扣了过来。那张题了诗的纸在同门师兄弟里面转了一圈，最后是由师叔交还给我的。我接过纸，他点了点上面的标题："《吾师美人》？"

"我犹豫了很久，才放弃了《吾师神尊》……"

"洛薇，你真是越来越没大没小了！"师叔不愧是跟随师尊多年的人，凶起人来不怒自威，连围观的弟子们都不禁退了几步。

我愧道："我错了，师叔。"

"若是只有前面这三句，我会说这是一首好诗。"师叔拿着纸，严肃地望着我，"但你偏生要画蛇添足，加上这怪题目和这最后一句。洛薇！"

"在……"我抖了一下。

师叔厉色道："你这是以下犯上，意淫师尊，我必须把这个交给神尊过目。"

听到这一句，所有弟子，尤其是见过师尊的那一部分，都倒抽一口冷气。我苦苦哀求，师叔却意志坚定，拿着这张纸飘然而去。此后，所有人也都跟着悻悻而散，只有师妹还残留着几分姐妹情谊，走过来拍拍我的肩："其实我觉得师叔很没品位，明明最后一句才是亮点。"

我跟上了断头台的死囚似的，一直等到夜晚时分。终于，有人来通报，说胤泽神尊在府中等我，让我早些回去。我抱着赴死的心，回到了沧瀛府。

采月阁里，桌上摆着一壶香茶，一个新桃。我进去时，师尊正坐在红木圆桌前，品着茶，读着诗——没错，就是我写的那首。他表现得越是从容淡定，我便越是浑身觳觫。只见他抖了抖纸张，扫了一眼那诗，冷冷道："洛薇。"

直呼我姓名，看来今天可以反复死好几百次。我哭丧着脸，走到他旁边，直接跪下："师尊，徒儿知错。要打要骂，悉听尊便。"

他却连看也没看我一眼，只漠然道："你以为自己还是小孩子吗？"

我拼命摇头，跟拨浪鼓似的。师尊道："以为现在做这些事，别人都会轻易原谅你吗？"

我还是拼命摇头。他道："且不谈这首诗。我听你师叔说，你还在弟子间传播我不愿娶妻之事？"

我吓得双手发冷，登时在地上磕了三个响头，又尴尬又害怕："师尊，对不起！弟子愚昧！师叔说得都没错，是弟子以下犯上，不知天高地厚，请重罚弟子！"

良久，上方都只有一片死沉。我只听见茶杯盖打开之声，师尊轻拨茶水之声。初春雨水泡的茶，一直为他偏爱。终于，他缓缓说道："我不懂你为何要写这首诗。最后这一句，你是怎么写出来的？"

我被问懵了，迷茫道："就这么写的……"

"你做过类似的梦吗？"

"每天和师尊朝夕相对，能不梦到吗？"

他又缄默多时，忽而站起来，面朝窗外，推开窗牖。此刻，夜色正浓，碧月冷落，一枝红杏入窗来。他道："算了，出去吧。"

我愣了半晌，道："这……您不罚徒儿了？"

"罚抄也没用。反正你也不会认真抄，还闹出许多笑话。这次饶了你，下不为例。"

原来，那不是我的错觉。师尊最近真的变得好温柔。我高兴坏了，猛地跳起来："谢谢师尊！"然后一个冲动，像以前那样，冲到他面前，激动得几乎跳起来。然而，当他回过头我才发现，自己的个子已经长高，到了他的肩膀，不用再仰着脑袋，像看大人那样看他。二人之间的距离瞬间缩短，正巧春风拂过，乱红落满圆桌，也落在我们的发上、肩上。也是正巧，这万丈碧光之下，花香满房。他有意无意地看了我一眼，眼下的水纹印记一如蜿蜒的花枝，托着这倾世容颜，成就了一番凌驾上界的神仙风华。

被他这样一看，我不由自主地垂下头，不知该往哪里看，只小声道："谢谢……谢谢师尊。师尊待我真好。"

可能是我的举止有些忸怩，让师尊也有些不自然。他即刻看向别处："还不走吗？"

"啊，是是是，徒儿这就走啦……"

回去的路上，我身轻如燕，沉醉般靠柱而坐。这究竟是何种心境，哪番风味？我寻不到答案，只盼夜夜如今宵，心情甚好。

法华樱原这个地方，听起来是一个颇有禅意的地方，实际上却与禅八竿子打不着边。因为，这四个字的真正意义，在后面俩字。樱原，姻缘。此处早已变成天市城的著名胜地，就是一个邂逅未来郎君和娘子的地方。而且，相识方法还非常诡异——"捡尸体"。法华樱原每天早上到晚上，都会有一群闲到没事做的年轻小仙子，躺在草地上、樱花下睡觉。其他人若是路过，在地上看见一个比较顺眼的"尸体"，便会把对方"捡"起来，这姻缘的第一步也就成了。此处，亦是柔离一直以来最想观光的地方。闹了几日，她总算得偿所愿，把我们一行人统统拖到了法华樱原。

这日下午，碧天如沧海，樱树成粉云，平芜尽处是春山，满地痴汉，更是延绵春山外——没错，姑娘家多少有些矜持，所以躺在这里的"尸体"，九成五都是男子。我真是不理解这些脑子装了泥巴的人，你说人家好好一片樱花平原，赏春品酒的绝妙之处，被你们整成了一块"停尸场"。当然，也有不少心性强健之人，可以忽视这些地上的痴汉，成群结队，戴花赏景，在树下或空中聚会。那些在空中飞着的仙子真是美极了，尤其是身着粉裙的姑娘，裙裾翩翩如云，随风飘坠如花，穿梭在林间，分不清是仙是云还是花。

柔离也是个怪人，看见那么多"躺尸"，竟如小鸟般雀跃，一边拍掌一边道："三师兄，三师兄，你以前来过法华樱原吗？"

哥哥道："只是路过。"

柔离道："这么说，你还是第一次陪人来这里？"

哥哥想了想，点点头："算是吧。"

柔离更开心了，指着一棵樱花树说："一会儿人家会在那棵树下小憩，你记得过来找人家啊。"

自从上次给了她教训，她除了在我写下《吾师美人》后，数落了我两句，也没再做什么过分的事。所以，她既然对我哥有那么点儿意思，也算我哥有艳福，我决定不插手。我见哥哥待她态度也不错，暗想，这两个今天不会真的在此"捡尸"订终身吧？我看了一眼柔离，叹了一口气。有嫂子我是很开心，但能不能换个人啊……算了，君子应成人之美。我带着其他几个弟子，偷偷溜到其他树下，喝茶吃点心，享受人生。但没过多久，我便有些坐不住，起身准备到处溜达溜达，不想走了几步，路过一个"躺尸"，听见他捂胸痛苦呻吟。定睛一看，发现那是一个同门师弟，我们还曾说过几句话。我靠近了一些，弯腰问道："师弟，你还好吗？"

师弟俊俏的小脸上全是冷汗，他抬眼看了看我，道："洛薇师姐，我吃坏肚子了……现在觉得心如刀割，疼痛难耐啊……"

奇怪，吃坏肚子，为何会心如刀割？不过我没细想，只道："怎么会这样？你能起来吗？我带你去找大夫……"

"我、我起不了。"师弟颤颤巍巍地朝我伸出手，"师姐，救我……"

我赶紧接住他的手，费了九牛二虎之力，才把他搀扶起来。此刻，后方的弟子们却整齐地鼓掌欢呼起来。我回头望去，只见他们甩着外套、用法术抖了满地樱花，激动地喊道："在一起！在一起！在一起！"

什么？这是什么意思？我又回头面向师弟，他方才脸上的痛苦之色，早已烟消云散，搭在我肩上的胳膊，也收了回去。他冲我充满歉意地笑了笑，不知从何处拿出几枝樱花，递给我道："洛薇师姐，弟已仰慕你许久，每日光看见你的倩影，都足以令我魂牵梦绕，实是寝食难安。望师姐能接受弟这一份心意……"

我承认，我十分震惊。瞅瞅他，又瞅瞅那花，我唯一能想到的开场白，便是："师叔不是说了，成年或出师之前，沧瀛门弟子一律不许谈情说爱，私订终身吗？"

师弟慌道："只是想让师姐知道这一份心意，并无他意。若师姐有意，弟不介意一直等待……"

由于后面如潮般的"在一起"的喊声，我实在无法集中精力。但这孩子或许比我还年幼，我还是不要伤害他比较好。接过那几枝樱花，我正琢磨着该如何拒绝，一个高挑的背影已挡在我们面前："师弟，若你真能等，有的心意还是藏在心里比较好。你这样做，是在害薇薇。"

师弟惊叹道："天、天衡师兄……"

没错，有个哥哥最讨厌的地方便是这里。妹妹被人示爱，他非要出来插一脚，连让人享受一下美滋滋的感觉也不行。当然，他这一行为，激发的可不是我一个人的愤怒，还包括其他师兄弟的。他们一伙人凑了过来，把我和师弟拽到一边。

"天衡师兄，护妹妹改天再来，今日不要扫兴啊。"

"就是就是，今天是我们师弟的告白日，主角是他俩，来来来，大家行动起来！"

这群人到底都安了什么心，简直就跟商量好了一般。我下意识地望了一眼远处的柔离，发现自己的预感完全正确：她脸上挂着胜利在望的表情，握着双拳，为这群师兄弟助威。这帮人也相当配合，来了劲，分成两拨人，一拨推师弟，一拨推我，说什么也要把我俩推到一起去。这群王八羔子真是惹事精，若娄子捅大了，倒霉的人可是我和师弟。结果就是，我负隅顽抗，师弟半推半就，两边的师兄弟一起喊着"一二三"，硬生生把我先推了出去。

樱花点点，花雨如雪，有那么一个刹那，时间凝固。眼看我就要被撞飞出去，哥哥冲出来，伸手接住我。但后方的人用力过猛，哥哥也没站稳，我一个迎面扑过去，便把他压倒在地上。刚好旁边有一个小山丘，我俩抱在一起，在草地里打了好几个滚，才在山丘前停下。

我被磕碰得头晕眼花，等回过神来，晃晃脑袋，发现情势已变成他压在我身上。为了保护我，他两条胳膊垫在我的脑袋后面。他长出一口气道："薇薇，你还好吗？"

"没事没事。"

虽是如此回答，我俩却都望着对方的眼睛，怔住了。确实，我们平时就很亲密，但这么近距离地看着哥哥，我还是有些窘迫，于是强笑道："还好没出事，他们实在太乱来。"

哥哥没有说话，也没有动，唯一的动静，便是将目光从我的眼睛挪到了嘴唇。从小我就喜欢跟着哥哥跑，模仿他的所作所为。被他这样一看，我也犯了傻，跟着看了看他的嘴唇。啊，哥哥嘴唇的色泽比樱花的花瓣还要淡，却异常饱满，看上去好像很好吃……等等，我到底在想些什么！顿时心如擂鼓，我开始用力推他的胸口："谢谢哥，方才若不是你过来……唔嗯……"后面的话，已被那两片松软的唇盖住。

这一刻，我已经僵成了木鸡。

这该如何是好，第一次接吻的对象，竟是哥哥！以后我们该如何相处，以后我该如何跟夫君交代……我心如擂鼓，整个人处于乱七八糟的思绪中，还在纠结是要推开他，还是等他自己退开。哥哥却完全不一样，吻得专注而压抑。我听到他的每一次呼吸都特别沉重，几次都想撬开我的口，最后还是忍了下来。

因为离得远，同门弟子应该看不到此处发生了什么。只是当他撑着两手起身并把我拉起来后，我们回头看见一个扎着发髻的童子站在一边，他手里拿着一个吃到一半的石榴，歪着脑袋看着我们，嘴巴周围有着一圈红红的印记。我对他做了一个"嘘"的动作，他点点头，笑逐颜开地也对我做了一个"嘘"的动作。场景一下静谧得有些诡异，我没敢多看哥哥一眼，与他一前一后回到众人身旁。所有弟子都已惊呆。师弟手足无措，道："方才真是好危险，还好天衡师兄接住了洛薇师姐，不然难免会有人受伤。不过，洛薇师姐你还好吗？为何脸这么红？是摔到哪里了吗？"

"没、没事。"

嘴唇上还有哥哥的触感。他的性子一向严谨而淡然，在吃喝上无欲无求，喝酒不上脸，也没有特别偏执的嗜好。此刻，他的脸色和平时差不多，耳根却也在不知不觉中变得通红。仙界的樱花树要比凡间的高大两倍。因此，醉舞春风悠扬时，樱花更胜繁雪飞。花瓣是粉色的，哥哥的头发是黑色的，衬着他颈间的粉红，引起无限遐思……其实，我并不是不知道哥哥的心思，只是一直在回避他的感情。他也不曾催我，若不是今日发生意外，他一时情难自控，大概我们之间，依然只保留有那份儿时的兄妹情谊。我喜欢哥哥，但对他的感情，也只有那一份至亲的情谊。

就在这时，身后有孩童的声音响起："姐姐。"

我下意识地转过头去，不想这是有生以来做过的最傻的事。方才那个啃石榴的小屁孩儿竟跟了上来，脸上还是沾着红彤彤的石榴汁，跟刚吸了人血似的。他冲我灿烂一笑，做了一个"嘘"的动作，蹦出几个字："姐姐，我不会把你和哥哥亲嘴的事说出去的。"

霎时，天地凝固，万籁俱静。

纸是包不住火的，更何况这群人中，还有一个对哥哥痴心不改的姑娘。听说我俩亲上了，柔离在那一刹那的反应，像是经历了天崩地裂、飓风海啸，紧接着便哇啦哇啦又哭又闹起来。之后，不论我们如何哀求，她都无法冷静下来。就这样，她一路从法华樱原闹回了沧瀛门。我们谁也没有忘记师叔再三强调的门规，知道这件事闹大之后，都已经做好了糟糕的打算。不过，我还抱了最后一丝希望。这希望便是胤泽神尊。我已经在肚子里编好了上百种借口，气沉丹田，准备运力施展拍马屁大法，想办法把师尊哄开心。只要他一句话，刻意就能变成意外，最坏的结果，也不过是罚抄两百遍。

然而，我无论如何都不会想到，在沧瀛门前院等待我们的，居然就是师尊。我和哥哥刚被带上去，便见他站在百人队列最前方，负手背对我们，连回头看我们一眼都不肯，只扔下一句话："把傅臣之带到九宗池，法杖五百，即刻执行。"

所有人都轻吸一口气，却连吭声都不敢。九宗池在白帝山山顶，是沧瀛门的驯兽之地，负伤者进入池中，非但要承受极寒的折磨，而且伤口永不痊愈，直至死亡。我急道："师尊，这件事不……"

"住嘴！"

从来没见师尊如此愤怒过，哪怕看不到他的脸，这声呵斥也令我直冒冷汗。此后，我俩一起被人带到了白帝山山顶，玄月也跟着匆匆飞过来。在其他长老的命令下，哥哥被带到冰室里面，师尊则面无表情地站在山峰边缘。听见里面的行杖声，我跑过去，跪在师尊腿边，抓住他的裤腿："师尊，这事不能怪哥哥，真是纯属意外！当时哥哥为了救我，还受了伤，我俩也是不小心才碰……"

"放手。"师尊的声音，简直比这里的冰还要冷。

我愣了一下，静悄悄地松开了手。这一回，师尊是真的生气了。那行仗夹着风声，下手极重，一下下好像打在我的身上。我想闯进去，但冰室门外有人看守，又毫无办法，只能在师尊面前长跪不起。终于，漫长的五百杖结束，师尊从我身边走过，进入冰室。我也赶紧站起来，跟了上去。刚一踏入冰室，极冷之气扑面而来，我忍不住抱紧毛茸茸的玄月取暖。我是水灵，抗寒能力比寻常仙人强，都无法禁受里面的严寒，更不要说哥哥了。在中间的一个冰池旁，胤泽神尊沉静而立，感受不到任何温度。他凛然望着九宗池旁的人，是已受过杖刑的哥哥。

师尊道："傅臣之，你可知错？"

"弟子知错。弟子不该违背门规，轻薄师妹，令师尊蒙羞。"哥哥显然受到不小的折磨，嘴唇和脸都毫无血色，"但是师尊，十年前弟子便告诉过您……洛薇是弟子未过门的妻子。当时您说，我还年幼，不懂情是何物……现在弟子还是如此想……"

师尊道："你真是毫无悔意。"

哥哥奄奄一息道："师尊是神，不懂情为何物，弟子自幼在凡间长大，却偏偏……如凡人般庸俗……"

师尊转过身去："扔他入池。"

"等等！"我抱着玄月冲了过去。

到底是我欠了哥哥。从小到大，我总是要他护着，总要他帮忙收拾各种烂摊子，自己却很少为他做点儿什么。我看看哥哥，又看看师尊，颤声道："师尊，那件事是徒儿主动的。"

师尊蹙眉道："什么？"

哥哥道："师尊，您别相信她，她在撒谎！"

明明牙关已在打战，我却还是硬撑着笑道："是徒儿主动亲的哥哥，与哥哥毫无关系。您不应该罚他，应该罚徒儿。"

"原来如此。"短暂的沉默后，师尊微微笑了，"看来是为师误会了臣之。原来，你们是两情相悦。"

虽然师尊动怒时很可怕，但我知道，当他露出这种轻松的笑容时，才是真正不祥的预兆。我提起一口气，道："徒儿愿意代哥哥受罚。"说罢，我闭着眼睛，纵身跳到冰池中。严寒刺骨，像万把小尖刀，一下下在皮肤上剜开无数小口。

哥哥急道："薇薇，你出来！"

我不理他，继续往池水中沉下去。沧瀛神啊，师尊啊，这是怎么个销魂滋味，我觉得自己快要死掉了。师尊笑道："洛薇，你还真是让我惊喜。既然如此喜欢这九宗池，就在里头泡着吧。看好她，七日内不得出来。"说罢，他留下一人监督我们，便率领众人转身离去。

直至他走远，我才敢让牙关发出嘚嘚嘚的声音："冷、冷、冷、冷、冷……"见哥哥想要进来，我把手伸出去，压住他的胳膊："不准、不准下来，否则断交，我、我认真的！"

"薇薇，对不起。"他僵在了九宗池旁，撑着重伤的身体，红色的血落在冷水中，"我对自己说过，要等到你能接受为止……不想……却连累了你……"

"没、没、没、没事，我这里就、就、就是冷、冷、冷而已，总比你那边的、的、的痛好啊。"再这样下去，七日后我必然会变成个结巴。

他握着我的手，趴在池边，口中吐出浓浓的雾气："胡说，你的头发都结冰了。还是我好受一些。"

"我才不要像哥哥、哥哥这样，哥哥屁股、股、股、股都被打开、开、开、开……"

他脸色一变："屁股被打开？"

"开花了。"

他更加用力地握我的手，大声笑了起来。

说实在的，我真不认为自己能比他舒服。只是，只要想想他的付出与等待，就会觉得很是难过。因为，寻常男孩子的喜欢，只是凭着早春那股少年的冲动，即便我不行，其他姑娘也是可以的，只要比我好看，他们大概会恨不得换十个新人。但哥哥不一样。为他倾心的姑娘很多，他的前途也很宽广，绝对不愁娶一个国色佳丽回家，却偏偏小心沉默地等待着我。我想，他的感觉应该与我一样，只是想与对方在一起一生，不再分开。仅靠没有血缘的兄妹关系，这样的心愿绝对无法维持。我知道他的真心，因此，拒绝其他男孩子的追求时，也从来不曾有过此刻的痛。

"薇薇。"他轻轻道，"还记得小时候，你常常叫我带你溜出来玩吗？"

"记、记、记得。"

"我不会勉强你和我在一起。我们还是可以跟那时候一样，当普通的兄妹。我会耐心地等。"他握紧我的双手，努力传来一些温度，"等到你接受我的那一天。"

"好。"

其实，就这样与哥哥在一起一辈子，真的再好不过。我到底在瞻前顾后些什么？

七日后，我和哥哥从冰池里出来。这段时间，要多亏了玄月十分仗义，觅了食，便为我们叼来。哥哥体质比较强，没多大事。但对我而言，里面天寒地冻，外面春暖花开，这样一冷一热，加之晚上春寒料峭，我又大病了三天三夜。这三天里，哥哥一直体贴入微地照顾我，为我熬药煲粥，揉肩盖被，若不是为了避嫌，他恨不得一直待在我房里。师尊也令人为我送来灵丹妙药，请了四位丫鬟轮流照顾我，可以说是十分周到。我病得浑身疼痛，糊里糊涂，每天望着窗外日落月出，总是在心底隐隐期盼，他能亲自来看我一次。然而，三天过去了，他却一次都未来过。不过我知道，这又是自己的任性念想，师尊这样忙，极有可能抽不出时间。

我非常挂念他，大病初愈的第一晚，便去他房里找他。知道这一回自己犯的错不小，我先老老实实跪在地上，才敲了敲房门。隔了多时，师尊的声音才传出来："什么事？"

"徒儿来跟师尊赔罪。"

"不必。你回去休息。"

尽管他看不到，我还是冲着门笑了笑："十天未见师尊，徒儿十分想念，精神都不好了呢。师尊开个门，让徒儿看看您老身体是否安好，可好？"

"师尊？"

"有事明日再说。"

"哦，好吧……"

然而，从这一日开始，我再未有机会与师尊单独相处。他好像又变成了最初的胤泽神尊，不，不是胤泽神尊，而是我们最初幻想的沧瀛神。有时我会想不通，跟周围的人吐露自己的想法，他们都觉得我很奇怪，说神尊不是一直这样嘛。这一回，我是真正检讨过。一定是因为我犯错太多，他生了很大的气。

他再没有叫过我薇儿，人前人后都是直呼我的全名。

他也再未独自去过浮屠星海，倒是回神界的次数变多了。而神界这个地方，对我而言，还真是只能闻其名，不可见其身。我听过那里的无数传说，也知道通往神界的无垠之井在浮屠星海附近。我时常看见师尊带着神仙包括哥哥去那个方向，但作为一个灵，我此生都无法到那儿去，要说不羡慕，那肯定是撒谎。就这样，我与师尊的关系越来越疏远。我想找个机会修补关系，但他表现得太妥当，以至于根本不知从何下手。

直到冬季到来，一名叫青戊的司春神女也来到了仙界。不过，她并非前来为我们召唤春季，而是与凌阴神君一同前来寻找师尊。青戊环姿艳逸，仪静体闲，裙裳翠绿，头戴花枝，尽管与师尊先前宠幸的蝴蝶女同色，但是，那种来自神界的林下清风之气，却令高贵的仙女们都不由得俯首称臣。她来到沧瀛门，弟子们都很激动，男孩子们跟喝了迷魂汤似的大叫女神。那一日，我听说了不下十个关于她的故事。

在沧瀛门大殿外，见着她与凌阴神君，师尊扬了扬眉："凌阴，你与吕布的爱恨情仇，可够你回味数十年？"

凌阴神君嘴角抽了抽，想骂不敢骂，想忍不能忍。青戊掩嘴笑了起来："胤泽神尊，你的心眼儿还是如此坏。"

而我们一群徒弟躲在室内，爬在窗头，都在小声议论。我听见有人说："那个神女是师母！是师母！"

"师母？！"我震惊道，"师母是何意？"

"师姐，师母的意思你都不懂？她和神尊在神界是旧识，三个月前在一起了！以后恐怕要成亲！"

"啊？几时的事？我为何没听说？"我想了想道，"不对啊，师尊身边女人如流水，不能个个都是师母吧？"

"神尊的风流韵事我们也听过啦，但这个是认真的……"

他话未说完，青戊已转过头来，望着我们这里笑道："快看，那里有个水灵姑娘，又年轻，又冰肌玉骨，长得可真好看。"

我的心停跳了一拍，赶紧捂住脸。师尊顺道看过来，却未评价。凌阴神君道："水灵姑娘确实漂亮，但青春也确实短暂。青戌，你不用担心太多，过两百年她就老了，你还年轻着。"说罢不怀好意地瞄了一眼师尊。

青戌有些赧然："你胡说什么！我不过这么夸她一句，想哪里去了！"

过两百年她就老了，你还年轻着。

过两百年她就老了，你还年轻着。

过两百年她就老了，你还年轻着……

这句话给我的打击，为何如此之大？！我实在想不通，也不大愿意深想。但是，我却比谁都好奇，这青戌神女究竟是不是师母。

所幸当天晚上，得知他又去了浮屠星海，真是个直接与师尊对话的大好时机！如果是师母，我就去把师母哄开心，说不定可以换回师尊的信赖。如果不是师母，我便对师尊使出万全之策——死缠烂打马屁神功。我的英明神武，有时真不亚于师尊。

这一回，我们可是有足足一个月没见面了。这一晚天市城下了大雪，我带着暖炉，撒欢儿地跑过去，准备上前伺候好师尊……结果，浮屠星海悬崖边的景象，倒是有些反常。

那里，不是只有师尊一人，青戌神女也站在他身边。我抵达悬崖的巨石后时，她正高高伸长手，为他撑伞。而他正巧把自己的白裘披肩取下，为她搭在肩上。从我这里看不到他的正脸，却能看见她轻轻抬起头，几乎化雪回春的浅笑。然后，她手心捧出点点火光，将他们二人团团包围。火光游走之处，积雪便会融化，而后芳草生芽，鲜花盛开。

寒冬的天市城，比其他地方还要冷一些。那些璀璨的星光，也被冷空气收走，化作上天下海的苍白。他们四周一圈，却是彩色的春季。有了那里温暖的对比，我觉得周围好像更冷了。我下意识地伸手拨了拨身旁，想要紧紧抱一下玄月，却忽地意识到，先前跑出来太急，连玄月都忘了叫。

一时间，我觉得有些跑不动。下意识地松了松手，却不慎将暖炉掉在地上，发出不小的声响。青戌神女迅速探头道："是有什么人吗？"

"许是我几个顽劣的徒弟。不碍事。"师尊连头都没回，"现在天色已晚，我们先回神界。"

"但凭尊意。"

语毕，他们身影闪烁，刹那间飞向无垠之井。我握着冻到发紫的双手，蹲下来，对着几近熄灭的炉子取暖。其实，心中并无不甘。任何人见过他们的背影，都会连连称赞，说这是天仙眷侣。神尊和神女，原本便是天造地设的一对。

炉子里尚有火星残留，却在铺天盖地的大雪中，很快黯淡，化作灰烬。

从我初次离开溯昭，便已知道，这天地原比我想象得要大。只是没有想到，它会这么大。我抱着双腿，靠着山岩静坐很久。星海苍雾呈现出冰蓝色，远处，圆月也冷了下来，被弥漫的冰雾笼罩环绕。

今人不见古时月，明月曾照古时人。大概留下来的，也只有这一弯建立在溯昭之上的明月。十年来，不是不曾有过思乡之情，但未有哪一夜，能比今夜更甚。

过两百年她就老了，你还年轻着。

原是凌阴神君的一句玩笑话，此刻，却比九宗池的水还要扎人。

注释：
① 指狴犴毛做的毛笔。狴犴，又名宪章，传说中的兽名。形似虎，龙九子之一，排行第七。
② 本诗大概含义："异兽塔，水烟楼，美得就像一幅画。千载以来，天市城一直繁华。遥望天市城孤峰上的锦绣华楼，那是我师尊胤泽上界人士的家。若你问神尊去了何处，他无影无踪，你的肉眼凡胎可看不见他。回去睡觉吧，梦里有他的碧袍缥缈如烟，光看看，也足够你如烟荡漾一晚，憨笑连连。"

第十章

深海化妖

Chapter
Ten

冰轮万里流光照，
沧海如夜碎波涛。
龙宫惊鸿回头顾，
垂水相思甘化妖。

——《海中思》

　　一个月后，师尊总算主动找了我一次。正是天市城极寒之时，大雪满锦袍，他在八卦峰与我见面，指了指下方一个深邃的洞窟。这是他用以关放爱宠烈焰饕餮的洞窟，上百米深，但我们站在外面，依旧不时可见火光飞溅，热气升腾，还能听见巨兽长而深沉的呼吸。可想而知，此神兽真是只神兽，真身肯定跟出山的太阳似的令人不敢直视。我真不理解，师尊自己司水，为何要去弄火兽来养，也不怕被克。当然，他听不见我的腹诽，只略显惋惜道："我的烈焰饕餮，似乎承受不住房宿的极寒，现在病了，需要服药方能治愈。"

　　这药是苏莲的莲子。苏莲，我小时候爱吃的苏莲糕的名字即由此而来。苏莲其实是一种红瓣金蕊的莲花，长在东海无名岛上。这可是一种神奇的植物，它自身会变化出迷水阵，来搅乱靠近者的视听，以便自我保护。所以，会纵水的我，无疑是带路的第一人选。知道自己可以帮到师尊，我的心情别提有多好了。我跟着一群师兄，杀到了师尊指定的无名岛。自九天飘落的大雪，也同样淹没了这座无人孤岛。在我的纵水术的引导下，我们很快找到岛中央的空谷幽池。天空骤冷，大雪纷乱，池水却温如汤泉。在那水池中央，除却一朵发光的红莲，还有一条雪白巨蟒缠在它四周。巨蟒高高立起来，对苏莲吐着信子，尖牙锋利，在这迷离的雪中冒着寒光。

一个师兄道："糟糕，这大蟒肯定想吃掉苏莲，快去阻止它！"

随后，师兄们都飞过去，围剿那条雪蟒。雪蟒不是他们的对手，几个回合便败下阵来，被击退到岸上。一个师兄用剑对着雪蟒，其他的师兄过去快速取了苏莲子，便统统围过来，打算杀了雪蟒取胆。此刻，雪蟒用可怜巴巴的眼神望着我，好像在求救。我连忙拦住他们："等等，师兄，这蟒杀不得。"

"为何？"

"它是师尊养的蛇，碰不得。放它回林子吧。"

把师尊搬出来，当然无人敢有微词。他们松开手，让那条雪蟒回到了林中。我又回头看了看那朵金光四射的苏莲，道："你们先走，我得走在后头，把迷水阵重新布置一遍，保证苏莲的安全。"他们点头，先行离去。

随即，我淫笑着扬扬眉，纵水飞到池中央，挽起袖子道："像我这么懂得生活情趣的姐姐真不多，苏莲妹妹，多多得罪啦。"语毕，把那朵苏莲从水里连根拔起。

我早问过师尊，这苏莲可否自己带走，他说只要取了莲子，苏莲随我处置。这么好看的一朵花，怎么能不带走呢？回头将它养在厢房后花园，每天好生拨弄品赏一番。然而，我刚抱着苏莲回到岸边，便感到冰凉的皮肤缠住了我的腰，一下子把我拉到了林子里。我惨叫一声，那东西却将我越勒越紧，掉头一看，竟是方才那条雪蟒。我被卡着喉咙，几乎不能呼吸，盛怒道："畜生！畜生！我救你一命，你居然恩将仇报，果然蛇鼠一窝，没一个好东西！"

正想使用法术将它击倒，那拥抱我的力道未减，触感却全然变了个样。雪蟒骤然变小，将我紧抱着的，变成了一个目光轻佻的公子。他的衣发皆雪白，头上戴着黄金环冠，声音也轻飘飘的，又温柔，又危险："姑娘，你可以误解我，但拿我与鼠辈相提并论，便是你的不对。"

我道："哟，你还会化人！还不速速放了本小王姬，否则我师父胤泽神尊从天而降，把你劈成蛇肉羹！"

他伸出薄薄的舌尖，在我耳后轻舔一下："等他来时，我们已经是生米煮成熟饭。到时你肚子里已有我的蛋，恐怕就是神尊也无法救你。"

这分明是轻薄的话语，我却听得想笑，我回头对他白眼相待，伸出双手，慢慢往上抬起，使出"萍踪涌涛"，我们周遭便涌出打着旋的水浪，直击他面门。他大叫一声，被击退出去，跌倒在地。我一步步朝他靠近，他一步步往后退缩："姑娘，在下无意冒犯，只是我们雪蛇族天性如此，面对救命恩人，是要以身相许的。姑娘可千万别误会了，在下是真心想要与姑娘生蛋……"

"你再说一个字，我就把你劈成碎片！"

"是是是，是在下的错，是在下的错。姑娘已救过在下一次，这次可千万不能动了杀念啊，否则在下五百年修为就……"

"什么？你已经活了五百年？"

"也不是每只妖都能活这么久。不过我天赋异禀，只要勤加修炼，就算被劈回原形，五百年后又是一条好蛇。"

"你若再动馊主意，我真会劈了你。"听他连连点头求饶，我凶神恶煞一般，"真是看不出来，就你这种流氓妖，都能活五百年。"对修行千年的妖怪而言，这个数字或许并非如此惊人，可对我而言，实是遥不可及。

"姑娘可是仙？仙不是能活得更久吗？"

"当然不是，我是灵。"

"原来如此。灵都活不了太久，不论如何修行，最后都会变回原形。"

听他这样一说，我感到有些沮丧。我是水灵，也无甚原形可言，死了就是死了。我道："是啊，妖真好，能活那么久。"

雪蛇笑道："那姑娘为何不考虑一下灵化妖？"

"灵……化妖？"这三个字仿佛魔咒一般在我脑中回响，充满了诱惑。

"没错，你本身的力量就不小，甘愿为灵，实是浪费。"

"住嘴，我才不要变成妖。"我当机立断，飞到苏莲旁，将它拾起，头也不回地走开。

"姑娘，在下一直住在这座岛上，你若反悔，有意和在下生蛋，随时过来找在下……"

回到天市城，我把苏莲种在了后院中，发现它的生命力远强过我的想象。两天后下了一场雨夹雪，新莲跳雨，如倾泪珠，它便茁壮地在新环境中生长。以前在书上看过，苏莲是仙莲，寿命极长，若长得好，活个一两千年不是问题。漫天雨雪中，我坐在雕花窗栏前，望着这朵莲花，心中又一次感到无尽遗憾。连棵植物的寿命都比我长，这世道真是没了天理。相比而言，凡人还真幸运。他们虽然寿命不长，却不与神、仙、妖共存于同一个世界，没了比较，也便没了痛苦，轻松自在，洒脱逍遥。

玄月与我一样，很喜欢这朵夜明珠般发光的苏莲，一直在它旁边飞来飞去。一天下午，青戌神女路过此处，也被这朵苏莲吸引，便找人联系师尊，打算要走它。听此消息，我立刻赶回院中，却见师尊和青戌都在那里。师尊似乎也刚到，见我来了，道："这朵莲花不是我的，是洛薇的。你若想要，找她买下便是。"

还不等青戌回答，我已道："对不起，神女，这朵花我才弄到手，正爱惜着呢，不打算转手。"

青戌摆摆手，笑道："洛薇姑娘，你别误会，我只是看这朵花漂亮，才找来了神尊，并未说现在便要。洛薇姑娘若是不介意，过四五百年，我再为你养它也可以。"

过四五百年，她就这样轻轻松松地说出来。按理说，她是好心啊，为何我的心里会一阵空落落的……

我强笑道："好啊，多谢神女，我周围有很多东西，寿命都比我长很多，像我养的花啊，我这只小老虎，都是可以活个上千年的，若是我死掉，还真担心它们没人照顾……"

听此言，青戊眼前一亮："这只小老虎你也会担心？没事，以后都可以交给我。我很喜欢小动物，而且神界常融天有六界最强的炼兽境地，到时我可以带它去那边，指不定还可以变成千古名兽。"

玄月看看她，又看看我，钻到我的怀里，呜的一声，像是在哭。我抱紧它，点点头道："那真是太好了。谢谢神女。"

师尊道："这些事等两百年后再商量吧，反正也没多久。"

这样反复强调我的寿命，有意思吗？！我愤怒极了，根本不想看他一眼，掉头就走。若不是方才的对话，我还险些忘了，玄月是穷奇，有千年寿命，也比我活得久。真是好笑，在仙界，怕是连池塘里的蜉蝣，也能活个几百年吧。师尊他究竟何时才会对我消气？恐怕他寿命长，连情绪起伏的时间也比较长吧。他生一次气，不理我一回，我这一生便去了大半。他再生气一次，我可以直接去死了。

这天半夜，雪下得越来越大，我披着大衣，敲了敲哥哥的门。他打开门，有些吃惊地望着我，笑道："薇薇这是爱月眠迟吗？"

"哥……你对我好，是有什么原因吗？"

"是因为我喜欢你。"他答得飞快，根本没有思考过。

"那我若是妖，你还会喜欢我吗？"

"会。"

"那我若是魔呢？"

他将双手扶在我的肩上："薇薇，不管你是什么，哪怕是花鸟鱼虫、荒草枯树，我都喜欢你。所以，不要再问这些傻问题，乖乖回去睡觉吧。"

我感动得不能自已，待他送我回到房里，便终于下了最后的决心。

翌日，我留下一封信，独自乘大鹏离去，回到东海无名岛。不出半个时辰，我便又一次找到了雪蛇，问他化妖之法。然后，他带我去海边，见了他们的长老。长老带着一群蛇巫，让我喝了一些奇怪的东西，在我面前施法跳了一个晚上，便让我回到水中。刚回到沙滩，我浑身就灼烧刺痛。

身体细节的变化，既难忍，又令人感到惶恐异常。我摸着自己的脸，对雪蛇道："我是开始妖化了吗？为何，为何我觉得自己的脸都有变化呢？"

雪蛇道："你太紧张了，放轻松。修炼成妖，是一件非常美妙的事情。你只要静静地坐在这里，等待自己变成水妖便好。"

"水妖？！"

"是啊，你是水灵，变成妖，不是水妖，那是什么呢？"

不堪回首的记忆涌入脑海。黄道仙君和如岳翁到了溯昭，便是以除水妖为由。而我真的做了这个决定，让自己变成了最不愿变成的东西。可是，若问是否感到后悔，答案是否定的。不想深究，为何如此想活得更久；也不想追究，为何这种可怕的欲念，会让我不惜代价，甚至伤害自己。我只知道，自己不愿意再如此弱小。我不要别人像等喝杯茶的时间一般，等我死掉，带走所有属于我的东西。

疼痛蔓延到了我的双手上，我低头一看，发现自己的皮肤已经变成浅青色，就跟头发的颜色一样，手背上还有形似鱼鳞的小皮块。这个情况很不对劲，我跑到水边看倒影，却被自己的模样吓了一跳：我整个脸的皮肤都变成浅青色的鳞片，眼睛是金黄色，微微往外凸，若不仔细看，已完全认不出先前的模样。我不可置信："这是怎么一回事？为何我会变成这样子？"竟然连声音都变了。变得粗哑难听，仿佛溺水的鸭子一般。

雪蛇道："洛薇姑娘，我知道你爱美，但是你也要想到，你才五十来岁，修炼五十多年的妖，几乎不可能化人。你能够勉强维持人形，是因为灵力很高。接下来，就需要你自己努力了，如果你潜心修炼，不出两百年，就会变得和以前一样貌美如花。你放心好了，虽然现在你这么难看，我也还是很喜欢你，想和你生蛋。"

他把我安置在海边，安慰我直至夜幕降临，然后回到无名岛休息。他将在七日之后来接我，因为，那是我完全妖化的日子。这段时间，我都必须保持安静，待在水里。妖身与灵身差别非常大，我的法术变弱了不少，能纵水，却再也不能登天。不过，体力变得异常强大，不管怎么奔跑、跳跃、游泳，都感觉不到疲惫。提及水性，与其说是变好，不如说是变成了鱼，在水里呼吸完全没问题，还可以将水吸入身体，用嘴喷水发动攻击。如此全新而陌生的自己，令我感到十分新鲜，又有不少遗憾，例如，我再也不愿看见自己的倒影。

夜晚的海底，比任何地方都要黑暗、冰冷。与水融为一体的感觉，并没有令我多些安全感，相反，只剩下无边无垠的寂寥。当冷月临海，残影万丈，苍穹往往因此显得格外孤高与虚渺，那些云雾飘去的极东处，有七宿连成一片，我在此处数了数，找到了最中间的房宿。那便是天市城所在之处。那儿的碧蓝天、烟画楼、法华樱原、浮屠星海，都要过百年才能再看到。说不感到伤心，那肯定是谎言。

但是，我未曾感到后悔……

妖化后第五天，有仙来到海边。他们施展法术，将几只未成形的水妖从水中拉出来，施展雷鸣球，把它们炸得尸骨无存，而后抖了抖衣袖，翩然而去。我站在岩石后，呼吸急促地扶着石头，吓得腿软。原以为自己已躲过一劫，不想有人大喊道："师兄，快看，那里还有一只水妖！"

我转过头一看，发现空中飞着几个沧瀛门弟子，其中一个正指着我道："妖孽！还想躲？出来受死！"

只见一团雷光疾驰而来，袭我面门，我纵身一跳，喷水成冰，把那弟子的手刺了七八寸的血口，而后跳到海中。当身体浸泡入冰海，我听见上方有人道："师兄，这妖法力高强，又在对她有利的海里，恐怕我们未必是她的对手。我们还是先回天市城，禀报师父。"

"好！"说罢，这一行弟子便回了仙界。

他们说的师父，应该就是几个师叔。我想，水妖数量繁多，又无威胁性，他们应该不会大费周章，下凡亲自除害，于是忐忑地等待最后妖化之时。

可我大错特错。

第六日晚上，眼见最后一个凌晨度过，一切便将成定势，但最应万无一失的时刻，我看见了最不可能出现的人。

"神尊，那水妖便是在这附近出现的。"

"行。你们先回去。"师尊淡淡说道。

光看着他在月下的背影，都觉得鼻尖发酸，想要流泪。只是，我不能见他，否则一切都将前功尽弃。我躲在岩石背后，静静地等他离去。奇怪的是，明明我已变成妖，按理说不应该像以前那么弱。可是，为何我会觉得，我们之间的距离比以前更远了……

不应这样想。师尊他对妖没有偏见，只要能长久地活下去，一切皆有可能。我偷偷从岩石后伸出脑袋，想要最后看师尊一眼，但早已不见他的踪迹。

他已经走了……

这一别，恐怕就是上百年不能再相见。

离开了水，在月色的照耀下，我尚未定型的身体开始疼痛。我转过身来，背靠岩石，望向高远的夜空，望向那东方青龙天的星宿，连胸口都疼得难以呼吸。我深吸一口气，把眼泪逼了回去。正想回到海中，却听到身后传来一个声音："这么多天没找到你，就是因为我根本没有想到，你会选择化妖。"

猛地回过头去，发现师尊竟站在我另一侧。我呆了一下，捂着脸想跳入海中，却被一道神力猛拽住。紧接着，这道力量将我重重一拉，扔在了海岸上。我痛苦地在地上打滚，结果非但未能减少疼痛，还被束缚得更紧。然后，师尊从空中缓缓落下，停在我面前，黑发也飘然落在长袍上："看看我这徒儿，真是别具慧眼，做的事一件比一件令为师欣赏。洛薇，我给你一个机会解释，若是有理，我可以考虑少打断你一条腿。"

他的语气还是一如既往地严苛，这些话也丝毫不温柔，却像一把照妖镜，把我数日来的狼狈照出了原形。我哭道："师尊，求您了，放过我，让我走吧！我不想当您的徒儿了！"

他却很是愤怒，弯下腰，提着我的领口，把我从地上拖起来："看看你，现在不仅长得难看，声音也是难听至极。"

"您若是嫌弃，就让我走啊！"我挣扎着想要逃脱。然而，离水时间太长，不仅浑身难受，连嗓子都变得越来越哑。

师尊摁住我的双肩："我现在把你变回来，别动。"

"不！我要成妖！"我拼命推他，双手却被他抓住。

师尊怒道："若要我收妖当弟子，我宁可杀了她。"

"那师尊杀了我吧！我不要这么懦弱地活下去！我宁可死，也不要这样活！"

闻言，师尊望着我，竟说不出话来。终于再也无法忍耐，我咬了咬唇，眼泪大颗大颗落下来："师尊在想什么，徒儿都知道。您不用否认。徒儿出身不好，没法儿成仙，没法儿成神，那徒儿想活久一点儿，也有错吗……"

还有很多很多委屈，都无法发泄。因为要和师尊分开，心中那种难言的苦闷，也无法用言语解释。最后，我捂着脸，只剩泣不成声。

师尊轻声道："这段时间冷落你，是为师的错。"

我呜咽道："您就是嫌弃徒儿……"

"不是的。"

"您就是觉得徒儿又不识窍，又不听话，还短命，所以不愿浪费时间在徒儿身上。"

"不是的。"

"您就是瞧不起徒儿，觉得徒儿不配站在您身边。"

"不是的！"

忽然，师尊将我用力搂入怀中："薇儿，别哭。"他顿了顿，加重了力道，"真的，别哭了。"

发生了什么事？

骤然，时间短暂地停了刹那。这一个拥抱并未持续太久，很快，他将我推开，转过身去，寒声道："我不会嫌你命短。但你要变成水妖，活再久我也不会搭理你。"

认识师尊近四十年，我还是第一次听他如此说话。果然，我又做错了事。按理说我已过了最调皮的年纪，不应该再惹恼他。但是，最近我总是无理取闹令他不悦，自责，然后再做更愚昧的事，再令他不悦，再自责……其实，最怕的事，便是被他讨厌，但我却总有本事把事情弄成一团糟。是夜，月明冬深，冷风萧萧，细雪纷纷如织锦，遥望沧海，数只水妖濯鳞。我连眼泪都忘记擦，任它被冻结成冰，便又听他说道："我就一个问题：你要不要跟我回天市城？要回，我就当什么都没发生过；不回，你我师徒缘分已尽，从此恩断义绝。"

我抬头看着他，挣扎了很久，终于点了点头："徒儿再也不敢了。"

"那就好。"

我看看天海交际处："可是师尊，今日已是我妖化第六天，恐怕现在已经有些来不及……"

他转过头来，浅笑道："普天之下，有什么事可以难倒你师尊？"

然后，他手捧一团光，将那光球投向我。我几乎感觉不到痛苦，身体就变回了原本的模样。虽说如此，因为妖身耗费体力过多，我却感到精疲力竭。师尊道："这样多好，为何要动歪脑筋，去化妖？"

我尚未来得及回话，已有一条白色长影从海草丛里游过来，化作人形。雪蛇站在我俩中间，道："见过胤泽神尊，在下有话要说。"

雪蛇此举不亚于在狮子脑袋上捕苍蝇，简直是胆大包天。师尊大概从来没见过这样的妖，冰清水冷地扫了他一眼，却不搭话。雪蛇似乎还是有些害怕，往我的方向靠了一些，小声道："在下帮了洛薇姑娘这么多，洛薇姑娘就这样出尔反尔了？"

我抱歉道："对不起。我还是不想变妖。"

雪蛇道："无妨，姑娘若真不愿意，在下也不会勉强。不过，按我们雪蛇族的规矩，如有一方不能遵守诺言，应该为另一方完成一件事。"

"既然我欠你人情，自然会按照你的规矩来。"我想了想道，"只是，这事不要太难，我能力有限。"

"很好，爽快。"雪蛇摇摇扇子，全然一副恣肆之态，"我想用凉拌九色蚌下酒。"

"凉拌九色蚌？为何我从未听过这种菜名？"

雪蛇道："洛薇姑娘乃是上界之人，自然不曾听过这东海名菜。"

师尊道："简单。我让东海龙王派人送来一份。"

雪蛇急道："不不不，不可惊动东海龙王！在下可不想为这点儿小事得罪龙王。看在神尊面子上，哪怕今日他忍气吞声，日后也会来找我们雪蛇族的麻烦。何况，龙王宫殿里的蚌也并不地道。"

师尊冷笑道："龙王宫殿里的食物你都挑，这嘴可真是高贵得很。"

雪蛇咂嘴道："不仅如此，我还没说完。下酒的话，就要流霞美酿，否则这蚌吃着也不舒坦。"

"我看你是活腻了。"

"哇，真可怕。"雪蛇躲在我的背后，撒娇道，"洛薇姑娘，你可是个言而有信之人，可你师尊要杀我，这该如何是好？"

我道："师、师尊……"

师尊蹙眉道："要去何处弄这菜？速速交代，别浪费时间。"

这雪蛇还真是个难伺候的家伙，喜欢吃海鲜也就算了，他还偏偏喜欢吃那么难弄的海鲜。彩色蚌是东海特产，非常罕见，肉质鲜嫩，多汁美味，且颜色越多越上乘。起先，七色蚌已是最稀的种类，只有龙宫贵族才有口福每天品尝。直至百年前，有鲛人在东海某小镇中，挖掘出一个洞窟，其地理位置得天独厚，一年四季皆有七彩光带渗入海底。同时，他们也从中找到了九色蚌。此后，九色蚌取代七色蚌，成了最为奢侈的龙宫佳肴。因其近百年才出现，所以，即便是师尊也对其不甚了解。雪蛇只给了我们一张破旧的地图，指了指上面一个小点，说那是一个海中小岛，上面有一名鲛人厨娘，她是整个东海中最会做这道菜的人。我们要找的人便是她。

这种时刻，我们还是按老规矩行事：我拉着师尊的罗带，跟他一起飞到了地图所指的小岛，那岛横竖不过方圆几十米，上面荒无人烟，只有一个红珊瑚搭建的厨房。我们靠近一看，上面写着两行字，第一行是："欲烹九色蚌，先取食材来。没有九色蚌，做什么九色菜！"第二行是："老娘只在夜半现身。"

我俩算是白跑一趟。我正茫然，师尊已当机立断地下了决定："先去找九色蚌。”

“师尊知道九色蚌在何处？”

“不知道。”

我泄气道："东海之大，我们要到哪里去找……"

"先跟我到海底，有办法。"

"海底？"我伸出双手，猛地一拍脸道，"师尊您应该晚点儿把我变回来的。现在我已没法儿在海底活动了……"

不能下海，确实是一件相当棘手的事。然而我忘记师尊说了，这天下没什么事能难倒他，这也绝对是条玉臬。只见他袖子轻轻一挥，我身上毫无改变，但已不觉得寒冷，下水以后，也能如水妖般，在海底呼吸。在海底，我们寻到一个占地百里的宫殿。他扔给看门的大螃蟹几片发亮的贝壳，带着我游了进去。原来，这竟是一个藏书室。海底的书和我们的书完全不同，书页由巨大而单薄的扇贝穿起，书壳上镶嵌着珍珠，上面刻着书名与作者名。他在标有"烹饪"的柜子面前站定，伸出右手，那戴着青玉戒指的食指轻轻一勾，书柜里最上层的书便统统从里面飞出来，浮在他面前排成一列。他的食指往右边一偏，那书页便噼里啪啦地翻动起来。不过眨眼工夫，他已翻完一本书，那本书自己飞回柜子里，接着排到了第二本……我正看得惊愕不已，他已翻完一层书，又勾来了第二层排成长队。这时，偌大的藏书室里，就只有贝壳翻页的清脆声响。直到抽出第四层，他才找到了凉拌九色蚌的做法和材料出处。他把所有书装回柜，再游到标有"地理"的书柜前，从最上层往下扫，抽出其中一本书，又噼里啪啦翻到了其中一页，停了片刻，把书装回书柜，道："走。"

"哦，好，好。"果然，神和我们有着云泥之别。

半个时辰后，我们抵达一个海底小镇。小镇门前有一条蜿蜒的小道，道前有一块石碑，上面写着"绵蛮镇"三字。小道旁开满海葵，颜色各异，有绛红、赤紫、藤紫等。当我们走过去，这些海葵也会跟着开花，在水中摆动细细柳腰。但前来此处者，却不止我俩。有鲛人眷侣，身着蚕丝衣，成双成对，自四面八方而来，往那小镇里去。我驻足观望了一阵，拉了拉师尊的衣摆："师尊,好像他们正在庆祝节日。"

"看似如此。"师尊率先走过去,询问了一对鲛人男女。

"今天是我们的昵欢节,绵蛮镇素来是欢庆地点,只有有情人才可携手成双入内。"那鲛人男子笑道,"异族也可参加,不过,你们这身衣裳恐怕不行。喏,公子请看,那里便有你们上界之人。"

他指了指不远处一堆仙族眷侣,他们也穿着鲛人的衣服,正牵手游向镇内。过个鲛人的节日,居然还有这么多讲究。我们寻得了一家裁缝店,在珊瑚衣桁上挑了一套衣服,各自进入帘后更衣。换上衣服,我在镜前转了一圈,新鲜得双眼都在发光:镜内人穿着宽袖短裙,银鳞短靴,有素色鱼翼肩,从头至尾都是浅蓝色丝绢质地,碧翼贴鬓,青丝垂落,不论是发还是纱,都如海葵般在海水中拂动。我捧着脸在镜前害羞地扭了扭,把裙子往下拉了一些。原来鲛人的衣服这样好看,想来鲛人女子也易出妙人。不知师尊会不会游了一圈海底,便带个鲛人回去……拨开垂帘,探出一颗脑袋,发现店里有不少异族来客在买衣服,我却瞬间捕捉到了一个最显眼的背影。那男子正站在掌柜面前,穿的衣服和我是一套的,然而更为阳刚:锦绸窄袖,青黑裤腿,鱼翼肩更为挺拔,上衣与及膝长靴也都是银鳞质地。黑玉长发披散及腰,两耳上方戴着鲛人碧翼。其中,最令人挪不开眼的是那双银色长靴,怎么可以这么劲瘦、这么长!

然而,他与掌柜讨论的话题,也是关于这靴子的。掌柜道:"这位公子,这已经是我们店里最长的一双了,您就将就着穿吧。"

"你们不能重新做?不覆膝盖,还是长靴吗?"

听见这个声音,我差一点儿摔在地上——这人竟是师尊!以前见他,他都是穿着长袍,我知他身体修长,但没想到身材会好成这样。眼见他老毛病又犯了,我赶紧跑过去拽着他的胳膊,把他拖走:"师尊,我们是过来找九色蚌的,反正穿不了多久,您就别挑了,走吧走吧。"

师尊低头看了我一眼,我抬头看了他一眼,我俩都同时愣了半晌。此后,我好似碰到仙人掌般弹到一边,尴尬地、悄悄地退了一段,便默默地往前游去。真不理解,我在紧张个什么劲啊。这两件衣服是配套的,买下之前不就知道了嘛。不过，觉得古怪的人不是只有我一人。方才师尊看我的眼神也有些不大对。果然，尊卑不分、老幼不分是大过。我在心中暗暗发誓，待我们从海底出去，要立即把这身衣服换掉。

我们一前一后游到了绵蛮镇口。站在此处往里看，有百家住户，珊瑚柱，碧玉楼，明珠台，雪扇盖，巨鱼穿龟无处不在，海府遍生禾麦。我看得连眼睛都忘了眨，一时激动万分，回头道："师尊师尊，我们快进去……"

话未说完，他已过来，伸手牵住我的手。我先是一僵，紧接着浑身的血液都沸腾起来，快把海水都烧得滚烫。他他他，他碰到了我的手！

"师、师、师、师、师……"

"进去不是要牵手吗？走了。"他看上去反倒很淡定，拉着我的手便往镇里游去。

绵蛮镇真是海中仙境。我们跟着鲛人群游，一路上看见无数琼楼嘉亭，美不胜收。在我们四周，宝鱼翻波浪，水母舞刺丝，一个个舞姬般傲然抖动着裙带。看见一只小红鱼从我面前游过去，我伸手在水中抓了抓，想要去抓它，它却游得极快，嗖地一下就蹿到了很远的地方。我不由自主地伸手过去，另一只手却被一道强大的力量拽了回去。回头一看，师尊正寡淡地望着我，未语一言，眼神却明显在说"别乱跑"。我立刻收敛，离他近了许多，但两个人的距离好像又有些太近。想游远一些，又怕被他训，于是只能垂着脑袋，任凭他牢牢扣着我的手。原来，师尊手指的触感是这样。和他牵手的感觉是这样……为何我感觉这样很不对，又觉得很对呢？明明是在冰冷的海底，可这一刻，我浑身都烧了起来。先前就觉得很奇怪，师尊在海边拥抱我，我便不排斥，甚至有些喜欢和他有身体接触……

"你又在瞎扭什么？"他回头看了我一眼。

"没、没、没、没什么。"

没过多时，我们找到了传说中的洞窟。那里已被改建成了一座九色蚌雍培馆，上方也果真有七彩光线穿洋照耀下来。师尊用法术轻松击晕了看守者，便快速进去取了一堆九色蚌出来。我尚处于对师尊光天化日之下做盗贼之事的震惊中，他已重新牵起我的手，朝绵蛮镇外游去。看他双腿修长，身形敏捷，长发在深蓝海水中随波游动，侧脸的鼻梁挺拔如雪峰，我再一次在内心由衷感慨：师尊真是美人。只是，难得师尊也会犯糊涂。其实他只要往上游，便可以抵达海面，为何还要牵着我游出绵蛮镇？

不过，一离开绵蛮镇，他便松开了手，又换成我抓着他的衣带，让他在前面带路。从绵蛮镇游到小岛的这段时间，我一直没弄明白一件事：被师尊这样拖着游来游去，我竟一点儿也不感到烦，反倒恨不得一直如此下去，这究竟是何故？看来我真是蛮喜欢师尊的，是个乖徒儿。然而，师尊却不是个好师尊。我们快要出水时，我还没在海面冒头，他便撤去了我身上的法术，我正巧在吸气，呛了一大口海水，惨叫着冲出水面。

他没半点儿悔意，反而轻视道："你动作太慢。"

此时，天早已经黑尽。离开海水，我又冷又难受，一边走向岸上，一边发抖、咳嗽。但刚到师尊背后，我踢到一块石头，脚下没站稳，整个人往他身上扑去。他赶紧转身伸出手来接，于是我们几乎抱了个满怀。

"小心。"他的声音在我耳边响起，既沉稳，又年轻动听，一点儿都不像是长辈的声音，令我心神荡漾了有那么一会儿。相比较，海水拍岸声倒像是在十万八千里外。

我用力点点头，刚站稳脚跟，匆匆忙忙地想要离开他，胸口却有东西拽住我的衣服，使我脱不开身。低头一看，发现是他鲛人衣上的饰品钩在了我胸口的衣服上，还拉开了很长一条裂痕。此刻，明月临海，千里洗练，浪涛拍岸，软沙磨石，刚好照了我俩一身银白。因为背光看不清楚，我特意调整了一下彼此的站姿，让自己面对月光。谁知这一照，就照得自己恨不得死过去：我的衣服是轻纱质地，被海水一泡，便一点儿形状也没了，又湿又薄地贴在身上，跟没穿衣服相比，唯一的区别，也就是衣色和肤色不大一样。我听见自己的心咯噔一声，抬头看了一眼师尊，却见他和我一样，也因眼前这个情形蒙住。见我在看他，他将视线转移到别处，命令道："解开。"

觉得耳朵烧了起来，我赶紧收胳膊来解这饰品，却未料到因为太冷，手指根本没办法正常活动，自始至终都在打战。只听见"哧"的一声，原本的裂口被拉得更开。看见胸口很大一块雪白肌肤暴露在月光下，我觉得自己的脸都快红得滴血了。

"你到底在做什么？"

师尊拨开我的手，自行来解那饰品。这短短的一段时间，却前所未有地漫长。他很小心地没碰到我的皮肤，但我听见他的呼吸声比以往更沉。这一刻，哪怕是衣服细微的牵动，也令我浑身都变得异常敏感。若换作别的时刻，其他男子多看我几眼，我都会觉得深受冒犯，恨不得过去把他们狠狠揍一顿。此刻，师尊离我这么近，我却没感到一丝不悦。

非但如此，内心深处还有了一种期待，期待他能再多做点儿什么事。至于是什么事，完全不敢想。只是有这种念头，都已让我背负罪恶感，难受了很久。

"好了。"

不明所以地，他的声音有些喑哑。说完，他的喉结动了动，动作却不甚明显。可是，我的心却跳到快要炸开……不，再给我十颗心脏，我也一样受不了。

他把我之前的衣服扔给我："把这个换上。"

终于，他松开手，转过身去，仿佛再看我一会儿就会折寿似的。我接过衣服，躲在一块礁石后。更衣盥洗原是每日例行之事，但当那一层轻纱从身上褪去，我跪在沙滩上，用海水洗去身上的沙子，一时间，却只感到浑身僵硬，脑袋里嗡嗡作响，就好似换衣之人，并非我自己。

沧海如夜，碧华万里，我不敢多看师尊的背影一眼。

我以为这般情形，已不能再尴尬。不料寂夜中，有一娇娘笑道："真是好不解风情的男人，小姑娘的脸红成那样，连老娘看了都不禁色心大动，你还跟木头似的站在一边？"

第十一章

Chapter
Eleven

春思之梦

半醉逍遥日，
邂逅云桥堤。
梦回青龙去，
今夕是何夕。

——《追梦》

　　经此次海底之行，我发现了一个事实：鲛人对上界神仙一无所知。也难怪他们跟胤泽神尊说话，也敢如此胆肥。碧涛拍岸，卷起千堆雪，一名鲛人娇娘扭着腰上了岸，她眼神懒媚，嘴角有一颗痣，胸大如球，衣露如妓，震撼得我不敢看。但她只是往师尊身后一站，叉腰道："老娘说的'男人'，便是指俊公子哥儿你，你是装傻还是聋了？"

　　海上冷月如霜，师尊未转身，只缓缓侧过头来："你便是厨娘？"

　　他声音平淡至极，却冷漠又疏远，有一股不怒自威的气势，把花葵厨娘的气势妥妥地压成了一颗鸭蛋。她把鲛尾往后退了三四寸，清了清嗓子道："是又如何？"

　　师尊把先前取来的九色蚌递给她："把这些凉拌做好，一个时辰后我过来取。"

　　"凉拌九色蚌？你可知道老娘做的这道菜值多少钱吗？你让做便做？凭什么……"她原欲撒泼，对上师尊瞥来的目光，瞬间气势又弱了下去，"要做也成，但老娘做九色蚌素来要美酒配之，若无佳酿，做好也休想拿走。"

"我本便是准备去取酒。薇儿，你在这里等我。"说罢，师尊走过来，在我耳边小声道，"不必跟她说太多事。"

嘱咐完毕，一阵水雾浮起，他的身影已行至千里之外，明月之下。厨娘道："啧啧，这人到底什么来头？身手倒是不错。长相也很是不错，就是性格差了点儿。小姑娘，你眼光倒是有几分别致。"

我刚换好衣服，立即摆手笑道："不不，你误会了，我们不是你想的那种关系。他是我师父。"

她摆弄着九色蚌，缓缓靠近炉灶。她用法术吸来海水，一只手将九色蚌丢入水中，另一只手旋转着菜刀，技法娴熟，说道："原来如此。师徒之恋，确实别有一番风味。"

这厨娘究竟是如何理解的？这下我连脑袋也一起摇上了："不是，我和他真不是你想的那般……"

"好了好了，小姑娘真当老娘愚昧不堪吗？说实话，你这师父可真对老娘胃口。老娘最喜欢的便是这种高贵冷酷的男人，而且，他的屁股还很翘。"她做了个捏东西的动作，吃了一口生贝肉，边嚼边道，"一看就知道，弹性很好。这种男人，颇有长处。"说"长"字时，也不知为何，她的声音也拖得很长。

我一下又觉得全身上下都冻成了冰块。天啊，她到底在说些什么？竟敢对神尊这般出言不逊！但挣扎了多时，我所能做的，也只有干笑："厨娘，你，你……哈，哈哈……"

她勾着嘴角，一脸嘲讽，嘴角那颗痣也跟着动了动："看把你吓得，脸又红了。小姑娘也太纯情了点儿。若不是见他喜欢你得很，老娘还真会努力一把。"

这一刻，我明显感到自己的心抽了一下："他对我？这结论从何而来啊？"

她刀锋旋转，把贝肉一块块挖出来："老娘踏遍东海，什么男人没见过？像他这种男人，一看便知女人不少。但是，方才你都脱成那样了，他仍未出手，说明感情埋得很深啊。"

我无奈道："厨娘，你真是想太多了。他不出手，是因为他确实是把我当徒弟看待。"

她回头看了我一眼，举起尖刀，轻轻晃了两下："行，你说得都对。"

之后，厨娘便专心做菜，不再与我多话，到师尊回来，她一盘凉拌九色蚌已经做好。接过师尊带回来的酒，我道："师尊，剩下的交给我便好。时辰不早了，您先回去休息吧。"

"留你一人在这荒海中，你是嫌自己命太长吗？"他把酒拿回去，递给厨娘，"你看这酒如何？"

厨娘却朝我露出挑衅的目光，尽管什么都没说，我却已听见她眼中那句"真是情深义重的好师父啊"。我有些气不过，掉过脑袋不看他们。她接过酒，慢悠悠地闻了一下，瞳仁骤然放大："这是……流霞酒？"

师尊道："对。"

厨娘愕然道："能在如此短的时间内，取回仙酒流霞，难不成阁下是……神界之人？"

师尊道："我可以将菜肴带走了吗？"

厨娘扑通一声跪在地上，将凉拌九色蚌双手奉上："奴家才识不逮，竟未认出神人真身，请阁下大人有大量，不要与奴家一般见识。也请这位小仙女莫要介意方才奴家所言，若奴家知道您师父是神，定不会说出那番轻浪之语。"

师尊未与她多言，带着我转身就走。听完厨娘最后的话，我内心受到了不小的冲击。一是因为她态度转变太大，一下从"老娘"变成了"奴家"；二是因为她希望我不要介意她说的话。想来，知道师尊的真实身份后，她也和我一样，认定他不是那么好接近的人。不知为何，想到此处，我无端有些消极。

我们把凉拌九色蚌和流霞交给雪蛇，雪蛇冷血沸腾地乱吐信子，还做沧桑老者状，喝酒，吃肉，望月长叹，说着一堆鬼话："蛇生如此足矣，若有洛薇姑娘为在下生蛋，死也无妨……"

解决了这一桩事，我们便乘风踏月，返回天市城。回到沧瀛府，我已筋疲力尽，本想早早回房休息，却见花园里有一道黑影闪过。潜意识里知道有危险发生，但我的速度完全不及那黑影。只见银光飞驰，明晃晃地在角落一闪，一道强大至极的剑气朝我逼近！正想施法抵御攻击，一道薄而透明的冰罩挡在我面前，那是师尊施展的法术！我转过头去，他正挡在我面前，正对持剑指向我们的人——哥哥！

我惊道："哥哥?！这是为何——"

此刻，哥哥双眼冒着红光，半边身子埋在黑暗中。他的呼吸化作白色冷雾，胸脯上下起伏，喘息声毫无人性，似乎是濒临疯狂的嗜血猛兽。他张开嘴，用嗓子长呵一口气，声音沙哑，手挥出数个雪白剑花，用力之重，直破长空，看上去就像疯了一样。但是，他的剑法还是一如既往地娴熟，传承了师尊的锐利极速。

"退下。"

师尊把我往后拦，侧身对着哥哥，伸出右手，以手心对准哥哥。一个法阵从天而降，把哥哥困在其中。哥哥奋力挣扎，嘶声狂啸，最后却被压着跪在地上。师尊收回手臂，往前一挥袖，青玉戒闪着微光。哥哥的红眸陡然睁大，随即血色散去，变回原本的模样。他身体摇了摇，倒在地上，晕了过去。我赶紧跑过去搀扶他，焦急道："师尊，哥哥这是怎么了？"

师尊道："他练功太勤，与妖兽交手中了邪，我方才将他体内邪气散去，现已无恙。你搀他回房休息吧。"

只是因为练功太勤，和妖兽交手就会变成这般模样？修仙还真是门危险的学问。还好有师尊在场，不然说不定我已被哥哥劈成两半，真是癞蛤蟆蹦到脚面上——吓死个人。把哥哥送回卧房，我也回到自己的房间里。数日未归，看见自己的小暖床和热情非凡的玄月，颇有几分感慨。我很快就倒在床上睡着，一夜无梦。

然而，翌日清晨还是和以往一样，鸡鸣后便要去白帝山修炼。见我回来，同门师兄弟都很是贴心，嘘寒问暖了许久。而我前一夜没休息够，摇摇晃晃地练了一个早上法术，到中午休息时间，便随便找了一个草窝睡下。想起这几日发生的种种，我的心情格外复杂，稀里糊涂就陷入了半梦半醒之中。

不知不觉中，有冰凉的东西缠住我的双足。这感觉又痒又瘆人，我不由得睁开睡眼，四周烟雾缭绕，薰炉生香，山头风景已朦胧，那冰凉的触觉却依旧未退，反倒沿着我的小腿一直缠上了腰。我想起身看看发生了什么，却无论如何也无法挪动身体，随后，咝咝声响起，当那东西缠住我的胸、肩、颈，终于露了脸，我被吓得手脚发软，直冒冷汗——那竟是一条粗壮的白蛇！

"洛薇姑娘，许久不见，可曾想念在下？"开口说话的是那雪蛇。

"原来是你。"我松了一口气，叹道，"你竟然跟到天市城来了，有何贵干？"

雪蛇吐了吐信子："自然是来和洛薇小姐做生蛋之事。"

早该料到，它的生命意义就在于生蛋。眼见雪蛇俯下身来，我推了推它："你想做生蛋之事，好歹也要变回人形。"等等，我都说了些什么？难道看见哥哥中邪，我也中了邪？

"也好。"

雪蛇松开紧缠着我的身体，咝咝滑到路边。然后，它在烟雾中化作翩翩白衣公子，回头冲我莞尔一笑。我撑着身体坐起来，垂头却发现身上的衣服，被换成了那套鲛人裙，而且，还是和在东海岸上一样，是湿透的，上面有一道裂痕。我迷惘地看着这一切，却见雪蛇在我身旁坐下，笑盈盈地看着我，手指轻捏住那块布料："洛薇姑娘，在下揭开了哦。"

我打开他的手："不行。"

谁知烟雾飘来，盖住他的脸颊，他的声音却变得清冷如冰海："那我行吗？"

"师尊？"

烟雾散去，坐在我身侧的人竟变成了师尊。我惊愕得说不出话来，却见他抓住我的手腕，把手指放到唇边，一根根细细亲吻。然后，他将我禁锢在他的双臂间，轻咬我的耳垂，声音含糊地擦过耳郭，每一个字都通过耳膜，变得前所未有地温柔："薇儿，你想要我吗？"

我整个人早已迷离惝恍："要……要是什么意思……"

后面的话并未能说完。因为，被他吻了几下耳垂，我已完全没了防御能力，双手颤抖，抱住他的颈项，想要离他更近一些……

这个有生以来最为可怕的噩梦，终结在重明鸟的啼鸣中。正午的冬阳很灿烂，天气却很冷，我望着溪水中自己的倒影，发现黑眼圈和红晕也同样灿烂如光圈。我抱头蹲在岸边，消沉得恨不得一头淹死在水里。其实，如果只是梦到雪蛇缠身，顶多觉得不舒服，但后半截被换成师尊……哪怕只是梦，也难免令我自我厌弃。人都说日有所思夜有所梦，可我对师尊只有崇敬之心，不论别人如何误解，也从不敢有半分逾越，究竟为何会做这种梦？难道我是变了几天妖，连想法也妖化了？还是因为在东海小岛发生的小插曲，其实令我格外介意？我站在白帝山，眺望着师尊的沧瀛府，长叹一口气，然后跪在深草中，对着那个方向磕了几个头。

师尊，虽然您并不知情，但徒儿还是做了对不起您的事，请原谅徒儿——在心中默念数次，我拍拍裤腿站起来。只是，脸颊被火烧过一般，无论如何也无法降温。我在溪水边洗了把脸，回到师妹堆里聊天。刚才的梦实在太真实，我一时半会儿还在走神。忽地，听见有人唤道："胤泽神尊！"

我与其他师妹一样，回头看了一眼。但四下观望，身后除了一脸狐疑的柔离，便再无他人。这柔离，到底在打什么小算盘？

一天修行结束后，我们回到沧瀛门，准备用晚膳。我奉师叔之命，去藏书阁里间找一本书，但前脚刚跨进门去，后脚柔离就跟了进来。她把门悄悄关上，朝我露出意味不明的微笑："洛薇，你的情绪藏得可真深。若不是我仔细观察，恐怕一辈子都不会知道，你根本不是我的情敌。你喜欢的人，原来不是三师兄。"

我笑道："师姐啊，看看你误会了我多久。我从一开始，就不是你的情敌。"

柔离得意扬扬地笑起来："当然，那是因为你喜欢的人是胤泽神尊。"

我愣住了："什么？"

她张了张嘴，轻飘飘地说出几个字："你喜欢胤泽神尊。"

听见这个名字，我像被雷劈了脑门一样："你也中邪了？那是师尊啊，这怎么可能？"

"别人或许会觉得不可能，但方才我可没看走眼，你在草丛里睡觉，一直用那种发春的声音'师尊师尊'地叫着。后来我叫了一声'胤泽神尊'，大家回头都是一脸畏惧，就只有你，心悠步踹，意软鬓偏。呵呵，你那些事我都听说了，你逃离仙界，其实是因为嫉妒青戊神女，逼神尊去找你。但看你回到天市城，一直唉声叹气，愁眉苦脸，是因为勾引神尊未果吧？洛薇师妹啊，这事若是传出去，你的下场恐怕就不是逐出师门这样简单了，你说呢？"

此刻，我的手心都在冒汗。她明明说的都是鬼话，为何我会觉得如此心虚？可是，我还是堆了一脸笑："师姐这故事编得好，惊心动魄，精彩，继续编，我爱听。"

柔离涨红了脸，愤怒道："你就是喜欢胤泽神尊，别否认！洛薇，你识相的话就离傅臣之远一些，否则，我会让整个天市城的人都知道，你喜欢你师尊！"

我若无其事道："嗯，虽然处处宣扬小道消息有损师姐形象，但若能令师姐心头舒服，放手去做便是。"

对付柔离这种人，从来不需费太多心思。她很快便被我气走。可她离开后，我却无端感到情绪低落。最近情绪总是大起大落，这不是个好兆头。近日误会我们的人只增不减，如此下去，恐怕会给师尊带来很多麻烦。也不知道照这样下去，自己还能在他身边待多久。我叹了一口气，推门进入藏书阁里间，却未想到里面有人：窗外云淡天高，师尊正手持毛笔，坐在窗边，抬眼平静地望着我。我什么也没想，直接转身出去，把门关上。但在门外发呆片刻，觉得倘若这时跑路，就像心里真有鬼一样。我洛薇是个坦坦荡荡的好徒儿，凭什么被别人随口说几句，便不敢再面对师尊？想到此处，我放宽了心，重新推开门道："徒儿见过师尊！师尊还是一如既往，神清气爽，容光焕发！"

我看了看他的墨，跑去施展纵水术，帮忙磨墨。他重新拿好毛笔，在砚台里蘸了点儿墨，唤道："薇儿。"

"徒儿在！师尊有何吩咐？"

"我都听到了。"

旋转的水花停了一下，我也僵了一下："是、是吗？反正师姐是吃饱了没事撑的，她就是喜欢我哥，想方设法想要霸占他，就会瞎编段子，您不用理她。"

"她所言可有半句属实？"

我豁达地挥挥手："句句不属实。"

此后，他便没有再接话，连个"好"字都没说。他反应太冷静，不笑不怒，完全看不出一点儿情绪。如此一来，我反而有些不知所措，画蛇添足道："师尊，别人这样说就算了，您要也这样想，认为徒儿是如此龌龊卑鄙之人，那徒儿可就真的是要冤死了。"

他还是只顾写字，没说话。我急道："徒儿对您一片赤胆忠心，从未试图隐瞒过什么，您怎能听他人一面之词，便全盘否定……"

只听见啪的一声，他把手中的笔扔在桌面上。我就差吓得屁滚尿流，赶紧跪下来："徒儿错了！"

他横眉冷眼："你什么又错了？"

我焦虑道："我……我也不知道，只知道师尊不高兴，师尊不高兴，肯定是徒儿做错了事。兴许是方才我与柔离谈话方式不妥，但师尊，您一定要相信徒儿，徒儿崇拜您，敬重您，但对您真的无半点儿非分之想。"

师尊像真在琢磨我话中含义，点头笑道："说得好，继续说。"

我颤声道："徒儿很懂得守本分，一直指望日后回到故乡，嫁个溯昭男子，平静过完一生。"

"很好，继续。"

"师尊高高在上，和青戌神女乃是天作之合，徒儿别说没这心，就是有这心，也是万万不敢拆散的……"说到最后，我缩成一团，冲他重重磕了个头。

寒风凛冽，墨砚凝冰。师尊并未领情，只又笑了一声："说完了？"

"是、是的。"

他二话不说，拂袖离去。

听见他的脚步声逐渐远去，我松了一口气，翻过身一屁股坐在地上，擦了把汗，全然不能动弹。其实，说这些话时，还是会感到心虚。都怪我，先前做了那种梦，真是罪大恶极。不管我如何掩饰，师尊素来明察秋毫，必然发现了一些不妙的蛛丝马迹，不然也不会无端不悦，更不会露出那种笑……不行，不能再想下去，再想就觉得更加没脸面对他。

相比师尊的苛刻无情，哥哥见了我，简直就跟滚水泡米花似的开心。但开心之后没多久，他又开始对我苛刻无情地训话："你不辞而别，竟是为了成妖？可曾想过我的感受？"

"你寿命极长，又何苦在意这短短百年。若我成了妖，也可以一直陪着你，那岂不是更好……"见他脸色还是乌云密布，我忍不住激将道，"莫不成哥哥是一天也离不开我？"

哥哥厉色道："胡说八道。为兄岂是这般无用之人！"

原来如此，又是"为兄"。我笑了笑，并未拆穿他，只是自个儿暗自开心。虽然化妖之事，不过乌龙一场，但经过这一日的冥思苦想，我也终于做出了决定：每日早晚一炷香，求神拜佛，热爱师尊，孝敬师尊，但要规矩本分，不可无事干扰师尊，不可与师尊唱反调，遇事皆三思而行。更重要的是，潜心修行，奋发向上。果然，经过一段时间的修炼，没了闲事挂心头，真是人间好时节。

少和师尊接触后，我与哥哥相处的机会大大增多，因为我很喜欢散步、看奇草异兽，所以，他空闲时常常带我在天市城内游逛。虽然都是比我年长的人，但跟他相处，确实比跟师尊相处要轻松得多。这以后，青戌神女也不时来访。她原本就天姿动人，落落大方，站在师尊身边也丝毫不逊色，随着时间的推移，在众弟子心中，她也逐渐成了大家公认的师母。不知不觉间，我发现师尊待在神界的时间，竟已超出在仙界的时间。一切好像又回到了被师尊冷落的那个时段。不过这一回是我自愿，所以我心中也再无怨言。但偶尔看见这对神仙眷侣，心中确实会有一些难言的酸涩。这种感觉，在某一个下午上升到了顶点。

转眼间冬去春来，花香遍野，我在白帝山晨练时，看见了经过此处的师尊和青戊神女。他们自云海中缓步而来，青戊摘下几朵桃花，放在鼻尖轻嗅了一阵，便让师尊帮她把花别在发间，巧把云鬓点，红松翠偏。师尊并不喜欢做这事，但还是答应了她的要求。他们站在桃花树下，她垂头在他的宽袖下，笑得一脸娇羞。我原打算偷偷离去，却不小心透过花枝，视线与他们正好对上。青戊见了我，稳住鬓上的桃花，朝我招手："胤泽，你快看，你徒儿也在那边。我们也为她别一朵花吧。"

师尊道："她还小，正是勤修苦练的年纪，不必让她弄这些花里胡哨的东西。"

令我心中一凛的，并非师尊那一贯严厉的回答，而是青戊的话。我没听错吧？师尊的大名，我们平时连提都很少提。以往她都会尊称师尊为"胤泽神尊"，可是，现在她竟叫他"胤泽"。这一个小小的称谓变化，原不是什么大事，但她语句中那份随意自在的亲昵，却像一块千斤巨石，沉沉地压在了我的胸口。她不顾他的否决，把我拽过去，真的摘花别在我的头上："还好你不是我师父，不然还真是倒了大霉。瞧瞧她，这么可爱的姑娘，若是别了一头花，保准像个花仙子。"

她拆开我的头发，在脑后编了条粗粗的麻花辫，然后把桃花一朵朵插上去，真把我别成了个花仙子。在师尊看来，这种事无疑是在浪费时间。因为，从青戊开始为我打扮到结束，他只是看了我几眼。青戊神女却玩得不亦乐乎，一会儿说我头发漂亮，一会儿说小女孩就是要这样才招人喜欢。面对这样大姐姐般的青戊神女，我确实对她很反感，但内心那一份沉闷的酸楚，也确实无法与人说。偷偷抬头看了一眼师尊，只见花色浓郁，仙鹤双飞，云雾自白帝山蔓延至天涯海角，他高挑颀长，肤色莹白，渗透了冬季尚未化去的霜雪，既美得动人，又凉得惊人。那沧瀛神的水纹印记线条分明，印在他雪色的皮肤上，时刻提醒着别人，此人象征神权，并非任何人都能近身。

察觉到他也在看我，我心情慌乱至极，垂下目光，看着落满花瓣的芳草。不知从何时开始，连多看他一眼，我都觉得有些做贼心虚。并不想深究这是什么感情，内心却已清楚明白：我很喜欢师尊，很依恋他，不愿意离开他。而想要长长久久待在他身边，唯一的方法，便是放弃。同样，我也不知道这被自己放弃的东西究竟是什么。我只知道，放弃的过程很苦。

后来，青戌神女飞到另一座山峰摘花，我松了一口气，正想转身开溜，却见师尊迟迟不走。师尊不走，做徒弟的怎么能走？我站起来，静候师尊离去。可是，他只是望着千里云雾，声静如水："说吧，什么原因？"

我道："什么什么原因？"

"你最近一直在躲我，是什么原因？"

躲师尊？我哪儿敢！只是有很多不喜欢的事而已。不喜欢你总是责备我又不做解释，不喜欢别人误会我们的关系而带来诸多麻烦，不喜欢你和青戌神女走这么近，不喜欢青戌神女叫你"胤泽"，不喜欢你看别的女子一眼，不喜欢你总是不辞而别，不喜欢你总是待在神界……这么多不满的事情，如能像妖一样装在紫金葫芦里，恐怕会建立第二个炼妖谷。只是，这些理由，没有一个是能说出口的。我笑道："徒儿没有躲师尊，只是想学乖一点儿，少给师尊添乱。"

"薇儿，若有心事，或对我有要求，不妨坦率点儿说出来。我不会责罚你。"

我一时紧张得连谎都撒不好："徒儿没有心事。"这便是师尊最令人害怕的地方，不管我在想什么，他好像什么都知道。也是，我入他门下已有十多年，要看透我这样一个毛头小鬼，他并不需要花多少时间。

果然，他沉思了一会儿，单刀直入道："其实有的事，你自以为不可能发生，却不是你想得那样难。我早告诉过你，没有什么可以难倒你师尊。"

他这一番话说得我一头雾水，我茫然地望着他。此刻，一阵桃花飘落，打断了我们的思绪。他静待风过，又道："也有一些事，你自觉难熬，对别人而言却要难上千倍。毕竟，人死了便了无牵挂，活着才是痛苦。你若连个提示都不给，我也不知从何开始。"

细细思量他说的每一个字，我隐约明白了点儿什么，这似乎和我想要放弃的事，有那么一点儿关联。脑子空白多时，我终于道："师尊说话真深奥，徒儿听不懂，决定回去好生琢磨思考。徒儿先行退下。"

其实，不过是一些平淡无奇的对话，回去以后，我却无端钻在被窝里闷声大哭一场，哭到眼睛都肿了，因为害怕别人发现，又去凝冰来消肿。之后，他便再也没有跟我说过类似的话。我原以为，自己终于守住了这份小心翼翼的感情，我们将会维持这种关系直到终老，却未料到中间发生了一个不小的插曲，将一切都拽出了轨道。

那个插曲，便是东海的一场祸乱。龙王派人来报，说近日有大量水妖在东海横行作乱，无节制地猎杀生灵，其中包括龙宫出海巡逻的虾兵蟹将。这群水妖与寻常水妖不同，身无鳞片，但青发雪肤，会纵水之术。龙王活捉了一批，想到此事可能与沧瀛门有关，因而首先告知胤泽神尊。听到这个描述，我和哥哥都愣了一下，在场的人也不由自主都看了我一眼。于是，我请命下凡，与同门弟子一起去见龙宫之人。

这一日，大雨方歇，海风呼啸，我在高空看见被龙王送上来的几名水妖。其中一位少年与我年纪相仿，相较他人皮肤微黑，浓眉大眼，正极度不爽地想要挣脱水草缚妖索。我冲下去，惊愕道："是……是翰墨？"

少年抬眼，茫然地看着我，很快也一脸讶异："洛薇？怎么可能，你不是已经死了吗？"他又看了看哥哥，僵硬了一下，忽而暴怒道，"还有你！傅臣之，你这家伙！洛薇，你为何到现在还和他在一起！溯昭会变成现在这样，都是因为他！"

"溯昭怎么了？现在溯昭在何处？我王姐呢，开轩君那个人渣还在溯昭？等等，你为何会在此处？你们怎么都出来了？"

很显然，我俩的问题太多，把龙宫之人和沧瀛门的弟子们都弄晕了。

后来，还是哥哥解释说这些人不是水妖，让他们先放人，翰墨等人才得以解脱。十多年来不曾得到溯昭的消息，此时再逢旧友，我的喜悦之情，自然难以形容。然而，翰墨被放开后，做的第一件事，便是冲过来攻击哥哥。哥哥轻而易举地放倒他，他却毫不畏惧，又挑战了数次。最终，翰墨这个冲动的家伙有些疲了，才总算答应停战，找了处海岸坐下来，与我们促膝长谈了两个多时辰。

原来，溯昭的地理位置从极北调到了较靠西的地方，处在一片高山当中，周遭荒无人烟，冬冷夏热，比以前的生存环境不知糟了多少倍。但更糟的是，我离开溯昭后没多久，王姐以为我不堪耻辱，跳崖自杀。在极度脆弱的情况下，她嫁给开轩君，且婚后一蹶不振，精神和健康每况愈下。不出一年，溯昭的统治权便落在了开轩君手中，王姐这溯昭帝名存实亡。开轩君本来就是个诗人般的仙人，很懂风花雪月，对治国却一窍不通，日日寻欢作乐，夜夜笙歌达旦，整个溯昭被他弄得一团糟。每当有大臣反映财匮力尽，民不聊生，他都把责任推在溯昭移位上。十多年来，这个人渣学到的唯一本事，便是话说得越来越动听，承诺之事，却没一件完成。到这两年，溯昭内旱灾频发，五谷不长，可一旦有人提出要出去与异族建立邦交，开轩君又会豺狼般凶狠地下令禁止，违者株连九族。于是，溯昭氏们走投无路，只能出来寻找食物，但也是杯水车薪。

听翰墨说着，我真是火气越来越大，把手中的海螺掰成两段："开轩君这个败类！"

"我也根本没想到，原来罪魁祸首就是这厮，真是可恨！可恶！"说到此处，翰墨充满歉意地看向哥哥，"臣之，这么多年来一直误会你，是我不好。"

哥哥道："无妨，当务之急是回溯昭一趟。翰墨，我们先回去跟师尊禀报一声，然后就请你为我们带路吧。"

然而，将此事告知师尊后，他只道："臣之不能去。"

我与哥哥异口同声："为何？"

"一来，虽然这叫翰墨的孩子相信你们，但其他溯昭氏都会相信他吗？你们根本没有半点儿开轩君栽赃嫁祸的证据。如此敏感的时间，稍微来一点儿煽风点火，便会引发民愤。说不定开轩君还会把当年的把戏再玩一遍，到时，还会拖累薇儿与她王姐团聚。"说到此处，师尊看了一眼哥哥，"二来，臣之，你清楚自己的状况。现在的你，能长期离开天市城吗？"

哥哥沉默。对于师尊说的第二个理由，我满腹疑问，但通常情况下，哥哥不会对我隐瞒秘密，他若不说，必然是有难言之隐。于是，我也没再多问，只道："没事，这本来就是我们溯昭氏的烂摊子，我自己去就好。"

"薇薇，我是真的想和你一起，但我……"哥哥微垂着脑袋，轻叹一声，"我若去了，说不定还会火上浇油。"

"相信我，我会想办法的。"我拍拍他的胳膊，"哥，我已经不是当年的小孩子啦。"

此次事发突然，我当天匆匆收拾好包裹，在黄昏时分便，便与大家道别。师尊素来尊卑分明，竟也送我出了门，直达驿站。想来，是与我有相同的想法：这一别，便不知要过多少年，才能复见。师尊道："薇儿，你到了东海，让其他人先走，有人会来载你回去。"

"好。"

"去吧。"

哥哥与我一同上了大鹏背，我转头，望着伫立在赤红云海边的师尊，朝他挥了挥手："师尊，徒儿走啦。"

"嗯。"他点点头。

"徒儿向您保证，处理完溯昭之事，一定会立刻回来的！"

"嗯。早些回来。"

看着大鹏展翅而起，他的身影也越来越小，我大声道："师尊您要好好照顾自己，徒儿真走了！"

后来他是否回答了，回答了什么，我再也没听到。因为哥哥在身边，饱含在眼眶中的泪水，也一直没有流下来。我只知大鹏无情，斜阳赤红，很快，便再不见师尊的踪迹。

哥哥则送我直达东海。也不知为何，我与他的分离并不像与师尊那样难过。因为我知道，哥哥会一直守在我的身边。只要可能，他就一定会竭尽全力来找我，我也可以随时随地见到他。他却颇有几分伤感，让我务必要题笺与他，等了许久，因在仙界还有事，才有些不舍地提前离开。待翰墨等人上了文鳐，我看见一条长长的影子由海雾中翱翔而来。

我诧异道："青龙大人?！"

青龙在我面前停下，只扬了扬头，示意我上他的背。我半晌逡巡不前，终于还是跳了上去，顿时觉得自己无比渺小："我真没想到，您竟是师尊的朋友……"

青龙没有理我。我道："也是啊，你是青龙，他住在青龙之天，怎么都会认识的。世界可真小。"

他还是没理我。于是，我也识趣地没再开口。青龙乘风而行，一飞三千里，我几次都觉得自己快被甩出去，于是紧紧抓住它的毛。它越飞越快，渐渐地，周围只剩下沧海与明月。看着高远的夜空，我的脑中一次次出现师尊的容颜。一直以来，我总是说师尊害怕孤单，害怕离别，所以总强调说要一直和他在一起，想要给他安全感，让他不那么孤独。实际上，真正没有安全感的人是我。我怕我短短三百年寿命结束后，自己在他生命中留下的痕迹，连那些短如烟花的女人都不如。那份思念之情，也悄然满溢而出。

"青龙大人……我真的好不甘。"我伏在青龙的背上，轻轻抽泣道，"为何我只能活三百年？我真的好喜欢师尊，我只想永生永世都陪着他，为何……为何会这样难……"

青龙自然没有回话。

我道："不过，我觉得自己离开是对的。我已经没资格再待在师尊身边。我对他的喜欢已经很不正常了，我不喜欢青戊神女老跟着他，只想霸占他，一旦他不看我，我就会很生气。夜深人静时，只要想到他和别人在一起，就会辗转难眠，心如刀割。现在哪怕他不在我身边，我的心里也好痛……"

青龙飞行的速度慢了一些，却还是寂默无声。我把泪水擦在它的毛发上，轻声道："我什么都不想，只是想一直和师尊在一起而已，只是想一直当他的徒儿而已……我真的什么都不想要……"

"你当真什么都不想要？"

"嗯？"我猛地抬头。

青龙竟开口说了话。只是，这声音为何会是师尊的？

"你当真只是想当个什么都不要的徒儿？"

"是、是的啊，不然呢？"

"我可以变成你师尊，你看清楚了他的样子，再想想，你到底想要什么。"

然后，青龙在一座山旁停下，放我下来，转而化成了烟雾。渐渐地，有一个人影从烟雾中出来。看见师尊的模样，我惊愕地捂住了口："怎么可能如此像？"

"你现在做何感想？"

看见眼前这双眼睛，我的心又被小锯子抽拉起来，痛得不得不用手去摁住胸口。我道："还是很难过。"

"还是什么都不想要吗？"

"我……我不知道你在说什么……"

他站得这么近，我一时紧张得难以呼吸，下意识地后退躲避。谁知，他一只手握住我的手腕，把我拉回去，另一只手搂住我的后腰，然后垂下头，重重地吻住我的唇。听见自己发出一声受惊小兽般的叫声，我立即挣扎着想要躲开，他却加倍用力将我钳制住。然后，他嘴唇松开些，贴着我的双唇，低低地说道："这个，不想要吗？"

他深情的凝视令我知道，这不是师尊。师尊永远都不会用这样的眼神看我。尽管如此，因为两个人实在太像，我浑身乃至心脏，都在微微发抖。见我没有反应，他低头快速轻吻我两下，便一边摩擦着我的嘴唇，一边将舌头探了进来。两人舌尖相碰的那一刻，我心脏狂跳到快坏掉，闷哼一声，别开头道："不行，不行，这真的不行……"

"薇儿，转过来。"

虽然还是命令的口吻，却令人感到，有电流从头皮击到尾椎。我不受控制地把头转回去。他抬起我的下巴，再次吻了下来。这一回并未变得好一些。他只象征性地与我温柔交缠片刻，便狂野地、粗鲁地吻下去。我真的知道，这是高高在上的胤泽神尊绝对做不出的事，却如中了罂粟花的毒一般，产生了被他热情灼烧着的错觉。心疼得快要窒息，浑身却像是被灌了最甜的蜂蜜……

最后，我颓然地坐在地上，垂下脑袋，一直抹着眼泪。发现真相以后，我并未比之前轻松多少，反而更绝望。

"真的不行，他是我的师尊啊……我视他如父，真的不能做出这种违背伦理的事……"

"倘若他对你有超出师徒情谊的感情，你还是这样想吗？"

我使劲摇头："他不会的，他不喜欢我……"

"你没问过他，又怎会知道？"

"我不想问他。我只想当他的徒儿。"

"你的反应可不像是只想当徒儿。"他缄默良久，终于缓缓说道，"若他想娶你为妻，你会答应吗？"

第十二章

Chapter
Twelve

重返月都

梅子暗黄风絮飞，
促水朝妆暂裴回。
闻乐绕梁望窗外，
误认情郎倚蔷薇。

——《溽暑前花影嶙
峋记》

　　尽管只是幻象，坦白了也没有关系，但是，这份感情若再不压制下去，下次见面，我会更加无颜见他。

　　"不会。"我任由泪水一次次模糊视线，又一滴滴落在地上，"胤泽神尊，他是我的师尊。一日为师，终身为父。我敬他，崇拜他，但绝不会想要嫁给他。"

　　这时，我的包裹动了动，玄月从里面伸出小脑袋，跟在十字路口迷了方向似的，不时看看我，又扭过脑袋看看青龙。青龙在我对面站了许久，始终无言。终于，他在玄月头上摸了一下，转身化龙，飞入高空。他一下便没了踪影，我的泪水却始终止不住。其实不过是一次无意义的试探，师尊本人并不知道，为何我会这样难过？想起方才自己方寸大乱、魂飞魄散的反应，我更觉得绝望，大声哭了出来。玄月也急了，咬着我的袖子，用爪子指了指不远处的空中国度。我顺势望过去，突然没了眼泪——那是溯昭！我的家乡溯昭！原来，青龙大人早已把我送了回来，刚才化身师尊，不过是在逗我开心。

等等，这是怎么回事？我浑身僵了一下。刚才，我居然被青龙大人亲了！这大色龙！！！

和翰墨在溯昭城门外会过面，我们决定分头行动。他先去搬救兵，我则靠法术偷偷潜入紫潮宫，追寻开轩君的踪迹。然而，这一路从城门飞到紫潮宫，我的心情却上下起伏了无数次。溯昭，被神庇佑的水之国度，本应生机勃勃，花好月圆。但在此处，我只看见满目萧条，半城倾颓。洛水上，波光粼粼，倒映出来的，不再是拨弄笙簧的美丽女子，而是飞沙走石的荒漠；泛黄的空中，不再有那么多佩剑持琴的溯昭氏舞水登天，唯剩稀疏的灵鹤飞得漫无目的；偶有玄鸟从紫潮宫里匆匆离去，也不愿在任何地方逗留；空中城镇的楚馆秦楼，早已只剩断壁残垣，放眼望去，一整条街只有个卖唱的女子，唱着一首凄婉的曲子，衣衫褴褛的老者路过，在她的铜钵中丢下一枚翁珀，便倚墙驻足倾听，不再离开……

尽管翰墨已跟我描述过溯昭的现状，但眼前的一幕幕，还是令我瞠目结舌。溯昭的货币与别处不同，大部分都是由仓司部施法凝结树胶制成的琥珀，价值由低到高排序，主要分为四种：翁珀、血珀、花珀、翳珀。其中翳珀为"众珀之长"，由翳鸟之眼凝结而成。遥想十年前，溯昭正逢盛世，国运昌隆，天下大治。大祭司出海取经，外来者的数量逐年增加，奇珍异兽也增多，父王推行"珀绒兼行"制：但凡生灵毛羽，均可用以替代琥珀当货币用。此后，他鼓励更多人来此，大量减免异族住民赋税，史官将此记载为"昭华之治"。而如今，十几年，才过了仅仅十几年，溯昭已变成这个样子。这种悲凉，岂是心痛二字可以描述！想到这一切都是开轩君干的好事，新仇加旧恨，一股发自内心的火气便不断涌出，让我恨不得现在就杀了他。

为了不被这些心绪干扰，我加快前进速度，抵达紫潮宫。没想到自己运气太好，刚一爬上开轩君的宫殿上方，便看见他鬼鬼祟祟地溜出来，跑到一口枯井旁，施展法术，将一面锦幡插在地上。然后，锦幡下方出现了冰蓝色的法阵，他往四周看了一眼，踩入法阵，整个人就消失了。在里面待了不足一盏茶的时间，他又悄悄走出来，正伸出手想再度施法，殿内却传来了王姐的声音："人呢，怎么转眼就不见了？"

"陛下，我在这里！"开轩君急匆匆地说道，回头看了一眼那锦幡，无暇顾及，便回到了殿内。

我赶紧跳下来，靠近那法阵想看个仔细，却不小心被它吸了进去。

四周的景象迅速扭曲，进入梦境般，我抵达的，是一个深黑色的虚空世界。身后有一个椭圆形出口，面前有一条长长的道路闪着光。往前走了一段，周围环境一闪，我又进入了一个深紫色的世界，身后同样有一道门。就这样经过了数道门，里面的颜色越来越浅，却什么也没有，我觉得有些无趣，想要离去，却听见有女人幽怨地哭道："让我出去，让我出去……"

这声音凄厉至极，我被吓了一跳，回头，却看见一个女人离我不足一米远。她身穿锦绣深衣，却弯腰驼背，蓬头垢面，抱着一团棉被，眼睛是血红色的，活脱脱一头母兽："让我出去，我要见我的孩子……"那红色眼睛的眼眶里，流下了血泪，乍一眼看去，就像是被剜去了双眼。我被吓得后退几步，她却伸长了手，步步逼近："让我出去，你这个狼心狗肺的魔，为何把我困在此地！让我出去见我的儿子！"

她挥舞着手，伴随着尖叫，速度实在太快，我没能闪开。原本以为脸会挂彩，却发现她整个人化作一团光，已穿过了我的身体，跑到了另一头："孩子，孩子，你来看娘了吗？娘好想你啊……"

我拍了拍自己的胸口，被这恐怖的情形吓得不轻。掉头发现，她似乎根本看不见我，只是拖着衾被，像疯子一样到处乱抓。她这副模样，令我想起了哥哥上一次中邪的时候。意识到这里极不安全，我转身原路返回，逃出了这个诡异的地方。

然而出来时，我正巧碰到回来的开轩君。他快速收了锦幡和阵法，质问道："你都看到了什么？"而后他愣了一下，眼中的情绪复杂至极："洛薇？"

"对，是我。"我回他一个浅浅的微笑，"托你的福，我没死。"

开轩君果然不是省油的灯，不过惊讶片刻，他便冷静地笑了一下："很好，那就再死一次吧。"

他伸出手，正准备施展法术，却看了我身后一眼，转而把手捂在胸口，假装惊讶道："洛薇，真是你？你不是死了吗？"

不用想，王姐在我身后。十年未见，我还是感到十分忐忑，深吸一口气，转过头去，面对身后年轻的溯昭帝。王姐穿着帝王的玄色长袍，一头青发垂在肩上，瘦得弱柳扶风，眉目间满是震惊："薇薇？怎么可能……我，我是看错了吗？"

我道："王姐你没看错。我没死，而是去拜了师。"

很显然，王姐已有些反应不过来："拜师？"

"对。这十几年，我可是没有一天不想到家乡。只要想到有一个人令我们国破家亡，我就恨不得把他千刀万剐。"

王姐道："你说的人，可是傅臣之？"

"不，是他。"我慢慢转过头去，充满杀意地指向开轩君。

开轩君指了指自己，露出惯有的轻松微笑："在下？薇薇妹子，你开什么玩笑？这十年你王姐伤心欲绝，我看她如此，恨不得你们全部活过来，怎么可能会想让你国破家亡？"

"还嘴硬！你当初设计害死我父母，挑拨我们手足之情，险些害死我，把溯昭弄成现在的鬼样子，还有脸大放厥词！你这猪狗不如的东西，现在我就杀了你！"

我一挥手，他身后的池水冲出来，化冰直击他头顶，但另一道法术却巧妙地将冰化水，再将水引回池中。我回头，愤然道："王姐，你到现在还是执迷不悟，选择相信他而不是你的亲妹妹？"

王姐道："薇薇，其实你能平安回来，已是不幸中的万幸。你是我的亲妹妹，我自然相信你，但他是我的丈夫，事关重大，你可否拿出证据？你若所言属实，不用你动手，我会亲自除了他，但这些事若子虚乌有，你却想杀了你姐夫，我也不能坐视不理。"

"证据我有。"

当夜，王姐召集了所有大臣，在紫潮宫殿内聚集。我把玄月抱出来，拿出早已准备好的文书："这是生死簿手抄单页，是我师尊从阎罗王那里要来的，上面有幽都的印章和判官的批注。玄月，也就是我怀里的这只小穷奇，它的父母被如岳翁引到仙界北境，亲手杀死，但他们没有除掉虎崽玄月，而是把它丢到了其他老虎窝里，故意转手给虎崽商。后来我在虎崽铺看见了玄月，很喜欢它，却没钱买，是开轩君出钱帮我买的。"

见开轩君不语，我道："开轩君，你心里现在一定在犹豫不决，对不对？若是否认，万一我找到买虎当夜路过的住民做证，你就解释不清楚；但若承认，又可能会有更多马脚露出来。"

开轩君笑道："不，小王姬，您有所误解，在下只是在努力思索这其中的关系。帮小王姬出钱买了小老虎，便要被曲解成与如岳翁同流合污，是如此理解的吗？真是好心当作驴肝肺。"

我道："当初你来溯昭，同我父王是如何说的？"

开轩君道："这么久的事，在下如何能记得？"

我朝一旁的典司摊开手。他走过来，毕恭毕敬地在我手中放下一个卷轴。我慢慢打开卷轴，目光却不离开轩君，见他越来越不安，我才迟迟说道："这是当年典司记下的笔录。父王问你近况如何，你说：'近三年来，在下一直远游四海，领略山河风光，不曾返回仙界。唯一见过的仙，便是同样下凡的文曲星，实是有愧于仙名。'满篇谎言，其实你早与如岳翁有勾结！"

开轩君道："在下当年所言的确属实，既然根本不曾回过仙界，又如何与玄武之天的如岳翁勾结？"

"如岳翁可从未说过他是玄武之天的仙。"

"如岳翁名声不小，只要是个仙，都知道他住在紫微城，有何奇怪之处？"

"既然如此，你为何要撒谎说，自己三年不曾跨入仙界？实际上在那之前，你根本就在紫微城！你一开始便欺骗我父王，说你三年未归仙界，只见过文曲星，是做贼心虚吧？"

"在下确实三年不曾跨入仙界，不懂你为何要说在下在紫微城。你有何证据？"

"因为当年你去紫微城时，曾在天仙醪馆买下一壶神龟酿，神龟酿价格昂贵，任何买家都需要在簿上登记，这上面，又正好有你的名字。"我又抽出一张纸，放在他面前，指了一下有他名字的那一行，"这，你又如何解释？"

开轩君脸色苍白道："在下不记得有这么一回事。这是什么？若无特殊指令，紫微城天仙醪馆的名册，除了老板，就只有仙尊有权翻阅，你连仙都不是，怎么可能把这个弄到手？这其中恐怕有假。"说到后面，他也变得镇定了许多。

我道："我师尊与仙尊的关系好得很，我不过带了师尊一句话过去，仙尊便把这份名册给了我。你说有假吗？"

"胡说八道，毫无证据，你以为随便写一个有在下名字的清单，便可以忽悠众人吗？我看，你那阎罗王的文书怕也是假的。"

"这样希望它是假的吗？那我来证实给你看看。"我把文书打开，对身旁的人道，"送火。"

一旁的侍卫端出火盆，我把文书丢进去，只见那张纸在熊熊烈火中飘浮，却丝毫不见损坏。我道："判官特供阎罗纸，这纸烧不化。你是仙，应该比在场的人都懂这并非赝品。"

"那天仙醪馆那张呢？你又如何证明它是真的？"

我笑道："我不用证明它是真的，因为它就是假的。"

开轩君惊道："什么？"

"就你这种没地位的仙，能记住你的人可真不多。在仙界混了足足十年，我才向一个人打听到，你的爱好是喝酒。因此，就编了方才这一段事来骗骗你，没想到你真信。其实，我连玄武之天都没有去过，到哪里去弄这名册来啊？瞧把你吓得，看这脸色，跟这比，看哪个更白？"我把那张纸放到他旁。

他猛地拨开道："既然是假的，已证明我没去过紫微城，这场闹剧可以结束了吧！"

"还没呢。现在我还要告诉你，不仅这天仙醪馆的名目是假的，连这笔录也是假的。"我拿过卷轴，转过来对着他，同时滚瓜烂熟地背诵道，"当年，父王问你近况如何，你说的是：'近三年来，在下一直在玄武之天紫微城，吟诗品酒，却极少离开天仙醪馆。唯一有幸结交的仙，便是文曲星，实是有愧于仙名。'"

"什么？！"王姐从王座上站起来，一个踉跄，险些摔下阶来。

这下，开轩君的脸色真是比纸还白，他指着我，颤声道："你、你玩我……"

"对，我就是玩你。才过了十几年，那么重要的事都忘得一干二净，简直迟钝如牛、愚蠢如猪，还好意思占着溯昭玺不放。"我朝他伸出手，"把玉玺还来。然后给本小王姬跪下，受死。"

谁知，开轩君捧腹大笑起来："哈哈哈哈，洛薇，就算是在下做的，那又怎样？现在帝王玺在在下手里，也就是说，即便是你王姐也无法动在下一根汗毛。成者为王，败者为寇，在下倒要看看，你能拿我怎么样！"

"你——"王姐指着他，气急发病，一口鲜血吐出来。

我赶紧与人一同前去照料王姐，好不容易才将她安顿好，开轩君那小人得志的疯狂笑声，却始终不曾停过。我忍无可忍，双手击掌，把丞相叫了过来，道："如遇此等情况，本小王姬该如何是好？"

丞相道："若溯昭帝或持玺之人做了罪大恶极、大逆不道之事，前王位继承候选者，可以向其进行武力挑战，并夺回帝位与王玺。"

"那开轩君如今所作所为，可算罪大恶极、大逆不道？"

"可谓穷凶极恶。"

我道："开轩君，听到了吗？"

开轩君狞笑道："求之不得。十年前没亲手杀了你，是我不好，怕脏了自己的手。不过，今天再杀也不迟。"

接着，我们在众人的拥护下，走到紫潮殿外。我大声说道："开轩君手中有魔物，可以通向一个恐怖异界，想他早已是个半魔。待我将他逼出原形，也便不再是我们崇敬的仙。届时，你们可以亲手将他碎尸万段，也不用怕被沧瀛神惩罚。"

听见热烈的掌声，开轩君勃然大怒，双手交握在胸前，伸出食指，一股强风从地面涌出，扬起他的头发。青丝尚在飞舞，这阵狂风已卷起满地沙砾，形成一道沙暴魔掌，张开五指，朝我袭来。我伸出双臂，手心朝向自己，勾出一道水幕，轻而易举地化解了他的攻击。然后，一手轻推出水纹使自己后退，另一手指向他，召唤洛水形成冰柱，从他头顶落下。他立即变化法术，抵御攻击，但反应稍迟了一些，还是被冰柱擦伤了脸。他有些狼狈地退了几步，擦掉脸上的血迹，抬头看了一眼山岭，一下卷起袍子，飞了上去。料到他是想从高处下手，我也跟着飞上去，站在他对面的山峰上。他冲我冷笑一声，袍子仍在风中抖动出水纹："没想到你现在还有点儿本事，但欠考虑的毛病还是改不掉。此处是溯昭氏的死角，并无水源，你还能纵水吗？"

语毕，他张开双臂，招来飓风，把我四周山头的石块全部卷起，直击我面门。我也张开双臂，在空中划了个半圆，使用防御术"川泽纳污"，引出大量水弹，吸收了暴雨般的碎石，而后双手握拳，只见漫天碎石都被凝结在了冰块中。最后，我挥挥手，它们便原路飞回，直击开轩君。开轩君当即推出更多碎石，并以仙力辅佐，与我的法术在苍穹云海中化作两团光，一团赭石，一团冰蓝，彼此冲撞，发生了巨大爆炸。此刻，山脚下已碎石成山，无数人作鸟兽散，开轩君错愕道："怎么可能？你不是溯昭氏吗？为何会仙术？"

"那你也要问问我师尊是谁。"我对他发起第二波攻势。

就这样你来我往，我俩几乎把山峰震断。起初势均力敌，但开轩君长年累月都在专权恣肆，纵情遂欲，体力远不及沧瀛门下严练苦训的徒弟。不过一盏茶的工夫，他便飞着逃开。我乘胜追击，用法术限制他的去处，将他击落在地，落在紫潮宫外。我频发攻击，却见他双眼一红，手心冒出紫黑气，挡掉我的法术。众人骇然。

"方才那是什么？是魔界的法术？"

"果然！开轩君与魔族勾结！"

"这龌龊东西，杀了他！杀了他！！"

众人议论纷纷，开轩君双眼赤红，握着双拳不住发抖。军令侯走出来，大声道："胜负已成定局，小王姬胜，现在请开轩君将溯昭玺交出。"

"呵呵，还没完呢。"开轩君摸了摸怀里，忽而阴森森一笑，倏地抽出一把紫金色的剑，"洛薇，既然你要坏我好事，那别怪我玉石俱焚！"

有星光自天而落，将剑身包裹起来，迸发出耀眼金光。大祭司道："这是先天灵宝戮仙剑！本是魔祖罗睺的宝物，怎会到了他手里？"

那把剑从他手中脱落，在地上形成滔天旋涡，眨眼工夫，光辉散去，一条紫金邪龙便从中飞了出来。开轩君指着我，丧心病狂道："就是她，把她给我吃了！然后，把这里所有人都吃了！一个都别剩！"

那龙长吟一声，口中喷出藏蓝色的毒雾，扭了一下身子，朝我俯冲下来。它望着我，赤红眼眸化作火焰，张口露齿，速度快得令人咋舌。我往后飞了一段，躲过它数次攻击，它却穷追不舍。在这短短的时间内，它的鳞片已将无数宫阙楼台撞得粉碎。所有百姓惊呼着，纷纷逃窜，灵术侯施展出的法术对它来说堪比瘙痒。而它只盯着我不放，我根本跑不过它。终于，我来不及闪躲，被逼到一座山的山腰。我孤注一掷，使出最后的冰壁术自保。它撞在冰壁上，愣是把山峰都撞得摇了两下。几次重击后，厚厚的冰壁也被撞碎。最后一次，它张开长长的血盆大口，迎面对我喷来了浓浓的毒雾。

此刻，灵气已经不够用。再继续往上飞，恐怕会跌下来摔得粉身碎骨，但留在这里不动，就是白白送死。普通攻击我尚能勉强撑着，但这毒雾——我已做好腐烂在毒气中的准备，却听见山谷间一声猛虎的咆哮！须臾间，洪水自下而上，喷涌出来，冲走了那些毒雾，也将毒龙冲出几米远。而后，一道红影从百里外飞过来。我看见一团烈焰疾驰而来，烧红了暗夜中溯昭的山谷。挡在我面前的，是一头有山丘大的绛红老虎，它背上长着遮天蔽日的巨翼，一双眼睛是从烘炉中提炼出的纯晶。它匍匐着，警惕着，杀气腾腾地望着那条毒龙。对峙过后，它俩像一阵风对上了一团火，在空中厮杀、搏斗，只见毒气与冰水满天四溅，猛兽粗喘低吼的声音回荡在群山间。除此之外，再无其他声响。最终，这场战斗以红虎咬开毒龙脖子结束。毒龙的长嚎响彻夜空，沉沉地、摧毁性地倒下来，化回了原本的宝剑。

众人震惊地站在原地，眼睛都离不开那头顶天立地的红虎。然后，丞相与我同时开口说话。

他道："穷奇？"

我道："玄月？"

红虎掉过头来，沉静地望向我们，步步逼近。大家都被吓得连连后退，它却越走越小，最后在我面前变成了一头白色小老虎，趴在我的脚下。我把它抱起来，紧紧地搂住它："玄月，你怎么会如此厉害？连毒龙都能杀死！果然是我养的好孩子！"

玄月懒洋洋地眯着眼，在我怀里撒娇，舔了我一脸口水。恍然想起，先前青龙大人曾在玄月头上摸了一下，原来是解开了它的封印，却为它保留了自由变化的能力，青龙大人也是有心。

"开轩君呢？"翰墨往四下探看，"开轩君怎么不见了？！"

原来，众人都被方才的打斗吸引，竟无人留意开轩君去了何处。待我们真的开始满城寻他，却从种种踪迹中发现，他早已逃远。我将先前在开轩君殿前和异界看见的景象，都告诉了诸位大臣，并取了素绢丹青，将那锦幡的模样绘在纸上。经过一番推测，大臣们判定，这锦幡也是个先天灵宝，叫混元幡。只要对它施展法术，便可以通向独立空间。按那异界的景象来看，不是妖界就是魔界，也有可能是鬼界。加上开轩君之前提过魔尊之事，那里应该是魔界的空间。开轩君与魔族有关联，这令我不由得想起哥哥发狂那夜的眼睛……不对，师尊已经说过，他那是中邪，应该与此没有关系。

其实，在开轩君专权的十余年间，百姓早已经怨声载道，所以知道他离去，政权重回我们姐妹手里，万众欢呼。然而，经过这一战，王姐也被迫看透开轩君的真面目。原本我的回归，可以令她的病情缓解一些，但丈夫弃她而去，夜以继日的等待，又令她再度病魔缠身。

这一病，便又是数年过去。

这一年的初夏，梅子已黄，满城柳絮，雨落蔷薇，这已是相当罕见的风光。因为，天地间暴发了一场大旱灾，史无前例，波及六界，溯昭也难以幸免，只是比别处略好一些。这几年来，我辅佐王姐治国平天下，总算令溯昭百姓的日子从贫苦中走出来。同时，我也将这十几年在仙界的所见所闻、仙书文献带回溯昭，让溯昭氏开始学习纵水术以外的水系仙术。

这一年，我正巧满六十岁，也将完成成人仪式。寿辰当天，妆阁轩窗前，王姐为我画出双高眉月。她身披轻纱，肩胛单薄，不时还轻咳两声。然而，她的心情格外好。为我别好步摇，她垂下头来，在镜中对我一笑："瞧瞧，我的小妹总算变成了大姑娘。这头发颜色也真是好看。"

望着镜中初次留披肩发的自己，我才恍然发现，自己的头发已经变成天空般的月白色，比王姐的发色还浅，压根儿不像是才成年的姑娘。在溯昭，这种发色通常只属于德高望重的老人。但是，跟着师尊修炼的十来年时间里，我的法力大增，加上回到溯昭也勤加苦练，不知不觉间就变成了这样。这原本是一件好事，但也正因为发色太浅，加上地位崇高，不少男子对我望而却步，哪怕是王公子弟，也会宁可追求成过亲的王姐，而不是我。对于终身大事，我原本并不着急，也不曾有过心仪之人，直至这一日，看见了那个人。

王姐重新替我系好头发，便命侍女来帮我促水朝妆，插簪匀面。此刻，窗外有琴声悠扬，余音绕梁，时而如黄鹂百啭，时而如清风拂面，时而来势汹汹，时而多情哀愁，带得满城鸟儿也跟着迎调欢唱。我听得痴了，自言自语道："溯昭还有这等天上仙曲，是谁在奏乐？"

侍女道："回小王姬，是新来的王宫乐师，叫孔疏。"

我点了点头，并未搭话。但又听了一会儿，我实在忍不住，拉开帘栊，推开轩窗，往外探出头去。庭院中，有一个穿着深蓝华袍的身影。他坐在一片蔷薇前，对亭抚琴，华袍如江海般散开，手指上戴着一枚翡翠扳指。那低头凝神的样子，令我心里骤然一紧。王姐叹道："早听闻孔疏才华横溢，不想如此年轻。"

我道："他可是溯昭氏？"

王姐道："是。"

为何如此之快？连我自己都感到诧异。以前不管遇到什么样的男子，在是否喜欢这一点上，我都从未摸清过自己的心思。然而，此时此刻，我却清楚明白地知道，自己已经动心。

这几年里，哥哥锦书不断，数度探访，所以，虽然相隔甚远，我也觉得他近在眼前。他一步步从灵人走向真人，从真人走向灵仙，每次都会过来见我，向我展示他的新袍、新仙印。我时常在信中打趣他，说阴曹地府里的野鬼，投胎也不像你这般着急。这么年轻便当了灵仙，以后的日子还怎么过？他说，灵仙上面还有仙君、天君、上君、仙尊，这日子还有的过，若能成神，一定想法子让薇薇也活个上千年。虽然我知道这无法实现，但被他这样一说，心窝也暖了起来。相比之下，师尊却连书信也不曾寄过一封。我只能隐约从哥哥的信里得知他的近况。尽管如此，几年前的对话，我却依旧记忆如新：

"师尊，您一定要相信徒儿，徒儿崇拜您，敬重您，对您真的无半点儿非分之想。"

"说得好，继续说。"

"徒儿很懂得守本分，一直指望日后回到故乡，嫁个溯昭男子，平静过完一生。"

再看看楼下的琴师，胸腔中那一份萌动的感情，始终不曾平息。过了一会儿，王姐先去祭坛准备成人仪式，我提着裙摆，从窗扇中跳出，飘然落地。孔疏很敏锐地察觉了前方的变化，中断抚琴，抬头看了我一眼，恭敬地行了个礼："参见小王姬。"

我冲他笑道："曲子很不错，叫什么名字？"

他连头也不敢抬，只是深深地埋着脑袋："回小王姬，此曲名为《水月债》。"

"水月？可是镜花水月的水月？"

"回小王姬，正是如此。"

"水月债，好名字。也不知是否指情债？"

"回小王姬，是的。"

与我说话时，他一直一问一答，连头也不敢抬，不论说什么，总会加一句"回小王姬"，真是好生无趣。但是，看见他深深埋着脑袋的样子，从我的方向看去，却是意外地赏心悦目，姑且原谅他的不解风情。我绕着他转圈圈，又问了他几个问题，最后轻笑道："孔公子如此谨慎，可是因为身负水月债，不敢面对别的姑娘？"

孔疏涨红了脸，轻声道："回小王姬，孔疏不敢造次。"

我终于相信，人与人之间，确实会有一见钟情。他的个性并不吸引人，却有一张令我格外喜欢的脸。每次看见他低头的样子，我都有与他成亲的冲动。这不正是我一直盼望的事吗——回到故乡，嫁溯昭男子，平静过完一生。算算我的年纪也不小了，不如把这位公子迎娶回宫，让他每天给我奏乐听。想到此处，我觉得自己的点子真是妙计，便伸手在他尖尖的下巴上，轻勾了一下："这样想便对。孔公子要知道，本小王姬和别的姑娘大有不同。以后，你会慢慢发觉的。"

"小、小王姬……"孔疏的脸快羞成番茄色了，一张小脸也快埋到了领子里。

"羞涩成这样，啧啧。得了，不吓唬你，你退下吧。待会儿成人仪式上，我要看到你。"待他转身走了几步，我又唤道，"明日同一时间，不知孔公子是否有意，与我在此品酒游芳、吟诗弹琴？"

孔疏停了停脚步，这下连后颈的肌肤也已红透。我忍不住掩嘴笑起来，提着裙摆回房，准备好一切，便与祭司仗队前往祭坛。

之前，哥哥在信中告诉我，他今日有要事要做，但一定会参加我的成人仪式。我一路走上祭坛，扫了一眼出席的人，却不见他人。正在腹诽他言而无信，却不经意间看见大祭司身边站了一个飘逸的身影。我下意识地回头看了一眼，却发现站在那里的人，是穿着曳地仙袍的哥哥。顷刻间，风微尘软，繁花如绣，草色上仙袍，广带如飞柳，觉得真是看见了仙人中的仙人。他亦散着发，头戴高高的紫冠，浑身散发着上仙独有的那股子仙气。他在与旁人说话，似乎没有看见我，经旁人提醒，才回过头来。与此同时，王姐走上来，解开我的头发。一阵风夹着花香吹过，我的月白长发滑落为泉水，罗裙为风吹动。哥哥身上的广带也在风中乱舞。我俩视线相撞，都愣了一下，直至大祭司道："小王姬，你看，天衡仙君今日晋升仙位，都专程过来为你完成仪式，我们溯昭的面子可真是大。"

哥哥走过来，接过成人冠冕，替我戴在头上，淡笑道："头发散下来，和以前就是不一样。"

我愣愣的："哥哥，这么大的事你居然不告诉我？"

"什么事会比薇薇的成人仪式更大？"

我承认，感动得有点儿想哭，但还是嘴硬道："仙君的袍子不适合你，你太年轻啦。"

"那一会儿我便去将它换掉。"

"别别别，我开玩笑的。你穿什么都好看，这一身装扮相当仙风道骨，英气勃发。"

仪式结束后，我们回宫参加宴席，恰好看见孔疏在殿内弹琴。在一片道喜声中，再次看见他低头抚琴，一派云端仙人的样子，我不由得有些出神。王姐走过来，在我耳边悄悄说道："薇薇，偷偷告诉你一个秘密……我喜欢上一个人。"

我喜道："恭喜王姐，终于从开轩君的阴影中走出来。是谁？快说快说。"

王姐的玉手，快速指了一下正在弹琴的那个人。我愣了一下，干笑道："竟是这小琴师，王姐，这样的男子看看也就罢了，真去喜欢，怕有些委屈了王姐。"

这话真是酸得连自己的牙都快掉了。同时，多年不曾有过的酸涩，也在心中渐渐蔓延。记得当年，浮屠星海，初次看见青戊神女与师尊撑伞并肩而立，也曾有过这样的感觉。而且，那种难过，比现在更甚。那之后每次看见他们俩在一起，这样的感觉就会再把我折磨一次。或许是当时年少，不谙世事，连对师尊，都有别扭的占有欲。

真是有些遗憾。有生以来第一次喜欢上一个人，他竟也是王姐的意中人。王姐是溯昭帝，又身体虚弱，我自然是不能跟王姐抢的。所幸我与孔疏尚未开始，那也不需要做什么了结。翌日夜晚，我看见孔疏不安地站在楼下花前，便让人传话给王姐。没过多久，王姐便"袜划金钗溜"地赶来，在他面前瞬间变成四十岁的少女。显然，孔疏满腹疑团，他抬起头，正巧看见我。我看清了他抬头的样子：那是一张眉目清秀的脸，有着空谷幽兰般的美，却也是一张异常陌生的脸。一旦他抬起头，那种怦然心动的感觉，便彻底消失不见。但当他再度羞涩地低头，异样的感觉就又一次袭来。

终于，我发现了一个悲哀的事实。我喜欢的，是低头的孔疏，打扮神似故人的孔疏，气质高贵出群的孔疏。这一份赤裸裸的、毫无保留的喜欢，并不是因为这个面如冠玉的新人，而是因为那个寡情无义的故人。一直以来，我深藏这一份感情，不愿让任何人发现，包括自己，因为心中深知，我们绝无可能。因此，即便是在春愁拂晓，梅雨寂夜，也绝不流露出一点儿感伤，会将自己武装得堡垒一般坚强。或许我的潜意识认定，时间会冲淡一切，就如此随年岁忘却吧。却未料得，数年未见，此情浓如酒，只增未减。而此时察觉又有何用？他这样无所不能，若真有意，必然早已来看望过我。

很快，王姐和孔疏在一起的好消息，传遍了整个紫潮宫。想来不久之后，也将是一段佳话。我尽量回避与他们相见。不是因为他们的感情令我心泛酸醋，而是不想再在孔疏身上发现那个人的影子。

成人仪式后，哥哥送了我一份非常贵重的贺礼——一套仙界的经子史集。我命人把这些东西搬回寝殿里，爱不释手地一本接一本地翻看。仙君果然不一样，很多文献的名字我都闻所未闻。后来有一日，我闲来无事，随手翻阅一本《上神录》。这本书很有意思，记载了神界上位者的简传，包括已逝的上神。第一页是"天帝·昊天"，翻了几页，出现了"水神·共工"，再翻许多页，便有了"水神·胤泽"。师尊的记载如下：

胤泽神尊者，至高水神也。生于神界水域天，司乾坤水，有青龙身。初为神君，上古神魔之战，有大功于世，天帝赏识之。曾供女娲碧石，集五色而补天，杀黑龙以济冀州，与轩辕氏大败蚩尤于涿鹿。自共工怒触不周山，取其沧瀛神位而代之。鸿钧亲赐水神印记，伏羲加之以沧海神袍。至黄帝之时，年近五千岁矣。其手握神界一方兵权，秉性冷而刚躁，嗜酒，亲妖……

后面的没能读下去。我只留意到上面那一句"有青龙身"。

望着这一页文字，我的目光久久不能离开，手指也久久不能动弹。原来，对一个人用情至深，并非日思夜想，而是不敢想。在师尊身边的十余年，我压抑着，掩藏着，一直自欺欺人。怎知师尊，竟也有同样的凝愁。抑或说，他想得比我更远。因为，他问过我一个问题：

若他想娶你为妻，你会答应吗？

记得离开天市城之前，我连多看师尊几眼，都自觉罪孽深重，恨不得烧香拜佛，磕头认错。当时青龙大人所提之事，让我哭了足足一个时辰。其中有冒犯师尊的悔恨，也有自己不曾察觉的失落。在我心中，师尊就是连我别了满头桃花都会取笑我的大人、长辈。谁知道当他看见那样的我，也曾不甘于停留在那一处。

想起桃花，恰好能见窗外有数株桃树。只是桃树早已结子，枝叶繁茂，不复花影。烈日之下，蔷薇花开得正盛。几年未见，也不曾联络，我尚且能从哥哥那里听来他的消息，他怕是已忘了我。师尊性冷薄情，这是我早已知道的事。我们的那朵桃花，怕是也早已凋零在几年以前。

想到此处，又觉得迟来伤情，实在徒劳。既然早已错过，何苦空添遗恨。

怪就只怪，我们断在了那个点上。

第十三章

Chapter
Thirteen

烈焰饕餮

楚地云鹤赐还丹，
留得法华七千年。
世间别离情何物，
和风携芳东问天。
当折红樱换酒钱，
年年月月醉花边。
待到春来结子时，
与君重回玉门关。

——永陵灵人
《法华醉月与离人书》

　　如胶似漆，干柴烈火，形影不离，和如琴瑟，柔情蜜意……全天下最甜蜜的词，也不足以描述王姐和孔疏的甜蜜。每每看见他们戏水鸳鸯般在紫潮宫里你追我逐，每每听见孔疏清冽的呼喊、王姐娇俏的笑声，我都有一种错觉，便是王姐这是初次陷入情爱。王姐是一个性情中人，即便是在处理国事时，也很难不被伴侣影响，所以，最初我还有些担心孔疏会和开轩君一样，红颜乱政，祸国殃民，也已做好随时再次为国除害的准备。后来发现，他是一个三从四德的好男儿，规规矩矩地和王姐你侬我侬，从不过问政事。想到此处，我便放心许多。看见王姐如此幸福，我也觉得很是欣慰，在她忙着处理人生大事时，我也忙着帮她处理政务。

一日午后，哥哥又来探望我，正巧碰见我在王姐寝殿批改文书，便道："薇薇，最近你日夜操劳，快把自己累坏了。要不跟我回天市城一趟，我带你去放松放松。"

"不去。我忙。"我毅然道。

"现在胆子可真大，哥哥的话，你也敢不听？"

其实，听见天市城，不免感到怀念。仙界有瑶台琼室，异兽奇花，群仙腾升，都是在溯昭绝对看不到的。天市城也有如水蓝天，法华樱原，白帝山谷，浮屠星海……提到浮屠星海，心头不由得一紧。我捏紧笔杆，漫不经心道："师尊可在天市城？"原来，我的内心深处，并不愿面对那个人。

哥哥道："这几日都不在，他好像回了神界。"

不知为何，心中松了一口气，却也有浅浅的遗憾。我道："那我跟你过去看看。"

"原来你是怕师尊。不必担忧，我们不去沧瀛门便是。"

哥哥施法将剑抽出，宝剑在空中利落地旋转了几圈，便钻到他的脚下，任他驾驭。他朝我伸出手，示意我上去。我犹豫了一下，笑着把笔扔到一边，就飞到了他的身后，抓住他的腰带。然后，他再度施法，嗖地一下，御剑载我飞至高空。狂风伴雾，疾驰而来，将我俩的长发吹成一团蓬草。青玉耳环打得我脸颊发疼，飞行速度快到令我吃惊。转眼间，大漠荒山化作细小的石堆，溯昭化作一片薄薄的石片。又过了一段时间，这一切都已消失不见，我俩进入了仙界的边境。我们周围，有白鸟成群，仙鹤成队，不时经过的鸾凤傲然而行，一眨眼便消失在天边。我道："哥，你的御剑术真是非同寻常。想想小时候，溯昭的王室子弟还喜欢欺负你，笑你不会道术。若现在能回到小时候，可真是狠狠地打了他们的脸。"

哥哥道："我没兴趣去打他们的脸。"

"为何？"

"那时候，我眼里便只容得下一个人，别人怎么看，怎么想，我都不在意。"

他回答得这样轻易，我却尴尬得不能言语。这么多年来，他对我的真心，我并不是看不见。我也是真心喜欢这个兄长，但是，却永远给不了他想要的回报。他好像发现了我的异样，加快了御剑飞行之速，载着我冲向了更高远的苍穹。我吓了一跳，赶紧伸开两只手臂，抱住他的腰。他道："若不这样做，你恐怕都要与我生疏。"

我看不到他的表情，也猜不透他在想些什么，只听见他继续说道："薇薇，你不必感到担忧。不论发生什么，我都会陪着你。哪怕你要继承溯昭王位，要嫁人，都不会影响我一分一毫。"

"真、真的？你会一直在我身边吗？"

"当然。"

"你不可以像父王那样赖账，说要永远陪在我们身边，却不守承诺。"

"哥哥可是仙，你还担心我的寿命问题？"

"那……如果我……"

"就算嫁人，也没关系。"哥哥果然是最了解我的人，一下就猜到我要说什么，"只是不论你喜欢什么人，都得带给哥哥过目。只要待你好，够疼你，为兄必定会比你还开心，会衷心祝福。"

那个以往逗得我暗自发笑的"为兄"，令我心里一阵难过。我抱紧他，把脸埋在他的背心："哥……谢谢你……"

"我这妹妹也到待嫁年纪了，时间过得真快。"

哥哥轻叹一声，似乎还想说什么，却没再说下去。我本想说"这不还没相好的嘛"来安慰他，但还是没能开口。想想先前陷入恋情之快，若不是王姐出现，恐怕我与孔疏的事也八九不离十了。谁也不敢保证，遇到下一个人是在何时。

后来，我们二人进入青龙之天，途经法华樱原上空。此处的樱花四季常开，百年不落，哪怕是在冬季，也有樱雪混舞的美景。我连忙拍拍哥哥的肩，示意他在此处停下。然后，我们在一棵樱树下坐着小憩。但刚坐下没多久，我便感到后悔。多年前，哥哥便是在此处吻了我，怎会连这种事都忘了。想到这些，我更是浑身不自在，站起来，清了清嗓子道："我去人多的地方转转，很快回来。"

"嗯，好。"只见哥哥低垂着长睫毛，似乎也显得不安。

我在樱原中小跑了一段路，也发生了不少让我困扰之事。那便是有越来越多的"尸体"盯着我看，其中许多还丧心病狂地想让我把他们带走，做了各式各样奇怪的小动作，甚至还有人用法术把我的头发吊在花枝上。总算摆脱了这些人，躲到近云烟处，却见几个仙女溜出来，一副窃喜的样子。其中一个激动道："你们看到了吗？星海岩上的那个男子，好像真是神尊……"

"是啊是啊，放走那么大一条龙，我这辈子都没见过那么大的龙呢。"

她们一边说，一边朝着星海岩看去。那里的樱花格外繁茂，挡住那个独立之人大半身影。星海岩是法华樱原的外延，正对浮屠星海的一个角落，因而有了这个名字。此刻，正是午时，暖风十里，九天云烟。星斗并不像晚上那般闪亮，但银汉之光，即便是在朝阳之中，也自成一番绮丽。云雾中有箫鼓声来，有画船归去，看见那里站着的几个身影，我不由得心跳加速，扶着花枝悄悄走过去。而后，一个男子敬畏又略带玩味的声音响起："前年有个灵人醉死在法华樱原，曾写过一句诗：'当折红樱换酒钱，年年月月醉花边。'此后住在其他城的仙，也慕名到法华樱原。这等闲散之事我不敢苟同，景却是好景。"

这男子和另外一行人站在后方，众星拱月地簇拥着前方的青年。前方的青年则坐在椅上，面朝星海，低眉垂眼，手里拿着一束桃花。他像是爱花之人，迎花而立，有人撑伞为他挡住飘零的花瓣。那把伞是墨绿色，粉花坠落，便是残雪坠深湖，荡漾着无声的哀伤。

看见那身熟悉的深蓝长袍，我几乎当场落下泪来。拨开枝叶，生怕是自己看错了，我连眼睛也不敢眨，屏住呼吸，只敢远望。只见他拿着花枝的手垂在身体一侧，一枚青玉戒修饰得他的手指雪白修长。十年不见，我还是能立刻认出他来。此刻，心是如此敏锐，连花开之声，亦能听见。

挣扎了许久，还是决定不去见他。因为我知道，只是见这背影一次，即便再孤独十年，我也无法将他从心中剔去。更不要说听见他说话，看见他的眼睛。只是，正打算松手便离去，他已开口道："十年毫无音讯，回到天市城，也不打声招呼便走，可真是我的好徒儿。"

我心中一凛，赶紧走上去，跪在他身后："徒儿万万不敢。见过师尊。"

师尊道："溯昭情况如何？"

"回师尊，溯昭已渡过难关，目前国泰民安，风调雨顺，但仍有诸多要事亟待治理。"

"那你今日回来，是为何故？"

"只是随哥哥前来游玩……"我想了想，小声道，"原以为您不在，所以方才也未做好向您请安的准备，请师尊责罚。"

师尊哼了一声，道："是专门挑我不在时，才特意赶来的吧。"

我赶紧磕了个头："徒儿不敢。"

"算了，起来。"

我不敢违逆，立即站起身。接着，我俩之间出现了窘迫的一幕。凌阴神君在他身后，似乎一直有话想说，见此间隙，定定地望着我说道："洛薇啊洛薇，你现在怎么能长成这样？"

"啊？"我满腹狐疑地抬起头，"长成怎样？"

师尊对撑伞人挥挥手，不经意回头看了我一眼，却目光平淡，像是昨天才见到我一般。这下，我也刚好对上他的目光。他背光而站，撑伞人撤去伞后，樱花花瓣一般的大雪，同时落满我们的肩头。无论如何也不会想到，如此普通的一次会面，如此普通的对望，便已令我肝肠寸断。他看上去如此年轻美丽，若是初识此人，我会把他当作一个令自己怦然心动的如意郎君。但假使多看他一眼，读出他双目中的高高在上，便会很快被拉回现实——他是我拼尽全力，粉身碎骨，也永远无法触碰的人。

凌阴神君叹道："真是个大美人，你不知道对着镜子看看吗？这天市城还有几个仙女比你好看？你若是不认识你师尊，今日初次见他，必定会被他收了。"

"胡说什么！"

师尊一声训斥，凌阴神君立刻闭了嘴，委屈道："我说的是实话，神尊难道不是如此认为？"

师尊自然没有回答。一道清风扬起我的青白发，拂在脸颊，我伸手将它拨开，却因害怕他的眼神，又快速把双手藏在宽袖中。分明已告诉过自己，他与我不是一个世界的人，不要试图争取，但他望着我的目光，却给了我一种过于一厢情愿的错觉。就好像是，这十年来，他的思念也不曾断过。

"你们先下去。"待人都走光，他才又一次望向我，"十年不见，为何瘦成这样？"

此刻，他说话的语调与方才并无不同，但这种疏远中不经意透露的关心，着实比直接拒之门外，还要令人生憾。长空似有凤鸣来，嘹亮中掺杂着凄绝，震碎树枝，摇曳落花。师尊的衣服在风中翻舞，蓝黑交叠，化作海浪。然落花沾衣，空惹啼痕，却始终无人怜惜。此时心境，悲喜难言，只叹实在是太晚才察觉到对他的这份情，以至于所有情思都已堆积在一处，无处倾说。我道："徒儿没瘦，倒是师尊瘦了不少。"

他讥笑道："你还能记得十年前的我是胖是瘦？这等恭维之言还是免了罢。"

"那师尊又如何记得徒儿十年前的模样？"

他眼睛微微睁大，蓦然道："还是油嘴滑舌，一点儿没变。"

"让师尊见笑。"

其实，十个春秋流走，我们之间已改变了许多。若是换作从前，我一定会跟在他后面，师尊长师尊短，对他死缠烂打，对他一个劲灌米汤，说一些诸如要永生陪在他身边的傻话。但到现在，即便打死我，我也不会再开口说一个字。因此，真正不曾改变的，只有这千里樱原，万丈星海。

我们又聊了一会儿，哥哥找了过来。他在师尊面前止步，行了个礼，便轻轻喘息道："薇薇，我还以为你走丢了，原来是师尊回来了。"

"我也是凑巧碰到了师尊。"像是遇到了救星，我拉了拉他的袖子道，"师尊应该还有事，我们先走吧。"

"师尊还有事吩咐吗？"

师尊看了看我拉着哥哥的手，又转移视线："没有。你们去吧。"说完，便单负右手，转过身去。

然后，哥哥再次载我，御剑而行。我回头看了一眼下方的师尊，他还是一如既往地寡情，始终没有再抬头看我们一眼。看样子，方才他眼中透露出的深情，不过是我自己的愚思。我紧攥着哥哥的衣服，觉得自己就快要憋出内伤。即便如此，我还是很喜欢师尊，哪怕他对我毫无情义，也还是一心想要陪伴着他。但是，也不能在他身边多停留一刻。害怕自己会失控告白，甚至投怀送抱，如此，以后我连再见他的机会也将永远失去。

虽然我也不知道，下次相见，又将是何年何月……

飞了一会儿，我们途经八卦峰，我道："哥，我们晚点儿回去可以吗？我想自己下去看看。"

"可以，不过你不可以耽搁太久。一个时辰后，我来这里接你。"

"好。"

离开了哥哥，我纵水飞行，独自在八卦峰上空转悠。那里有一些仙人在练习仙术、剑法，唤醒了许多陈旧的回忆。长久缅怀过往，我瞬间有了一种回到师尊身边的冲动。其实很早之前，我就跟师尊说过会回来，但真正离开后，却越来越不愿意面对他。终于，我知道了自己多年来逃避的是什么。不过是生怕朝夕相处，情至深处，却听见他与神女成亲的消息。一想到他们像王姐和孔疏一般你侬我侬，甚至生出一堆孩子，我就快要被自己的嫉妒逼疯。更可怕的是，他们的孩子可能都还没长大，我就已经入土为安了。到时，师尊还会记得我吗？怕是只消千年不到，他连我的名字都会感到陌生了吧。不行，不能这么傻，我可是大溯昭的小王姬，流萤帝的亲妹妹。作为溯昭氏心中的美人王姬，在溯昭我可以为所欲为，横行霸道，想揍谁揍谁，想娶谁娶谁，弄上百个美男伺候自己，都没人敢说一个"不"字，为何要回来当一个卑微的"小水灵"？

确认这一想法，我感到轻松很多，唱着小曲在路边止步，准备坐等夕阳西下。但是，刚坐下来没多久，就闻到一股硝烟味。我皱眉吸了吸鼻子，感觉不对，缓缓站起身来，四下观察，但除了芳草仙花、高山岩峰，什么也看不到。我疑惑地转过身去，却看见远处有一团红色靠近，好像烧红的云朵，被狂风席卷而来。我眯着眼睛一看，发现那竟真是一团火！而它靠得越近，那股呛鼻的硝烟味就越重！与旁边的山崖一比，它的块头大得有些可怕，这是什么东西？为何我会有种不吉利的预感？潜意识告诉我往后退，想要纵水飞起。一团火焰从那团红色处飞来，只听见哧的一声，它将靠近我的泉水都烧成了蒸汽！我拔腿就跑，但转身才跑了两步，那股硝烟味就已从天而降，连带着一团山大的火焰，轰然落在我的面前！

终于，我看清了它的模样：这是一只在烈火中咆哮的猛兽！它长着牛角虎爪，张开大口，便朝我喷来熊熊火焰！这速度实在太快，我连施法的机会都没有，就在地上狼狈地打了个滚，撞在了岩石上！

看它那四处喷火的模样，绝对不可能是普通的猛兽。是了，我在八卦峰！这一定是师尊先前养的那只烈焰饕餮！当初我们下凡找苏莲，就是为了喂它。可是，它不是在深坑里吗？为何会擅自跑出来？饕餮原本就和穷奇一样，是上古凶兽之一，生性食人，这还是个带火的家伙，被胤泽神尊亲自饲养，肯定与普通饕餮有云泥之别。师尊他到底在想些什么，他不是沧瀛神吗，为何会想养这个玩意儿？若是玄月在就好了，为何我就独独把它扔在溯昭了呢！

正为自己的大意悔恨不已，却听烈焰饕餮咆哮几声，再度朝我喷出火焰。我往旁边一滚，它把一整座山都烧出了一个大窟窿。再一团火焰喷来时，我已退到山崖边缘，无处可逃，只能硬着头皮，推出碧清水盾，想要化解掉一部分攻击。然而，连缓冲也无，那团火直接穿破我的仙术，在我身上爆炸开！烈焰声响太剧烈，将我的惨叫声完全覆盖。我浑身上下都被点燃，极痛欲死，脚下踩空，往山崖下坠落！这样也好，若能在半空中寻得水，起码还可以寻得一条生路……正这么想着，那烈焰饕餮却飞到半空，张嘴叼住我，把我衔回山峰。它连牙齿都是火做的，烧得我剧痛无比。而且，不论我如何挣扎，它都用爪子压住我的身体，一次又一次地对着我喷火。

很好，这饕餮口味还有点儿刁，不爱吃生肉，非要把我烤熟了才肯动口。而作为食物，我就遭殃了，不论施什么法，对它都无异于真正意义上的杯水车薪。挥舞着施法的手，也越来越焦，后来已抬不起来，断在地上。到最后，我连心跳也感觉不到了，大概也就脑子还没被烧熟，还有一线思绪在告诉自己，我就要死了……失去意识的前一刻，我只看见一道蓝光，从空中掠过……

"洛薇！洛薇！"模糊的意识中，声音从天边传来。我无法应答。

"凌阴，快！快点儿给她疗伤！"好像是师尊的声音，我从未听他如此着急过……

"都煳成这样了……若不是水灵，而是土灵什么的，还真没法儿治……喂，你们，快点儿扶好她的手……神尊，劳烦抓紧她……"是凌阴神君的声音，断断续续的……

又过了不知多久，其他人的声音响起："奇怪，身体都已经恢复原样……为何还醒不过来……"

"神尊，这下糟了，她受伤太重，元灵也已被烧坏，若是这样下去，恐怕半个时辰内就会……"还是其他人的声音。

"住嘴！"师尊愤怒道。

"神尊，这情况真的很不好。当然，也不是没办法治疗，但是……这……现在也只有这一个办法了……你们先退下。"是凌阴神君。

过了一阵，凌阴神君道："神尊，别管她愿不愿意，她若醒来，应该庆幸才是。这六界之中，能救她的人，掰掰手指都能数出来……所幸她是水灵，和你是一脉相承。你若不是水神，纵使有再强的神力，也无力回天……"

师尊并未回话。凌阴神君又道："还犹豫什么呢？这时候是命重要，还是贞操重要？"

终于，师尊声若寒雨浮烟："对薇儿而言，可能这比让她死掉还难受。"

"是吗？我看她是求之不得才对。你没看见之前在法华樱原，她看你时那双水汪汪的眼睛。我对天发誓，她若不喜欢你，我把脑袋砍一百次放在你面前。"

"那你就砍脑袋吧。"师尊寒声道，"她走之前，说会回到我身边，结果一消失便是十年。别说对我有意，即便有师徒之情，也不会做这等无义之事。"

"真新鲜，你一直不让别人提她，就是这原因？你不会是喜欢她吧？"

"不喜欢。"

"不喜欢就别说这么多啊。好吧，就算她不想活，你可想她死掉？"

"算了，你出去吧。"过了一会儿，师尊命令道，"把门关好，不许任何人进来。"

…………

我以为自己会死掉，却怎么也想不到，还会有睁开双眼的一天。只是待我再度醒过来时，身体上的疼痛丝毫不见好转，仿佛从地狱刚被捞起来一般。

然而，最令我感到害怕的，还是醒来之前的梦境。十年前，我也曾经做过类似的梦，那个梦朦朦胧胧，我当时就知道实属大逆不道。这一回的梦比那一回可怕得多。梦里我命在旦夕，师尊将我抱回来，和凌阴神君凝重讨论多时，后来独自留在房内，卸下银钩，垂下帘子，解开我身上的衣物。此后，毫无征兆地，一阵被撕裂的刺痛传遍四肢百骸，夹杂着身上的重创之痛，我实在是控制不住，悲鸣求救。那双眼眸深邃如夜，久久凝视着我，似在观察我的反应，待我稍缓和一些，他便压抑着喘息声，之后……之后的事我甚至不敢回想，只知道体内的伤痛渐渐消失，取而代之的，是灌入体内的一股又一股的清流。元灵也逐步恢复，但由于太疲惫，我很快便沉睡过去。

诚然，相比烈焰饕餮留下的伤口，师尊带给我的痛苦不足挂齿。但是，心中却无端知道，此事亲昵近狎，不应发生在师徒之间。还好只是个梦，若那是真的，也未免太可怕。想到此处，我就不由得松了一口气，伸出虚弱的手臂，用手背擦了擦额上的汗。但拽动手臂时，我不经意地动了一下腿。紧接着，一种类似被拆开后又拼接起来的酸痛袭来，我倒抽一口冷气，鼓起好大勇气，才徐徐掀开被褥。被褥下未着寸缕是真，那腰部到腿间异样的不适也是真。再侧头轻嗅一下枕头，这熟悉又陌生的气息也是真。

　　头皮到手指尖都已麻木，双手也不由自主地握成拳——这一切，都不是梦。再想此事，我比任何时候都要清醒。虽然从未经历过，但我也明白我与师尊之间发生了什么。想到此处，我觉得整个人都接近崩溃，穿上衣裳，跳下玉床，想冲出门去问个清楚，但双腿失力，似乎被抽掉筋骨一般，跌跪在地。这一下摔得又重又快，我忍不住伸手往前抓了一把，却不慎拽落狐裘刺绣桌布，连带茶具花瓶也一起摔碎在地。我撑着身子，想站起来，发现自己所在之处，是沧瀛府我过去的房间。房内所有摆设，居然都与十年前一模一样。此刻，门被推开。凌阴神君带着两名侍女走进来，命她们将我挽回床上。

　　凌阴神君关切道："洛薇，你的元灵尚未完全康复，切勿轻举妄动。"

　　我道："师尊呢？他去了何处？"

　　凌阴神君有些为难："他料想你此刻未必愿意见他，故而在外等候。"

　　"请他进来吧。"

　　凌阴神君犹豫了一会儿，便走出门去。不过一会儿，两个侍女也被叫了出去，师尊走了进来，坐在床头道："薇儿，可感觉好些？"他的声音是一抹青烟，平静无波，好像什么都未发生过一般。

　　分明要求见人的是我，逃避不肯见人的人是他，但当他真的坦坦荡荡坐在面前，我反倒不敢直视他的目光，只是攥紧被褥，深深垂下头去："多谢师尊救命之恩。"

　　"你不会怪我吗？"

　　"不会，您和凌阴神君的对话，我听到了一部分，师尊是为了救徒儿，才迫不得已出此下策。"

　　"你明白就好。"

　　一个险些到鬼门关报到的人，被这样侥幸地救了回来，原本已不应该再计较什么。更何况师尊在行那事时，也控制得很好，将该做的事做完后，并没有多碰我一下。他是真心想要救活我。这种时刻，若是再感到委屈，也难免显得有些矫情。只是，即便控制得住眼泪，也控制不住心酸。

我道："徒儿明白。"

师尊握住我的手腕，指尖在上面轻轻一点，只见一片红光闪过，一直流窜到我的肩部。师尊道："你元灵中的火伤并未完全散去，若是置之不理，一个月内还会再度发作。恐怕，还得与我同房一段时间。"

"什么？"我不可置信地道。

"除了我，还有其他几个司水的神君可以救你，你也可以选他们。"

"不，不要。"我拼命摇头，"师、师尊就好。"

"放心，此事只有我与凌阴知道，我自有分寸。我会命令他不许漏出半个字。以后你若嫁人，也不必为谣言担忧。"

我的头垂得更低了，心里的疼痛瞬间蔓延到背上，腿上。

"或者，我也可以负责。"

听闻此言，我先是一愣，接着连想死的心都有。我意识模糊之时，凌阴神君问他，他是否喜欢我，他很明确地说"不喜欢"，显然已经对我无意，此时此刻，却要因为这种事，给自己背上这么一个责任，真是够倒霉的。我不敢抬头看他，还是摇了摇头："师尊是在救徒儿，徒儿不敢有非分之想。"

漫长的寂寥过后，他轻笑一声："若换了别的女子，恐怕都会点头答应了吧。我这小水灵徒儿，果然还是一如既往地奔放。"

羞辱我有意义吗？现在不论是受伤的还是难过的，都是我，和他有何关系？若是可以，我也想嫁给心仪之人，但落花有意，流水无情，又何苦逼自己跌份儿。可是，鬼使神差地，我很想知道他是如何想的。哪怕有九成可能会心灰意冷，我也提起一口气，道："师尊为何想要负责？"不论如何，都无法开口问出那句"师尊可还有一点点喜欢我"。

师尊道："男子为女子的初夜负责，天经地义。"

听见这个答案，若说不心冷，那绝对是谎话。但我最终还是逞强笑道："不必，真心喜欢我的人，并不会在意此事。何况，我觉得师尊和青戊神女是天生一对，我不想拆散你们的姻缘。"

"既然如此，我便不操心。好好养身体，明天晚上，记得来我寝殿。"他拍拍我的肩，站起来，"若是觉得不适，后天来也可以。"

几乎是在他出门的同一瞬间，我脸上的笑立刻垮了下来。我把头埋进枕头，亦不敢出声，但不出一会儿，枕头已湿透。不久后青龙之天下了一场暴雨，平地成江，仙山聚海，天海间满是愁思，连驿站的离人也比往昔更为伤情。听闻我醒来，哥哥很快便来房里看我。他收了伞，端着肉汤走来："薇薇，真没想到，你这么快就醒了。现在感觉如何？"

我心虚道："只是有些累。"

他在床边坐下，用勺子搅了搅汤："那得好好休息，这段时间先别下床。师尊还是很厉害的，居然把你从那种状态救回来了。"

看来一切真如师尊所说，其他人对这之间发生的事一无所知，就连哥哥也没有多疑。他舀了一勺汤，送到我的嘴边。我垂头喝了一口，还吃了两口肉，觉得味道还不错，就是尝起来有些古怪。有一丝甘甜，像是鸭肉，又像牛肉，还有点儿像野味。我抿了抿嘴道："这是什么肉，为何我吃不出来是什么？"

"这是饕餮肉。"

我差一点儿一口汤喷在他脸上："饕、饕餮？就是那只烈焰饕餮？"

"对。"哥哥舀起一勺汤，自己也喝了一口，"这味道还行，就是糖少了点儿。"

原本身体就很不适，现在更是觉得五脏六腑都快吐出来了。即便他告诉我，炖的是玄月肉，也不会感觉更糟糕到哪里去。我扶着床沿道："等等，你们居然把那只饕餮炖了？师尊知道吗？那可是他的心肝宝贝啊！"

哥哥道："这就是师尊的意思。他说这饕餮不听话，不如直接炖来吃。四凶听上去残暴，浑身上下却都是大补药。肉可补血，筋可补骨，服其脑有长寿之功效，骨头已经被拿去磨粉炼丹。连角和蹄子拿到市面上卖，都能卖出天价。"

我一个劲摇头："算了，我不吃，你喜欢吃你吃。"

"不行，得吃。"

"不吃。"

"薇薇，你又不听哥哥话？"

"不吃，好恶心。"

我们在吃不吃这问题上，耗了半个多时辰，后来哥哥实在耗不过我，只能加了糖自己喝掉。他又陪了我一阵子，便打算离开让我安静休息。我却拽着他的衣角，让他多陪我一会儿。我很少这样黏人，哥哥似乎很是乐意，又留下来陪我聊了很久。晚饭时分，他帮我端来了饭菜，自己也坐在一旁用餐，陪到我睡着。尽管如此，我却还是不能睡一场好觉。半夜大雨再次来袭，我被雷声惊醒。沧瀛府中，狂风乱飐，雨打窗花，有生以来，我还是第一次这样害怕独自睡在床上。一想到之后还要与师尊做那种事，便更加无法入眠。其实我知道，并不是不愿意，只是，怕自己会承受不来。

所以，第二天我并没去找师尊，拽着哥哥又陪了自己整日，心想能拖就拖。黄昏时分，原想再与哥哥在房内用膳，凌阴神君却敲门进来，说有话要和我单独谈谈，把哥哥请了出去。哥哥刚一出去，凌阴神君便关上门道："洛薇，你如此做，就太不地道。你觉得自己对得起师尊吗？"

这问题真是问得我一头雾水。我迷惑地望着他。凌阴神君道："你才和你师尊同床共枕，现在不见他，却拉着其他男子在你房里陪你，这，实在有点儿说不过去吧？这些事，神尊可都知道哦。"

我自觉脸已羞红，但还是笑着挥挥手："哥哥不是其他男子，师尊也只是在为我疗伤，并无他意，神君真是想太多。"

凌阴神君叹道："恐怕也就只有你认为并无他意吧。罢了罢了，你爱怎么做就怎么做。只是，既然已是神尊的女人，就别再把自己当徒弟，少和别的男人有太多瓜葛。神尊一向不喜欢太闹腾的姑娘，听话一点儿，你能在他身边待的时间也会长一点儿。"

连给我反驳的机会也不给，他已从房内离开。听过这一席话，我更觉得心情低落到了谷底。从前，我经常帮师尊料理他那些杂七杂八的花花草草，虽然会去安慰她们，发自内心地同情她们，但从来不会向往变成她们。相比短暂的露水姻缘，我更希望能一生当他的乖徒儿。而如今，我连选择的机会也没有，就被划到她们的圈子里去了吗？

又是一夜无眠灯明灭，我终于拖不过第三天。

第十四章

Chapter
Fourteen

夜月花朝

星霜屡变春秋驰，
三皇炎黄成追忆。
玳瑁玉匣柏梁台，
不及奉君半时厄。

——《合卺欢》

明月澄练，碎玉寒雾，绛紫石阶凌空成列，延伸至月下，勾勒出师尊华殿的孤高轮廓。提着莲花灯笼过石桥，我踏上阶梯，云连纱裙，足踏紫雾，轻手轻脚地在门前停下，叩了叩门。不一会儿，门便被打开。以往师尊都会在里面叫我进去，这次他竟自己来开门。我握紧灯笼银杆，紧张得声音都在发抖："见过师尊。"

此时已晚，他却依旧穿戴整齐。月华照得他面如玉雕，落满他的水纹印记、靛青华袍。他做了一个示意我进去的动作，也不多言，便回到桌边，把一本倒扣的书合上，装回书柜。他对寝殿装饰一向挑剔，时不时就会置换饰物。像窗边那一盆天流竹，应该就是近些日子才买的。床榻在房间尽头，双钩挂帘，极其宽大，中间的案上，还摆着一些酒具。见他施法将床上的东西挪去，我的手心已被汗打湿，连灯笼都握不住。

师尊道："过来吧。"

我用自己都快听不到的声音，道了一声"嗯"，然后灭了灯笼，小步走过去。师尊转过身来，伸手拨开我肩上的头发，垂头在我的脸侧轻轻吻了一下。我被电打了一般，缩了缩脖子，连忙道："对不起，我、我不知道该怎么办……"

"没事，放松。"他解开我肩上的披挂，"有我在，不必想太多。"

感到肩膀暴露在空气中，又想起凌阴神君说的话，我眼眶一热，道："师尊，今夜过后，我还会是您的徒儿吗？"

他愣了愣："什么意思？"

"凌阴神君说，和您同床共枕后，我便要把自己当作您的女人，不能再当自己是您的徒儿。可是，这不是疗伤吗？这并不代表我就有冒犯您的意思啊。"

他不语，良久方道："薇儿，我视你如亲人。你若希望一直维持师徒关系，那不管发生什么，我们这层关系都是改变不了的。"

并不是不愿改变。而是相较几个月的短暂甜蜜，我更想要一生的师徒之情。若是时间能回到十年前，师尊还喜欢我时，那该多好……我道："谢谢师尊。师尊的恩情，徒儿此生都无以为报。来生即便做牛做马，也要报答您。"

"不必。"他重新捡起我的披挂，为我搭在肩上。见我不解，他冷淡地道："这事不一定要脱掉衣服。穿着衣服吧，你也会觉得好受一些。"

对一向寡言峭冷的师尊而言，这已是极其温柔之举。从开始到结束，他比第一次还要克制，甚至连我的脸颊都未碰一下，只是把我压在床上，快而有力地完成此事。尽管接触的身体只有那一部分，但是，背脊到大脑的麻痹，依旧完全无法避免。云雨结束，他为我整理好几乎未乱的衣物，我闭着眼睛想要恢复常态，心跳却久久紊乱，剧烈的麻痹也只增不减，只能伏在床头，痛苦地压抑自己的呼吸。而心中的痛苦，全然不亚于烈火饕餮的折磨。初尝情事，又有谁知，会是这一番酸涩滋味。

倒是师尊，看上去平静得多。自始至终，他都维持着彬彬有礼、君子风度的姿态。完事之后，他便一直坐在桌旁看书。休息完毕后，我下了床，重新点好灯笼，朝他行了个礼："谢谢师尊。徒儿先退下了，师尊早些休息。"

"去吧。"他连头也没抬，"四日后再来。"

后面的四天，天天度日如年。虽然元灵确实在逐步康复，但是，心病却再也好不起来。不管在做什么，看见什么，听见什么，师尊的身影总是在我脑海中挥之不去。想见他的心情，已战胜所有欲望，但又比任何时刻，都害怕见到他。偶尔不经意撞见他一次，那一整天都会魂不守舍。由于时间太难熬，我每天都找哥哥陪我出门逛街，在附近游玩。但好不容易等来第四天，却又不敢面对师尊。

原本想这已是第三次，应该多少有些适应。没想到这一次见他，竟比前两次还要紧张。这一回他没再令我躺下，只是坐在床边，将我抱在他的身上。月光落入仙阁，如此面对面坐着，他的容颜被照耀得格外清晰，疼痛也分外难耐。我抓着他的肩，嘴唇都快咬破。不知是否我的错觉，总觉得师尊最近态度越来越冷淡，终于我有些受不住了："师、师尊……可否慢些？"

"下午你去了哪里？"

"和哥哥去买……买了两个盆景……"

后来，他再也没说一个字。这一日欢爱时间还是不长，把该进行的治疗完成后，他就干脆利落地结束，叫我七日后再找他。但与上次不同的是，这一回从他那回来，我痛得镇日走不出房门。

是蛇一身冷，是狐一身腥。是本小王姬，一身伤疤好了便忘疼。明明才受过一次罪，应该对师尊感到诚惶诚恐，但之后的七天于我而言，竟比那四天还要难熬上百倍。因此，当我再次进入师尊房间，差一点儿忘了克己复礼，直接跳到他身上。时隔七日，师尊对我似乎也已消气，不再给我脸色看，相反，竟有几分剪烛西窗的调调。经过我仔细推断，确定这是月光太温柔，因而也把师尊照得过于温柔。他说话还是和以前一样，不恶而严，不凉不酸。替我解开衣带时，他留意到了我的目光，抬起眼皮看我一眼。我俩对望了片刻，不知为何，心中情动，我谨慎道："师尊……"

　　我听见他长长呼出气息，原是在床上与我面对面，最后却将我的身体翻转过去。又是从未尝试过的方式，且比前几次都要激烈得多。没过多久，我就熬不过，道："师尊，师尊，我膝盖疼，停一下。"

　　难得他会听我说话，真的停了下来。然后，我自行转回来，卧在床，盖着眼睛道："好、好了。"

　　如此，便可与他面对面。两人衣服交叠，长发交缠，蚕丝裹住黑缎一般。明明已不是第一次，却比先前更为心动，似如奔马。他凝视着我的眼睛，看上去并无不同，却又与先前大大不同。他的嘴唇饱满动人，比法华樱原的花芽还要美丽。只看了霎时，我就更加心猿意马。然到底摸门不着，只觉春宵苦短，闲愁万种。事后，他穿戴整齐，本想拨开我脸颊上的发，却硬生生地收回了动作。不知为何，我却感到十分羞耻，欲哭无泪。我不敢再多看他一眼，下床就逃出门外。

　　这一逃，便是十天过去。疗伤之前，师尊点了点我的手腕，发现红光只剩最后一点儿："元灵已恢复得差不多。今夜过后，你若觉得身上发热，那便是旧疾复发，记得再来一次。如果一切正常，就说明已经痊愈。"

　　此次，他还是抱着我坐在床头。我紧紧抿着唇，只有呼吸深重，与他同步。也不知是该高兴，还是难过。这几次的亲密之举，让我对师尊的迷恋越来越多，甚至到了一种忘我的状态。一想到这很可能是最后一次，心情别提有多复杂。他原本很是冷静，却像察觉到什么似的，眯着眼道："薇儿。"

　　"啊？"无端感到心虚，我晃晃脑袋，想恢复清醒。

　　"是这里么？"

　　经此试探，一松开紧闭的口，就发出了奇怪的声音。我连死掉的心都有了，别开头回避他的目光："不、不知道您在说什么……"

　　但他并不好敷衍，认准之后便不再回头，且无中断之意。奇怪，以往这么久过后，应该已经结束，但此夜是怎么回事，好像是师尊不大愿意结束……自觉状况越来越奇怪，我感到骨软筋麻，推了他两下，却没能推开，反而被他像捏小鸡一样，轻松制住我的手腕，不能动弹。之后，脑袋被击麻，眼前一道白光闪过。同一时间，那股清流再度进入身体，治愈元灵，可我却一点儿也不轻松。在那短暂的瞬间，似被掐断呼吸，整个人陷入了失控的状态……在这片混乱中，再次看见了师尊的唇，我做了一件罪大恶极的事。

我搂住他的脖子，贪婪地吸吮那两片唇。怎知，他连思考的时间也未有，便抱紧我，热情地吻了回来。这一刻终于无法忍受，叫了出来。但尖叫声被他堵在嘴里，变成断断续续的闷哼。待那阵巅峰过后，师尊却还是捧着我的头，深情地吻着我。我却被吓成了木鸡，接着猛地推开他，从他身上摔下来："我、我、我……我对不起师尊，我刚才昏头了！都是我的错！对不起！对不起！"而后整理衣服，一边鞠躬道歉，一边屁滚尿流地跑出去……

回去以后，我简直快被自己气死过去。这世上所有能描述懊恼的词，都不足以形容我的懊恼。师尊吻我，是因为什么呢？是因风月之事一时情动，还是真的对我有情？我为何不多留一会儿，看看他的反应？因为害羞便逃跑，简直就是一根四方棒槌。为何要道歉！为何要说自己昏头！为何要跑！一时失足千古恨，我一头扎在床上，什么也不愿再想……

最恼人的事，莫过于之后时常看见师尊。曾经那样亲密，即便只是肉体上的，却再度回到普通的师徒关系，这天底下再无别的事能比这更煎熬。师尊还是白水煮豆腐，鲜有喜怒。而我的身体已经康复，又未向师尊提过想要留下，按理说应该返回溯昭才是。不想离开师尊，又不想让他认为我因那事留下，矛盾了几天，虽然他没赶我走，但我也没脸继续待下去。

刚打定主意要走的那天晚上，我又一次失眠。最后一次在师尊房里发生的事，一次次在脑中重现；与他接吻的触感，令人浑身酥麻。身体渐渐发热起来，多想师尊一刻，温度就会多上升一些。猛地想起他说过的话："今夜过后，你若觉得身上发热，那便是旧疾复发，记得再来一次。"我用手背贴了贴脸颊，只觉脸颊滚烫。糟糕，难道元灵尚未痊愈？还好没有立刻离开天市城。我赶紧跳下床，跑到师尊寝殿找他。

经他许可，我推开门进去。他抬头看见我，愣了一下："薇儿？这么晚来做什么？"

"师尊，我好像旧疾复发了。"我擦掉头上的汗，"躺上床以后，一直感到身体燥热……"

"过来。"

我乖乖走过去。他点了一下我的手腕，只见一道清冽碧光流过，而后迷惑地说："你的元灵已经完全恢复，现在一点儿火种也不剩，毫无复发的征兆。"

"是、是这样吗？"

"对。"

"那可能是徒儿想得太多。"我松了一口气，"徒儿这就回去休息……"

刚转身迈出一步，手腕就被他抓住。我瞪目回头望着他。他眉峰是月里青山，春山八字，目光是濛笼水墨，荡漾着一汪秋水："你此次前来，就没别的话要说？"

温柔的师尊说起话来，真是要将人都融化。我什么也无法思考，老实摇头。他沉默少许，似有一丝不悦："罢了，是我想太多。你回去吧。"

"是。"

我转身朝门口走去。其实，已恨透了这样的自己。不见还思量，见了又想逃，这一回去，我肯定又会彻夜失眠，后悔自己没能多说几句。我硬着头皮，掉过头去，跪在他面前："师尊……"

师尊，我喜欢你。我想和师尊在一起。说啊，说出来。

他端起一盏茶，垂目喝了一口，冷淡道："什么事？"

"谢谢师尊这些时日对徒儿的照顾。"不对，这不是我要说的。

师尊，你若不嫌弃徒儿，就和徒儿在一起吧，徒儿寿命很短，不会耽搁您太长时间——洛薇，大胆一些，把你想的都告诉他。

他用杯盖拨弄浮叶："不必。"

我咬咬牙道："师尊，徒儿有话想说……"

求您不要抛弃徒儿。不要和神女成亲。最起码在徒儿还活着的时候不要。因为，徒儿已经无法再喜欢上别人了……

他动作停了一下，视线转移到我身上："说。"

他的目光冷淡至极。我吓得完全不敢直视他，心慌意乱地垂下脑袋，颤声道："我……我……若不是有师尊在，徒儿已经死了，所以，谢谢您的救命之恩……"

"够了。"

我呆了一下，怔怔地望着他。他寒声道："这些话你说了无数次，我听烦了。退下吧。"

从师尊寝殿到我自己房里，我一直无法集中精力。是否应该感到些许庆幸？我还什么都没说，他就已烦成那个样子，若是真告诉他，恐怕这辈子都没法儿再走进他周身方圆十里内。这不是再正常不过的结果吗？为何我会有一丝侥幸心理，觉得他可能会接受我的告白？就因为这段时间来，自己和他有过毫无男女情谊的云雨之欢？就因为十年前他那次毫无证据的告白？

不过，这还不是最糟的情况。第二天一早，我带上哥哥准备的药，打算回溯昭，但还没动身，就听人说有贵客来访，所有人不得离开沧瀛府。然后，我从别人口中得知，来者是神界数人，包括青戊神女。我不得已只能回房把东西放好，延迟一天离去，可在回去的路上，却迎面撞上个打扮得花枝招展的少女。这少女我认得，是青戊神女的贴身丫鬟。我和她没讲话，所以打算径直从她身边走过去。她却伸出一只手拦住我："等等，洛薇姑娘。"

我道："怎么了？"

"我听说，你最近去了胤泽神尊房里不少次啊，而且，都在晚上？"

"我的元灵为烈焰饕餮所伤，师尊只是为我疗伤。"

"得了吧，你这话说出来，也就能骗骗仙界之人。你是水灵，胤泽神尊是水神，想要元灵痊愈，疗伤方式可只有一种。"

脸颊不由得开始发热，我强笑道："神女姐姐，这可都是神尊的主意，您刻意刁难我，就有些说不过去啦。"

丫鬟绕着我转了两圈，那种上下打量的目光，令人不舒服极了："现在的小姑娘，脸皮真是越来越厚。开始我还说你虽只是个水灵，却有仙女的气节，宁死毋辱，结果弄了半天，跟水妖也没什么区别。真够随便的。"

我委屈道："神女姐姐，您别看我只是个水灵，我可是个氏族国度的小王姬，肩负治国佐王重任，可真不能死。不过你放心，我与师尊之间，绝无半点儿暧昧，不会影响青戊神女的终身大事。"

丫鬟笑道："算你有点儿自知之明。确实没什么，我们神女知道神尊有点儿风流债，你不是第一个，也绝不是最后一个。神女说过，她对此能睁一只眼闭一只眼。只是，洛薇姑娘不要伤了自己才好。"

"什么意思？"

"洛薇姑娘既然百伶百俐，就应该知道，胤泽神尊只是和你睡过几次，是不可能动情的。男人本来就是这样，本来对你尚有几分尊敬，一旦你变得不自爱，他们也就不会再尊重你。尤其是你在守贞与苟活之中，选择了后者。所以，你还能在他身边待多久，心中应该有个数才好，不然到时连个依依惜别的时间都没有，也未免太可怜。"

就跟师尊说的一样，我从小就是个嘴上抹了油的孩子，很少被激怒，很擅长给自己找台阶下。但这一刻，心中又怕又怒，我道："你在说谎，师尊喜欢我。"

"哦？又突然变得胸有成竹起来？"

"十年前，他说过想要娶我。"

原以为她会震惊或者愤怒，不想她只是微微笑了笑："那时候，你和他睡过觉了吗？还没有吧？那现在呢，你们已经睡过了，他说要和你成亲了吗？"

我道："他说过，要对我负责。"

丫鬟笑出声来："真是好骗的小丫头。方才还口口声声说你们绝无半点儿暧昧，现在一下子被套出这么多话。他说要对你负责，可是他负责了吗？一个男人到底只是说说，还是真心这样想，看看他事后的反应不就知道了？他现在看看你，眼中剩下的是温柔怜惜呢，还是冷淡厌烦呢？"

我无法回答。她滔滔不绝道："还有，他现在可想天天和你黏在一起？还是你多待一刻，他就会觉得焦躁不安，恨不得你立刻消失？"

我还是无法回答。

下午下了一场廉纤小雨，踏青人散，海棠花落。苏莲被我带回了溯昭，原来用以种植苏莲的池子，早已空空如也。我坐在池水边，看雨丝撞开涟漪圈圈。哥哥刚好过来看我，正色道："薇薇，你大病初愈，不要在雨中逗留，快回房。"

我耷拉着脑袋，连叹气的力气也没有。他发现了端倪，在我身边坐下："薇薇？"

看见他弯腰探过来的脑袋，睁大的眼睛，我忍不住扑哧一笑："哥哥真是花容月貌。"

"还开这种玩笑。快回房。"

他一直这样，对我严厉又温柔，时常给我父王在世的错觉。正逢满腔委屈无处发泄，我挽着他的胳膊，把头靠在他的肩上，轻声道："不回，让我这样赖着哥哥一会儿。"

"臭丫头。"他伸出食指拇指，在我的额心弹了一下。我当下哈哈大笑起来，但笑着笑着，就再也笑不动。

因为，蒙蒙小雨中，凉亭的拐角处，有一抹深蓝身影出现。师尊似乎原本打算来我的院子，但看见我们俩，却停下脚步，漠然地望着我们，目光好似这寒冷的丝雨一般。昨天被他那样撵出来，其实我心中也有很多不满。但他是我的师尊，对我发脾气我也应该受着。所以，我顿时不知是该起来，还是该装作没看见。只是，在我做出反应之前，他已将目光移至远处，拂袖消失在水雾之中。

绵长之雨，困人天气，原应出现在暖风花落的春季，而不是在暴雨短促的夏季。然而，这场慵倦哀愁的雨越下越大，直到晚上，也没有停止。百般思量，我觉得无视师尊，无礼之人是我，还得我主动言和才是。于是，在绿锦殿里，趁他与几位神界贵客聊天的间隙，我跪在他面前，将茶盏高高奉上："师尊，请用茶。"

但是，他连头也没有回，只是自顾自地与旁人说话。我知道师尊素来不喜为人催促，也就没有出声，一直保持着这个动作。后来，大概是我在这里跪得实在太久，连其他人都有些看不过去，好意提醒师尊用茶，但他还是无视了这些要求，别的事却一件没落下。知道师尊在生我的气，我却一句辩解也不能说出口，否则就是我的错。这类事经历了太多次，我也觉得有些倦了。不过，发展至此，我尚能容忍，直至青戊神女开口说话："胤泽神尊，如此为难一个出师女徒弟，恐怕不好吧。"

她一袭翠裙腰点白露，晚香娇颜妆如兰。每次莞尔一笑，笑声都如此动人，花闻花醉。其实，她完全是在为我解围，但见她如此光华万丈，遥不可及，她那丫鬟对我的轻蔑言语，就显得更加不堪入耳。我已觉得很难再忍，不想师尊还回了她的话："你和她不同，不必替她说话。徒儿便是徒儿，她也没出师，不得对我无礼。"

她又笑了："神尊这话褒贬难分，我姑且当是褒。"

青戊神女的丫鬟也跟着笑道："哎呀，这女徒弟长得这样漂亮，怎么跟个木头似的，连话都不说一句？"

青戊神女道："不得无礼。"

那丫鬟立刻闭了嘴，但师尊这日还真是毫无神尊的架子，连个丫鬟的话也要回答。他扫了我一眼，道："她原本就如此寡淡无趣。"

听闻此言，我差一点儿当场哭出来，但只能包着泪花，不笑不怒道："师尊，茶快凉了，请用茶吧。"

师尊还是没有接过茶。终于，我再也无法再忍耐下去。我站起来，把茶盏往地上摔得粉碎，吓得整个殿堂一片鸦雀无声，唯有师尊面无表情地望着我。我转身就冲了出去。

门外，重云韫苍穹，暴雨夹风雷，震撼了整个青龙之天。我再也不要听师尊一句话，回房拿着所有东西飞出沧瀛府。途经浮屠星海，我已被淋成了一只落汤鸡，雨水浇得眼睛都睁不开，但还是禁不住放慢脚步，在孤崖上停下。小时候并未察觉，但现在回想，初次对师尊动心，也是从这里开始。只是此刻，浮屠星海变成一片灰雾天空，不复见半颗星子。天空的正中央，雷电时常穿破云空，狂劈下来，似要取人性命。过了一会儿，有个仆从撑伞飞到我面前："洛薇姑娘，胤泽神尊请你回去。"

"告诉他，我不回去！"我捂着耳朵，再不想听一个字，"他以后也见不到我了！"

"这……神尊刚才就很不悦了，听小的一句，还是不要激怒他为好……他发起怒来，真的很可怕……"

"他发怒可怕？我大溯昭小王姬发怒也可怕！他胤泽神尊是个什么东西？我和他一点儿关系都没有了！"

仆从叹了一声，正想退离，我们之间却有一道极亮的水光闪过，最不想见的身影骤然浮现。他道："你说我是个什么东西？"

仆从惊道："神、神尊！"

师尊挥挥手，命他回去。此刻，他用冰术将自己罩住，相比我的狼狈不堪，他锦袍端雅，看上去也令人分外火大。我道："怎么？你又想教训我什么？"

"洛薇，你这是什么态度？"

"我是什么态度？你待我什么态度，我就待你什么态度。"

原本你我相称，已令他十分不快。被徒弟顶撞成这样，恐怕他是一生也未经历过。他愠怒道："洛薇，你今天真是无法无天！"

"对，我是无法无天。"我站起来，毫不客气地道，"老实跟你说吧，我连你这师尊也不要了！有本事你杀了我！"

尽管未着滴雨，他的脸色却很是苍白，被冻着般说道："先前还对我说，我对你的恩情此生无以为报，转眼之间就变成这般。我可没教会你朝三暮四。"

"那又如何？就算我去投胎一百次，在你面前也渺小如蚁。你救我一命是恩赐，看我一眼是恩赐，教我一点儿法术也是恩赐，对你而言什么都不算的事，对我来说都是恩赐。但你考虑过我的感受吗？这些我统统不想要！"

师尊皮笑肉不笑："很好，救你的命你也不要，你到底想要什么？"

"我消失十年，你也没想过要来看我一眼。"

"你我之间，谁长谁幼？谁尊谁卑？你作为晚辈，不来看师尊，竟还有理责备我，真是好样的！"

"刚才我已经说过，我不要你这师尊了，胤泽神尊！"

他愤怒至极，拂袖道："放肆！"

我看得出来，他的忍耐也已达到了极限，再说下去，说不定他一掌把我打到星海里去。但一直以来压抑的情绪一旦爆发，就再也收不回去。我擦一把脸上的水："放肆？那是你没见过我更放肆的时候。你就喜欢温顺听话的徒儿，对吗？老实告诉你，我洛薇压根儿就没有温顺听话过！如此听你的话，只是想乖乖陪在你身边，结果处处碰壁，天天受伤。现在我不忍了，要杀要剐随便你！"

他先是震惊，而后所有的威严都已溃散，眼神也黯淡下来："你说得没错。跟我在一起，你总是受伤。"

顷刻间，一道闪电落烟峰，随即迎来惊雷訇然，逼得我睁不开眼，却也同时给足了我最后的勇气。我闭着眼睛，冲过去，一头撞碎了他的冰罩！寒冰碎片坠成刀雨，几乎同时，我的额上有鲜血流下来，又被雨冲走。师尊伸手接住我，呵道："你在做什么蠢事？！"

眼前一片昏花，大雨滂沱声，不断从天边飘来。离我最近的声响，只有他的呼吸声。他很快用法术替我治好了伤口，但我却还是痛得落下泪来。我抓住他的领口，把他拽得低下头，然后将冷冰冰的双唇贴在他的唇上。他身体僵直，神色错愕。我松开他，泪水没入雨中，亦无人察觉："上次这样做，并不是徒儿头昏，是确实再也忍不住了。师尊，徒儿不孝，从今往后，请您好好照顾自己，徒儿不会再回来了……"

我又在他嘴唇上轻轻吻了一下，用湿透的袖子擦着眼睛，转身走掉。但刚走两步，手腕就被人拽住，整个人被猛推到岩石上。我正吃痛闷哼，嘴已被一双唇堵住。他垂下头来，疯了一般吻着我，双臂强势地将我封锁，不留给我丝毫退路。他的吻狂躁得正同这场大雨，且越吻越深。我完全跟不上他的节奏，连呼吸都变得异常困难，只能搂住他的脖子，同样难以自持地回应着他……

这一刻的胤泽神尊，已再不是那个不可触碰的神。他和我一样，被淋成一团乱，发丝狼狈地贴在双颊上，浑身上下皆已湿透。他捧着我的脸，快速亲吻我的眉毛、脸颊、耳垂，却怎样都吻不够，在我耳边低声说道："我爱你。"

我身体轻颤了一下，抓着他衣襟的双手也在微微发抖。

"薇儿，我爱你。"

他的吻又一次落在我的唇上。滚烫的泪水大颗大颗落下，又迅速被冷雨吞没。本来最害怕在他面前暴露脆弱的一面，但我还是紧紧抱着他的脖子，哭出声来："我也是。师尊，我从很久很久以前，就已对师尊……"我干咳了几声："徒儿从未这样喜欢过一个人，徒儿……"后面的话我说不出口，已被满腔热泪逼成悲凉的哭声。

不知自己哭了多久，似要将这几十年来所受的委屈，都一口气发泄出来。到最后，整个人都哭虚脱了，连走都走不动了。他抱着我回到沧瀛府，直接扔到床上。他一边吻着我，一边解开我的衣物，狂野地亲吻每一寸暴露的肌肤……

不管是他的气息，还是手指，还是热情的吻，还是占有我的方式，甚至连呼吸的方式，都与之前有着天壤之别。然而，不管是哪一种，都令我无法再回头。

就是得到他回应的那一刻起，就是被他拥抱的那一刻起，我已猜到了个八九分。

大概，不光是这一生，几生几世，我都不会再如此喜欢一个人。

每个人的一生都是春秋驰年，屡变星霜，总有那么一段梦境，会铭刻在我们百年后垂垂老矣的记忆中。而我的梦境，便是这青春时岁中，最美的画面。美得像是空中花，阳中焰，水中月，海中楼，美得像是九天六界中最灿烂的图圄，从此为我戴上枷锁，耗尽我永生永世的幸运良缘。

轰雷破山，伴暴躁风雨，荡漾出千道摇摆的水光。雨丝相互纠缠着，冲撞着，在每一个午夜卷起无数次高潮，接连不断地下了六天七夜。但直到第七天晚上，我们也没有踏出寝殿一步。

第十五章

Chapter Fifteen

混元幡梦

慵起整锦衾，
青山抹甘霖。
镜中美人颜，
旧梳插云鬓。
室内夜雨吟，
世外悲歌尽。
犹望锦幡外，
深谷为山陵。

——尚烟
《晚秋丁香花落偶题》

　　春阁长夜，梦亦多情。烛已消红，香烟暗沉，罗裳凌乱堆作一处。终于，门外风停雨歇，我揉了揉眼睛，从枕边人的臂弯里坐起来："师尊，雨停了……"刚说出口，便反悔住嘴，却被他重重地捏了一下脸。

　　"我错了。"我嘟囔道，"胤泽……"

　　说罢，我脸颊发热地垂下头去。这名字叫出口，迄今还是觉得很不好意思。第一次被他要求改称呼是在第二个晚上。不管与他多亲密，总觉得师尊就是师尊，开始我是无论如何也不愿改口。被他狠狠惩罚过后，逼着自己叫他"神尊"。复被罚，再改口叫"胤泽神尊"，结果一样。最后不知被教训了多少次，我才肯老实直呼他的大名，但还是犯过多次错误。胤泽，总觉得如此叫他，两个人的关系就变得很是特殊。

翻过身去，正对上躺着平视我的胤泽。他的轮廓沐浴在月光中，鼻若雪峰，肤赛冰霜，长发依依散枕间，一双凝眸深幽，正若有所思地注视着我。经过这么多天耳鬓厮磨，对他再也不感到害怕，我凑过去，伸出食指在他颧骨上的水纹处戳了戳："这个，你出生就有了吗？"

"当然不是。"

"那是怎么来的？"

"这是水神印记，是我当上神尊后，鸿钧道人为我加的。"

我"哦"了一声，然后猛地抬头："鸿钧？你说的是盘古之前就有的那个鸿钧，太上老君的师父？"

"是。"

"那你当上神尊后，共工去了哪里？"

"他和蚩尤在一起，都被封印了。"

"那他们都长什么样？蚩尤是不是长了铜铃眼、牛尾巴什么的？"

"蚩尤长得是不同于常人，但共工就是普通神族的模样。"

"那女娲娘娘呢？她是不是很漂亮？"

胤泽思索了一阵子："怎么，看你对她很有兴趣，想见她吗？这小妞补天之后就闲得不得了，请她下来一次也不是那么难的事。"

我使劲摆手："不……不不，我不敢……等等，小妞？你怎么这样叫她，她可是女娲娘娘啊。"

"她是三皇时代的上神，我和她母亲华胥氏都是上古时代的，她小了我一千多岁，不是小妞是什么？"

我哑然了很久，眨巴着眼睛道："好、好厉害！我觉得我们的世界根本就不一样，我果然还是好崇拜你……连女娲娘娘你都见过，居然还会喜欢我，我是不是在做梦……"

"见过女娲和喜欢上你，可有丝毫关系？"

"你见过那么多厉害的神女，那我就被比下去了啊。"

"薇儿，我从未打算拿你和别人比过。"

我感动得不得了，抓住他的袖子，正想感激两句，谁知他又补充道："若真要比厉害程度，还需要找上古诸神吗？是个人都可以把你比下去。如此，我也太没眼光了。"

他和我说话总这样，皮笑肉不笑，像个大人看小孩般不屑一顾。可是，哪怕是他这刻薄自负的一面，我也喜欢得不得了。若是其他男子这样说，我早就气得和对方大打出手，但这人可是胤泽，我眼里最伟大的男子，他说什么就是什么吧。心中甜滋滋的，我想要靠近他一些。但往前一动，后腰被拧伤，我龇牙咧嘴地号了一声，摁住痛处。他将手滑到我的后腰，注入神力，疼痛立即消失。这让我有一种亲眼目睹女娲造人的敬畏感，但觉得继续对他流口水又有些太不矜持，我把头埋在他的锁骨间，享受着这一刻身为他心爱女子的幸福。我知道，除了死亡命数由天定，其他时候不管受了什么伤，作为我们水之一族的至高神，他都能令我起死回生。而且，他再也不会用师尊的架势压我，说我胆大无礼。问再多的问题，他都会回答我；不管我对他做了什么事，哪怕是摸他的脸、咬他的下巴、拍他的臀、啃他的肩、在他怀里蹭来蹭去……他都不会有半分抗拒，随便我怎么闹。这种被无限纵容的感觉很醉人，我不由得憨憨笑了起来："原来，把师尊推倒是这种感觉。"

"你推倒我？"胤泽轻蔑一笑，"远不够娴熟。"

我想了想，顿悟，涨红了脸道："并非你想的那个意思啊。"接二连三乱七八糟的羞耻记忆涌入脑海，我的腿居然因此又一次抽痛起来。我揉了揉痛处："我真的老了，现在浑身上下都好酸好难受。"

听见那个"老"字，胤泽本在替我疗伤，也扬起了一边眉毛。我道："你不一样，神和灵怎能相提并论，就算活到一万岁，也没什么影响。而且，连续这多天，那、那个太频繁了，一般人谁能受得了……"

"别人是穿了裤子就翻脸不认人，我们薇儿是躺在我怀里就已经翻脸不认人了。两个时辰前，你还在求我用……"话还没说完，已被我的强吻堵嘴。

　　我听见他轻轻笑了一声，又极尽缠绵地吻着我，解开了我才披上肩的蚕纱，将我抱上他身，自己则靠在墙上。他将着我的发丝，节奏缓慢地行着情事。两人额头相靠，交换着彼此的呼吸，四片嘴唇几乎贴在一起，却又并未相互碰触。然而，因为距离太近，只要说一句话，便会软软地吻上对方。

　　"胤泽。"

　　"嗯？"

　　其实不想提这件事，但再这样耽搁下去，恐怕要坏事。我恋恋不舍地道："你知道的，这一回我只是跟哥哥出来游玩，并未告诉王姐。溯昭暂时离不得我，我可能要回去住一段时间……"

　　"好。"

　　"可是，我有些离不开你，可能会很想你……"我握紧他的手，"你可会寄笺与我？"

　　"你知道我从不写信笺。"

　　虽然早就猜到胤泽原本就是这样的人，但我还是忍不住感到些许沮丧。我没吭声，只是默默点头。他道："不过，我可以跟你一起去。"我在他明亮的眼眸中，看见了自己惊喜的表情。他的眼睛也因此变得比月色还温柔："薇儿，现在我也离不开你。"

　　半空月楼外，碧华万顷，小窗如昼。流霞醉从酒壶里倒流入空中，再进入我的口中，他含着我的嘴唇，一点点吸吮品尝。此刻轻烟渺渺，天落星汉，流霞醉浸入了血液，连心都随之沉醉。

　　胤泽是上神之躯，不饮不食并无大碍，他又将神力分给我，我也不觉得劳累饥饿。因此，七天来，除了沐浴如厕，我连床都没怎么下过。说到如厕，才知道原来神只要不大量进食，也不用如厕，所以每次我说要"方便一下"，看见胤泽望着我的样子，又好看又讨厌，简直不能忍。说到沐浴，若换作以前，我会觉得和男子共浴不成体统，寡廉鲜耻，但现在也可以拍着胸脯说，绣花针大小之事，难不倒我——没错，从和他初次共浴起，所谓廉耻、礼仪、矜持，早已被他的无耻磨成了天边的浮云。接着，我们在房内又温存了半个时辰，便一同沐浴，穿好衣裳，离开胤泽的寝殿，准备回我的房间拿行李。太久不出门，当月光洒在身上，我感觉跟掉进麦芒堆里似的，浑身不自在。虽然沧瀛府的人都已睡下，但我还是很自觉，直到抵达房门前，才挽着他的胳膊，把脑袋靠在他的肩上："你能跟我一起回去真好。我王姐是个大好人，而且是溯昭第一个女帝……"

发现胤泽的目光停留在远处，我也跟着望过去。那里有小桥新水，六角凉亭，晚色穿亭而过，孤笼寂人影。那人头戴碧玉冠，黑发及肩，穿着蓝白相间的沧瀛弟子服与战靴，外披轻裘云袍，一把宝剑在手，更衬得身材纤长，颇具青年剑仙之风。识得那是哥哥，我赶紧扔开胤泽的胳膊，一时仓皇无措，不知如何是好。哥哥从凉亭中走到红木曲桥上，远远望着我道："你没事便好。我回去休息。"

我赶紧跑上桥去，抓住哥哥的袖子："哥哥，其实……"

此刻，静影沉璧，哥哥那双澄澈的瞳仁，同样照入了美玉般的光。他看了一眼我身后的胤泽，道："我知道你想说什么，不用特意跟我解释，何况现在整个沧瀛府都已知晓。只是上烝下报之事，说出去毕竟不光彩，也难堵悠悠之口，想想如何处理吧。"

"我不在意别人怎么说。"我低下头，"我只在意哥哥的看法。"

"我的看法？你还会在意我的看法？"哥哥苦笑道，"你想问我，对你和师尊行乱伦之事，我有什么看法？还是说，你想知道，我听说你要把师尊带回去，告诉你的王姐你已和他私订终身，会有什么看法？现在整个沧瀛府的人都知道，你在他房里睡了七天，不曾出来半刻！你还是我妹妹吗？这种事若传到溯昭去，你还要做人吗？"

我被他说得脸红："可是，我喜欢他。"

哥哥咄咄逼人道："你喜欢他什么？他比你大了七千多岁，比虚星仙君还要年长。"

"那也无妨。我就是喜欢他。"

"那是因为他是以美男子形象示人。若他长得和虚星仙君一样，你还会动心吗？"

　　我愣了一下，回头看了一眼胤泽。池光粼粼，星辰般倒映在他的靛蓝长袍上。他眉清目秀，卓然而立，周身清高出尘之气，难以描摹。想来我们这番话他都已听见，他却仍然云淡风轻，那来自上界的风华，说是与日月争光，也不足为过。我闭着眼想象他变成老头的样子，回头道："若是在我们在一起之前，他是个老者模样，我肯定不会动心。但是，他若现在变成了老者，我不会介意。"

　　"薇薇，你真是疯了。你要嫁人，可以。但他是师尊，是你的长辈。"

　　"现在已经不是。待我嫁给他以后，算是明媒正娶，也没人能说我们什么。"

　　哥哥闭着眼，等胸中气血平息，而后缓缓道："所以，你们已经谈过这个话题。"

　　我踟蹰道："这……还没有。但我觉得他肯定会……"

　　他二话不说，径直飞到胤泽面前，风仪严峻地道："师尊，所有人都已知道你们的关系，如今登高去梯，您会对薇薇负责的，对吗？"

　　胤泽道："这是我与薇儿的私事，旁人不得过问。"

　　胤泽素来如此，不爱多言，任何事情都心中有数，他若真的回答"会负责"，恐怕才显得有些奇怪。我们都了解他的个性，却不知为何，哥哥一刹那就被激怒，双手缓慢有力地握拳，眼眶发红，压低声音道："师尊，我与薇薇一同长大，她是我在这世上最亲的人，若有人伤害她，我不会轻饶他，即便是师尊也不例外。"

　　我赶紧跑过去，拽了拽哥哥的袖子："哥，你太小题大做了，胤……师尊本来就是这个脾气，他会对我负责的。"他却听不进去，还想拨开我的手，但我拽着不放，两人拉拉扯扯了好久。

　　胤泽目光静漠地扫过我们的手，皱了皱眉，抓住我另一只手的手腕，把我拉到他身边："回房收东西，明天一早便要出发。"

　　哥哥原在试图推开我，但我被胤泽拽走后，他的眼睛却陡然变成血红。只见暗夜中白光一闪，我还未看清眼前的情况，便已听见金属碰撞冰块的尖锐声响，然后，被胤泽抱着猛地闪退！眨眼间，我们离哥哥已有十多米远。远处，哥哥挥舞着的宝剑，剑穗这才从空中落下，而后，尖锐的剑气飞溅起池水，水珠成帘，四面震开，正巧截断我们脚下的木桥。只是，挡在我们之前位置的冰墙，却连道刮痕都不曾出现。现在哥哥确实很强，但和胤泽比起来，还是相去万里。他并未放弃，携取宝剑，双目赤红，冲我们狂奔而来。胤泽勾起右手食指，将它搭在左胸，只见青玉戒指上一道银光划过，又一道冰墙挡在哥哥面前。还未等哥哥掉头，便有噌的一声尖响，三道冰墙将哥哥困在里面。最后，哥哥整个人也像冰雕一样，被冻在这冰房里，不能动弹。

胤泽放下手臂，若有所思地道："臣之的问题开始难办了。"

"哥哥又中邪了？"

"随着年龄、法力增加，他的情况会越来越难控制，夜晚尤甚。所以，我们还不能留他在这里，得时刻让他跟着我。否则，若是闹到天帝那去，恐怕他性命难保。"

我惊讶道："性命难保！只是中邪而已，有这么严重？"

"并非如此简单，待以后有机会，我再跟你解释。"

翌日一大早，我们便起身出发，准备返回溯昭。原以为这七天的事闹大之后，我们会遭人指指点点，但一切却与以往并无不同。哥哥恢复了正常，就连凌阴神君，都只是打趣地说了一句"小两口七日恩爱，妙哉妙哉"，便不再多加评论。倒是青戊神女听说胤泽出来，还专程从白虎之天赶过来，说是要为神尊践行。看见他们俩在一旁聊得开心，我跟在蒺藜窝里扎了一圈似的不舒坦，和哥哥一起准备行李，也总是心不在焉。好容易等他们说完，胤泽把哥哥叫过去交代事情，青戊神女却朝我走过来。

她冲我微微一笑："你不必对我如此防备。我和胤泽神尊那点儿苗头，早已断了数年。"

"数年？"

"没错，就是在你离开天市城之后。这一回，恐怕他是认真的。"她的声音温软动听，堪比九天中最美的徵羽之操，"神尊丰神俊秀，在神界都有大批仰慕者，可惜都入不了他的眼。所以，你算是个幸运的姑娘。"

听完这番话，若不受宠若惊，也算是奇事。我想我的喜悦已满溢于表，只见青戊神女笑意更深了："他甚至不介意你只是个灵，可见神尊看似冰寒雪冷，实则情深义重。"

"多谢神女告知此事。只是我不理解，就如你所说，我并非国色，出身对他而言实在不足挂齿，他为何会钟情于我……其实，我心中没什么底。"

"我说了，神尊是个重情之人，而且很钻牛角尖。千年来，他认一个人，只要是和那人有关的人和事，都会令他赴汤蹈火。"

"千年来？"

"对。千年来，只要是和昭华姬有关的事，他都看得比自己的事还重。"

听见这个名字，我愣了一下，确定自己在书上看到过："昭华姬，不是北方黑帝叶光纪之女吗？"

"是的。没想到你对神界还有点儿了解。不过说来也巧，她和你们溯昭也算是有点儿渊源的。可有人告诉过你，溯昭的意思是什么？"

我照着夫子教过的答案说出来："逆流而上，看见神明。"

"你们理解的'昭'或许是'神明'，但其实是光明，指昭华姬。她是司光的神女，但喜欢寂夜月色，所以，胤泽神尊为她建了溯昭，以供她赏月。"

"等等，你说的话为何和胤泽说的不一样？他告诉过我，溯昭是为哥哥的母亲建的，他们是故友……"说到这里，我忽然止住。

青戊神女笑了："真是傻姑娘，我们说的是同一个人。昭华姬就是你哥哥的母亲，本名尚烟。"

这问题让我纠结了大约两刻，便再也没有多想。青戊神女喜欢胤泽，这是不争的事实。尚烟已过世多年，青戊神女现在搬出她来吓唬我，无非是因为我和胤泽在一起，令她相当不快。谁没点儿过去，何况胤泽活了七千多年，有过一两个喜欢过的女人，再正常不过。只要他现在喜欢的是我就好，其他女子的事，我才不要去过问，给自己添堵。唯一令我想不通的是，既然尚烟就是昭华姬，那她也是个高位之神，除非哥哥的父亲是个凡人或散仙，才能让她生出个仙，不然怎么生也得是个神。而且，哥哥是在仙界被生下来没多少年，便被弃在九州，必然是因为尚烟无法将他带回神界。不懂，为何她不能将哥哥带回神界？还有，令我真正好奇的是：到底是什么样的奇男子，才会让尚烟抛弃胤泽，转而投向他的怀抱，甚至天天以泪洗面，都不愿回头看痴情的胤泽一眼……不行不行，不能想，再想我也要吃醋了。

　　回到溯昭，我让胤泽隐藏了神力与水纹印记，暂时乔装成普通仙人，和我先见过王姐。胤泽还有模有样地对王姐行了鞠躬礼，看得我冷汗乱坠。尽管如此，整个王宫里的人，包括王姐在内，都还是被他的气质震撼得不轻，无数人私底下向我打听他的来头。至此，别提我有多骄傲了。王姐的接见仪式结束后，我总算回去见了玄月。它一看见我，便蜜蜂般扑过来，贴在我肩上，之后整日再没离开。此后，我带胤泽在紫潮宫里转悠，还带他参观了祭坛上的沧瀛神像。这座雕像是整个溯昭的最高点，不论在哪个角落，均能观之敬之：这是一个面容慈祥的老者，身材魁梧，长袍如云，有一种不怒自威的气质。父王在世时，每个月都会去祭拜他。看见这座雕像，胤泽趁周围无人，化身成老者模样，背着一只手，捋了捋胡须道："你眼中的我，原是这般。"弄得我又紧张又想笑。同时，我和他说话也越来越肆无忌惮，还把孔疏的故事告诉了他。胤泽听后想了想，道："只要是你王姐看上的男人，你都会让出去。她若看上我，那该如何是好？"

　　我指了指他，毫不犹豫道："我的！"然后将手握成拳："她若敢抢，我和她抢到头破血流。"

　　"所幸你回答得鬼黠，你若说不在意，恐怕没什么好果子吃。"

　　"怎么，你要逗引我王姐？"

　　"就事论事，就人惩人。我会在半夜稍微叨扰她。"

　　"那不还是逗引她。"

"不，是我让你在半夜叨扰她。"

我歪着脑袋，整个成了一只迷途的信鸽。我半夜叨扰王姐？王姐和我关系如此好，半夜叨扰她也没什么……原本我并未深想，但看见玄月飞在空中，竟羞涩地用爪子捂住眼睛，也不怕从半空中掉下来。奇怪，它害羞个什么劲？等等。胤泽说，是他，让我，在半夜，叨扰？难道是指在我寝殿发出声响吵闹王姐……那这声响是……

这一下，我只觉双颊发烫，口齿不清："你你你……你下流！"

胤泽捏了捏我的脸，轻笑道："薇儿，你在想什么，为何脸红成这般？"

玄月好像再也看不下去，扭着小屁股，"嗷"地一叫，居然扑打着翅膀，钻到草丛里去。

这以后，哥哥时常回到仙界，胤泽却一直陪着我，在溯昭住了两个月。这两个月里，我们日夜形影不离：我带他品尝溯昭酒食，他独爱爆炒蓬尾肉和玄丘老酿，口味之重，可与他的外貌背道而驰；我们曾一起去藏书馆，他买下了"溯昭五杰"的所有文集，一天就把它们全部看完；他对溯昭的冰雕之艺很感兴趣，无师自通地做了好多冰雕，还趁我不注意，把冰雕做成我的样子……除此之外，都是我在跟他学东西。他教了我很多安邦之道，告诫我，国以民为本，德本财末。时逢天旱，要随车致雨。性格孤僻的胤泽神尊竟说出"国以民为本"这种话，说起来古怪，却也正常得很，毕竟他是神尊，跟他在一起后，我看书看得少了，他会强迫我跟他共阅一本书。看的都是仙界古籍，虽然有趣，却很晦涩，读起来慢如蜗牛。知道他看书看得快，我心中就很着急，想方设法想要找点儿别的事做，他却捏住我的脸，一字字为我解说。而且，他写得一手好字，曾手把手教我，让我体会到了什么叫笔走龙蛇、盘蠈惊电。跟他在一起，哪怕他不主动教我，我也可以"偷师"学到很多东西，例如他睡觉前，总喜欢用法术在靴子里变一块冰，让它把靴子撑得满满的，这样翌日起来，鞋子就跟新的一般。他看上去总是优雅得体，跟诸如此类的生活习惯脱不开干系。总之，与胤泽在一起时间越长，我就越能感到与他在一起的好处。不仅是幸福，还时常觉得自己在飞速变为成熟拔尖之人。

对了，我们还一起赶上了采珠日。采珠日，顾名思义，是到海里采珍珠的日子。这一日，溯昭氏们会成群结队，离城下凡，自北海上方集体施展纵水术，令海水转出旋涡，直通海底，然后跳入海底，寻找蚌壳珍珠。在西涧王写的《溯昭辞》里，那句"鸿雁含珠落沧海"，便是出自这里。这一天，皓天舒白日，灵景耀碧海，王姐带着百官进行采珠仪式，我、王姐、胤泽、孔疏乘着同一头翳鸟，随千万溯昭氏执行仪式，施展法术。细长水流从海面飞起，从远处看去，如同千百条钩子拉开了蚕丝，画面美丽不可方物。当海底岩石显露，便有许多人跳到海底，掏出新鲜的蚌壳，打开，露出里面雪白发亮的珍珠。翳鸟乃五采之鸟，展翅可蔽一乡，从它这一头跑到那一头，还需要花点儿功夫。虽然这些对胤泽而言不过小小把戏，但他对美景依旧很有雅兴。在他观赏之际，我忽然想起了小时候的记忆。

那时哥哥刚变成父王母后的孩子，我向来霸道，可是一点儿也不服气。他又打定了主意，要坐实兄长这个名号，其志在必得，已至不择手段，于是发生了这么一件事：某天夜里，军令侯拖家带口到紫潮宫玩耍，他和我父王彻夜下围棋，他夫人和我母后在园中散步，他儿子翰墨和我、哥哥在回廊中吃点心，玩游戏。当夜的点心里有我最喜欢的苏莲糕，翰墨这小子和我口味一样，我俩从口头之争，发展成大打出手。哥哥相当自觉，义不容辞地出来保护我。最后，翰墨被我用泥冰块糊了一脸，都还要多亏了他。那一瞬，我觉得有个哥哥真好。不过，也真的只是一瞬而已。因为吃得太饱，后来我困得连眼睛都睁不开。夜渐深，母后派人来带我们回去休息，我却百般推脱，将之撵走。哥哥也跟来劝我就寝。我自然也不会搭理他。再三劝阻无用后，他做了一件奇怪的事：面无表情地拔出花瓶里的花枝，把水全部倒在翰墨脑袋上。只听见翰墨咆哮一声。哥哥把花枝重新插回瓶中，放回原来的位置。接着，他绕到我身后，对着我的腰左右两侧捏了几下。我极怕被挠痒痒，疯狂的笑声响彻夜空。母后带着军令侯夫人赶过来，看见翰墨被淋成落汤鸡，花瓶里的水被倒空，满地冰碴儿，还有一脸震惊的我，便将冷如霜月的目光投到我身上。我百口莫辩，哥哥郏道:"这不怪妹妹,都是我做的。"母后本是半信半疑,这下却一口咬定罪魁祸首是我。最终,我被她像抱小狗一样抱在怀里,亲自押送回房入寝。回去的路上,她还凶道:"你为何鼓着个脸?你为何瞪你王兄?他想替你背黑锅,被我识破,你还要怪他不成?"

我还是横着眼睛瞪哥哥。哥哥扬了扬眉,背着母后嘴巴动了动,无声地说了个"如何",继而耍得一口好花腔:"妹妹好生可爱,连生气都教人如此喜欢。"

庆父不死,鲁难未已。那个刹那,我记了大仇。此后,我与哥哥势不两立,明争暗斗,尔虞我诈,无奈他每次都能瞒天过海,杀人于无形之中。他那张跟棺材座子差不多的脸确实是把利器,永远如此冰冷正直,导致旁人在我俩之间做选择时,总是会倾向于相信他。我等啊等啊,终于等来了一个伟大的节日——采珠日。当时的情形与如今何其相似,我趁姐姐下海捞珠的空隙,把哥哥拽到了鸟尾处,冲他邪气一笑:"包子傅,现在你计穷力尽,该我崛起了!下去吧!"然后,我原地起跳,一头扎进海里。

下坠之前,我听见哥哥倒抽一口气,我心想何为自损一千,也要伤敌八百,这便是。待我被他们捞起来,便嫁祸于傅臣之这乌龟王八包子,看他以后还敢不敢跟我玩阴的。当时我一边如此想,一边张开双臂,准备与海水拥抱……谁知奇迹发生,蟠龙把我叼到了天边。也是那个乌龙的夜晚,我初次在高山上遇到了胤泽。

这一切仿佛冥冥之中都已注定,我望着胤泽的背影,呵呵一笑,却听见旁边有人说道:"小王姬为何笑得如此开心?"

回头一看,是孔疏。我捂着嘴,把方才想到的事跟他说了一遍:"以前啊,我和哥哥真是天敌。"

"竟有这等趣事。"孔疏还是如此温文尔雅,一双澄瞳,熠熠生辉,玲珑剔透,有意无意地望着我。

我正想这孔疏确实长得不错,也不枉我当年调戏过他,就翻了个眼皮,却看见胤泽不知何时已站在身边。我被他握着手腕拽到一边:"你看他做什么？"

"我、我在和他说话，自然要看他，不然多失礼啊。"

他微微蹙着眉，不悦道："你们那点儿事，我可都没忘掉，现在又见色起意了？"

"等等，你有没有听我说话，都说了是在和他说话……"看他一脸的不信任，我百口莫辩小片刻，忽然摸了摸他的脸笑道，"胤泽，我喜欢的人是你。况且，看过你这张脸，再看任何人都是索然无味。"

"是吗？"他微微一笑，温柔地在我手背上吻了一下，"那便好。"

我幸福得骨头都酥软了，一面又觉得这情况似乎有些不对劲。胤泽是这样温柔的人吗？白日我没多想，却不知自己还是善良过了头。他戴着的面具越是和善，撕下来那一刻的真面目就越凶残。当夜，我在魂飞魄散的哭声中向他求饶，连师尊都叫了出来，却产生了反效果。一个晚上过去，我几乎没怎么睡觉，他也一直没有出声，只在我晕过去之前，冷冰冰地说了四句话。第一句是："以后还敢不敢和别的男人走这么近？"第二句是："你是谁的人？说。"第三句是："说！"最后一句是："呵，这是赏你的。"

为何以前从未有人告诉过我，胤泽是个这么大的醋坛子，我不过和孔疏说了几句话啊……

不过，除了这个晚上，一切都还比较顺利。我们还参加过集体狩猎。溯昭的打猎可有意思，骑着飞禽或走兽，在丛林中射出小水袋，当水袋靠近野兽，便用纵水术把它们变成冰块，刺穿野兽要害，给它们个痛快。到了夜晚，我们时常坐在洛水旁赏月，在四通八达的城道中散步。这种时刻，街上总是有眷侣成双成对，而我们不过是其中最普通的一对。有一天晚上，我们还在街上遇到乔装出门的王姐和孔疏，姐妹俩相视一笑后，互相调侃起来。当然姜是老的辣，我说得再多，也被王姐一句"你俩何时成亲"堵得说不出话来。她是舒坦地走了，却留下我尴尬地面对胤泽。

"王姐的话，你可不要当真。"我挠挠头，"我、我不会和你成亲的。"

胤泽道："为何不想？"

"只要你陪着我，我就满足。成亲与否，并不重要。这都是为你好。"

"口口声声说是为我好，我倒是没看出哪里是为我好。若是不成亲，那有孩子该如何是好？孩子叫着爹娘，爹娘却不是夫妻？"

"当然是孩子也不可以要。"

他不怒反笑："我如此待你，你却连孩子都不愿为我生，真是我的好薇儿。"

我连连摇手："不是不是。我当然愿意，只是，我活的时间不长啊，如果你娶了我，痛快百年，便要当个千年鳏夫。若是再带上孩子，孩子还是半灵……确实不划算。母亲的血统，也是很重要的吧？"

冰轮无私，临照千里，胤泽的眼神比这一轮冰月还要空冷。天上有溯昭氏望月起舞，在地上与落花之影交叠摇曳。半晌，他才缓缓开口道："就因为你觉得自己活不长，所以，就不愿在我生命中留下任何痕迹，是吗？"

"这个……我只是不想你日后睹物思人，触景心伤。"

"这些问题，你以为我没想过吗。你回到溯昭之前，在白帝山，我就问过你一些话，不知你还记得否。"

他说的话，我是想忘也很难忘记。当时他说，有的事我自觉难熬，对别人而言却要难上千倍。毕竟，人死了便了无牵挂，活着才是痛苦……想到此处，我倏然抬头："那时，你指的就是我的寿命这件事吗？"

"是。"

"胤泽……"我的眉心都快绞成了麻花。

"从那时起，我就已想通。所以，就算你只能活两天，我也会娶你为妻。"他说得平淡，却异常坚定又不容反驳。

我听得心碎，上前一步，紧紧抱住他的腰。他也回抱着我，却用力极轻，极为小心，像是我下一刻便会消失一般："以后不许再说这种话，知道吗？"

他听上去很累，且小心翼翼，想必我方才的话让他有些难受。我把鼻涕眼泪全部揩在他的怀里，像个犯了错的孩子般呜咽道："胤泽，对不起，我只是太喜欢你了，完全不知道该怎么办，不知道如何才能让你开心一些，让自己少欠你一些，我真的不知道……"

"只要维持这样便好。"他顺着我的脑袋，轻轻抚摸我的头发，"我知道你无法离开溯昭，现在也无法跟我回上界。不过，待我们成亲、你王姐有了子嗣之后，便可以把溯昭交给他们管。到时，你已是我的妻子，可以跟我回神界，说不定一切问题都有了解决方法。"

我听得开心死了，抓着他的衣襟，抬头期待地望着他："真的吗，那我几时嫁？明年，好吗？"

"到那时成亲，你是想大着肚子嫁进门吗？"

"等等！等等！"我提心吊胆道，"大肚子嫁进门？为何啊？"

"就我们现在的同房频率，你若那时还没怀孕，那我还是男人吗？"

我悲鸣一声："哪儿有这么快的，我完全没准备好……"

胤泽吻了吻我的唇，柔声道："我们的孩子，必然很可爱。"

我先是晕了一下，随即晃晃脑袋道："这不是可不可爱的问题！"

"那是为何，你还是不愿意吗？"

"当然愿意！你待我这样好。"

"那便是了。"胤泽的笑如水色清浅，在我耳边低声说道，"知子之好之，杂戒以报之。"

然后，他握住我的手，在我的拇指上套上了个冰凉的东西。低头一看，那是他一直戴在右手的青玉戒。虽然他从未说过，但我知道这是对他很重要的东西。我凹神良久，再抬头深深望着他。此刻，寂夜展开丹青画卷，绘制出一幅月都之景：圆月落春树，玄鸟穿庭户，凋花如红衣，浅披行人肩。画卷中央，便是我风华绝代的心上人。我摩挲着戒指，拾掉他肩上的花瓣，脸颊发烫地轻靠在他怀里。这一刻，连眨眼都觉得很费力，所有力气都被甜蜜耗尽，只剩下一口气呼吸。

确实，从喜欢上胤泽的那一刻起，我便一直害怕自己寿命短暂，害怕这会变成我们之间最大的障碍。从我们相爱的那一刻起，我就担心他有一天会因为失去我而孤单。但是，命运和我们开了一个大大的玩笑。因为这样的担忧，从来没有应验过。

我们原本决定再过半个月就回仙界成亲，但是，这之后的第三天，便来了三个不速之客：开轩君带着黄道仙君和如岳翁，第二次前来攻打溯昭。正巧这一日哥哥也回到溯昭，甚至不用胤泽动手，我便协助哥哥，把这三个混蛋打得落花流水。

这三个人也真是狠毒不堪，上次就已经害得我们家破人亡，这回还敢再来。开轩君是个伪君子，进溯昭后挑衅最厉害的人是他，发现情况不对劲，最先溜之大吉的人也是他。遗憾的是，黄道仙君还是有些难对付，我们忙着和他对抗，便没能捉住开轩君。不过，看见哥哥的紫虚之剑在空中飞舞，一下便把那两个人吓得跪地不起，我心里别提有多解恨了。最后，我们活捉了黄道仙君和如岳翁，把他们绑到了王姐面前。令我们甚感诧异的是，刚被送进来，黄道仙君看了一眼胤泽，便咬破了嘴里什么东西，两眼一翻，吐血身亡。只有如岳翁，如皱巴巴的老耗子般打着哆嗦。

王姐和我一样，对如岳翁那张恶毒的老脸憎恨至极，她重重一拍椅背，怒道：“无耻之徒！杀我父母，竟敢再度来犯溯昭！朕今天就杀了你！”

“陛下慢下手，我有话要问他。”胤泽走出来，居高临下地望着他，两侧颧骨上的水纹印记浮现了一下，又迅速淡去，“说吧，是谁指使你们来的？”

如岳翁也陡然明白了当下的情况，想要自尽，却听胤泽道：“黄道仙君，真不知道以后在仙界史册上，会被写成什么狐鼠之徒。但全尸肯定是留不了了，薇儿，晚点儿拿去喂玄月吧。”

我不满道：“玄月才不吃脏东西。拿去喂狗，溯昭的狗最喜欢吃心肺。就怕这老家伙没这两样东西。”

如岳翁双腿一抖，直接跪在地上：“胤……不，祖宗，求求您网开一面，给下仙留个全尸吧。下仙也是中了开轩君那厮的离间之计，现在悔不当初啊……"

"少跟我说废话。是谁指使你的？"

如岳翁看看周遭，似乎不便开口。胤泽把他带出了殿外。王姐走过来，小声疑惑道："薇薇，为何如岳翁怕胤泽怕成这样？莫非他是什么上仙，比臣之的位阶还高？"

我点点头："差不多是吧。"

"胤泽的名字是怎么写的？为何我觉得很耳熟？"

我老老实实地在她手心里写下这两个字。王姐琢磨多时，突然花容失色："天啊！！！"

"嘘，他不愿张扬。"

王姐捂着胸口，上气不接下气地道："你开什么玩笑，你疯了吗？你要嫁给沧瀛神？他、他、他……他是我们溯昭的神啊！你嫁给他，这也太……"

王姐尚处惊愕之中，胤泽已拷打完如岳翁回来，用法术把他扔到我脚下："薇儿，杀了吧，不过他老实回答了我的话，不可喂狗。"

我当然不会轻易动手杀生，只留给王姐处置。王姐让胤泽废了他的仙躯，永除仙籍，把他贬为凡人老头儿，丢到了溯昭的大牢中等死。我们正在感叹漏了一个人，却听侍卫来报，说开轩君逃到洛水，被一群百姓捉住。百姓对他积怨已久，冲过去对他乱棍围剿，竟活活打死。后来他们把开轩君的尸体抬进殿来，果然肿得像个猪头，满身唾沫烂菜，只能勉强看清轮廓。我们从他身上搜出混元幡和戮仙剑，胤泽道："奇怪，这两样都是紫修的东西，怎么会到了他手里？"

我道："紫修？紫修是谁？"

哥哥道："是魔尊。"

"魔尊？不可能吧，开轩君这么弱，能打过魔尊？"

胤泽勾了勾手指，一个铜铃从开轩君怀里飞了出来。他观察了那铜铃一阵，又看看那两件先天灵宝，道："我知道了。开轩君是紫修的人。这铜铃是他与紫修联系的法宝，戮仙剑可召唤毒龙，是用以保护混元幡的利器，而这混元幡里就有紫修要他看守的东西。"

我恍然大悟："竟是这样。这么多年，我一直以为开轩君只是个贪图荣华富贵的卑鄙小人，从没想过，他会是魔界奸细。"

哥哥道："他的目的是什么，我们进去一探便知。"

再度进入混元幡内部，场景和上次无甚差别。我道："这里可是魔界？"

胤泽道："未必是魔界，但肯定是由魔族所建。先进去看看。"

这一回有胤泽和哥哥在，我便不像上次那样害怕。穿过一道道门，我们走得越来越深，最终，眼前豁然开朗，我们面前出现一座虚空之殿。这座殿堂整体是深紫色的，占地上百亩，东北起高楼，西南建朱甍，全部雕梁画栋。然而，放眼望去，偌大的广场中，只有一头兽。那兽长着深青长毛，晶红眼，形似虎，龙须尾，尾如蛇般拧动，周身散发着森森阴气。哥哥道："这里为何会有梼杌①？"

"梼杌，"胤泽喃喃道，"这里果真是紫修的地盘。魔界只有他爱养梼杌。"

梼杌，与饕餮、混沌、穷奇合为上古四大凶兽，放在此处，定是为了抵御外敌。按理说，我们已离它不远，它正对我们而坐，却毫无反应。我想起上次在此间遇到的那名发狂的女子，她也直接从我身上穿过。莫非，这一回情况与上次一样？我把这件事告诉了他们，胤泽思虑后道："看来，我们在此处看见的都是幻象。我们先进去看看。"

然后，我们进入了眼前的巨大宫殿。这宫殿里没有看守和侍卫，只有宫女。她们与那梼杌一样，完全看不到我们的存在，她们身着深青画裙，在暗黑的华宫中鱼贯而行，手中捧着的东西，皆是金珠玉钗，绫罗绸绡。看样子，这宫中住的是个女子。我们顺着她们队列的方向摸索，终于找到了一个寝殿，但还没进去，就听见里面传来了尖叫声。旋即，一个女子抓乱了头发冲出来，想要逃出宫殿，却被另一道强大的火光包围，硬拽回了寝殿。跟进去一看，发现里面还有一个身影。那是一个身穿玄色华袍、头戴龙冠的男子，怀金垂紫，唇淡如水，眼睛却是美丽幽深的紫色。他把那女子强硬地摁在床上，毫不客气，说话声音却如哄小孩般温柔至极："又不听话。乖乖躺在这里，养好身子，孤会经常来看你的。"

那女子却不领情，视眼前这个人如毒蛇猛兽一般，顽强地推他："放我出去！放我出去！我不要看到你！"

胤泽道："紫修，果然是他，那——"他的目光转移到了那名在床上挣扎的女子身上。

"这人便是紫修？"哥哥原本好奇，但看了一眼床上的女子，低呼一声，"娘？"

胤泽走近了一些，愕然道："尚烟。"

这女子便是尚烟？她不是死了吗，怎么会出现在这里？莫非这眼前的一切，都是过去的幻影？还是说，其实她根本就没死？可是，她以前应是一副清雅绝尘的模样，现在简直像个癫狂的妖怪，这中间又发生了什么？

只见哥哥飞扑过去，喝道："魔头！放开我娘！"

当然，任何法术对这两个幻影都起不了作用，哥哥挥出的剑，也从紫修胸膛空穿过去。胤泽道："没用的。"

紫修压住尚烟的双腕，黑发清流般落在她身上："烟烟，闹够了吗？闹够了便好好休息。"

尚烟似乎中了魔，双眼还是血红，但有泪水从她的眼角渗出："天衡，我想天衡，放我出去……我想见他……我不能没有他……"后面的话，尽数消失在紫修的吻中。

哥哥跪在床边，却无法解救母亲，只能握紧双拳，眼眶通红道："师尊，这到底是怎么回事？这是我娘生前的记忆吗？您不是说她是病死的吗？她为何会落到魔尊的手里，还要遭他玷污……"

尚烟溪流般的泪顺着脸颊落下，浸湿了镶金枕头。紫修做的是狼心狗肺之事，却表现得比谁都柔情似水。他细心地亲吻着尚烟，吻去她的泪水。看到此处，我留意到胤泽皱着眉头，看向别处，应该是不忍再看下去。我知道尚烟已经不在人世，也知道胤泽曾经对她有过爱意，但我也是现在才知道，自己是一个自私可鄙之人，即便是他对她片时的怀念，有这短暂的心不在焉，也令我感到满腔酸涩。见胤泽不语，而紫修还在情意绵绵地吻着尚烟，哥哥气得浑身发抖，站起身来，大步朝门外走去："我要杀了紫修！"

胤泽道："你恐怕不能杀他。"

哥哥站住脚，握紧剑柄："君子报仇，十年不晚。我现在非他敌手，总有一日能击败他。"

"我不是说你杀不了他，而是你不能杀他。谁都可以杀他，就你不能。"

"为何？"

"他是你父亲。"

闻言，我与哥哥都感到震惊。像是承受不住这一事实，哥哥的身子摇了摇，嘴唇干涩："不可能。我是仙，他是魔，他怎么可能是我父亲？"

胤泽道："你是半魔半神之身。从出生以来，你的身体就已被尚烟封印。"

原来，封印了哥哥的神魔之气后，哥哥看上去就与普通仙人并无两样。昭华姬带着一个刚出生的孩子，众神都以为是跟凡人私通的结果。所以，此后她带着哥哥在仙界隐姓埋名地过日子，人家当她是耻于见人，还有传闻说她负辱自尽。却无人知道，真正的缘由是孩子的父亲乃是魔尊紫修。自古以来，神魔之子若不堕入魔道，而是留在神界，只会遭到天谴，绝无生还可能。昭华姬如此做，只是想要保全哥哥的性命。然而，她由于伤心过度，健康每况愈下，时常卧床不起。料想自己将不久于人世，她把哥哥弃置在九州道士人家。六十年前，尚烟独自来到溯昭，度过了生命中最后的年华。知道她离世，胤泽便再未靠近溯昭半步。近些年，哥哥年龄增加，力量渐长，封印已压不住魔气，所以，才会有我看见的那两次发狂之症。胤泽带他去神界，也只是想在上界用更多力量，封住他的魔气。

得知哥哥的身世真相后，我和他都有些反应不过来。但是，真正令我们诧异的，是紫修说的下一句话："别哭。天衡现在在仙界，已是仙君，他会好好的。不用担心。"

我们三人面面相觑，惊怔不能言。胤泽回头又看了一眼尚烟，眼中有一丝喜悦："我懂了，此处是异界的平行幻影。这异界其实是魔界的入口，它的真正位置，在溯昭以前的方位。臣之，你娘还活着。"

"也就是说……六十年前，我娘来到溯昭，并没有死掉，而是被紫……我爹关在溯昭附近的魔界通道中？"

"对。尚烟很喜欢溯昭，紫修必然不忍摧毁，但又生怕别人进来发现她，所以让开轩君来看守溯昭。然而，开轩君到了溯昭，却想将溯昭占为己有，于是告诉黄道仙君和如岳翁这里住的都是水妖，已被魔界控制，并拿魔界入口的证据给他们看。因此，才有了薇儿小时候的那场灾难。"

我不平道："开轩君真是太可恶了！"

胤泽道："后来，黄道仙君见薇儿父王施展流水换影之术，发现溯昭是我造的，便说哪怕找不到神魔入口也没关系，只要抓了一个溯昭氏，回去证明给天帝看他会我的法术，天帝就会相信我在暗自栽培势力，总有一天会把溯昭找出来。"

这么说来，记得当年溯昭移位之前，我确实听见黄道仙君说了一句"我发现了有趣之事"，原来是指这个。我道："可是，他们不是在针对魔界吗？为何会扯到你身上？"

"如岳翁都跟我招了，他和黄道仙君上头的人，是水域天的另一个神君。他也是水神出身，一直看我不顺眼，总想推翻我。"

我担心道："那你有危险吗？"

"无碍。他几千年前就看我不顺眼。倒是臣之，既然你母亲还活着，我们就得去把她救出来。"

"是，我们必须去救她！"哥哥急道，"师尊，你一定要帮我。"

"好。"

他们大步朝门外走去，我赶紧跟上去，却听见尚烟发出一声轻微的抽泣声。三个人停下脚步，再度回头看去。尚烟眼中的赤红已经褪去。恢复清醒后，她满面泪痕，不愿与紫修对视，只无力地道："紫修，你究竟想如此折磨我到何时？"

"你是我的妻子，不愿与我同住，不愿夫唱妇随、相夫教子也就算了，还说与我在一起是折磨。烟烟，你如此负心薄幸，也未免太伤我的心。"

"够了，你我早已恩断义绝。"尚烟已然冷静许多，只是语调绝望，毫无生气，"现在我只后悔，当初辜负了胤泽。若再给我一次机会，我一定选他。"

"真想不到，他不过为你建了一座赏月之城，你便想他想成这样。你若喜欢，我再为你建十座临月之城便是。"

尚烟讥笑道："他与我朝夕相处，那是最真挚的情感，你这六亲不认的魔物，又如何能理解！"

紫修停滞少顷，那对紫罗兰色的瞳仁微微紧缩，却转而微笑道："无妨，现在后悔也晚了些。孤与胤泽是死敌，孤用过的东西，再是漂亮，他也不会感兴趣。"见尚烟还是无动于衷，他捏住她的下巴，虽笑着，却让人感觉十分危险："尚烟，孤不曾对哪个女人如此耐心，你最好不要敬酒不吃吃罚酒。若再从你口中听见其他男人的名字……"他没再说下去，只是眯着眼，晃了晃她的下巴，起身离去。

与胤泽在一起之后，我第一次发自内心地感到害怕，就因为尚烟那一句"若再给我一次机会，我一定选他"。明明没有证据，我也不知道他们之间究竟有过怎样的过去，胤泽也未留下只言片语的评价。他只是拍拍哥哥的肩，催促哥哥离开，前去救尚烟。其实，要救哥哥的娘亲，我真的理解。但是，为何会这样……自始至终，胤泽都没有看我一眼，像是忘记了还有一个人在这里，他们就这样径直走出去。

我木然地站在原地，正想离开，却看见尚烟从床上坐了起来，在镜前梳妆打扮。烛光摇红，残影朦胧，尚烟始终面无表情，冷若冰霜，却比寻常少女站在十里桃李中灿笑还要迷人。此前看见尚烟是在炼妖谷的幻影中，我只记得她有倾国之色，却忘了她的样子。终于，我知道了临行前青戊神女话中的深意。初次看见青戊神女，她就夸过我好看，之后也待我万般亲切。当时我就纳闷了，神界应该不乏一顾倾城之人，为何她独独盯上了我？仔细想来，她如此慧心妙舌，不过是想讨好胤泽。

镜中美人颜，旧梳插云鬟。我与尚烟之间的距离，自是天遥地远。若非说我们有点儿联系，许是眉目间七八成的相似。若再说我与尚烟还有什么关联，便是胤泽先前提及尚烟在溯昭去世已经六十年，而自我从溯昭出生，也正巧六十年。

原以为胤泽神尊薄情，却不知他比我长情得多。他甚至不用说一个字，这些日子以来，每一次情浓时的凝望，每一夜颈项间的缠绵，还有那个雨夜将呼吸也焚灰的告白，当年桃花下那一抹动人的浅笑，都已告知我，此情深至何处。我活了不过六十年，他这一份沉重的思念，又岂止六十年。与之相比，我那短短十几载的爱与恨，简直是轻如鸿毛。

后来，哥哥又倒回来找我，我终是跟着他走了出去。胤泽踏虚空而行，长袍微荡起涟漪。我佯装无事，在后面唤道："胤泽。"

他未回话，像全然没有听到。指甲掐得掌心肉发疼，我已极力在忍，但我再次发出的声音，还是有些哆嗦："师尊……"

他终于停了一下，半侧过头，冷语冰人："怎么了？"

他这个模样，与我初次去浮屠星海看见他时无甚差别。当时我就在想，相比师尊长成这样，我更希望自己未来的郎君长成这样。而此刻，所有言语都哽咽在喉，我再也说不出话。

原来，应龙载我归去之夜，那一抹徐徐回眸的靛青身影，只是一个美丽的错误。浮屠星海的烟雨中，我飞蛾扑火撞碎冰墙换来的温柔，亦是一场美丽的误会。当春风终于抚平心中的涟漪，我也终于看清了他眼中的自己。那个自己是一面镜子，上面倒映着两位上神深情的影子。

注释：
① 出自《神异经》："状如虎而犬毛，长二尺，人面虎足，猪口牙，尾长一丈八尺，搅乱荒中，名梼杌。"

第
十
六
章

Chapter
Sixteen

绘
伞
遗
情

昔子与我兮心腹相知，
今子与我兮雁影分飞。
昔子与我兮朝夕相对，
今子与我兮相同陌路。
昔子与我兮对床听雨，
今子与我兮天各一方。

——《分飞》

　　一场秋雨一场凉。人无意绪，雨却眷恋绵绵，寂如飞萤，随风飘零，皱了洛水。我撑开一把白伞坐在窗边，新题彩笔，在伞上绘制溯昭山河。胤泽进来，在我身边观察了一阵，道："你好歹也是洛水之灵，为何会喜欢伞？"

　　"因为有风情。"我自鸣得意，就像一只枯树上的知了似的。

　　胤泽站在一旁，没再接话。我一向爱闹腾，若换作以往，必定会率先说话，打破沉默。我知道，此刻他是在等我问点儿什么。但是，难得犯一次狗脾气，我也不乐意接话。这样在窗边细听雨声，轻嗅桂香漫千里，也好过再去热脸贴冷屁股。终于，胤泽头一次有些熬不住，道："薇儿，是我对不起你。"

　　"你没有对不起我，是我误会。"我停下绘画的动作，长吐一口气，

"你认为我是尚烟的转世。"

他静静地望着我，算是默认。我道："你一直把我当成尚烟，结果发现她还活着，一时间就弄不明白，自己究竟是喜欢我，还是喜欢她。"

他沉默的时间越长，我心里的痛楚就越多。但不管如何难受，我都没让自己表现出来，只是平静地道："没事，你要去救她，我支持你。即便只是出于道义，你也应该这样做。我不会怪你，也不会离开你。等你去救了她，想明白之后，再回来给我答复。"

"薇儿……"

第一次见他如此愧疚，我也很不了解自己。明明已经难过得筋疲力尽，为何还会心疼他！感情这回事，真是谁先动心，谁爱得多一点儿，谁就输得一塌糊涂。天下不如意事，总是十居七八。经过此次之事，我也终于明白，这段开始就过于灿烂的感情，果真只是镜花水月。他可是胤泽神尊，怎可能这样轻易爱上一个身微言轻的小人物。若是可以，真希望将一切的美好——青春年华、天真懵懂、无忧无虑，都放在人生的最后。若是可以，希望能在那时遇到一个与我两情相悦的人。

"我会等你回来。"我已不知该如何唤他，只好心虚地避开所有称谓，"不管你对我的感情多么复杂，我待你始终简单如一。"

胤泽似乎想说点儿什么，但或许他自己也发现多说亦是枉然，便伸手想要抱我。我躲开他的怀抱，佯装弯腰看绘伞。细雨如丝，溅入窗棂，在伞上晕开墨渍。我道："我现在才发现，这伞还真是没法儿用。既然是水墨绘制的，雨一淋便会掉墨。"

胤泽挥手施法，伞上的水墨便凝固起来。

"如此甚好。"我笑道，把伞收起，递给胤泽，"这原就是送给你的。反正你永远用不上，所以肯定会保管得很好。"

"多谢。"

"怎么变得这么客气，我真有些不习惯。回去休息吧，明天一大早你们就要出发了，不是吗？"

胤泽走过来，在我额上吻了一下，便转身回房去。这段时间，我们一直同榻而眠。这一晚我并未回自己的寝殿，而是把换洗衣物都搬到了南殿。之后，我一个人到洛水旁散心，却遇到了哥哥。哥哥伸手在我额上弹了一下："大晚上一个人在外面溜达，不是好姑娘。"

我不悦道："谁叫你跟踪我了？"

"精神如此糟糕，你要我如何放心离开？"

"你早点儿回来不就好了。"

"这种事又不是我说了算。而且，也不知道我这亲爹是否还愿意认我。"

"那你就不要管我，我心情不好。"在胤泽那里憋的一口气无处发泄，这下全发泄在了哥哥身上。

谁知他毫不心疼我这个妹子，说话还是一点儿情面也不留："我早跟你说过，师尊是我们的长辈，你跟他出生时代都不同，怎么谈情说爱？这是你惹的事，自食恶果，别想找我发脾气。"

"也是啊，师尊辈分真是够大了，想想你娘还喜欢他呢。"

哥哥果然受不得这般挑衅，义正词严道："胡说，那肯定是我娘故意说来气我爹的话。"

"不管是不是气话，她说了就得认。"

哥哥不乐意了，板着脸伸出食指拇指，在我额上弹了一下："你这臭丫头，真是气死我了。"

我一点儿不客气，在他下巴上也弹了一下："你这臭哥哥，一点儿都不疼我。"

他下手很轻，我下手很重，所以结果是他捂着发红的下巴，嘴唇抿成一条线，忍痛忍得一脸愁容。两个人争执了半晌，最后他败给了我那句"为何别人家的哥哥都那样温柔如水"，笑道："现在心情可好点儿了？"

我的脸微微发热："吵不过我，就假装是故意逗我开心，无耻。"

哥哥笑了一阵，不置可否："其实你在担心什么，我都知道。"

我挑眉望着他，已树起防备。他道："你怕师尊跟我娘跑了。虽然跟我娘相处已是年幼之事，但是我记得很清楚，每次提到我爹，她都只哭不说话。她很爱我爹，所以肯定不会真的和师尊在一起。”

我苦笑。哥哥还是不懂我。就算尚烟不喜欢胤泽，那又怎样？喜欢胤泽而不得的女子多了去了，我也曾是其一，但是他心仪之人，始终只有一人。不过，正想到此处，哥哥就像能读懂我心思般说道：“就算师尊不要你，你也还有我。”

我茫然道：“哥……”

被我这样直直一望，他反倒不好意思起来：“你早把我从前说过的话忘记了吧。从离开溯昭拜师起，我最大的愿望之一，就是成为仙君。但在那之前，我只有一个心愿。”微风戏碧涛，逗青莲，也拂动了哥哥的衣衫。岸边扁舟轻摇，月光长照水岸，照入他澄澈的眸子。这一刻我忽然发现，他的眼神比胤泽易懂得多，也纯粹得多。他侧过头去，耳根也变得通红：“小时候，就只想与薇薇成亲。”

我知道，哥哥这番话实实在在，绝未掺杂半点儿别的思绪。胤泽也曾对我许下婚诺。只是现在，我都不忍细想。还不等我回答，哥哥已道：“薇薇，跟你说这话，不是想让你有答复，只是想告诉你，我知道你这条路走得很不容易。但不管你有多苦多累，只要一回头，就能立即看到我。”

我转过身去，用道术玩着洛水，令水花在月下蝴蝶般轻盈起舞。溯昭真不愧别称“月都”。不管多少年过去，这里的月色始终不变。溯昭的月夜，不亚于仙界任何一处良辰美景。记得小时候，我与哥哥以及其他朋友经常来这里玩耍，哥哥那时比现在还要闷，还很不合群，总是一个人蹲在角落看书，非要我拽着他，才勉强加入我们。我经常觉得这哥哥就像个妹妹，长得比姑娘还好看不说，还比姑娘更含蓄。转眼间，哥哥变成了天衡仙君，年轻有为，英姿勃发，真是与当初大相径庭。其实相比胤泽，他更适合我太多太多。只是，我心中只有一个胤泽，若这种时刻跟哥哥在一起，那才是真正对不起他。

我引了一些洛水，溅到哥哥身上。他闪了一下，没能完全躲开，脸上鬓角沾了水珠。我道：“我为何要选你，你哪里比胤泽好了？他比你好看，也比你厉害。”

"我比他年轻。"哥哥居然一点儿不受刺激,还胸有成竹地补充一句,"七千多岁。"

我笑得蹲在地上,留他有些尴尬地站在原地。对他虽无爱情,但我知道,这天下没有人能取代他。也知道,父母离世后,他是唯一会守着我,不论东海扬尘,风吹雨打,都永远不会离开的人。

翌日,哥哥与胤泽一同离开了溯昭。我只送他们到洛水旁,便准备目送他们离去。临行前,哥哥对我说:"以后不准自己半夜跑出来。"便挥挥手跟上了胤泽。胤泽并未用法术挡雨,反而撑着我为他做的伞。他在雨中回头,最后望了我一眼,袍袖一挥,与哥哥消失在雨中。

这是几十年来,溯昭的最后一场雨。我在回紫潮宫的路上,听见有溯昭女子抱着箜篌,在空中翻舞,低低吟唱:

昔子与我兮心腹相知,今子与我兮雁影分飞。

昔子与我兮朝夕相对,今子与我兮形同陌路。

昔子与我兮对床听雨,今子与我兮天各一方……

歌声悲戚,让人不由得苦从中来。这秋雨中无端的愁思,让我有了一种几近绝望的预感:胤泽离开以后,大概再也不会回来了。

然而,事实比我想得还要糟糕。

他们离去后,我听说了无数关于神魔战争的传闻,能确定的是:胤泽神尊闯入魔界,救出了昭华姬。魔尊紫修勃然大怒,率兵倾城而出,穿过神魔天堑,奔袭神界。由于紫修此战乃冲动之举,魔界一直处于下风,所以不过半个月,此战便以魔界战败告终。只是战后两个月过去了,我始终没有等来胤泽。我想,胤泽这样拼尽全力解救尚烟,说不定尚烟真的感动至极,和他圆满地在一起了。有了尚烟,他自然不再需要我。随着日子一天天过去,我的心情越来越沉重,只打算等哥哥一人回来那一天,抱着他大哭一场。我殚精竭虑,想过无数种可能,却如何也没想到,不会回来的人,不仅仅是胤泽。

不,确切地说,哥哥他回来了,只是方式与我所想的不大一样。

两个半月后,寒冬已至,凄雪纷飞。听见凌阴神君来访的消息,我裹着裘皮大衣，飞奔到洛水外，和王姐及众溯昭氏臣民迎接他的到来。然后，在跪拜的千万人面前，一口覆了积雪的棺木被缓缓推来。我原也弯着腰，看见此情此景，不由得缓缓直起腰，往前走了两步。只见凌阴神君与王姐说了几句话，便走过来，望着我沉声道："开战后，他不知是该帮自己的父亲还是母亲。紫修想绑走尚烟，胤泽用'冰离神散'攻击紫修，结果他过去为父亲挡了这一下，当场就断气了。"

头脑与四肢的血液都在倒流，我只觉得眼前一阵阵昏花，眼前咆哮的风雪也时明时暗。那一口冰冷的棺木，更是在视野中摇摇晃晃。我声音沙哑："不可能的。"

凌阴神君望了我一眼，顿了顿，似乎也很不忍心说下去："也是因为这事，天帝发现了他体内有魔族血液。而且他救了紫修一命，虽于情可以理解，但于理是违反天条的。因此，他的遗体无法进入仙界先人祠，只能把他送回此处。"

听至此处，王姐捂住嘴，眼泪大颗大颗地落下，转而将头埋入孔疏的怀里："臣之，怎么可能是臣之……我的弟弟啊……"

"不可能的，不可能的……"

好似只会说这一句话一般，我飞奔过去，用力推开棺木盖。然后，看见里面躺着的人，我整个人都蒙了。凌阴神君叹了一声："生死有命，请节哀。"

上次看见他不过是两个月以前，他还在洛水旁与我有说有笑。当时我所有的担忧，是胤泽会不会回来，却从没想过哥哥会不会回来。又如何会想到，当时他再普通不过的"以后不准自己半夜跑出来"，是此生此世，对我说的最后一句话。

"哥……"我拉了拉他的衣角，"哥哥……"

棺木里的人没有动静。胸腔中似有火焰在燃烧，随时都将爆开。我忍着那口气，又用力推了他几下："哥哥……醒来，醒来啊……"

还是没有动静。他穿着仙君的战袍，最爱用的那把剑还在怀中，黑发如鸦，双眼轻合，长长的睫毛垂落，年轻的皮肤和往昔一样紧绷，一点儿也不像是生命已逝的模样。我伸出颤抖的手指，碰了碰他的脸颊，却被那彻骨的冰凉惊得猛收回手。

这一刻，连呼吸也变得异常艰难。我再说不出一个字，扶着棺木边缘，闭眼蹙眉，想要恢复清醒。不可能，这不可能是真的。哥哥他只是去救他娘亲，他答应过我，会一直陪着我的。他还这么年轻，还有大好前程等着他。他这样年轻，所以我从不怕他等我太久，因为他还有那么多的时间去等。

再次睁开眼睛，眼睛烧痛，泪水几乎要把眼球融化。我头昏脑涨，总觉得自己陷入了全天下最可怕的噩梦。但是，雪花一片片落在他的黑发上，空气冰冷，却又是如此真实。我想再次去触摸他的脸，但手指在摸到他皮肤的前一刻，胸前热流上涌，止住了我的动作。我弓着背，再也抑制不住，吐出一口鲜血！

"小王姬！"

"薇薇！"

王姐和其他人赶紧上来扶我。同时，小腹也开始剧痛。我捂着肚子，躺在王姐的怀里，抓着她的狐裘衣领，泣不成声："王姐……咳，我要他回来，没有他我真的不行……哥哥……他不能不在……"

"薇薇，薇薇，你还好吗？"王姐吓得脸都白了，"御医，快点儿叫御医过来！她流了好多血！！！"

我闻声望去，发现不仅胸襟上沾了血，连雪地上都是一片鲜红，而且是从身下流出来的。可是，我已不再关心这些。

"就算师尊不要你，你也还有我。"

"小时候，就只想与薇薇成亲。"

上一次，他还在这里，对我说着这些话。他还会笑，会怒，会脸红，会伸手弹我的额头。抬头看着前方的棺木，我推开王姐，用最后一丝力气，用纵水术把他从棺木里移出来，落在我的怀里。那具遗体冰冷僵硬，完全不是过去的触感。大雪落在我们二人身上，我抱着他的头，想最后叫他一声，身体却支撑不住。我眼前一黑，倒在了他的身上。

我一直认为你不会走。却不想，这只是错觉。

又是这样寒声凄切的冬日，大雪不曾停歇。大约二十年前，就在这样的夜晚，我亲眼看到父母的逝去，也曾梦到过他们重新活过来。但半梦半醒中，我始终没有等来哥哥最后的身影。倒是晓阴无赖，轻寒满楼，再度清醒过来时，看见灰色天空下一片湿漉漉的大地，我冷静了很多，很快接受了哥哥已经离去的事实。只是，越是清醒，胸口的痛楚就越多。想到余生漫漫，接下来的上百年光阴都会孑然一人，就觉得了无生趣。我长叹一声，重新躺好，从怀中把哥哥送给我的木雕小鹿拿出来，面无表情地摩挲着。想起他第一次逃亡前，也是第一次向我告白的夜晚，他就答应过我，要学会做冰雕，为我做一只冰雕小鹿……

"薇薇，我还会去学纵水术。到时候，我也会做一个冰雕给你，每天带着你在洛水旁赏月，在桃树下品酒。如果你想飞，不用纵水，也不用乘鹥鸟，我可以抱着你，腾云驾雾，一日千里，游遍天地六界间最美的河山。"

可是，这些诺言一个都没有兑现。哥哥他不在了，这个世界上，再也不会有傅臣之这个人。想到这里，我就觉得胸腔淤泪成血，痛彻心肠，捂着湿润的眼睛，却再也睡不着觉。

听见此处有动静，王姐拨开帘子走进来，带着御医和一群宫人伺候我喝药。看见侍女动作缓慢，王姐抢过汤药，亲自喂我："薇薇，我知道你心里难过，但你现在是一人两命，千万要照顾好身子。"

我一时反应不过来："一人两命……什么意思？"

"御医说，你已有三个月的身孕。"她抹去眼角的泪水，满怀欣慰地对一旁的御医说道，"快，给她再看看。"

御医应声，上前为我把脉，道："陛下，小王姬的身子还是有些虚弱，但脉象平稳，母子平安，只需多加调养即可。"

其实，先前葵水未来，我便有过些许怀疑，但因为心情焦虑，心想是因此才会月事紊乱，没想到……我木然地望着前方，无悲无喜。王姐在我身侧坐下，温柔地抚摸我的头发，悄声道："为了这孩子，你也要坚强一些，知道吗？现在只要等胤泽神尊回来便好，一切都会慢慢好起来的。"

我道："不用等。"

"什么意思？"

"胤泽不会再回来。"我垂下眼帘，重新躺回床上，"王姐，什么都别问，让我一个人静静好吗？我觉得很累，想再休息一会儿。"

王姐瞠目结舌，欲言又止，最终还是拍拍我的肩，带着所有人出去了，只留了一个侍女在寝殿侍奉。于是，空殿瞬间变得寂静无边，我让侍女从书柜里拿一本书过来，她抽了一本我爱看的《上神录》。回想起来，我原是从这本书里发现了胤泽的心意，后来才有勇气对他坦白心迹的，说到底，还得感谢此书。此刻，尘飞沧海，白雪茫茫，一枝寒梅入窗来，我先前挂念的上神已回到九天之上。到最后，他影响了我的一生，我在他生命中却不曾留下半点儿痕迹。倒是那赠书之人，用心良苦，却早已命丧九泉。我捂着小腹，捧着书看了一阵，却一个字也看不进去，唯有泪水晕花了墨迹。苍天弄人，带走了哥哥，让那人回到其心仪之人身边，却留给我这原本不应存在的孩子，也不知是否给我的薄情于哥哥的报应。哭得久了，我觉得很是疲惫，肩上搭好的衣服也滑落下来。然后，我做了一个梦。

梦里已入夜，雪已停，有冰块从树梢上掉落的声音。我睁开眼，发现自己正坐在瑞雪堆积的庭院中。梅枝投落暗影，月雪皑皑苍白，连成一片，一个熟悉的身影无声地踏雪而来，我抬头一望，发现那人竟是胤泽。他还是先前离开溯昭时的模样，黑发如夜，青袍曳地，手里撑着我赠他的水墨伞，靴底却有水光皱皱，照得雪地莹莹发亮。他在离我数米远处止住，挥挥手，用法术替我把衣服搭在肩上，人却没再靠近一步："薇儿，数月不见，近来可好？"

我眼中含泪，侧过头去："我不想看见你。"

"我知道，你怪我负你，怪我错手杀了臣之。只是，事情并非你想得那样简单。臣之之死，从尚烟决意不让他入魔之时起，已是必然。神仙界容不得魔族，这是自古以来的定律。即便今日他不死在战场上，日后魔性暴露，也会被上界众神诛杀。"

"你想说，这件事是天帝的错，与你无关，是吗？"我站起来，由于身体虚弱，不得不扶着梅树，"你若不带他回去救尚烟，他也不会这样早死！就算以后被杀，那也是以后的事！尚烟让他变成什么，你就让他变成什么，你可曾考虑过他的感受？"

胤泽道："他是仙君，又是我的徒弟，怎可能愿意成魔？"

我苦笑道："你果真还是如此自私，从不考虑别人的感受。没错，你是神，心中必然视魔为敌。但哥哥是半魔啊，他夹在神魔中间，处处皆非归处，现在人已死，都要被送到溯昭来。你认为他会把自己当成真正的神仙来看吗？他在战场上救了紫修，说明他心底还是爱着这个父亲的，对吗？"

胤泽愣了一下，没有接话。

"他若随父亲成魔，便不会死。成神也好，成魔也好，只要他不死……"我咳了两声，坠下泪来，"让我死也行。"

浮天之下，月光与雪连成一片白色荒漠，照得胤泽的面容也如冰雕雪积一般。良久，他才徐徐道："我知道他对你来说很重要，但以前你从未告诉过我，他会如此重要。"

他如此一说，让我想起哥哥往昔的好，更是心如刀割："我们一起长大，情同手足。这世上，只有哥哥是别人替代不得的。也只有哥哥，会待我这样好。"

"我明白了。如此甚好。"胤泽轻笑，眼中黯淡，"既然你把他看得如此重要，我也可不再有牵挂了。别伤心了，要相信他会回来的。"

"你是想说，他将会变成孤魂野鬼来找我吗？"

"薇儿，今日我不是来与你吵架的。"他看上去有些疲惫，"我是来与你道别的。"

我原本以为对他已经痛恨入骨，却不料心中还是隐隐作痛。我也累了，有气无力地道："在你眼中我是什么样，我早有自知之明。即便你不来道别，我也不会意外。"

许久四下寂若死灰，胤泽却不再执意与我辩论，只望了一眼我身后的荷花池道："我发现你很喜欢那苏莲，不管走到哪里，都把它带在身边。"

"嗯。"我不情不愿地答道,实在没心思聊这种无味的话题。

他伸开手掌,池中的苏莲花苞渐渐升入空中,落在他手心。而后,一道金光将苏莲包住,渗透进去,苏莲便好像莲花灯笼那样,从半透明的花瓣中透出璀璨金光。他往前一推,那莲花便回到池中,四周有金色星点落下,掉入水中。他看了我一眼,道:"你喜欢这样发亮的东西,是吗?"

"没有。"我别过头去。

"方才还一副要哭的模样,现在都看走了神。"他朝我走近一些,浅笑道,"瑞莲生佛步,苏莲花生子。苏莲原是滋补之药。从今往后我不在你身边,让这莲花多陪陪你。记得多吃苏莲子,对我们的孩子也好。"

听到最后一句,我愣住。原来,他知道我怀孕……我差一点儿冲过去狠狠抽他一耳光,骂他真不是东西,负心薄幸,知道我怀孕还如此待我。可是,在他面前,我一直格外在意自己的尊严。我强忍着心中的悲伤愤懑,只是下意识地捂住肚子,把嘴唇咬破,也不让自己落泪。

顷刻间,睫毛上又沾上了轻盈之物。抬头一看,原是一片雪花。他赶紧走上前来,撑伞为我挡雪:"我要走了。你快回房休息,小心别生病。"

"你给我滚吧!!!"

我终于赫然而怒,伸手去推他,手掌却穿过他的身体,扑了个空。我吃惊地看着双手,又抬头看向他:"这……这是怎么回事?"

雪花斜飞,亦穿过他的身体,他但笑不语。我道:"胤泽,你到底在耍什么花样?"

"此生我负你太多。"他微微一笑,眉目之间,是前所未有的温柔,"薇儿,只盼我们还有来生。"

言毕,正如二十年前那场幻境,他的身体化作一阵金雨,随风雪散去。

"胤泽……胤泽,你回来!"

挥舞着双手,从睡梦中惊醒,我坐在床头打量四周,发现自己仍在寝殿内。窗外寒夜千里,大雪已休,玄月正趴在床脚蹭我的膝盖。侍女听见叫声,连忙把王姐她们又叫进来。我捂着胸口,心神未定地喘气。眼角有湿润的泪水，嘴唇却干裂得像是不属于自己。原来只是个噩梦。看来，这是因为哥哥去世正逢冬雪日，让我想起了父王和母后遇难的那一夜，同时也想起了当初遇见胤泽幻影。记得那两次遇见胤泽幻影，他都打着伞。我已记不清那伞的模样，却依稀记得，他手上似乎并无青玉戒……我摸了摸胤泽送我的戒指，始终没能领悟其中的关系。

七日后，我们以王子之礼，完成了哥哥的葬礼，将他的坟墓安置在祭坛后方的王陵中。下葬之前，按溯昭葬礼仪式，每个王室重臣都应去看他最后一眼。王姐带头上前，往棺材里看了一眼，就侧过头去，闭眼垂泪。随后，我也跟着过去，看了看棺材里的遗体。自从上次抱过他冰冷的身躯，便不敢再多触碰他的皮肤。但是，哥哥的样子还是如此熟悉，让人分外怀念。此刻，祭坛上下，哭成一片，王姐见我久久不走，低声劝了我几句。但我笑着摆摆手，轻松道："瞧瞧，这是谁家少俊，难怪迷倒那么多姑娘。"

众人破涕为笑。知道哥哥其实有些臭美，还总喜欢装得比实际年龄老成，我理了理他的衣角，又放了一束梅花在他怀中："哥，等开春后，我会去法华樱原，为你摘新鲜的樱花。我知道，你肯定喜欢樱花多过梅花。这可是我们的小秘密。"又多看了他几眼，我跟着王姐走到一边去。寒梅树底，尘土纷纷，哥哥的棺木被葬入土壤。

此后，我很少哭泣，但心情一直好不起来。每日除了辅助王姐处理朝政，唯一的乐趣，便是去寝宫亭台下，流水荷池前，抚琴品酒消磨时光。每当迎风缓弦，琴声似昆山玉碎，响遏行云，那一颗过于思念哥哥的心，也会变得平顺许多。困闷时，我会与玄月对话。玄月不在时，我甚至会对着莲池说话。苏莲不愧是六界圣物，十分通灵性。每次说完话，那一朵种在池中的苏莲便会发亮，好像能听懂人话似的，亮光还不时闪烁。它红瓣红如火，金蕊金如阳，别提有多漂亮了。而且，这苏莲还有点儿像黄花大闺女，只要我伸手去碰它，它便会跟含羞草一样，腼腆地合起来。梦里胤泽曾对我说，要多吃苏莲子。虽只是个梦，但苏莲安胎补益是真。于是，我就命人取了一些莲子来熬药，服用后，确实感到平复如故。

因为我独处时间过久，王姐觉得不放心，时常过来看我，与我闲话家常。有一天下午，她把孔疏也带了过来。孔疏看见我的琴，问可否上前弹奏一曲。我自然欢欣答应。然后，他坐下来，指尖拂动，霜气清锦袖，在画庭中留下幽咽之音。细雪飘然，千点掠地飞，中有梅枝嶙峋，花色如白头。看见他垂头的模样，我又想起了那个人。分明不久前他才入梦中，却有隔世之感。也不知他现在正在何处，在做何事。不经意间，我望出了神，直到孔疏弹奏完毕，抬眼不经意与我目光相撞，我才慌张地别开目光，和王姐说话。聊了一阵，我把王姐和孔疏送出去，自己在外面散步少许，又回到庭中。此刻，碎玉雪在池前卷起，曲廊亭台中，站着一名翩翩公子。他云发微卷，红袍轻敞，听闻脚步声，转过头来，冲我浅浅一笑。他的额心有一枚鹅黄印记，经此一笑，整个庭院都已熠熠生光。

"王姐夫？"我愕然道，"你为何又进来了？为何还打扮成这样？"

那公子道："小王姬与不才日夜面晤，朝夕相处，不料变了个模样，小王姬便不再认人。"

我摸着下巴，上下打量这公子。乍一看，确实是孔疏无误，但仔细看去，这公子聊的是闲话，眼梢眉头却总带着些风情。相较下来，孔疏性情内敛含蓄，矜持不苟，从不对人露出这般骚气的笑容，从不穿这种色泽艳丽的袍子，更不会把袍子敞着穿。当然，孔疏更没有这一头黑玉海藻鬈发。望着这张俊秀的小脸蛋儿，我有些糊涂了："公子当真跟我姐夫长得一模一样，还望请教阁下大名。"

"不才苏疏。"

"原来是苏公子，幸会幸会。"这说了跟没说有区别吗？我在底下叹了一口气，"苏公子连名都与我王姐夫一样，真是线头落了针眼，太凑巧。"

苏疏笑道："这名字也是方才取的。因为见小王姬望着孔公子出神，心想小王姬大抵对孔公子有几分意思，便化身为他的模样，顺带用了他的名字。若小王姬不喜欢，不才大可换个名字，换个相貌。"

听他如此一说，我更是如堕五里雾中。但听见那"苏"字，再瞅了一眼荷池，我惊呆了——那朵苏莲早已不见踪影。苏莲原是红花金心，再看看苏疏的模样，我吓得抽了一下嘴角："你是那朵苏莲？！"

他未直接回答，只莞尔道："见小王姬有孕，便化身人形，特来照应照应。小王姬若是不嫌弃……"

他后来说了什么，我已听不进去，只记得之前梦里，胤泽曾对我说："从今往后我不在你身边，让这莲花多陪陪你。"

难道，那个梦是真的？我急道："你为何会在此刻现身？是谁让你来的？"

苏疏想了想，道："难道不是小王姬与苏某昼夜相对，把苏某召出来的？"

虽然答案与胤泽毫无关联，我却已心急如焚，转身便飞出寝殿，也不顾他在后面呼唤，直奔异兽庵。我寻得一只翳鸟，骑着它便冲上高空，直奔青龙之天。这恐怕是我一生中最冲动的出行，而且还是在有孕在身的情况下。只是，想到梦中胤泽最后对我说的话，我就害怕得浑身发抖——若那梦是真的，那句"只盼还有来生"是什么意思？我曾经如此爱他，现在如此恨他，每天都恨不得让他倒大霉，希望他被尚烟甩得遍体鳞伤，吃下误杀哥哥的苦果。但是，我没法儿想象没有他的生活。哪怕此生不再重逢，再无缘见他一眼，我也希望他能好好地活着……不，倒霉地活着。

等赶到天市城沧瀛府，我整个人都已累得筋疲力尽，差一点儿从翳鸟背上摔下来。时逢夜晚，我用力敲了许久大门，才有人过来开门。那是一个我认识的家丁，他道："洛薇姑娘，您居然回来了？"

"师尊呢？他可在府内？他现在可安好？"见对方有些迷茫，我焦虑道，"快说啊，他在何处，他现在怎么样了？"

"这……神尊三日前回了神界，现在不在府内。"

三日前。这么说，他没事。我大松一口气，撑着门吃力地喘气："那就好，那就好……他平安就好。"

家丁为难地看了我一会儿，悄悄道："洛薇姑娘，以后还是别再回来了。"

"什么意思？"

"实不相瞒，您和神尊的事，小的也知道一些。只是神尊现在已经放下话来，说只要洛薇或任何溯昭氏来访，都拒不见客。没错，昭华姬是个绝代美人，但洛薇姑娘待他的真心，天地可鉴。他却一而再再而三地换人，一会儿是青戊神女，一会儿是昭华姬，依小的看来，她们没一个比您待神尊更好。说难听点儿，小的觉得神尊是瞎了眼。他这般冰寒雪冷，您还是别再来了……"

"他……他说不见我？"

"是，我们整个府上的人都觉得您最好。但神尊的脾气您也知道，他既然这样喜欢昭华姬，我们也无人敢劝说。"

我哑然半晌，道："没事，我只是做了个噩梦，以为他出事。既然他还安好，我也就放心了。以后我不会再来。"

说实在的，家丁万般同情的眼神，让我觉得自己就是个可怜虫。我缓缓离开沧瀛府正门，朝千级阶梯下走去。星光长长地照落阶梯，回首遥望高楼，我想起自己曾写过的诗句："遥望孤峰锦楼，吾师上界人家。"现在看来，果真是上界人家，离我有隔世之遥。

因为先前耗尽了灵力，我累得施展不动法术，只能徒步走下阶梯。然而，没走几步，便看见一对神仙眷侣的身影从空中飞下，落在沧瀛府门口。看见那人的背影，我猛地站起来，霎时间居然忘记克制自己："师尊！"

胤泽转过头来，站在玉阶上遥望我，整个人都僵住了。随后，他身侧的尚烟也投来了好奇的目光。胤泽跟尚烟说了一句话，她点点头，便提着裙摆进了沧瀛府。他走下台阶，在我面前站定："你来做什么？"

原来，梦中那个胤泽，果真是我幻想出来的。此时，他看上去和以前并无差别，还是一副拒人以千里之外的模样，又怎会变得那样温柔？我在袖中握紧双拳，努力维持冷静："做了个噩梦，以为你出事了，所以来看看情况。既然你没事，那我走了。"

还没来得及转身，他道："洛薇。"

我又回头看着他。他上前一步，借着月光，视如陌路道："先前，你叫我回来便给你答案，现在答案已有。"

"不用说，我知道。你选了尚烟。"

俗话说得好，人情留一线，日后好相见。话说到这个份儿上，已经够了吧。从头到尾都是他负我，他多少应该有点儿愧疚之意，最起码应该害怕面对我才对。但没想到，这人觉得这样还不够残忍，又轻描淡写地补充道："我不曾爱过你。"

"知道了。"

"把你错认为尚烟，我一直心有歉意。你若想要什么补偿，我都会给你。"

"不必。"

"既然如此，以后不要再来找我。"

"知道了。"够了，我真的受不了了……不要再说下去。

"在溯昭找个好人嫁了，不要再来仙界。"

他语气如此生分，就好像我跟他真的不曾有过任何关系。想到自己腹中还有他的骨肉，我就觉得自己是个大笑话。但是，除了忍受苦楚，我又能做什么？我吃力地哽咽道："你说的这些事……我都知道，不必强调。自己是什么样的人，我比你更清楚。是我不自量力，非要跟你在一起。若知今日，当初我绝不会靠近你，也不会每天缠着你……"

他打断我道："你也知道当初是你缠着我？"

"是，是我缠着你。"

"你也知道你给我带来了麻烦？"

"我知道。"眼泪已经快要忍不住，我垂下头去，"胤泽，求你，别说了。今日我会识趣离开，往后再也不……"

话未说完，下巴被人抬起，眼前阴影落下，一双唇压住了我的嘴唇。我惊愕地睁大眼睛，胤泽却双手捧着我的头，在我唇上狠狠辗转，然后深吻下来，连呼吸也一同夺走。这一次接吻，比第一次还要激烈，却比第一次绝望，就跟他先前说的话一样，残忍而不留余地，要把最后的力气都消耗殆尽……

但是，吻到一半，他忽然推开我，眼睛望向别处："还是和以前一样，寡淡。不管亲多少次，我都无法对你动情。"

第十七章

Chapter
Seventeen

晨曦荷露

柔翰莲沼幽人趣，
玉勒雕鞍豪右福。
漏断人静梦回处，
千载兴亡笑谈中。

——《夜莲》

　　我不可置信地望着他。星空下的胤泽，美得成了一幅水墨画。但是，这样好看的人，竟真做得出这种事，说得出这种话。这个人，我曾经那样不顾一切地喜欢。那家丁说，胤泽神尊瞎了眼。我倒觉得瞎了眼的人是我。不愿在这人面前示弱，也不想让他再度瞧不起自己。可是，视线被泪水模糊，只差那么一点儿，就要夺眶而出。我颤声道："如此玩弄我，有意思吗？"

　　胤泽皱眉不语。我道："你怎么可以如此自私？确实是我主动告白，但是，我亦不曾做过半点儿愧对你的事。你明明知道我喜欢你，还要一次次伤我。你是想逼死我吗？"

　　他不经意地抬头看我一眼，空气有少顷的凝固。就在这短短的刹那，他露出了一种前所未有的眼神，让我有一种他也受伤至深的错觉。然而，错觉毕竟只是错觉。忽然有两道光影在空中划过，他飞快抬头看了一眼，很快又回到了先前的冷淡："我最不喜欢女人以死相逼。"

"你放心，我不会死，也舍不得死。我那么喜欢你……"气愤之极，差一点儿将"肚子里还有你的孩子，怎么舍得死"脱口而出，但还是忍了下来。胤泽现在对我如此厌倦，我不知道他会对这孩子做什么事。我讥笑道："我那么喜欢你，怎么会舍得死。"

遗憾的是，我有意隐瞒，却瞒不过旁人。就在此刻，有两个金袍男子落在我们身侧，其中一人道："胤泽神尊，这姑娘有孕在身，请问她与神尊是什么关系？"

胤泽愣了一下："什么？"

那金袍男子眼中发亮，在我身上扫了一通："已有三四个月。敢问神尊，这可是您的孩子？"

我护住腹部，往后退了几步，准备随时逃跑。胤泽闭着眼半晌，而后睁开，目光阴冷："不是我的。"

那金袍男子道："这位姑娘，孩子父亲不是胤泽神尊？"

"不是。"我笑了笑，回答得空前平静，"胤泽神尊与我没有任何关系。孩子父亲另有其人。"

"那真是可惜。"金袍男子笑道，"我们还打算恭喜神尊喜得贵子呢。"

我终于知道，爱上一个人，只需一瞬。看透一个人，却耗去了所有的芳年华月。

回首往事，不论多少温言旧梦，万种爱惜，不过一场独角戏。我在心中数度幻想与他共度此生，相望白头，也不过一场路长日暮的单相思。不论是初遇时的惊鸿一瞥，还是离别时的清冷背影，不管他在我心中有多么好，多么令我魂牵梦萦，他这个人，都压根儿与我毫无关系。

我想，我是彻底死心了。

因操劳过度，回到溯昭，我又卧床了数日，一个冬季都在调养。有趣的是，只要无人在身边，苏疏便会化为人形，来寝宫照料我，为我弹奏琴曲。他的技艺并不亚于孔疏，但琴声更加婉转，尾音总是带着点儿轻佻，像极了他眉眼间的那一抹笑。有一次侍女听见奏乐，以为是我在弹琴，还打趣我说"小王姬有了孩子，连曲子也弹得颇具风月情思"。

这之后，很快初春到来。随着时间推移，腹部逐渐变沉，我怀孕的事也再藏不下去。王姬未婚先孕，宫中流言蜚语乱窜，听上去就不怎么悦耳。王姐受舆论所迫，也隐约暗示了我一下，应该赶紧找个人嫁掉，给孩子找个爹。可是，就我这挺大的肚子，哪个好人家的男儿愿意入赘喜当爹？且此情此景，我心中只剩了一个人，也没什么心思嫁人。

这日早晨，日上高山，雪涨洛水。而寒雪始晴，宫人集雪水，以此烹暖茶。梅花落土成泥，唯剩香如故。踏过漫山消雪，途经满地英红，我走路也比往日谨慎了许多，花了近一个时辰，才抵达哥哥的坟前。我弯下腰，用雪水洗净上面的灰尘，然后，把去青龙之天摘的樱花放在墓碑前。

"法华樱原的樱花四季不谢，这一枝，可以一直放到明年了吧。"望着上面的大字"兄傅臣之之墓"，我微笑着抚摸墓碑，"哥哥，你放心，我不会到明年才来看你。"

这些日子里，我想了很多。人生漫漫，究竟何为真情，或许我自己也不曾参破过。两人一生相伴，最终图的不过是齐眉举案，相敬如宾。而激情转瞬即逝，与细水长流的真情原互相矛盾，能看透这一点儿的人并不多。一头扎在胤泽身上，我早已目盲，也从未给过哥哥机会，自然不会知道他究竟可否成为良人。

春寒料峭，清风乱了坟头草。我捡去墓碑上的一片草叶，恍然意识到哥哥已走了半年。可是，他留下的回忆如此清晰，从不曾离去。那个在夫子面前佯装成熟的白嫩包子，那个花下雪衣浅笑的少年，那个伤痕累累月里告白的离人，那个在妖魔鬼怪中持剑护我的兄长……他所有的剪影，都是一块块碎片，拼凑在我一生的六十个年头。

犹记当年，在法华樱原中，你我都是少不更事的孩子。在你动情吻我的那一刻，若那一切能重来……我想，我愿用半生寿命去交换。

你说过，不管我有多苦多累，只要一回头，就能立即看到你。现在我回头了，你又在何处？

奈何是，君多情时我无情，我动情时君已老。

　　同年三伏天，溯昭的荷花开得格外好，一片赤色烧红天。十里洛水，无限花影，飞红凌乱，与烟水中的朱楼遥遥相望。拂晓晨曦中，我产下一个女儿，取名为曦荷。大概由于父亲是沧瀛神的缘故，她呱呱落地之时，整个溯昭的水都纵横而流，开花在空中，堪称盛景。不管是按溯昭氏还是神界的习惯，新生孩子都不应有姓，但因为对哥哥的思念，我还是给她起了个傅姓。

　　孩子有姓没关系，但是，为她加封号时，就有了问题。满月酒宴是最晚定下封号的时候，但连父亲都不知道是谁，王姐当着百官也很是尴尬，只能抱着曦荷装聋作哑。而老臣中总有那么一两个冥顽不灵的家伙，非要打破砂锅问到底。例如，丞相就不怕死地上前拱手道："小王姬顾及女儿家颜面不肯说，老臣深表理解，但事关王室血统及名声，陛下无论如何也要给个交代。曦荷小姐的生父究竟是谁？"

　　"这……"王姐摸着曦荷的脑袋，为难地望着我，"这事丞相问朕，朕又如何知晓。"

　　丞相立刻把矛头转向我，质问道："小王姬，为了溯昭王室，请您如实回答。"

　　"这就是我一个人的孩子，她没有父亲。"我不似王姐，对这帮老臣素来不留情面，不管他们如何想，都只有这一个答案。

　　"老臣听闻，曦荷小姐有个私姓。"

　　"没错。"

　　"不论在溯昭还是外界，都从无孩子跟舅舅同姓的习俗。小王姬却令曦荷小姐与臣之殿下同姓，莫不成是……"

　　王姐呵斥道："胡说！弟弟妹妹清清白白，丞相说话怎么毫无分寸？"

　　眼看丞相正要叩首谢罪，我道："没错，这孩子就是臣之的。"

　　此言一出，四座皆惊。王姐不可置信地望着我，所有王侯司相也跟着议论纷纷。我不紧不慢道："我与傅臣之没有血缘关系，男欢女爱，在一起何罪之有？我俩早已私订终身，许下婚约，只是他不幸离世，否则也轮不到你们在此处质问我。"

"胡闹，真是胡闹。"此刻，又一个声音从门口响起，"孩子明明是我的，薇薇，你就觉得我如此见不得光吗？"

听到这个人唤我为"薇薇"，我的鸡皮疙瘩起了一身。只见苏疏提着袍子入门，探进来一张秀色可餐的脸。苏疏从未在外露过脸，他这一出现，整个场面被搅得跟豆芽炒鸡毛似的，乱得不可开交。所幸王姐反应及时，把孔疏拖过来，才总算阻止了二女侍一夫的流言传出去。此后，便是苏疏一口咬定孩子是他的，我一口咬定孩子是哥哥的，年纪大的大臣们很多接受不来，心脏受到刺激早早告退。苏疏可一点儿不觉得难过，还大方得体地自我介绍，说他是苏莲之灵，而苏莲是仙花，洛水是神水，莲之王者与溯昭氏小王姬成亲，是鸾交凤友，天下绝配。重点是他笑起来人畜无害，儒雅中带着几丝风流，还真有人认为他说得颇有道理。总之，曦荷的满月宴成了一场闹剧，也没人再追究孩子到底是谁的。不过，不管什么人，多少都说过自己的想法，只有孔疏，时而看看我，时而看看苏疏，始终一语未发。

待回到寝殿，我都不知道该对苏疏劈头盖脸一阵骂，还是诚心敬意地跟他道个谢。最终，我把曦荷放在床上，转头面无表情地观察他，看他葫芦里究竟卖的什么药。然而，万万没想到的是，他眼中带笑与我对望了一阵，不觉惶愧，抬起我的下巴就吻下来。我避开他的唇，迅速撤退一步，拍着胸口道："你在玩些什么名堂！"

苏疏的反应平常得有些不正常："小王姬用如此炽热的目光看苏某，不正是在期待着什么？"

"当然不是！"我用颤抖的手指着他，"苏疏，你睁大眼看清楚眼前的人是谁。我是溯昭小王姬，是一个满月闺女的娘，你的胆子可真是太大了……"

"你这样说，似乎更勾起了我的兴趣。"他居然直接把我扑倒在床，浅浅一笑，在我额发上落下温柔的吻，手指顺着头发滑到腰部，就势拆解我的衣带，"年轻的娘亲，真是比十八岁少女还诱人。小王姬，以后我来当曦荷的爹爹吧。"

　　且不论这兄弟是不是口味有些呛人，敢对本小王姬这样无礼，结果自然是死无葬身之地。最后，他被我用冰条子抽到躲回了池子里去，继续当一朵安静的小莲花。我对他扔了个警告的眼神，便回去哄哭闹不止的曦荷入眠。

　　记得小时候，我时常幻想自己变成花妖。因为花妖漂亮又干净，不像狐狸精，一身臊气。苏疏是花灵，也算与花妖一脉相承，他的脸确实很对得起自己的种族。他要只随处随意一站，便美得惊心，比他照着变的孔疏还要迷人千百倍。偶尔王姐路过，也会被他的风采所吸引，引得姐夫醋缸子打翻。只是，许多美丽的东西，都单纯得跟傻瓜一样，苏疏又是初次化为人形，自然不会例外。从初次放开后，他便对我展开了猛烈的攻势，不讲任何含蓄美与谋略。只要有机会，他就一定会把我推到墙上、扑在床上、抱坐在腿上，无孔不入，相当恼人。但他又确实有一颗像花一样美丽的心。大半夜曦荷哭闹不止，他会第一时间赶来照顾她，挥手令整个房间的花一齐开放，逗得曦荷哈哈大笑。他从不会生气，连皱眉都很少。若是遇到矛盾，他总能巧妙地转移话题，就连玄月都很喜欢他。

　　一年后的一天，我与苏疏抱着曦荷去洛水边玩，曦荷趴在玄月背上满世界到处跑，一溜烟便不见人影兽影。苏疏又借此机会，把我摁倒在草地上。出于原始反应，我也按照惯例把他推开，却总算忍不住问道："苏公子，我一直不明白，你真是貌美如花，为何不去找找别的姑娘？即便是喜欢孩子娘，这天下之大，也不难寻找，为何要执着于我？"

　　"因为苏某心中只有小王姬一人。"他答得飞快。很显然，又是不经大脑的答案。

　　"你真的喜欢我？"

　　"嗯，很喜欢。"

　　我无奈地看了他半晌，叹道："这不叫喜欢。喜欢并不是这样轻松的事。"

　　"是吗？苏某不曾思虑太多，只觉得和小王姬在一起开心，便想要对小王姬做些亲昵之事。小王姬若是不喜欢……"他笑得如花蜜般甜美，"苏某也不会放弃。《毛诗》道：'有女怀春，吉士诱之。'苏某会等到小王姬也怀春。"

又在乱用典故。素日，苏公子没事就在房里读书，还净挑些戏本子看，为曦荷玄月讲了不少动人的小故事，自己也沉迷其中，不可自拔，认定对我产生了所谓的爱情。其实，他只是想要女人而已。真不知道该说他太纯洁，还是太下流。我望天长叹一声，正想开导开导他，却差一点儿被他亲到，然后又和他进行了一轮对抗。直到后来，玄月和曦荷因为一块漂亮的石头打起来，他才放开我去带孩子。转头一望，玄月居然被曦荷一头撞得滚了出去，我心想，这孩子日后肯定比我小时候还要凶悍。苏疏走过去，一手抱起一个娃，笑盈盈地朝我走过来。

伸手去接女儿的时候，我碰到了手指上的青玉戒指。于是，我想起了戒指原先的主人，也想起了他带给我的痛楚。恍然发现，距离最后一次见他，已过去一年了。此前，我一直以为带着没有父亲的孩子，生活会比下油锅还煎熬，但事情并非如此。看见曦荷在阳光下开心地笑，眼睛好似盛满了水一般，翘翘的鼻尖可爱至极，此刻，我是真心感到幸福，满足。

至于胤泽，只希望岁月，终能抹去他在我回忆里留下的伤痕。

这一日下午，夏阳暖人，蔷薇芬芳，看见苏疏抱着玄月和曦荷走过来时，我忽然想起，自己以前无论如何也不会料到，这个单纯又轻浮的儿郎，看似不会久留的过客，再也没有离开过。人生就是如此，最初认定的人，死也不肯放弃的人，往往在我们察觉不到时，销声匿迹，化作一川烟水。而有的时候，一个路过借宿的人，却会在不知不觉中，悄悄留下几十年。

不得不承认，苏疏是个相当有毅力的人。不论遭到怎样的拒绝，他都风雨无阻地纠缠着我。直至三十年后的一个秋夜，才有了些许改变。

如胤泽与凌阴神君预料的那般，天灾干旱一直持续了几十年，溯昭也因此受到不小的影响。三十年来，水源逐渐枯竭，气候每况愈下，这对任何种族都可谓是慢性毒杀，尤其是溯昭氏和草木之灵。我灵力较强，尚不觉得过度不适，苏疏却头一次病倒在床，昏迷了四天四夜。我在床边一直守着他，曦荷只要不念书，也会跑来看他。第四天他终于醒过来，眼睛发红地望着我："小王姬……你为何会在这里？"

"你病成这样，我当然得在这里。"我抬起他的后脑勺，把熬好的药送到他嘴边，"来，把这些喝了，喝了就会痊愈。"

他看了一眼碗里的药，摇摇头："我并非单纯因干旱而生病，这么好的药别浪费。"

"那是因为什么？"

"万物化灵，灵归万物，只是我的归灵之期将至。"

所谓归灵之期，其实跟死掉没什么区别。我心中一紧，随即一想觉得不可能，鄙夷地望着他："你当我是曦荷，那么好糊弄吗？三十多年就归灵，是你太低等，还是苏莲太低等？病了就病了，别找借口不吃药。"

"小王姬七窍玲珑，真是骗不过你。"

他笑了出来，乖乖坐起来把药喝掉。然后，一片红叶从枝头飘落，落在床头。他的嘴唇和面容都毫无血色，与那深红的落叶形成了鲜明对比。他抬头望着我，发若海藻，面容胜雪，肩胛比以往单薄许多，却笑得一脸风雅："多谢小王姬赐药。"

"不谢，我只盼你早些好起来。"

苏疏目光垂下，躺回床头，轻轻叹了一口气，声音细微得几乎不可闻。此后，我又在房里陪了他片刻。他看上去有些疲惫，视线总是不经意地从我身上掠过，却从不久留。我原以为他是病了才这样，但这一夜过后，他言语虽仍轻佻，也再未对我做过亲昵之举。我以为他是对我有怨，便反去调戏他，摸摸他的头发，摸摸他的脸，他也只是心事重重地躲开。我始终没能明白他的心思，却依稀觉得此情此景，有些眼熟。

此后，我们还是和以往一样，只要闲来无事，便在园中饮酒奏乐，游芳观月。而后，庸庸碌碌地度过了十年。

这一年，曦荷四十岁，我也已年过百岁。本是应该庆祝的日子里，溯昭上下，却是一片怨声载道，死者甚多。因为，旱灾持续至今，连沧海都已干涸了三分之一，九天六界动荡不安，饿殍盈野。更糟糕的是，在这节骨眼儿上，神界和魔界竟又一次拉开大战序幕，众神无暇顾及旱灾，加剧了水源枯竭的速度。如今，不管去到何处，总能看见生灵生食草根树皮，甚至有人相食。六界之中，妖魔乱窜，均是一片混乱，过去从未见过的魔，也能不时撞见。我逐渐察觉到，如此守株待兔，溯昭迟早面临大难，于是决定暂离家乡，外出寻找解救之法。

秦时有巴东人涉正，时常闭目，开眼则霹雳声起，眼有极光，乃四百岁仙。[①]涉正羽化前，以眼做珠，能祈雨，宝物名为潮汐珠。听闻灵珠落于西海，迄今下落不明。近日也有典司外访归来说，近些年西方时有诡异雨云出现。虽希望渺茫，但有总胜过无，我收拾好所有行囊，在王姐和百官的护送下，走出紫潮宫。

"此去山高水远，路长而歧，薇薇，你务必珍重，量力而为。"

王姐穿着溯昭帝的黑袍，一头长发幽碧如湖，而面容依旧方桃譬李，完全看不出是将近一百二十岁的人。倒是我，头发早已白尽，垂至膝盖，如披霜雪，感觉倒更像是王姐。其实我知道，王姐也很矛盾。她既担心我的安危，又希望我能出去找到法子，治好她的夫君——从旱灾加剧后，各种奇奇怪怪的病也跟着来了，孔疏就染上了其中一种慢性疾病。四年来，他一直卧病在床，不见好转，也无人能医治。眼见王姐一脸愁容，我笑道："放心，我必然会小心的。倒是曦荷，要麻烦王姐帮忙照顾。"

"有几个孩子在，不怕她困闷。"

曦荷出生后几年，王姐和孔疏生了三个孩子。不过，他们没一个是曦荷的对手。听王姐这样说，我担心的反而是我那几个外甥……想到此处，一个清脆的声音从人群中传来："娘！娘！"

顺着声音转过头，只见一个穿着杏黄裙子的少女纵水飞过来，唰地一下落在我们面前。我道："年纪不小了，还这样莽莽撞撞。"

她抬头望着我，笑盈盈道："那也是跟娘学的。"

"胡说，我几时教过你这些。"

"我听苏叔叔说，娘小时候也是这样。"

"说得好像他见过我小时候似的。"我哼了一声，摸了摸她的脑袋，"回去吧，娘要走了。"

"好！娘一路顺风，早日返乡！"曦荷还是年纪太小，不懂分离之苦，笑得比盛夏蔷薇还要烂漫。

一直以来，我对她比谁都严苛，却是溺爱在心口难开。从她长牙起，我就给她吃最好吃的东西，穿最好的衣服，因此曦荷小时候一直是个小肉墩。尽管如此，她的个性却从不受影响，不管有多胖，她都总是一副自信满满的样子，甚至还利用体形优势去欺负小朋友。然而近些年，她个头冲得很快，一下抽条了，小圆脸瘦成了瓜子脸，面容日益美丽，连王宫里最腐朽的老臣都惊叹她长得标致。只是，除了身板和脸蛋轮廓像我，她的五官却和我没有太多相似之处。她也不像哥哥或者苏疏，灵力又强得可怕，于是，这些年朝中又几度掀起关于她生父的质疑声。

记得曦荷刚瘦下来没多久的某天夜里，王姐曾来我这里找我聊天。当时曦荷已沉沉睡去，她见我不断抚摸她的头发，也走过来看曦荷。但只看了曦荷两眼，她就把目光转移到我脸上。过了许久，我才留意到她在看我。她道："薇薇，最近曦荷真是变了不少。每次来你这里，都见你在看她，你可是……依旧心系着神尊？"我倏地抬头，苦笑道："怎么可能？哪个为娘的不这样喜欢自己的女儿？"王姐轻叹道："如此甚好。我也放心。"

五年前一个晚上，曦荷回来问我，她的父亲是不是一个仙人。我问她从何处听来这话。她先是骗我做了怪梦，又说什么溯昭有坊间传闻，最后在我冷寂的目光中支支吾吾半天，交代了事实：原来，她朋友的祖父曾经见过胤泽，告诉她，曾经有一个仙和舅舅来过溯昭，她长得简直就是那仙人的缩小版。我把她狠狠训了一遍，本想凶她几句，却想起王姐曾经问我的问题，心中一阵苦涩，掉过头去捂住了脸。曦荷很是目达耳通，从那以后，不再多问胤泽的事，最多偶尔拿没有父亲来要挟我，以满足她无礼的要求。

其实，这根本不能怪女儿，只怪她长得和胤泽太像。只要看过胤泽，再看她，这父女关系都根本不用猜，便能直接推算出来。

不过经过这么多年，我也不再对胤泽有怨。随着年龄增长，接触的人变多，我比以往更懂识人。从胤泽的个性来看，他会与天帝正面发生冲突，会因心情不佳甩人冷脸，便说明他不是一个逃避现实、擅长撒谎的人。如果有女子怀了他的孩子，他也不可能避而不认。因此，当初我在沧瀛府道出怀孕的事实，他的态度其实很反常。那两个神界来者应该心怀不轨，胤泽肯定有难言的苦衷。只是，不管有怎样的苦衷，他确实没再回来找我，也已与尚烟重归于好。他或许不愿负曦荷，对我的绝情，却是铁板上的事实。

所以，他负我情谊，但赐了我曦荷，我与他那本旧账，也算是扯平了。我不再恨他，也不再爱他。他是我生命中的匆匆过客，曾带我走过年少时美丽的风景，却终究是要淡忘的。

如今我已不再年轻，也已不能再爱。不再贪图长生，不再渴望力量，更不会再有那么多不切实际的梦想。就这样当孩子的母亲，当王姐的王佐，活到该活的年龄，再魂归洛水，尸归于土，没什么不好。

寒冬时节，枯草纷飞。整个溯昭的水都已枯尽，只有生命之源洛水尚且存留。我在月下吹了一声口哨，只见一只巨大猛虎舞着巨翼，从空中飞来，在我面前停下。它目光赤红，在一片苍白中如血珠般耀眼。我翻身骑上它的背。迎面吹来的风，扰乱了我的黑衣白发。

我摸了摸玄月的脑袋："玄月，自从曦荷出生，你都快成了她的专属玩伴了，我们已有多久不曾单独出来溜达了？"

玄月抖了抖翅膀，表示它也心情颇好。我微笑道："记得刚把你带回家，你可是比刚出生的曦荷还小，那会儿你软软糯糯的，像个小姑娘。"听见它不满地低咆，我赶紧捋捋它的毛："当然，现在变成了一个威风四方的男子汉。"

它这才如意了些，正欲展翅而飞，我们却一同看见远处走来了一个瘦削的身影。我警惕着，仔细一看，发现那人居然是孔疏。我赶紧翻身下虎，从玄月身上的包裹中抽出一件披风，跑过去搭在他的肩上："姐夫啊，你怎么一个人出来了，快快回去。"

　　"小王姬……"他掩嘴轻咳两声，用骨节分明的手指抓紧领口，"别去。"

　　"别去？"我有些迷茫。

　　"现在外面太危险，别离开溯昭。"

　　"你这么说，妹妹我可真是感动得老泪纵横啊。王姐现在是巴不得把我踹出去，帮你寻到治病之法，你这病人却不关心自己的身子，反倒关心起我来。"我笑了笑，拍拍跟过来的玄月的脑袋，"放心，有玄月保护我。"

　　孔疏低垂着眉目，嘴唇苍白如纸："纵使只有一点儿危险，也不值得如此去做。我孔疏何德何能，要让小王姬操这份心。"

　　"都是一家人了，还这么客气干吗。"

　　我原本真当他是在跟我客套，毕竟再这样下去，他死掉的概率，可比我在外面遇到危险的概率大得多。可是，不管我怎么回答，他都坚持要留住我，还一个劲挺着柔弱的小身板说他没事。他和苏疏可真是一点儿也不像，但这样贴心善良，我也算明白了王姐为何这样喜欢他。后来他再坚持，我便不与他争执，命玄月驮他回去。他挣扎了一下，斗不过玄月，终于妥协道："回去便回吧。不过，我还有一句话要说。"

　　"怎么了？"

　　"孔疏素来不爱高筑债台，既然小王姬如此坚持，回来也请让我还小王姬这份人情。"

　　"照顾好我王姐，便是还我人情。"

　　"我是流萤夫君，这是分内之事，自然会做到。"他又激烈地咳了几声，而后虚弱喘气道，"对于小王姬，孔疏唯有以一技之长，聊表谢意。"

　　"好！我最喜欢听你抚琴，你打算抚哪一首？"

　　他呆了一下，似乎未料到我会提这个问题，只沉默良久，垂首低声道："《水月债》。"

　　"没问题，就弹《水月债》。"

我很爽快地答应了，他才总算肯听劝，让玄月送他回去。只是，抬头望了一眼月亮，我才发现自己是否年纪真的大了，脑子也不好使。《水月债》似乎在哪里听过，却无论如何也想不起来……不过，我也没花太多心思考此等无关紧要之事，当务之急，还是要赶紧出去寻找救国之策。不一会儿，玄月已回来，驮着我飞出洛水外。我们花了三天时间赶路，在一座临山小镇住下。若换作从前，我和玄月这样堂而皇之地出现，肯定有凡人被吓得屁滚尿流。但现今局势不同，海内有三国纷争未平，海外有妖魔作乱，我们在客栈住下，也就只是被别人多看了几眼。

客房选了最大的天字间，对玄月而言还是小得有些可怜。我正在研究如何让它睡得舒适点儿，却听见窗外有声音响起："小王姬好狠的心，居然把苏某一人扔在空亭度日。"

我吓了一跳，抬头望向窗户，苏疏真的探着脑袋上来。他骑着一只玄鸟，身子跟着上下起伏，一头鬈发也海浪般随风起涟漪。我道："你怎么跟来了？"

他笑道："自然是无法独守空闺，才会追随心上人而来。"

"可是，你跟过来了，我女儿该如何是好……"

说到此处，我背上一凉，有了不妙的预感。我跨步到窗前，把他身子往旁边一拨，气得眼前一黑，险些晕过去——果不其然，曦荷缩在他身后，怀里还抱着一只小鸟。她和那小鸟一齐仰头对我笑，甜甜地叫道："娘。"

半个时辰后，同一房间内，苏疏战战兢兢地坐在一旁，一个字也不敢吭。曦荷跪在地上，哭丧着脸，下嘴唇长长地伸出来，委屈地包住了上嘴唇，一手握着小鸟，一手捂着被我抽到发红的屁股："人家错了还不可以吗？"

"你跟来也就算了，还随便乱捡小动物。那鸟给我放生。"

曦荷把小鸟小心翼翼地捧好，藏在怀里："娘心肠好坏！这鸟受了伤，我要照顾它。"

"小王姬，多养只鸟也不妨碍我们的行程，就随曦荷去吧。"

"苏疏，她胡来也就算了，你也由着她的性子来。赶紧带她回溯昭，现在外面妖魔纵横，处处暗藏杀机，多待一刻都很危险。"

"既然如此，娘的处境岂不是也很危险？我更不能走了！要知道，我们夫子可是说过，我的灵力比娘强上数十倍，说不定关键时刻还可以保护您。"

沧瀛神的女儿，灵力能弱吗？我腹诽了须臾，又道："夫子是在勉励你。即便你真如他所说，但空有灵力，没本事，又有何用？"

"可是……"

"今天在此住下，你们明天就回去。"

计划是如此，但这臭丫头没能让我省心到第二天。晚上，曦荷死活不肯与我睡同一个房间，我料到她是打算折腾那只捡来的小鸟，也就没勉强她。可到了半夜三更，隔壁传来惊声尖叫。我从梦中惊醒，辨认出那是曦荷的声音，二话不说起身飞奔到她房门前，破门而入。只见一只七尺大的鸟妖张着翅膀，它长着老鼠的脑袋，口吐黏液，一个劲朝曦荷喷射。曦荷被吓得满屋子乱窜，娘娘娘地乱叫。

我挥挥袍袖，冰刺如雨飞出，将那鸟妖击杀在地。曦荷跑过来，扑到我的怀里，见鸟妖口里还在汩汩冒着鲜血和黏液，她抱紧我大哭起来。

"好了，别哭。有娘在，没事。"我拍拍她的背，"白天看着毛茸茸的，很可爱，是吗？这是一只修炼成妖的飞诞鸟。"

曦荷涕泪满脸："娘，这妖怪真的好可怕。我更没法儿留您在外面了，我要陪着您。"

"不行，你若跟着才是真不安全。别想耍滑头，明天我亲自送你回去……"话未说完，我却被窗外一道闪现的黑影吸引。我晃晃脑袋，想要看个仔细，却只能看见一片墨色的夜。

翌日清晨，我便带着苏疏，往返回溯昭的路上赶。中午，我们在一个农家饭馆用膳，曦荷好了伤疤忘了疼，趁我不注意又溜出去玩，还带回来一个小木桶。她一向喜欢小动物，我料想她提着这桶，多半是去河边捉了些鱼虾，也就没有多问。饭后我们又赶了半天的路，因为是走捷径，没有歇脚处，便在山林中搭个帐篷，打了点儿野味充饥。可是，曦荷的心情却好得有些不正常。每次她背着我偷偷干我不允许的事，都是这副想笑又要强忍的表情。终于，我开门见山道："说，你又藏了什么东西？"

"什、什么都没藏。"曦荷干笑着摇摇手，"娘，您想太多了啦，人家什么都没藏。"

知女莫如母，闺女肚子里在打着小算盘，一点儿也别想瞒我。我没有当面拆穿她，只是缓和了神情，默不作声地递给她烤肉。饭后，我假装回帐篷里睡觉，发现曦荷的影子被篝火拉长，踮着脚尖往帐篷后方走去。我起身轻步跟去，又在帐篷后听见水声。曦荷蹲在篝火旁，正在对着什么说悄悄话。我轻飘飘地飞到她身边。她脚下摆着白日的小木桶，里面装了一条金鱼，鱼鳍很大，狐狸尾巴似的轻轻摇摆，脑袋上伸出一条触须，上面挂着红色的小灯笼。我道："这鱼，你养着还开心吧？"

"还好，我就怕没有水它会死掉，但它好像皮糙肉厚的……"曦荷舀了一勺水，认真地为它浇水，浇到一半，手一抖，跪在了地上，"哇啊啊啊，娘！！！"

还未等我说话，她已跪在地上磕头认错。她长得像父亲，但胤泽十成的傲然贵气，她是一成都没学到，反倒学到了我的不要脸。我被她闹得头疼，只皱眉道："跟你说了多少次，现在世道混乱，不要在外面随便捡小动物。再可爱的东西，也可能是妖怪变的，你怎么就不听劝呢？"

"因为，这鱼真的很不一样啊。"她抱着桶，眼泪汪汪地望着我，"之前发现它，它被人丢在开水里煮，却还活蹦乱跳的……我觉得这肯定是一条神鱼。"

"横公鱼当然煮不死，你拿刀砍也砍不死它。"

曦荷眨眨眼，好奇道："横公鱼？这是它的名字吗？"

"平时不好好读书，连横公鱼也不识得，还敢随便带回来养！给我把它丢了！"

"不要！既然它不是坏妖怪，我就一定要养它！"曦荷登时变了脸，凶悍地抱着桶，"鱼在我在，鱼死我亡！"

我错了，她的个性不是完全不像胤泽。胤泽的霸道蛮横不讲理，她也都学到了。软的时候像我，硬的时候像她爹，还吃了雷公的胆，真不知道以后什么样的男孩子才能收了她。其实，横公鱼虽可化人，却多半温驯无害，应该不会像那只飞诞鸟。只是作为娘亲，我不能太纵容子女，否则这孩子无法无天，以后更难管。我道："你要留着它也成，那就带它回溯昭，不要再跟着我了。"

"您威胁我也没用，苏叔叔答应过我，会一路带着我的。"

"若他再偏袒你，他也可以跟你一起回去。"

曦荷水灵的大眼睛睁得更大了，她松开木桶，猛地扑在地上，使劲摇我的腿："娘！不要这样对女儿，我是您亲生的孩子啊！虽然不知道亲爹是谁，但我真的是您亲生的，对吧？娘，您让我养这鱼吧，作为一个没有爹的孩子，孩儿只有看见这鱼脑袋上的灯笼，才能寻得人生的方向……"

我气得差一点儿一脚把她踹出去。就在这时，木桶中忽有红光扩散，横公鱼朝空中一跃，化成了一个与曦荷同龄的红衣少年。他道："曦荷，你的救命之恩我无以为报，但我真得走了。因为，我的仇家已在这附近，你们还是赶紧逃。"

看见自己养的宠物变成了人，曦荷蒙了。我道："你的仇家是谁？"

"是一条很可怕的蛇精……"说到此处，山林中传来了震耳磬音，响彻虚清，横公鱼脸色变得跟纸一样白。他环顾四周道："糟了，它已经追到此处。告……告辞！"

他拱了拱手，变出鱼尾，急促摆动，凌空飞上天，但刚飞出几米，对面的山头上便冒出黑影，四片翅膀破空张开，在紫霄中抖了抖，顿时风起枝落，震落满地残叶。接着，浓厚乌云下，一个巨大的蛇头从山后冲起，它仰头吐出信子，再度发出磬音鸣叫。苏疏也闻声赶过来，谨慎道："其音如磬，有四翼，见则大旱……这可是鸣蛇？"

"寻常鸣蛇并非玄月的对手，但现下旱灾，形势对我们不利……快跑！"

我一把拉住被吓呆的曦荷，唤出玄月，骑上它的背。苏疏也变回了苏莲，我把它装入怀中，乘玄月展翼而飞。与此同时，那鸣蛇也冲出来，嗖地一下滑行而下，撞落碎石纷纷，其中有一颗还溅到了曦荷头上，在她脑袋上砸了个小包。她低叫一声，我伸手护住她的脑袋，顶着碎尘石雨，朝相反的方向逃去。身后一直有蛇尾拍打地面的声音，每一下都天摇地晃，整个森林都在震动，亦有枯树倒地。逃出数十里后，渐渐地，这声音远去。我们刚松一口气，想着已经逃出鸣蛇的魔掌，然而，刚转了个山头，就看见一个巨大的柱形物体横下来，沉重地撞在地上，拦住我们的去处。定睛一看，那粗如千年老树的东西，竟然就是鸣蛇的尾尖！我们赶紧刹住脚，想要掉头撤退，却见鸣蛇的脑袋也从大山另一边翻过，从我们背后伸来。看来，这一战无论如何都无法避免。只是，如果就这样骑着玄月与它作战，恐怕曦荷会有危险。

"玄月，把曦荷带到安全的地方。"我从玄月背上跳下来，站在鸣蛇的腹部一侧。

玄月展翅朝远处飞去。这一举止惊动了鸣蛇，它长啸一声，吐着信子，气势凶险地蜿蜒而去，想要追杀他们。曦荷被吓得尖叫起来，直叫娘亲救命。我伸出双掌往前一推，一道长达五米的锐利冰锥飞出去，直击鸣蛇七寸。它反应迅速地躲开要害，却还是被扎出了血口。然后，它停下了追逐曦荷玄月的步伐，缓缓掉过头来，吐着信子。一双黑色立瞳在橙黄眼珠里，像是两把流着黑血的弯月。很显然，它已被我激怒。它的脖子左右摇了摇，张开大口，一口咬了下来！我往后退闪，它的牙齿在石地上拉出长长的裂口。此后，它数度向我发起攻击，迅速如电，敏捷如风，全然不像这等庞然大物能达到的速度。我在它的攻击下躲躲闪闪，无暇出手，只能待机而变。

曦荷紧紧攥着玄月的毛，带着哭腔唤道："娘，娘！太危险了，您快逃啊！"

"住嘴，能躲多远躲多远！"

我未多看他们一眼，终于找到一个间隙，施展法术回击鸣蛇。但这些法术最多对它造成皮肉伤，它非常谨慎，绝不会让我碰到七寸。若论四象相克原理，鸣蛇是十成土，而我是十成水，简直被它完克，就像玄月父母被骗到玄武之天一样被动。为了节省灵力，我没有飞起来，但很快也感到体力不支。眼见曦荷与玄月已经飞远，我召唤水雾，使用"玄冰风暴"。一时间，千道冰剑自下旋转而上，化作一阵暴风冲上鸣蛇面门。果然，这一招很有效果，它的身体被活生生扎成了蜂巢，鲜血四溅，磬声响彻山林。然而，这是溯昭氏能发挥的极限，再往上便不是灵可以驾驭的。③我并未将它一击毙命，之后恐怕是……

鸣蛇彻底疯了。它的动作比方才快了数倍，绕我转了几圈，把我整个人困在圆形中。气息吐纳间，它还带来了一阵旱风，只消轻轻扫过我的身体，我就明显感到体内水汽骤减。几个回合下来，我已经快站不住了，几乎跪在地上。它张开口朝我袭来，我看见它喉咙间满满全是可怖的倒刺，想要退，却再也无路可退。

这时，一道黑影从天而降。只听见噗的一声，蛇头便再无动静。而后，剑风惊响，鸣蛇顿时变成笨重的石头，沉沉砸在地上。大地震颤，天边雾霭中，群鸦飞起。我根本没看清楚发生了什么，鸣蛇已死。而在蛇身前方，一道黑烟喷薄而生，一个身影瞬间闪现在雾中。当剑花雪亮，唰唰将剑送回鞘中，他抖动的衣角与发辫也终于垂落下来。

这一刻，我的心脏乱跳，差一点儿有了时间混乱的错觉。他的身高、身材，还有这一系列动作，都让我想起了一个人——当初在炼妖谷救我的胤泽。当时，胤泽法术被禁，所以只能使用剑法。我也只在那时见过他的身手。

可很显然，此二人毫无关联。这人半侧过头，露出一张戴着青铜面具的脸。他的下颚瘦如刀削，面具中露出的眼睛是血红色的。

此刻，我不知是该道谢，还是该逃跑。能确定的是，绝对不能傻傻地去问他是何人。因为，纵观六界，只有一个种族可以瞬间移动，会在杀意十足时瞳仁赤红。他面具上有两个尖长如剑的角，很显然，也是这个种族的特征。我与那鸣蛇尚能一斗，但跟眼前这人，恐怕连动手的机会也没有。我平复心情，道："这位魔公子，我可随你处置，只求你放过我的女儿。"

他静默良久，转身走到我面前，居高临下地望着我。

好重的杀气与魔气。哪怕从未与魔打过交道，这股气息也令我毛骨悚然。我在袍袖中握紧双拳，却表现得平静如水："你是来寻水的吧？我是洛水之灵，而且灵力比我女儿强很多。你若吃了她，我这里也只能留给你没灵力的尸体。"

随着气息逐渐平定，他的眼睛渐渐变回原本的颜色："你女儿身上的水之气息，怕是比你强。"

眼见他朝曦荷他们的方向走去，我以法术攻击他，他却像后脑勺长了眼睛似的，瞬间消失在黑烟中，躲开攻击，闪现在我面前。我欲哭无泪道："求你放过她。"

他将我从头至尾扫了一遍，似笑非笑："既然你如此执着，那我便吃你。"

注释：
① 改编自晋·葛洪著《神仙传》："涉正，字玄真，巴东人，说秦王时事如目前。常闭目，行亦不开，弟子数十年莫见其开目者。有一弟子固请开之，正乃为开目，有声如霹雳，光如电，弟子皆匐地。李八百呼为四百岁小儿也。"

第
十
八
章

Chapter
Eighteen

尘
中
刹
海

悟禅悉依果，
明镜生业火。
尘中一刹海，
苍生皆婆娑。

——《刹海》

　　话说得挺瘆人，我都做好了受死的准备，这魔公子却并没有立刻将言语付诸行动，而是静静地等我接下来的回答。曦荷、苏疏与玄月都不知道这里发生了什么，亦不懂魔的危险，还屁颠屁颠地跑来感激他。大家几番沟通，得知他居然也是因为要事需要赶至西域。闻言，那三位知道这么强大的魔跟我们是同路人，都高兴得像一个接了彩球的乞丐似的，轮流要求他与我们结伴而行。原本以为他会拒绝，不想他却点头答应。于是，莫名其妙地，也顺理成章地，他就如此跟我们一起上路。又因为有了他的保护，曦荷强烈要求要与我们同路，否则要我跟她一起回去。最后我被闹得实在不行，只好勉强答应她。

　　当夜我们还是在山林中搭下帐篷，看见他离篝火远远的，一人站在那里，我百感交集，万般纠结，最终还是克服了抵触情绪，过去向他表示友好之情："这么晚了不睡吗？"

　　"不。"

"那你肚子饿吗？我女儿他们在烤肉，你可以过来一起吃。"

"不。"

他双眼空洞地望着前方，不知为何，感觉他像是有些不舒服。我也不便直接问他，于是又道："你叫什么名字？"

"刹海。"

终于，他转过身来，透过面具的孔看着我，并无太多情绪。尽管只能看见他的眼睛，但我活了一百年，也是第二次看见这样幽深的眼睛——平静无波，底下却容下了东极沧海，沉水千丈。任何凡人儿郎，年轻仙者，都不可能有这样的眼神。所以，我沉思默想，得出的结论是，这魔公子的身板是诱人又修长，光看下巴线条也知道长得颇为俊美，只是皮囊下包裹的元神跟某人一样，又是个秦始皇姥姥级的老男人。虽然现在我也算是半个老女人，但因为某人的缘由，我还是不喜欢老男人。我清了清嗓子道："是哪两个字？"

他道："一依内现依，如尘中刹海。①"

尘中刹海，这也太邪门。连名字也如此相似，是存心让我想起不好的记忆嘛。赶紧忘记，赶紧忘记。我绽开笑容："原来如此，是个好名字。我叫洛薇，是洛水灵族溯昭氏，幸会幸会。"

刹海却再未说话，只是静静地看着我，让人猜不透他在想什么。我确实不喜欢他的眼神，一是令我尴尬，二是这眼神就是把小锯子，一直在我心中抽抽拉拉。原来魔还会这种眼神攻击邪术，还是说他是个心魔？

正想找点儿话题接下去，曦荷溜达过来了："什么什么，娘娘娘，刚才你们在说什么？"

她那"娘娘娘"念快了发音一点儿也不准，就跟"羊羊羊"似的，真是好不妥当。但考虑到这孩子在美男子面前总是很要面子，我也暂且留她个面子不训话。我道："一依内现依，如尘中刹海。这是这位魔公子的名字。"

曦荷一副小大人的模样，朝他拱拱手："原来是依海公子。"

刹海道："是刹海。"

曦荷笑盈盈道："哦！你怎么不问问我叫什么名字？"

非常神奇的事发生了。曦荷这孩子在宫里已被宠坏，一个不小心就会与人以你我相称，有些趾高气扬。按理说以这刹海的脾气，应该会动怒或不理她。谁知，他却转过头来，温言道："敢问姑娘芳名？"

曦荷笑得更甜了，还作了个揖，一股子黉门腐儒气："鬓根入晨曦，衣袖倾荷露。这便是小女子的名字。"

"原来是曦露姑娘。"

"是曦荷。"曦荷撇着嘴，原形毕露，"你不要学我啊。"

不知是否我看走眼，见曦荷耍赖皮，刹海嘴角竟有浅浅的笑意，像是方才的话都是在逗她一般。

没过一会儿，苏疏也过来了。他与刹海打过招呼，便对我道："小王姬，早些休息吧。"

"你为何要笑成这副模样？"

"与小王姬有了初次亲密之举，苏某心中自然雀跃。若小王姬不喜欢，苏某不笑便是。"说是如此，他的眼角还是挂满笑意。他本来就生得如花般动人，这一笑，衬着雪肤鬈发，简直就是红莲盛开，美艳不可方物。曦荷和他感情好，跟这张脸绝对脱不开干系。

我蹙眉道："我何时与你有了亲密之举？"

"真是贵人多忘事。方才遇险，小王姬可是把苏某放在……"

不等他把话说完，我已冲过去捂住他的嘴，狠狠瞪了他一眼，用下巴指了指曦荷。他的大眼睛眨巴眨巴，顿悟，点头。可是，我刚一松开他，他却捂着肚子蹲在地上，秀气的眉毛也拧在一处。我道："你怎么了？"

"不知为何，腹部疼痛难当。"额上汗水涔涔流下，看样子不该是装的。

我听见刹海鼻间发出一声轻哼，便离开了我们。之后，苏疏当真疼了整整一宿，第二天连路都走不动，还是变回原形，让曦荷当簪花插在脑袋上。

提到曦荷，过了几天，我便非常确信，之前感觉的刹海的态度并非错觉。他对我、苏疏、玄月都是一个腔调，跟一个煞气狂魔似的，唯独对曦荷特别好，简直是有求必应。有一次我们经过一个小镇，曦荷看上了一堆彩泥娃娃，说什么也要我买给她。出门在外，行囊要轻便，我自然不同意。于是，她就要赖皮，打滚撒泼，还在街上叫我是后娘，说她是我捡来的，引来无数人围观，还有人劝说"孩子没有亲娘已经够可怜了，后母这样做不人道"，气得我差一点儿动手抽她。这事听上去与刹海毫无关系，我们离开小镇时，他却帮曦荷把那些泥娃娃都买了下来。不仅如此，我们去西域的这一路上，遇到了不少妖魔鬼兽，以他的身手消灭这些都是小菜，他却总会站在曦荷前面，小心翼翼地把她保护得特别好。夜里他从来不与我们同宿，总是会像野兽一样，跑到我们看不见的地方休息。尽管如此，只要这边有什么风吹草动，他还是会瞬间闪现在我们身边，第一个保护的还是曦荷。而且，这等偏爱最初还不易察觉，相处时间越久，就越是明显。到后来，我们在外吃饭，曦荷喜欢吃的菜，他都会全部留给她。

最要命的是，曦荷也特别喜欢刹海。不到几天时间，她就可以不计刹海可怖的面具，依赖他到把娘都快忘了，更别说是一直绕着她转的苏疏了。苏疏这段时间吃够了伤心醋，天天跟我哭诉，有一种嫁女儿的悲苦感。女儿就是女儿，她对别人再好，最爱的肯定还是娘，所以我倒不会因此吃醋。让我很是担心的是，一个成年男子，还是魔族，对一个萍水相逢的少女这样好，好到超出正常范畴，必然不是单纯出于心善。于是，某夜，我们在一个山涧瀑布下留宿，眼见刹海离去，我偷偷跟着他前行了一段距离，很快就被他发现。

"跟着我做什么？"他背对着我，修长的身形融入夜中。

"我有事想跟你谈谈。"

"说。"

"虽然我们加起来都打不过你，但刹海公子阅尽世事，应该知道，一个女人或许作为女人时不堪一击，但作为母亲，可以让全天下最强的男人都感到畏惧。"

"你到底想说什么？"

我走到他面前，抬头正视他，沉声道："希望你不要打我女儿的主意。否则，我会拼尽一切与你同归于尽。"

他愣了一下，禁不住笑出声来："你未免想得太多。我对曦荷没那种兴趣。"

"只怀有长辈之情最好，阁下这段时间对她的照料我都看在眼里，记在心中。多谢。"

我朝他拱拱手，转身离去，却被他拽住手腕，拖了回去。我低头惊讶地看着他的手，却又被拽了一下，几乎撞到他的身上。我慌道："你做什么？"

"你这话说得没错。作为母亲，你颖悟绝伦，但作为女人，你真是笨得离奇。"说这话时，他还是没放开我的手腕。

"什么意思？"

"你看得出我待曦荷好，我也说了自己对她没兴趣。那我为何要待她这样好，都不动脑子想想吗？"

"想、想什么啊……你放手。"

我挣扎着想要甩开他，却被他直接拉到怀里。他低下头，与我额头相靠，手指顺着我耳侧的长发往下抚摸，最后穿过头发，摸到我的颈项："真够笨的。"然后头稍微往下压了一些，嘴唇就碰到了我的唇。

惊呼声都被吞在了接下来的吻中。是处飞流直下，星河连绵，唯剩潺潺水声，和他炽热的呼吸。我呜咽着想推开他，却好似戴上手铐般被他紧紧扣住手腕，还得被迫接受他强势而过度热情的吻。我只和胤泽这样接过吻。当时，一被胤泽触碰，就会有浑身焚烧般的眷恋，不管如何亲密，都觉得不够。我原以为不同人的亲吻方式亦有区别，但此时的感觉，与当初并无不同。不懂，莫非我骨子里其实有些轻佻？还是太久没碰男人了……总觉得，不希望他离开……

但脑中闪过曦荷的脸，我瞬间清醒了，痛下决心，咬了他一口。他闷哼一声，用食指关节擦擦嘴唇："真狠。"

"刹海公子，请自重。"

他轻笑一声："方才手都搭在我脖子上了，还要我自重。"

"我没有！"我觉得脸都快要烧起来了，不想和他再辩论下去，转身纵水飞回了我们搭建的帐篷。

翌日清晨，曦荷跟刹海去河边打了一些鱼，烤来做早饭。曦荷拎着一条鱼过来道："娘娘娘，刹海叔叔好厉害，他伸手往河里一捉，像这样！"她伸出右手并排的四根手指和左手食指，作鱼嘴状，往下面一夹，迅捷地提回来，"这样轻轻一抓，就把鱼抓起来了！我的钓竿完全没有用到！"

"哦。"

曦荷神经粗，当然看不出我没什么精力，只是兴高采烈地继续道："刹海叔叔好棒！你说他的面具下会不会藏着一张美男子的脸？我觉得他肯定是因为长得太好看了才戴面具，以此挡桃花！相比下来，苏叔叔好没用哦，明明是莲花精，还怕鱼……"

"不是莲花精，是苏莲灵！"苏疏面颊泛粉，"还有，我不是怕鱼，只是不喜欢它的味道而已。曦荷，不能因为刹海会捕鱼，你就把这么多年我对你的养育之恩都忘记了……"

说到此处，我看了看刹海的方向，他的身形在河边闪动。消失时的烟雾还没散去，他已捕好鱼，把它们都装在筐里。曦荷看了他一眼，骄傲地过去拽着他的袖子拉他过来，跟炫耀自己亲爹似的对苏疏道："那你什么比刹海叔叔好？身手还是身高啊？我最不喜欢吃豌豆，你还老逼我吃。"

苏疏委屈道："以后不逼你吃豌豆便是。"

说了半天，就是不想吃豌豆。这闺女的脾气真是……不过，看到他们如此热闹，我的心情也稍微平复了一些。我把鱼串好，挽起袖子，伸长胳膊，把鱼放在篝火上烤。曦荷看了一眼我的手臂，犯二地道："娘娘娘，你手腕上那几条红印是什么啊？"

我看看手腕，发现那竟是五条手指印。我赶紧收回手去，压低声音道："什么也不是。"

刹海在我身边坐下，接过我手里的鱼，自行放在火上烧烤。我站起身想要躲开他，他却再次拽住我的手，把我拉下去坐着。还好这一动作没被那两人看到，只有玄月睁大圆溜溜的眼睛望过来。不知道他会做什么，我只能勉强自己坐下来，但也是背对着他。曦荷道："娘，你是在和刹海叔叔闹别扭吗？"

我看着地面，没回答。过了一会儿，刹海把鱼烤好，交到我的手上："好了，吃吧。"

曦荷道：“娘，你脸好红，是太热了吗？离篝火远一点儿啊。”

我还是没理她。她不依不饶道：“娘娘娘。”

“闭嘴！”

我一声喝下，曦荷打了个哆嗦，抓住刹海的衣角，哭丧着脸道：“刹海叔叔，娘好凶！呜呜呜……”

刹海道：“她是你娘，对你严厉是应当的。你要听她话知道吗？”

曦荷抖了抖嘴唇，乖乖地坐直身子：“好吧，原来刹海叔叔也怕娘……”

刹海回头盯着我，好似真的在认真思考这个问题，而后点头道：“嗯，挺怕的。”

这不卑不亢的态度，哪里像怕我的样子？分明是故意在女儿面前抹黑我。悲哀的是，听到刹海的回答，曦荷更是有了一种伯牙逢子期的欣慰感，滔滔不绝地跟他分享被我虐待的经历。就这样，这一路上，我们每天都在“娘娘娘”和“娘好凶”的呼声中度过。

同时，我们也在四处打听潮汐珠的消息。有人说灵珠早已失踪，有人说它在沙漠另一端的流黄酆氏之国，也有人说它已经被仙人带回昆仑山，但不管怎么说，范围还是没有离开西域。经过长途跋涉，我们进入了西域的流沙之地边界，打算先去流黄酆氏之国看看。对于神魔而言，穿过这片沙漠不过小菜一碟，可对其他人而言，这是个不小的挑战。在附近的营地休息一晚，我们早起准备出发穿越沙漠。

是时朝阳初升，红日高挂，如一枚巨大的琥珀在放射光彩，却又低调沉稳。黄金地平线上，骆驼队之影徐徐移动。我将自己的衣服穿好后，也给曦荷戴上了西域花帽，压住她那头长长的小辫子。她的脸被面纱遮住大半，只露出一双小鹿般灵动的大眼，真是可爱至极。没过多久，她已经沉迷在换装世界中不可自拔，提着艾得来丝绸的大红裙摆，踩着皮质软靴转来转去。苏疏也换上了沙漠服饰，衣服还是大红的，不过款式变成了过膝宽袖袷袢，由一头蓬松的鬈发相衬，自然流露出一股异域气息。因为他实在太像土著沙漠王子，连曦荷都忍不住大笑起来。玄月也不甘寂寞，叼来一顶花帽，往空中一抛，顶在自己脑袋上。

当然，真正让我拜倒的是刹海。他从远处骑骆驼而来，后面还跟了几头骆驼。骆驼用竹节般的强劲长腿撑着沉重的身子，高高坐在驼峰之间的男子，身披黑色镶金的长外衣，脚蹬皮靴，一拢腰巾与长发在风中翻舞，显得雄姿勃勃，威风凛凛。可是，他还是顶着那张青铜面具——听说他去换衣裳，我还稍微有些期待，以为在这种酷热之地，他会摘掉面具，事实上是我想得太多。

见他朝我投来目光，我心里一惊，扭头看向别处，拉了拉碧青裙装，也翻身骑上一头骆驼。不知为何，刹海在曦荷眼中总是无比高大威严，她嚷嚷着要和他共骑骆驼。我正想阻止，就见刹海点了点头，她欢蹦乱跳地坐到他前面。这下我亦束手无策，只能静观其变。出发后，刹海还真如他所说的那般，并未打算对曦荷出手，除了她调皮时用力按了一下她的小帽子，他没有多碰她一下。尽管如此，我还是很不放心，和他们并排而行，时不时扭过头去盯他们一眼。与我目光相撞几次，刹海便对曦荷低声说了几句话。曦荷点点头，乖乖跃到另一头骆驼背上，他便掉头朝我靠过来。我拉了一下绳子想躲开，无奈骑术不精，速度不够快，他的骆驼很快与我的骆驼贴在一起。然后，他伸手拦腰一抱，像拎小鸡一样把我拎到他前方坐下。

"你做什么！"我挣扎着想要下去，却被他扣在了骆驼背上。

"你一直在看我们，不是想与我共骑吗？"

"谁想与你共骑，我是在担心曦荷。快放我下去。"

曦荷是孩子，与刹海共骑空间尚足，但两个成年人骑一只骆驼，就未免挤了一些。此刻，我后背完全贴在他坚硬的胸膛上，他的双臂也绕过我牵着缰绳，这种坐姿就像是依偎在他怀里一样，真是说不出的古怪。只是，他非但没放下我，还低下头来，靠得更近了，在离我耳垂很近的地方说道："可是我不想放。"

随着太阳升起，沙漠中也逐渐变热。必定是因为如此，我才会觉得浑身燥热，细汗涔涔。我不想和他争执，用行动表示自己的抗拒，却再一次被他压制住。

"能待在你身边，我不会放手。"他几乎是从身后将我抱紧，声音低沉压抑。

他的声音与那个人完全不同。可奇怪的是，这一刻，我却想起那已封存在几十年前的旧人之名。

假如，我知道不可能，只是说假如，这人是胤泽，我想自己可能已经痛哭流涕。我不会原谅他，但一定会在心中默念，终于我此生无憾。

可真正遗憾的是，刹海几乎是个陌生人。魔与我们的距离比神更远，但不论真心与否，他都能对我进行如此告白，这也说明若真是喜欢，很多问题都不能成为阻碍。我那曾日夜厮守的师尊，不论轮回多少次，怕都离我有九天之遥。

大漠茫茫，狂风四顾，用手掌将流沙揭开一层又一层。沙浪翻滚，与海浪同样雄浑愤怒。我、曦荷和玄月属水，都畏惧干旱。苏疏更不用说，早在靠近沙漠之前，他已经呼吸不顺畅。不到两个时辰，他便是口干舌燥，头晕目眩，一张脸蛋儿先红后白，像是快要撑不下去了。我见状从骆驼背上跳下来，化水与他，他才得以缓解。几次得我相助，苏疏打趣道："真是一个溯昭氏顶一群骆驼，多谢小王姬。"

我道："此地不宜久留，我们的速度越快越好。"

刚好，我也以此为由，不再回到刹海身边。刹海并未多言，只是冷眉冷眼地扫了一眼苏疏。

奇怪的是，这一夜，苏疏又腹痛了一个晚上。

经过几天马不停蹄的赶路，按地图来看，我们已走了一半的路。星夜已至，我们发现地平线处有火光点点。好奇上前看，突然出现奇异景象，让我们集体陷入迷茫：在荒芜的沙漠中央，居然有一座欣欣向荣的孤城。它三面环水，占地三百里，沙子与水一同流动，中间有一座高山，和地图上描绘的流黄酆氏之国一模一样。[②]可是，抵达流黄酆氏之国，应该还需要几天的行程。这究竟是我们计算失误，还是看见了海市蜃楼？我们怀着满腹疑问，走近了这座孤城。曦荷原本抓着我的袖子，但抬头一望，发现这孤城周围有水光粼粼，在空中旋转舞蹈，便魔怔般说道："娘，这里好像我们溯昭啊。"而后不等我回答，已被那些水光吸引，飞奔过去。

"唉，等等……"

我话未说完，曦荷已跑到水光下方，脚下踩空，犹入沼泽。刹海赶紧上前，拽住她的手腕，把她拖出来。

随水起伏变幻，形成无数沙洲，乍看去与普通沙漠无异，实际上却是无数泥坑，踏上去便会陷下去。苏疏道："看来此处是海市蜃楼，为防止迷失心智，我们还是早些离开比较妥当。"

我试着对空中的水使用法术，却真的令它们移动。我想了想道："这城是否幻影我不知道，起码这水并非幻影。而且，沙漠中央怎会出现这么多水？那只有一种可能，便是有人刻意为之……会不会潮汐珠就在这儿附近？"

刹海道："这里便是流黄酆氏之国。潮汐珠在里面。"

"真的？你怎么知道？"

"我感觉得到。"

"那为何流黄酆氏之国会出现在此地？比我们计划的距离要近很多啊。"

"这我就无从得知了。先进去看看吧。"

于是，刹海在里面接应我们，我们纵水飞到城中，玄月驮着苏疏进去。本来在外面看见这番异景，我以为里面多少会有些危险，或有妖魔看守，至少得有一场恶战。但没想到，这城里一片国泰民安，百姓鼓腹击壤，连个妖魔的影子都没有。没多久，这里的酆氏君主听闻有客远来，甚至亲自出来迎接我们，设宴摆酒。对方热情好客得有些过度，我原本有些怀疑，但又确实无法在他们身上察觉到仙灵妖魔之气，于是也放下心来与他聊天。隐去了溯昭旱灾一事，我大致介绍了我们的来处，酆氏君主听后，对我们更加钦佩："你们果然并非等闲之辈，寡人再敬你们一杯。"

又一杯美酒下肚，我思虑片刻道："陛下，其实我一直没想明白一件事。现在天下大旱，这一路上都是茫茫沙漠，为何贵国附近却有诸多水？"

"实不相瞒，我们能得到庇佑，是因为有了仙人涉正的法宝。"

我的心跳加快了许多，但还是佯装不明道："仙人的法宝？当真十分有趣，是什么法宝呢？"

"这法宝叫祈雨灵珠，乃是涉正大仙用自己眼珠所造。"君主微微一笑，"你们若是有兴趣，我可以带你们参观参观。"

虽然换了名字，但是一听这个传说，我就知道，这就是我们想找的潮汐珠。有了这个东西，溯昭就有救了！我心跳加速，但表现得很平静："好，有劳陛下。"

他带我们去了宫殿的藏宝室。那潮汐珠就摆在藏宝室正中央，周身冰蓝，水光凝欲流。酆氏君主道："这便是祈雨灵珠。十七年前，我们举国上下一片惨淡，所幸父王在西海捡到了这个。若是没了它，恐怕我们整个流黄酆氏之国都会被湮没在黄沙之中。多谢涉正大仙保佑。"语毕，他做了一个祭祀的动作。

之后，他令人安排我们住下。回房间之前，苏疏叹道："真是遗憾。原来这潮汐珠竟是流黄酆氏之国的镇国之宝，跑了这么远，没想到还是得空手而归。"

曦荷道："我娘和萤姨一定会有办法的。"

刹海看了我一眼，没说话。我也一直没有发表任何观点。及至半夜，我的心情复杂极了。诚然，潮汐珠在流黄酆氏之国，可若是盗走它，恐怕会带给酆氏百姓许多麻烦。可是，君主也说过，这珠子是他父王捡来的。也就是说，潮汐珠从来都不曾属于酆氏子民。相反，我们是溯昭氏，是被赋予神力的水之一族，原本比凡人更应该拥有祈雨的宝物。而且，这个国家弱得不堪一击，即便我不带走潮汐珠，也会有其他人打它的主意。若是落在妖魔手中，恐怕结果会不堪设想。想到此处，我稍微好受了一些，纵水偷偷溜到王宫里，把灵珠偷了出来。然后，我把所有人都从床上叫醒，让他们跟我一起星夜逃离此间。曦荷完全不知发生了什么，刹海还是一如既往不予评价。待我们溜到城门附近，苏疏和玄月却用陌生的目光看着我。我道："走啊，怎么不走了？"

苏疏道："我认识的小王姬，绝不会做这种事。"

"什么事？"

"人家如此热情地款待我们，小王姬却恩将仇报，这样妥当吗？"不等我回答，苏疏已愤然道，"知道你是为了溯昭，可是，把自己的安乐建立在别人的毁灭之上，这是逆天而为。我宁可渴死也不要这样。小王姬应该把灵珠还回去。"

"你这话说得倒是轻松。你又不是溯昭氏，当然不会介意溯昭的死活。"

大概没料到我会毫不留情地反击，苏疏愣了一下道："苏某并非此意。只是，一定有更好的方法解决溯昭的旱灾，不一定要掠夺，是不是？"

若是有，我们还会在忍饥受饿中度过这么多年吗？天真的人固然可爱，但同样，他们也可以比任何人都残忍。苏疏很会照顾人，脾气也很好，但心智终究不过是个孩子。看看他，与曦荷的反应并无差别。此刻，曦荷也不安地看着我："娘……"

我没有回话，只是径直踏入夜幕。然后，一个声音突兀地打碎了这片寂静："现在夜寒露重，请问诸位此刻离开流黄酆氏之国，是因为我等招待不周吗？"

抬头看，发现说话之人站在城门下，正是相国。他骑着骆驼，带着两名随从站在城门处。听他的口气，应该是对我们起了疑心，却不知我已盗取灵珠。我道："我们还有要事要做，不便半夜惊扰陛下。我已留下书信，请相国也代我向陛下道别。"

"这事老臣可不敢擅自做主。还是请诸位再留一夜，待明早亲自跟陛下告辞再离去比较合适，不知各位意下如何？"

我本想直接无视他，杀出重围，不料还未走到他身边，他已盯着我手里的布袋震惊道："这不是祈雨灵珠的光吗？"

我静静望着他，没有说话，只挥了挥手，以面纱缠住曦荷的眼。相国怒斥我："你、你们竟敢盗窃我国圣物！简直罪不可赦！来人啊，给我把他们抓起来，立即去通报陛……"

他再无机会将话说完。因为，我已纵水环绕在他的头顶，凝聚冰刺，刺穿了他的头颅。他连出声的时间也没有，就已断了呼吸，双眼一翻，颓然倒地。除了刹海，周围的人都倒抽一口气，连玄月都瞪圆了眼睛看我。

我再使出纵水术，以冰刺杀死相国余党。看见他们一个个和相国一样，无声无息死去，我也放心了："走吧。"

若说苏疏方才还能阻止我，此刻已被吓得噤若寒蝉。只有刹海不冷不热地笑道："真不愧是溯昭小王姬，杀人也如此优雅，鲜血不沾襟袖。"

其实，刻意动手杀人，这还是生平第一次。我的双手在袖中发冷，牙关也如嵌了冰块般打战。不愿让他们看出这一份惧怕，我只是快速移动步伐，冲出城门。但我没想过，更糟糕的事情在后面：当我飞出城外，离开那片沙洲，沙洲上方的水流动的速度与方向也跟着改变，整体在往背离流黄酆氏之国的方向流去。意识到这兴许与我的行动有关，我便试着再走远一些。果然，水流也跟着移了过来。

"小王姬，现在后悔还来得及！"苏疏追了出来，急道，"你不需要回去跟他们道歉，只要把灵珠偷偷还回去就好。我方才观察了一下这座城的构造，几乎都是用灵珠之力修建而成，他们若是失去潮汐珠，恐怕真的会……"

我摇摆了很久。谁愿意当坏人？谁愿意滥杀无辜？谁愿意肩负重罪苟且而活？只是，神魔死去尚能重生，妖鬼尚有机会转生，而我们一旦脱离了水，就会在这历史的洪流中云飞泥沉，永无重见天日之时。现在溯昭所有水源都已枯竭，只有洛水尚且存在，却也在日益衰竭。我溯昭氏既然能在乾坤六界中存活至今，必不该亡命于这遥遥无期的天灾之中。

此刻，我想起父母临死前眼中的隐痛，想起父王曾在我儿时的榻旁低声说过：薇儿，我们每一个人都不是为自己而活。你是溯昭的王姬，是我的女儿。这是你的命，也是你的责任。

我咬了咬牙，闭着眼猛地冲至数百米外。有了潮汐珠辅助，我的灵力简直有如神助，一直以来心存遗憾的无水飞行，也不再只是遥不可及的梦。我甚至能想象到，有了这颗灵珠，我和溯昭会变成什么样。只是，在这飞行的过程中，我听见了苏疏的挽留和曦荷的惊呼，以及孤城坍塌沦陷的轰然巨响。随后，城中的百姓哭声震天，惨叫声被淹没在风尘沙砾之中。我闭着眼睛，不愿，也不敢回头去面对那片人间地狱，只听见曦荷哭道："娘，娘，把灵珠还给人家啊！我们何时变成无恶不作的大坏人了？"

　　并不是我无心怜惜苍生，而是作为芸芸众生中的一员，我们并未得到苍天的怜悯。我只是没有忘记父母的教诲，想要我们的子孙后代都活下来而已。

　　之后，我带着潮汐珠回到溯昭，当天便祈雨得水，换回了水光纵横的美丽溯昭。顷刻，所有溯昭氏一致对我感恩戴德。我想，既然有了如此圣物，我们不仅可以治理旱灾，同时也可依仗灵珠之力，为溯昭做点儿什么。毕竟这个时候，六界都处于窘境之中。乱世出英雄，溯昭若能把握好机会，与强大的氏族建立邦交，输送活水，说不定能从此得以复兴，甚至扩张势力。原以为王姐对此会心服首肯，但将这一想法告诉她后，她却只是讥诮道："我的好妹妹，果然是在仙界待了很久，连自己是什么人都忘了。"

　　我疑云满腹："什么意思？"

　　"我都听说了，你为了取这颗潮汐珠，已经害得流黄酆氏之国从世上消失。你这样做，与黄道仙君那些道貌岸然的仙人有何区别？如此乘人之危，侵占弱国，又与开轩君有何区别？"

　　"王姐，你怎么可以这样说我？"我不可思议地睁大眼，也讥讽地笑了起来，"若没有我这颗灵珠，你牵肠挂肚的孔夫君能活下来吗？我所做一切，都只是为了溯昭。"

　　"洛薇，若是父王母后泉下有知，看见你今日所作所为，他们会得以安息吗？他们会为你骄傲吗？你自己好好想明白。"

　　我确实想过这个问题。酆氏子民曾数度扰我清梦，在夜里哭成一片血河。梦中酆氏君主变成了干尸模样，对我不断重复着八个字："恩将仇报，不得好死。"但是，事已至此，若再寻退路，岂不是已经太迟？于是，未经王姐许可，我便在溯昭筹集兵马，并看中了百里外的一个小城，打算时机一到便去与之谈判，以支援水源归降之，若他们不吃软的，我们便来硬的。因为我这一回带回灵珠的功劳，百姓云集响应，很快便编好万人部队。谁知，得知这一消息，王姐居然下令阻挠，说未经她许可任何人不得兴师动众。

　　其实，别人反对我，我完全可以理解，让我无法接受的是王姐的排斥。作为一国之主，她怎么可以如此单纯？胜者为王，败者为寇，这原本就是世界的定律。一天夜里，我把孔疏绑起来，以此威胁王姐，让她昭告称病，将国之要务交给我打理。孔疏一直是王姐的软肋，她几乎连反抗也没反抗，便交出了所有大权。我将他们软禁在紫潮宫内，不许出宫半步，然后自己风风火火地出去攻城略地。

就这样，没出五十年，连大名鼎鼎的雪妖之国都被我拿下。然而，带回这一好消息的清晨，王姐便在禁宫中断了气。原本继位者应是她的孩子，但我夺走了这个机会，用同样的方法关住了外甥们，自己继位，当上了新一任溯昭帝。我登基的第二天，苏疏前来辞行，说他准备回东海了："如今陛下已继位，曦荷也已成人，苏某多留无益。"

"为何？你继续待在溯昭，也并无大碍。"

他冲我拱了拱手，莞尔笑道："我总是活在过去，活在当年那个小王姬的身边。这对陛下也不公平。望陛下今后好生照料自己，早日找到下一位抚琴人。"

经他一提，我才意识到，自己已近五十年未再抚琴赏月。

苏疏走后，我确实伤感了一段时间，但好在有女儿相伴，每逢处理国事之后，漏断人静时，也不至于太寂寞。之后，随着我的东征西讨，"溯昭"这一生僻的名字，也出现在越来越多的国家的书本上。有越来越多的使者慕名而来，向我们寻求帮助与支援，也有心怀不轨者主动攻打上门，却都被我们击退。终于有一日，访问者中，来了一位天外来客。

"我想来想去，就只有你能完成这个任务。"紫修一身镶紫黑袍，笑容却如孩童般纯粹，"我要你去冒充尚烟，把她送回我身边。此后，你想要什么土地，我都可以给你。你想要除掉什么人，我都会让他死。"

我从紫修那里得知，尚烟就在天市城，还怀了胤泽的孩子。听到此处，嫉妒之火险些将我整个人焚烧成灰。我毫不犹豫地答应了他的要求，在他的帮助下，学会幻化之法，变成尚烟的样子，独自去了一趟天市城。但是，我却做了一件一箭双雕的事：我用幻化之法，把一位暗恋紫修多年的仙女变成了尚烟，让她去找紫修，然后动手杀了尚烟，包括她那肚子高高隆起的七个月的孩子。紫修很快发现了端倪，彻底陷入疯狂，发动史上最可怕的一场屠神之战。在他的间接相助下，旱灾加剧，我大溯昭再度占地无数，情势一片大好。

终于又等了数年，我做好所有准备，横戈跃马地回到天市城，到沧瀛府上求见胤泽。

"洛薇夫人，您终于来了。神尊已在里面等候您多时。"一个童子引我入内，如此说道。

我沿着迤逦画廊，来到庭院中。此处，繁花落尽，酒香四溢，孤月漏了满地银霜。石桌上放着金樽美酒，胤泽背对我站在一株桃花下，似乎在静观花涧。听闻脚步声靠近，胤泽扭过头来，隔着花枝望向我，露出了浅浅一笑，看去有些惆怅："薇儿，好久不见，你的头发都成了白色。"

这一笑冰如霜雪，却也误尽苍生。我静静地看他多时，道："你还是喜欢青发的我吗？"

"不，这样也很美。只是我不理解，为何你的容颜未有半分衰老？"

"你不喜欢我年轻的样子吗？"

"喜欢。只要是薇儿的样子，我都喜欢。"

听到他如此回答，我终于心满意足。其实，经过这么多年的征伐与操劳，我早已眼生皱纹，双眸枯竭，尽管并未老态横生，却也绝非之前那般水嫩的模样。能得以维持青春，是因为异国往溯昭输送的人才中，有一个大夫精通驻颜术，而他为我开出的金丹配方中，有一项是"穷奇之瞳"。为此，玄月曾激烈反抗，但最后还是妥协，剜去一只眼珠给我，从此离开了溯昭，也不知现在身在何处。服用金丹后，我的容颜与年轻时毫无差别。不过，这金丹只有十年药效。若十年后我不再服药，极有可能会变成鬼脸。大夫跟我说，到时我可以继续炼药，或是直接像画皮鬼那样为自己披一层人皮。

苦是苦了一些，但船到桥头自然直，十年期满，我总会有办法的。而现今，我以这样的姿态出现，便可以像往日那样，长长久久地陪在眼前这人身边。我笑道："我也还是和以前一样，心中只有师尊一人。"

走到此处，已是寻尽万水千山，踏遍天涯海角。我想起曾在书上看过一个关于舞姬的故事：这舞姬能歌善舞，却总是对自己过于苛刻，于是她昼夜不分地练舞，一直跳到腿断为止。别人都很同情她，她却毫无感觉。

有一日，她在水中望见了自己的倒影，发现自己并不是想象中那么美丽，相反，是残缺不全的。终于，她跪在地上哭了出来。我想，之所以不觉得自己可怜，是因为我和舞姬一样，看不到在别人眼中自己的样子。

一直以来，我都不觉得自己牺牲了很多。直到这一刻，我才意识到，自己早已亲友零落，旧齿凋丧。遥想当年，亦是相似的夜，哥哥曾带我到树下寻找太师尊，也曾幼稚地宣称我是他未过门的妻子。那时，我无论如何也不会想到，近在眼前却如远在天边的太师尊，会让我走到这一步。多年来，为了离他近一些，为了站在他的身侧，我做了多少傻事啊……可是，尽管摔得遍体鳞伤，变得连自己都认不出自己，我终究还是回到了他的身边……

我走到胤泽面前："我知道尚烟之死令你很难过。没关系，我会一直守着你，哪怕你把我当成她，我也不介意。"

"你真的不介意？"

我轻轻摇头："你心里可以有她。"

他的手指化作春风，轻拂我的雪发和脸颊，笑得有些无奈："薇儿，你怎么这么傻。"

我是个傻子，着实迷恋这个人。不管过多久，只要他一句话，我便可以放下所有防备与不甘，带着浓浓的委屈重新回到他的怀抱。我把头埋入他的胸口，中蛊般紧紧抱住他，却感到越来越冷。我颤声道："胤泽，我以前就答应过你，此生此世会永远陪着你。以后你的生活里有我，有我们的女儿……还有，还有，我在想办法炼制长生不老药，以后说不定不会死，你不会再孤单了……"

当然，我不会告诉他长生不老药的隐患。我是老了，也确实不能再爱。但对胤泽的感情，是从小到大浓烈如血的牵绊。这是痼疾，永远也治不好。所以，只要还能在这怀抱里就好，哪怕只有一瞬，哪怕下一秒便会粉身碎骨……

可是，就在这时，尖锐的刺痛穿透了我的胸膛。我瞪大眼睛，压住胸口那把从背后穿出来的匕首，惊诧地看着胤泽："为……为何……"

胤泽漠然道："你杀了尚烟，我若连这都不知道，还配当神尊吗？"

我先是一愣，而后苦笑："没错，是我杀了她。可是我比她爱你。"

"那又有什么用？我不爱你。"他把我推到地上，像碰过脏东西一样拍拍手，"你连尚烟的一根手指都比不上。"

喘息声越来越大，呼吸却越来越吃力，我单手撑着地面，跪在地上："胤泽，胤泽……不要再抛弃我，我对你……是真心的……你真的不知道，我为你做了太多……"

疼痛传遍四肢百骸，我拼命挣扎，挥舞着双手，随后浑身一凉，猛地睁开双眼。有人用衣服兜了水泼在我身上。

不是胤泽，而是刹海。他站在一旁俯视我，鄙夷道："闹够了吗？闹够了就起来。"

怎么回事？为何会是刹海？我已经有几十年没看见他，从上一次在流黄酆氏之国与他一别，就再也没了他的消息，为何……

我上气不接下气地环顾四周，发现自己倒在沙漠中一片绿洲旁。再垂头看看自己的双手，发现皮肤依旧白皙细腻，一个斑、一条皱纹都没有，体内也充满了精力，却不是因为驻颜金丹。而玄月、曦荷和苏疏正伏在前方不远处，在睡梦中苦苦挣扎。玄月拼命刨爪子，应该是做了噩梦。我跑过去，把玄月摇醒。它睁开双眼，呆呆地望着我，"嗷"地咆哮了一声。

眼睛是完整的。玄月还在，它哪里都没去。我激动得差一点儿哭出来，用力抱住它那毛茸茸的身子。我又看了看刹海，疑惑不解："我不理解，我是从何时开始做梦的？那流黄酆氏之国果然是海市蜃楼吗？"

刹海道："流黄酆氏之国？我们还要走好几日才能到那里。我也没看到什么海市蜃楼。倒是你们几个，走着走着，突然就整齐地倒在地上了，还是我把你们驮过来的。"

也就是说，从在沙漠里看见海市蜃楼起，所有的事情都只是梦？太好了，一切都只是梦，从未发生过。我没有偷窃灵珠，也没有杀死相国，更没有做出伤害苏疏、玄月、王姐他们的事。没有滥杀无辜，和紫修勾结，更没有自残乱吃金丹，没有杀掉尚烟和她的孩子……这一切都是假的，真是太好了。

这时，一个中年男子的声音传过来："如何？臭丫头，这梦你可还喜欢？"

"什么人？"我警惕地道。

一个穿着春秋时期服饰的君王的魂灵从空中飘来，慢慢在我们面前停下，还得意扬扬地捋了捋胡须。与这人已有好几十年未见，上一回我还是个没长大的孩子。但是，由于他当初的无聊曾经震撼过我，所以，要忘记他也不是那么轻松的事。我道："浮生帝？你为何会在此处？"

"上一回你和胤泽神尊害我吃那么多亏，还嘲笑我，羞辱我，说我的幻术只是皮毛，什么心甘情愿地在我的幻术中互相残杀，才是真正的厉害。"浮生帝冷笑一声，将双手抱在长袖中，"如何，今天这梦你还满意否？为了等你再度光临，我可是精心筹备了几十年。"

回想梦里发生的事，我诧异得说不出一个字。真不敢相信，这世上真有这种带着秤杆买小菜的小气鬼。当年我才多大，童言无忌多说了几句，他居然可以做到这份儿上。由此可见，他还是闲得发慌。我望天摇首道："你造得再真实，也不过是梦。"

"呵，就知道你会这么说。你知道吗？这梦可不是由我一个人完成的，这才是最有意思的部分。它预示了你，若是想要实现人生最大的心愿，你需要付出什么。也就是说，你唯一能回到胤泽神尊身边的途径，就是完成这梦里的所有事。不同的是，他不会像梦里那样杀了你——那一段是我擅自改动过的，不过是为了吓吓你。"他哼笑两声，"你若真是通过这样的方式回到他身边，他会和你长相厮守。除此之外，你们恐怕会永远错过。"

我彻底呆住。并不是因为知道到胤泽身边需要牺牲这么多，而是听见了他那一句"人生最大的心愿"。原来，我人生最想完成的事，不是振兴溯昭，不是辅佐王姐，不是女儿幸福平安，而是这么可笑又无意义的事——与胤泽长相厮守，白头偕老。

这几十年来所受到的所有挫折，都不如这一事实的打击来得大。我就这般没用，这般没有尊严吗？连自己想要什么都改变不了，我还有什么资格为人母？

"呵呵，呵呵。"我闭着眼，笑得断断续续，满腔苦痛。

原来，兜兜转转几十年时间，我还是当年那个傻子。笨拙如故，不曾长大半分。那人这样伤我，我花了小半生时间，却还是没能将他忘记。

曾经我是如此恨他。曾经，我也是如此爱他。岁月是个很残忍的东西，它将我对胤泽的恨消磨殆尽，却没有带走那最不该保留的部分。从来不知道今后会发生什么事。或许还要再等等，再过个五十年我就能解脱。或许直到死去，我也走不出来。

我开始感到怕。若有一天我老到走不动路，却还是想着他，是否这辈子就这样完了？

浮生帝笑道："如何，这梦又美又残忍，是否觉得非常矛盾？到底要不要如此做呢？哈哈，我就是喜欢你这种表情……"

"哈哈。"

这笑声不是我发出来的，也不是刹海或苏疏的声音，而是从绿洲上方飘过来的。浮生帝的脸拉下来："旱魃老儿，我和你井水不犯河水，你最好少来插手管我的事。"

"浮生帝，百年不见，没想到你还是这么蠢，没一点儿长进。"此人声线奇异，听上去像两个人的声音叠在一起。

"我蠢，但再蠢也蠢不过怕童子尿与黑狗血的半身妖。"

"你看你，还是这样，一点就爆，讲话不经过脑子。从方才到现在，你一直在拐骗这位姑娘，想让她自残去追胤泽神尊，却没想过，胤泽神尊对她一片痴心，根本轮不到你给她下套。"

浮生帝不屑道："你又猜到了。"

旱魃哼哼笑了两声："这还需要我猜吗？堕入魔道，自身难保，都要跟着她保护她，还不够痴心？"

注释：
① 出自《华严经疏·（第一卷）》。
② 改编自《山海经·海内西经》："雁门山，雁出其间。在高柳北。高柳在代北。后稷之葬，山水环之。在氐国西。流黄酆氏之国，中方三百里，有途四方，中有山，在后稷葬西。"

第十九章

Chapter
Nineteen

樱源逢君

梦回百年明月笑，
人面桃花辞溯昭。
不及黄泉无相见，
缘尽痴心似芳草。

——《三生草》

　　我和玄月不约而同地转过脑袋，目瞪口呆地看向刹海。刹海看去倒是平静，一副事不关己高高挂起的样子。浮生帝活活变成了照镜子的吊死鬼，自己把自己吓得个半死。他往后倒退数步，指着刹海，嘴唇哆嗦："旱魃老儿，你说此人是胤泽神尊？莫要糊弄我！"

　　"没错，就是他。"

　　话音刚落，一个巨大的半身妖出现在绿洲上方。他皮肤玫红色，貌如干尸，身下有一团黑火烈烈燃烧。方才听浮生帝提及便有所预料，原来，这旱魃真是传说中的旱鬼，传闻其所到之国会大旱，赤地千里，①生于这个时代，可真是他的福音。他朝我们一路飘来，表情狰狞骇人，我和玄月都不由得小退一步，刹海却还是一脸淡定。他停在刹海面前，鞠了个躬："旱魃见过胤泽神尊。"但等了许久，都没得到对方回应。

　　我全然不信他所说的话："简直是胡诌，刹海怎么可能是胤泽神尊？"

"在赤地之中，我的法力是常态中的十倍不止，怎会看错？"旱魃
又抬起头，眯着眼观察刹海一阵子，一双黑洞般的眼陡然睁大，"咦，奇
怪。这真是奇怪。"

浮生帝好像从头至尾便没打算信他，他用筷子般的手指捋了两下胡
须："如何？难得你也有看走眼的时候。"

旱魃猜惑道："老夫曾与胤泽神尊有过一面之缘，他的神力之强，寻
常神仙望尘莫及。而且他的元神中清气十足，哪怕再隔一万年相见，老夫
也不可能认错。方才我与这位魔者相隔甚远，都能在他身上察觉到胤泽神
尊的气息，为何走近了反而察觉不到半分？"

浮生帝白眼珠子一翻："旱魃老儿，你又开始对着牛嘴打喷嚏。你与
胤泽神尊有一面之缘，我还与他有数面之缘呢。忽悠别人也就罢了，忽悠
我有意思吗？这位公子分明是个彻头彻尾的魔，别说身上毫无清气，连一
丁点儿妖气也无……哇，大魔王饶命，饶命啊。"

最后的求饶，是因刹海以剑指之。刹海道："蠢货，留你不得。"

浮生帝哀求道："不要啊，小的知错，小的知错。都是旱魃老儿的
错，是他擅自揣摩魔王大人您的身份，杀他，杀他。"

旱魃完全没听进去，还在自言自语："这不对，确实不对。莫非，是
胤泽神尊曾经来过此地？"

我赶紧上前，拉了拉他的袖子："刹海，饶他一命吧。他弄了这么
多名堂，也不过是小打小闹，除了让我们不大舒服，也不曾做过伤天害
理之事。"

"刹海？刹海？！"浮生帝双腿一软，又跪在地上猛磕头，"原来您
就是魔君刹海，小的有眼无珠，还不识泰山，求魔君殿下饶命啊……"

闻言，旱魃也向刹海俯下身来："见过魔君殿下。"

我愕然道："怎么，你还是魔君？"

浮生帝道："哎呀，臭丫头，你还不赶紧跪下，刹海殿下是紫修殿
下亲自任命的新魔君，现在在魔界可是鼎鼎大……哎哟，小的错了，错
了……"又被刹海用剑抵住脖子。

刹海道："赶紧闭嘴，我尚且可饶你不死。快滚！"

浮生帝抱头鼠窜之速，又达到了一个新高度。倒是旱魃坦坦荡荡，留下来与刹海聊了几句才离去。我佯装在呼唤苏疏和曦荷，实则偷听他们说话。遗憾的是，他们聊的都是魔界之事，未再提及胤泽神尊。待苏疏和曦荷从噩梦中醒来，我照料好他们，便与他们骑着骆驼，继续往西边走去。在路上，刹海一直守在我身边。想到之前旱魃说的话，我禁不住道："真没想到，你居然是魔君。"

"这没什么好奇怪的。"刹海目不斜视地往前赶路。

"旱魃说你是胤泽神尊，我还真被吓得不轻。"

"我是魔，这不是显而易见的事吗？"

"可是，既然你没有什么特殊的身份，为何要一直戴着面具？莫非是因为你生得丑陋？"

他沉吟不语片刻，才缓缓道："不是丑陋，而是可怖。"

"有多可怖？"

"见了我的脸，你大概到晚上都无法入眠。"

我笑道："你这样说，我反而更加好奇。介意把脸露出来让我看看吗？"

"不介意。只要你不后悔。"

言毕，他解开颈项间的白巾，摘下面具。正巧此时，有一阵黄沙卷过，模糊了他的面容。我伸手挡了挡眼前的沙，在一片昏黄中，看得虚虚实实。发现他脸上有黑纹，心跳也不由得变快。终于，风沙平定，他的容貌也逐渐清晰：他的发际线以下，鼻子以上，全都是黑色长条纹路。这些纹路纵横交错，毫无条理，连眼角也被覆盖，就像是被人摁住后脑勺，把脸压在刚画好的水墨画上一般。可是，纹路并非绘制上去的，亦不是刺青，而是微微凹陷进去的皮肤纹理。他皮肤又十分白皙，在这些黑纹的衬托下，乍一眼看去，竟有些像骷髅头。

我承认，初看这张脸，心里抽了一下。但我还是表现得礼貌平常："还好，地府妖界长得比你吓人的人多了去了，也没见别人把脸盖着。"

"不必说违心话。你放心，遮着脸也只是为了出行方便，在魔界我从来不戴面具。"他浅浅笑了一下，脸上的纹理也如黑梅绽放般被牵动。

其实心里松了一口气。这几日心神总是被他搅乱，这种感觉与当初对胤泽的感觉是何其相似。若是任其滋生，对一个魔动心，恐怕只会比对神动心更加艰难。既然他长成这样，也不用再担心这个问题。

几日后，我们抵达了真正的流黄酆氏之国，发现浮生帝真有一手，城内城外都和梦境中看到的一样。不过，稍有差别之处，便是真实的流黄酆氏之国不仅富饶美丽，还有清幽花香，雨中草味。当我们走在城中，满城水珠溅落在身上的感觉，也是如此真实，让我时刻想起远在天边的故土。和梦境中发生的事情一样，酆氏君主亲自出来迎接我们，招待我们用餐。敬酒时，我道："陛下，现在天下大旱，这一路上都是茫茫沙漠，为何贵国附近却有诸多水源？"

酆氏君主道："实不相瞒，我们能得到庇佑，也是因为有了仙人涉正的法宝。"

"原来如此。"看来，浮生帝所言不假。若我继续对话，一切都将按着梦中的轨迹前进。

苏疏道："仙人的法宝？"

"这法宝叫祈雨灵珠，乃是涉正大仙用自己的眼珠所造。"君主微微一笑，"你们若是有兴趣，我可以带你们参观参观。"

很显然，他们四个并不知道我梦境中的具体内容，所以，并未反应过来这便是潮汐珠。这一回，不待他们说话，我已摆手道："不必，我们明日还要赶路，日后若有机会再来参观，多谢陛下款待。"

"也好。"酆氏君主笑容满面，又敬了我们一杯酒。

宴后，我们在相国的招待下，在宫内住了一个晚上，翌日清晨便早早离开。走出城门前，苏疏小声道："小王姬，我昨夜想了很多，也不知这话当说不当说。"

"怎么？"

"这酆氏君主提到的祈雨灵珠，会不会就是潮汐珠？"

314 /

　　"不会。昨天我已偷偷去他们的藏宝室看过，那就是一颗普通的弹珠。他们之所以不缺水，仅是因三面环水之故。"

　　酆氏君主为我们准备了大批骆驼、食物与水，并亲自送我们出城。我们向他郑重道谢，翻身上了骆驼背，挥动缰绳出发。不同的是，这一回不论我们走多远，流黄酆氏之国的水流都不曾跟来。随着旭日高升，这座都城在沙漠中，依然当着那岿然不动的守卫，想必会再延续千万年的历史。望着前方了无边际的沙漠，我知道接下来要走的路，便如这眼前景观一样，漫无目的，空剩荒芜。

　　"娘娘娘，娘娘娘，娘娘娘。"

　　不知从何时开始，曦荷已叫了我很久。我恍然侧过头去，看见她正坐在苏疏前面，冲我挥着小手。我道："怎么了？"

　　"没什么，我就是看娘快哭了……"

　　"娘没有哭。"

　　"其实娘不用说，我们都知道。"曦荷垂着脑袋，从下往上看着我，一副可怜巴巴的样子，"那祈雨灵珠，其实就是潮汐珠，对吧？"

　　苏疏、玄月和刹海都用"别再解释我们都懂"的眼神望着我。我实在无法继续撒谎，只能敷衍道："这与你无关，小姑娘少管大人的事。"

　　曦荷一向怕我，自然不敢再多言。苏疏道："小王姬，我们都觉得你做得很好。"

　　刹海道："附议。"

　　玄月"嗷呜"叫了一声，跟着点点头。

　　我怔怔地看着他们，觉得眼眶湿润，只能朝前走去，避免被他们看见自己的狼狈。其实，他们又如何能明白，我放弃的不仅仅是一次拯救溯昭的机会，还有……

　　风沙炽热而暴躁，抖动着我的裙摆。任何一个女子走在这里，怕都希望心仪之人能与自己共骑，坐在自己身后，用有力的双臂将自己紧紧抱住。我永远不会忘记，那浮生梦境中，胤泽最后一次拥抱了我。那熟悉又陌生的臂弯，那令人怀念的气息，那充满情意的凝望，从今往后，不会再有。

其实，与他今世无缘，是早已心知肚明之事。退一万步讲，就算我们之间没有其他因素阻挠，他心系尚烟，也是雷打不动的事实。再感到伤心，未免太无自知之明。此时此刻，他恐怕正搂着尚烟，在九天之上赏景品酒，耳鬓厮磨，珍惜着他们用千年时光换来的似水如鱼，他能领悟我的半分痛苦吗？

忽然，一只手揽过我的腰，我又一次被人提出骆驼，拽到另一头骆驼背上。刹海从后面默默地将我抱住。我挣扎着想跳出去："你为何又把我拉过来？让我回去。"

"接下来打算去何处？"他无视了我的话，言语之间，却更加用力地将我抱紧。

俗话说得好，人有礼则安，无礼则危。他的态度可谓无礼至极。可是，在他的怀中，我居然有一种安心的感觉。不是接吻时的热烈，也不是目光交汇时的心动，就只是觉得多这样一刻相处，也没什么不好。我假装未受影响道："都已经走到这儿了，那就去昆仑看看吧，说不定可以学到点儿东西。"

"我陪你去。"

"你去昆仑？"我不可置信道，"你知道昆仑是什么地方吗？那是天帝建立在人仙两界之间的都城。"

"知道，我不怕。"

"你不怕我怕，我可不想让人认为我是和魔勾结的妖。"

"放心，以你的能力，根本爬不到昆仑山山顶。半山腰的神仙都不是我的对手，我也不会被人发现。"

"不行，不能冒险。"

"你别忘了，你是答应过我要被我吃掉的。"看见这话把我镇住了，他轻笑道，"保护自己的食物，天经地义。"

被人如此对待，简直是荒谬至极。但是，内心深处却有一丝庆幸，他并未说出"那我不管你了"。而更加庆幸的是，这以后，不管我怎么闹别扭，他都没有再放我回自己的骆驼。其间苏疏吃醋了几次，曦荷说了些童言无忌的尴尬话，我都未往心里去。

又经过小半月时间，我们抵达昆仑山。昆仑山是中央天柱，方圆八百里，高至万仞，是海内最高的山。它每一面都有九道大门，九眼玉井，迎接东方朝阳的门称作开明门，门前站着开明兽，其形半人半兽，九头虎躯，面朝东方。②这开明兽算是个看门兽，会判定每一个来客是否气清，非气清者不得入内。于是，悲惨的玄月就这样被堵在了山脚，可刹海却被放了进去，真不知道他使了什么妖术。

确实如刹海所言，昆仑非常难爬，以我的灵力也没法儿走多高，我们当天便在半山腰住下。山上烟景绝，初月如雪。楼亭染鬓霜，琪树生华发，这般好景，实在是人间难寻。而想在此处留宿，只需要付给昆仑仙人们仙界货币，证明自己是仙界来者即可。身为胤泽神尊的徒儿，我在此也能得到不少特殊待遇。例如在藏书楼自由翻阅书籍，可以自由出入修仙堂，等等。只是玄月比较倒霉，只能在山脚可怜巴巴地等我们。

半夜，山上刮了风雪，我担心玄月的安危，便打算出去看看山脚的状况。离开自己卧房，我打算叫刹海跟我一起。但到他的房门前敲门，久久没有得到回应。料想他已睡下，我本欲离开，却发现他房内大风刮得门窗砰砰作响。这种天气还开着窗子？在门前停了一阵子，我回过神来，一脚踹开他的房门。果然，他的房里空无一人，窗口大敞，只有帷帐在寒风中起浪。我从窗口飞出去，一路却看见雪地中触目惊心的血迹。顺着这道断断续续的红色，我寻到了蜷缩在雪山脚的黑色身影，提着一颗小心肝，轻手轻脚地靠过去。面具已深陷在雪地中，刹海正压着一头被五马分尸的野鹿，从腹里掏出内脏呼哧呼哧地啃着。哪怕是在咆哮狂风里，也能听见他野兽般的呜咽声。他在做什么，生吃野兽？肚子再饿，也不至于……我颤悠悠地伸手过去，拍了一下他的肩。谁知，他猛地打掉我的手，沙哑地嘶吼一声，巨猿般把双臂垂在地上，然后掉过头来。看见他面孔的刹那，我为自己冲动找他的举动，后悔到肠子发青。

他头发凌乱，几缕发丝轻飘飘地搭在面门。那张脸上，好似只剩了一双发光的红眼睛。他口鼻中发出奇怪的呼噜声，一张口露出的却是两根尖锐如刀的獠牙："呀呀——咝咝——咝咝——"

他一边叫，牙龈中还有鲜血顺着獠牙流下，滴得满地都是。我头皮一阵发麻，后退了几步。接着，他真的像猿类一样，拖着胳膊朝我爬过来。我一时惊慌过头，魂飞魄散，大叫一声，转身溜回自己房间。重重关上门，我把房里所有的桌椅都堵在门前，再也不敢出去。没过多久，我看见他佝偻的影子在门口徘徊，吓得浑身衣裳都被冷汗浸湿了，也没发出一点儿声响。终于，他转了两圈没找到人，便消失在月光中。

翌日，大雪再度为万物披上白衣，染白了梵宇仙楼，翠亭苍松，只有梅花抖落满地霜雪，依旧开成一片烂红。放眼望去，昆仑仙境便是一副明媚的画：雪白发亮，梅红似火，更有神仙御剑骑龙穿行其中，拉出一条银白的屏风。我几乎一宿未眠，天一亮便去敲刹海的门。果然，他似已安然无恙，声音传了出来，还是和以往一样冷若冰霜："进来。"

随着门嘎吱一声响，我看见了坐在寒窗边读书的刹海。这一早，他未戴面具，而是任风拂动他浓密的发，任发丝擦拭着那蜘蛛网一样的脸颊。三两片梅花落在桌上，他眼皮也没抬："昨天你都看到了。"

"我不懂，你为何会变成那样……是因为中邪了吗？"记得以前见哥哥也曾这样过，不过情况没他严重。难道魔都会遇到类似的情况？

"魔本不正，何来中邪之说。"

"那每天晚上你都会脱队，离开我们，也是因为这个理由？"

"对，我这样已经很多年了。"他轻描淡写地说道。

"很多年？"我一字一句地念道，"那不是要难受至死？那，每次发作，第二天便会痊愈吗？"

"若会痊愈，我脸上还会有这些东西吗？"

"为何会有这样的印记？不是每个魔都有的，对吗？"

他垂眼快速扫了几行字，终于读不下去，把书倒扣在桌面上："与你无关。"

说罢，他起身从我身边擦过，提起衣服下摆，打算出门。尽管他的脸还是一样陌生可怖，眼中却是一片几近死心的荒芜。按理说，见过他前一天的模样，我应该感到害怕才是。但有时，人就是这样简单愚笨，会因一次对望，一个眼神，或者一个微笑改变自己。

我快速抬头道："刹海，我并不介意。"

他愣了一下："什么？"

"我不介意你长成这样。晚上你会变样，也没有关系。我……"自己才是真的中了邪。话还未说完，我已上前一步，从背后抱住他。

此刻，风烟俱静，满屋墨香，他的身体也跟着变得僵硬如铁。与此同时，我也跟着一同僵化。接下来有那么一段时间，我俩再无动静，时间万物全然静止，唯有飞雪冲开了白玉梅。

"你这是在做什么？"他转过身来，困惑道。

我迅速放了手，老实规矩地站好。恰此时，对面山峰上有高人雅士，弹奏凤首箜篌，此时金徽玉轸，云起雪飞，扰得我更加心烦意乱。其实，我也想知道自己是在做什么。分明与刹海非亲非故，为何突兀地跑去抱他，还说了这么些稀里糊涂的话？见我不作答，刹海笑道："慢着，你不会真的动心了吧？"

"没有，我才没有。"我坚决道。

"那便好，我这人说话向来不走心，先前与你不过唇齿之戏，你可千万别当真。否则，你和我老婆恐怕得大战几天几夜。"

"什么，你都成亲了？"

"我这岁数，能没老婆吗？"他不冷不热地笑了一下，"莫不成你是觉得我难看，便以为没人要我？"

"自然不是……"

他戴上面具，颇有深意地摇摇头，走出门外，留我像个呆瓜一样站在原地。远处琴曲三弄，悲声戚戚，在音不在弦。听着那剖心泣血的音调，我快为自己的冲动蠢哭了。这算是什么，我不过一个水灵，居然想怀悲悯之心，去同情一个远远强过自己的魔？还因此产生一种近似爱情的感情，真是自作多情。经过这一日的教训，我相当清醒地与刹海保持着距离，说话比以往客套许多。但我不能理解的是，他为何要在昆仑山待着？是有所图，还是单纯想陪我？若是后者，那他说他有老婆，又叫我别当真……难道是想和我玩一段露水姻缘？真是贱男，轻薄，厚颜无耻。

　　不过，对他脸上那些奇怪的纹路，我还是有些好奇。所幸我们身处昆仑，这算是人仙界藏书最多的地方之一。后来每天我都往藏书阁跑，抱着书本，坐在曲径通幽的小院里，翻查其中缘由。无奈魔界对神仙而言，仍旧是个有诸多谜团的领域。昆仑藏书中，关于魔的记载总是缺页少段的。关于刹海，更是如此。依浮生帝所言，这家伙是才上任的魔君，但无论如何，多少都该有点儿他的记载。可是，不管在什么书里，我都找不到他的名字。莫非他跟我们报的是假名？

　　一天清晨，我一边翻着《千魔志异》，一边自言自语道："这也太神秘了。"

　　"是何事如此神秘？"

　　居然有人离我这么近，我都不自知，看来昆仑山上真是高手如云。我回过头去，看见一个老者站在身后。他穿着镶金雪袍，手持拂尘，慈眉善目，颇有仙风道格，只是感受不到其仙气，应是有意藏之。我道："哦……我只是最近看见了一个人，长得有些奇怪，想寻其原因……"

　　老者道："哦？是什么人？"

　　考虑到此地对刹海而言，易有暗礁险滩，我便撒谎说是在沙漠中遇到这样一个人，交代了一下他脸上纹路的模样，还有夜半发狂时的模样。老者朗声而笑，道："这并非魔之印记，而是天谴印记。你所提他夜半举止，也与天谴完全吻合。"

　　"天谴印记？这人遭受了天谴？"

　　"所谓天谴印记，其实并非真有神灵责罚他。只能说，此人之前若身居仙神高位，曾向苍冥起誓，元神中的清气便会永不散去，当他堕为妖魔，浊气与清气相撞，无法共存，便会乱其心志，毁其容貌。夜晚是魔力巅峰之时，他若未习惯魔之邪气，会魔化成那般，也是情理之中。"

　　我骤然顿悟。原来，查不到刹海的记录，是因为他之前是上界之人。然后，旱魃说他身有神力，误以为他是胤泽神尊，这一疑问也豁然而解。

不过，不知道旱魃为何会认为他是胤泽。胤泽心高气傲，怎可能堕入魔道？我道："那些印记会一直伴随着他吗？"

"是的。只会越来越多，直到他死去为止。"

我不由得感到心惊："这样说来，他岂不是一辈子都不会好过？"

"这年头战事不断，堕入魔道的神仙不少，不过都是不曾起誓的。这种明知山有虎偏向虎山行的神仙，确实不多。"

"唉，都怪这该死的旱灾，也不知几时才休止。"

老者闭目而笑，缓慢捋须道："窗间过马，翘足可待。"

"真的吗？"我心中欢喜，从椅子上站起来，"是不是上界已经找到了旱灾的缘由，也已找到法子治理？"

老者笑而不语，伸出双手，右手变出一只毛笔，左手变出一张牛皮，以雨露与草汁研墨，笔尖在墨上蘸了蘸，便在那牛皮中间点了几个点。我正如扁嘴鸭子过河那样摸不着底，他停笔道："你瞧，这几个点的距离可近否？"

我点点头。他把牛皮包在自己的拳头上，像做手套一样捏住手腕，再把手拔出来，往那套里吹了一口气，它像球一样鼓了起来。他指了指方才点的几个点："你再看，现在这几个点的距离还那么近吗？"

我摇了摇头："变远了很多。"

"这便是旱灾的缘由，众神无人不知，却也无能为力。"

我用大拇指拨弄着下巴，盯着这颗皮球发呆："这颗皮球是指……？"

"宇宙并非静止不动，而是在持续膨胀扩张。"

原来如此，他假设这皮球是宇宙。既然宇宙在不断扩张，那么山川水流也同样如此。随后，我拿过那支笔，在皮球上画了一条长长的线，正在设想若继续膨胀会怎样，老者又往里面吹了一口气。皮球持续扩大，那潮湿的墨线也因此四分五裂。我击掌道："莫非，这天地间所有的水流都如这墨线一般，河床增大，水量却不足以支撑，所以便发生了旱灾……"

老者欣慰道："小姑娘很机灵。如果天地之水持续匮乏下去，一切都会崩溃。"

"真、真会这样严重？可您方才不是说，旱灾休止之日，翘足可待？"

谁知，他却回了我一句八竿子打不着边的话："神确实拥有无限生命，而精健日月，星辰度理，阴阳五行，周而复始，他们也需要回到万物中去。"

这话中之意我确实不懂，我只明白了一件事：神和魔差别是真大。我叹道："这种时刻，魔界还在向神界挑事，真不知道他们在想些什么。紫修难道没有想过，他如此做，可能会导致自己也烟消云散吗？"

"魔原本就是无秩序的代表。赐予世界生命的是婴儿，毁灭世界的往往也是本性中的童真。紫修本性不坏，不过是个任性的孩子。他也很强，不然不会年纪轻轻就当了魔尊。遗憾的是，他有王者的英心，却无圣者的气度。"

"他这样无恶不作，您还夸他，我觉得您才是有圣者的气度。"

老者还是一脸仁慈笑意，并未接话。

随后我俩又聊了一会儿，他便化作祥云而去。我正想着昆仑世外高人真多，一个不知名的老神仙也如此睿智，还真是令我受益匪浅，却见几个穿着道袍的仙人疾步而来，道："姑娘，你方才可有看见天尊经过此处？"

"天尊？"我吞了口唾沫，"莫非是……元始天尊？"

"是啊，我们在山脚看见此处有祥云出现，那应是天尊之影……"

是啊，元始天尊的住所便是昆仑山玉虚宫，我怎会感到如此意外。天啊，这是都跟什么人说上话了！

我回去彷徨无措了两天。搞不好元始天尊已经猜到刹海在此处，我这下把刹海害惨了。然而，两天过后，刹海还是好好地待在昆仑，每天定时定点给我几个冷眼，或调戏我几句。这下，我对他再无抵触之心，敬佩之情油然而生。顶着天谴的折磨和被神仙除掉的危险，都要轻薄女子，这等毅力，岂能是凡夫俗子所能拥有？

　　自从遇到了元始天尊，我便更觉得昆仑是块宝地，于是决定留下来博学笃志，再回去造福溯昭。可这样待着，玄月恐怕是受不了，我便让它先行回溯昭。正好苏疏近来身体再度不适，曦荷也备感困闷，便想拖着苏疏回去。我本不放心曦荷独自离去，想要亲自送她，刹海却自告奋勇，说帮我送人。我近来对他十分不信任，他却丢了一句话令我哑口无言："我若想害你们，还需要等到今天吗？"

　　于是，曦荷、苏疏与玄月便交给了刹海。他们临行前，我见苏疏面色难看，不由得担忧道："苏疏，你还好吗？你这样我很不放心，要不在昆仑调养一段时间再走？"

　　苏疏笑了笑，嘴唇泛白："其实我一直觉得纳闷儿。我原本修行不足，是不能化人的，但四十年前那场大雪过后，突然就有了这种能力。只是，这到底不是属于自己的灵力，近些年一直在坐吃山空，总觉得撑不了太久……"

　　我焦虑道："这么重要的事，你为何不早说？"

　　"苏某不过不想被小王姬轻视。"

　　"不行，我还是跟你们一起走。"

　　我准备回房收拾包裹，他却拉住我："别。小王姬在溯昭一直日理万机，难得决定留在昆仑，也并非为一己私利。多待一段时间吧。苏某保证，明年春暖花开时，会在月都静候小王姬归来。"

　　既然他都这样讲了，离年初时间也不远，我便托女儿跟王姐捎话，让她多加照顾苏疏，然后留在昆仑继续苦读。过了一段时间，刹海送完他们回来，居然还是和以前一样，陪我在庭轩读书，山中散步，偶尔带我下山去尝尝山珍，真正是闲得发慌。他还是会夜夜入魔，看他这样痛苦，我也分外难过。但除了待他平定之后为他打水拭汗，也无能为力。他对此却并不在意，第二天总跟没事人一般。

　　转眼之间，寒冬过去，初春到来。我盘算着时间，再待数日，便差不多该与刹海道别，回溯昭去与家人团聚，为哥哥扫墓了。而某一日下午，有人跟我说，一个自称我师兄的人前来拜谒，正在万樱谷等我。我觉得很奇怪，这个时节，为何天市城的师兄会来见我？但我还是放下手中毛笔，去了万樱谷。

三月樱花盛开，天公不费买花钱，漫山都是大团大团的云霞脂粉。天边极远处，有翠峰环簇的戍楼，而近处只有满目红樱，落华似霰，连路面都被铺成了一条延绵而长的粉缎。踩着这酥软的花绡而行，我走到了樱原深处，远远地便看见那儿站着几名年轻男子，个个衣衫飘荡，出尘如仙。他们畅快侃谈，其中有一人的背影让我如梦初醒，止步不前。他头戴白鹭羽冠，荷衣如云，身材笔直挺拔，举首投足间，袖袍烟霞般流动。他不时侧过头与旁人说话，但华冠之下，一缕长长的刘海挡住半边脸，只露出鼻尖，便如白玉雕琢而成。虽然打扮并不眼熟，我也没能看见他的正脸，但是，很多熟悉的东西，是永远不会改变的。像被狠狠拨动了心弦，连同牵动了手指神经，我捂着鼻口的手心都在发颤。

没过多久，其他人便都御剑而去，只留了他一人。那人背对我而站，对几位同门拱手道别。正巧一阵春风拂来，伴着花香雨露，打乱了浮生思绪。在凌乱的樱花雨中，他的青丝烟袍亦随风而动，构成了一幅美不胜收的染墨绘卷。顷刻，我心中百感交集，诚惶诚恐，根本不敢行动，生怕惊扰到他，他便会化作轻烟，消失在樱原深处。我甚至想，哪怕转过来的脸并不是我熟悉的那一张，只要能在半分春光中看见这背影，也足慰我心了。

时间过得如此缓慢，却也转瞬即逝。终于，他转过身来，举目眺望漫漫来路。我刚刚试想过此人会有何等陌生的面容，会有怎样不同的眼睛，却在与他的视线相撞的刹那，差一点儿跪在地上。尽管隔得很远，我并不能看清他的表情，却也知道，他那牵动的眉梢，便是已对我露出惯有的笑靥。至此，我更加不敢动弹。因为心中知道，自己不是中了幻术，就是在做梦。这无论如何也不可能是真的。此刻，风刮得更大了，一阵春意温软地搅拌着花朵，扑打着二人的面孔。粉色花雨令他的面容时隐时现，他头冠上的白鹭羽毛颤抖，衣袍上的仙带也高高翻卷入空，像是下一刻便会拽他入苍穹。可是，待风停花止，他还是站在那里，没有消失。

他的笑意更明显了一些，却让我更加迷茫——这到底是幻觉，还是梦？还是……怀着最后一丝几近绝望的希望，我用怯懦的声音唤道："哥……哥哥？"

"薇薇。"

他的声音动听如丝桐，如此真实，真实到我开始有些相信这不是幻觉。正因如此，却感到害怕起来。因为，若是他再消失，我恐怕会……只见他踏着铺满落花的石路，朝我大步走来。依依不舍地最后看他一眼，我使劲揉了很久眼睛，本以为这一回不会再眼花，放下手却发现他已站在我的面前。我道："你是谁？为何要装成我哥哥的模样？"

"复生后，我第一件事便是想要来找你，所以先回了溯昭。没想到你居然不在，倒是蹦出了一个可爱的姑娘管我叫舅舅。"

他说得倒是有条有理，这么大的事，就像是在说"今天早上我喝了粥，又啃了个包子"。听他说这些话，我简直不敢相信自己的耳朵。但我不敢打断他。现在只想，即便是假的，我也愿意相信这一时半会儿。他又继续道："曦荷说你在昆仑，所以我又特地来了昆仑。真是不敢相信，你居然会一个人跑到这么远……"他顿了顿，伸手揉了揉我的脑袋："怎么，看见哥哥回来，瞪圆了眼，一点儿都不高兴吗？"

我一把抓住他的手。这手是温暖的，有体温的，灵活的，而不是当年我在雪地里摸到的僵硬冰块。我双手捧着这只手，把五指穿入他的指缝，与他握了一下，然后沙哑道："你快给我一个耳光。"

他不解道："为何？"

"快把我打醒，不然我醒了又要难过好久。"

我抓着他的手往脸上拍了两下，他却挣开我，转而一把将我搂住。他叹道："对不起，当年是我太草率。不过，天帝说我立功在先，给了我新的仙躯，现在我身上已无魔族血统，便不会再有危险。以后我也不会再参与战事。薇薇在哪里，我就在哪里。"

我抬头，怔怔地看着他多时："你……真的是哥哥？"

"是。"

"哥哥……"我一头扎到他的怀里，不一会儿，便把他的衣襟哭湿了一片，除了一直重复叫着"哥哥"，什么也说不出来。

他也未再多言，只伸手轻轻抚摸着我的头发，像儿时那样无声地安慰我。不同的是，我们都成熟了很多，我的头发白了，他不再板着个棺材脸命令我"薇薇不准哭"。此刻，我只听见低低的笑声徘徊在耳旁，如同在诉说未来百年相守的誓言。

既然哥哥已经回来，就得好好计划一下将来的事。我带他在花树簇拥着的凉亭中坐下，和他促膝长谈了近一个时辰，也交代了这四十年来溯昭发生的事。我眉飞色舞地聊着浮生帝的幻境、流黄酆氏之国的灵珠，他却打断道："师尊去了哪里？"

"这不重要，我想说的是，那潮汐珠……"

我原想把话题引回来，他却蹙眉道："既然你们都已成亲生子，他不应该消失这么久才是。他去了何处？"

"其实，那潮汐珠……"

"薇薇，回答我的话。"

我耷拉着脑袋，长叹了一口气："好吧，我们不曾成亲。我们有多久没见，我与他就有多久没见了。"

他错愕道："什么？那曦荷……"

"曦荷是我一手拉扯大的。"见他一副打抱不平的模样，我摆摆手道，"好了哥，过去这么多年了，我都不再计较了，你也不必追究下去。"

"那这四十年，你都是自己一个人过的？"

"没啊，王姐还活着呢。"等了一会儿，见他一动不动地望着我，我恍然大悟，做了个擦汗的动作，"好吧，我是一个人，不曾嫁人。"

"为何不嫁？未遇到动心之人？"

或许他只是随口一说，或许别有意图，但我的缄默仅有一瞬，便大大方方笑了起来："当然不是，我又不是石头做的。不过，确实从未萌生过成亲的念头。可能我的运气就只有这点儿，没再遇到比哥哥待我更好的人。所以，宁可陪哥哥的坟墓度日，都不再考虑与他人朝朝暮暮到白头。"

他看似无事，语调却分外谨慎："你一直视我为至亲，为何会拿我跟未来夫君比较？"

我拈着花转了几圈，笑道："夫君不也是至亲吗？"

"薇薇，你可知道自己在说什么？"

将视线从花朵往上抬，我看着他的眼睛，只轻轻点了一下头。哥哥一向颖悟绝人，反应灵敏，却因个性严谨自律，常常阻止自己冲动行事。可是今次不同，我刚点完头，他便凑过来，嘴唇羽毛般落在我的唇上。心跳停了一拍，却察觉他已蜻蜓点水般地多次亲吻着我。若未猜错，这应该是哥哥的第二次接吻。因为，这一回他的青涩程度，与第一次在法华樱原并无差别。我觉得胸中一阵闷痛。其实，这样出尘不染的哥哥，才是一直默默等候我的人，为何我却总是三番五次地对坏男人动心？我拽着他的衣襟，抬头同样轻柔地回应他。他握住我的手摁在胸前，竟无师自通，侧过头便越吻越深……

枝丫疏离，杨花翩翩。上天落地，满是闲愁。当这一漫长的吻结束后，哥哥的气息有些不正常，却坚定地说了一句话："薇薇，我们回溯昭成亲。"

我们在亭中相拥了一个下午，才姗姗回到我的住处。经过商量，我们决定尽早离开昆仑，回溯昭举办婚礼。我唯一需要做的事，便是与刹海道别，就是不知邀请他参加婚礼是否妥当。但回去后发现，这考虑是多余的。因为，刹海离开了，房间里为数不多的行囊也已被带走，只有几个童子在里面收拾房间。

不告而别，还真挺像他的行事作风。只是不曾预料到，我在后半生的日子里，都未再见过他。

注释：
① 出自《说文解字》与《神异经》："魃，旱鬼也。""南方有人，长二三尺，袒身而目在顶上，走行如风，名曰魃。所见之国大旱，赤地千里。一名旱母。"
② 改编自《山海经·海内西经》。

第二十章

Chapter Twenty

月都花开

浮屠众生浮屠人，
浮屠海上浮屠魂。
桃花浮屠穿云过，
笑把路人姻缘问。
朱雀正举九万里，
神龟秋访白虎城。
不知青龙归何处，
唯见沧海漫红尘。
飞镜岂知洛水恨，
新月无情漏半轮。
白帝草深故人去，
星海曾笑又一春。

——《浮屠海》

　　回到溯昭，苏疏知道我要成亲，孩子气地躲在被窝里哭了几天几夜。我和哥哥轮流过去安抚他，加上曦荷格外配合，对他娇娇痴痴地装可爱，都没能让他好起来。后来，还是曦荷忍无可忍，把衾枕一拉，咆哮道："大男人哭个屁！"他才被吓得停止哭泣。过了苏疏这一关，便是王姐那一关。她原本对我们的婚事颇有微词，但经孔疏提点，想起哥哥去世时我哭晕过去的事，一时心软，总算点头答应。于是，我和哥哥总算安下心来，开始筹备婚礼。

一个月后。天刚微亮，空气如洗，圆月淡银泛青，高挂山头。空中有仙鹤穿云而翔，甘棠芍药开满山，道旁闲傍如依主。我头戴凤冠，身穿霞裳，踏上千百阶石梯，走到山顶的祭坛前。大祭司带着祭司队列站立静候，哥哥同样一身喜服，背对我而立，抬头望着面前的神祇石像，低低地说了一声："我等候今日，已有多年。"然后，他转过身来，冲我清浅一笑。

"今日开始，我便不能再叫你哥哥。"我在凤冠珠帘后垂首浅笑，"臣之，这样如何？"

"薇薇高兴便好。"

我们两相视一笑，就像小时候一起做了坏事那般。溯昭，我与臣之在这里相识相别，不想竟有一日，会在这里许诺终生。

婚礼仪式进行到一半，我看了一眼上方如山的沧瀛神雕像。这是至高水神，我们溯昭氏从小的信仰。不过，整个溯昭除了我和王姐外，没有人知道，他曾亲自来过此间，像个孩子般幻化成这个雕像的模样。当然，也无人知晓，真正的胤泽神尊其实是个青年人的模样。现在回头再想，上一次见他，那是几时的事？

还记得四十一年前，我们也曾站在这甘棠遍野的山野中。那时，我还是一个少不更事的姑娘，跟曦荷一样莽撞。我曾经在此地，霸道地指着胤泽，宣称这是我的。这之后没多久，他便送了我戒指，说无论如何，都要与我成亲。当时，我也比如今直率大胆很多，听见他浅笑中的告白，我就可以哭成个花猫脸，扑到他的怀里动情地说："我只是太喜欢你了，完全不知该怎么办。"

而如今，我却连去仙界看他一眼都不敢。因此，每次看见那些勇往直前的年轻孩子，总是觉得分外怀念。这会让我想起几十年前，那个热情而勇敢的自己。

时间过得真快。胤泽，几十年未见，你现在过得可还好？

终于，我已成亲。与当初年少的约定不同，我的良人到底不是你。但是，这也与我们在一起之前预料的差不多，不是吗？

不，这么多年过去，你还记得我吗？冷酷如你，恐怕早已忘却我的模样。我很想说，我也一样，却知道这终究是一派谎言。我虽然做不到遗忘，却能做到不去想它。年少轻狂，情深如海，痛彻心扉，海誓山盟……再多的铭心刻骨，都不如一世长相守。

我抬头看了一眼甘棠花下的臣之，也微微一笑。从今往后，我的人生里便只有他。

新婚之夜，洞房花烛后，我却无法入眠。几十年来，这夜半失眠便饮酒的习惯还是很难改。我拿着一壶酒，纵水飞出紫潮宫，来到洛水旁。溯昭经历了千年岁月，无声送走了多少熟悉的名字。沧海桑田，亘古不变的，便是这一抹月色。今夕何夕，流水桃花。月波如水，长照金樽里。桃树摇春风，抖落了满地琼枝芳华。花芽儿为风吹作雪，又因风碾作尘，我伸手试图接花瓣，美景却恍然是一场罗浮梦，使我的眼前一花。然后，洛水月中流，碧华万丈，我在那洛水中央，看见了一个靛蓝色的身影。那人撑着水墨伞，伞沿压得很低，似乎也在赏月。

我以为自己看走眼，还怕一眨眼，便只能看见遍地寂月。我屏住呼吸，静静眺望前方，看见他的袍子在晚风中抖动，看见他的黑色长发如柳絮般飞舞。这自然不是第一次看见他的幻影，我也知道这并非他本人。而且，距离最后一次见他，也已过了四十年，是时候忘记了吧……

然而，不过是遥望这身影，已顿感心如刀割。

来不及诧异，来不及掩饰，来不及嘲笑这般无用的自己。我只清楚地意识到一件事：看见他本人，原来比相思更痛。

泪水被自己逼了回去，但还是吸了吸鼻子。然后，闻声他抬高伞沿，也远远眺望着我。

"薇儿？"他先是一愣，笑容寒泉般清冷，"今天是你大喜的日子，现夜已深，为何在外逗留？"

我快速闭上眼，想要平复情绪。然而，毫无缘由地，泪水成片涌出眼眶，像无数只小蟹般蜿蜒到下巴。明明哭得头皮都已发疼，但我还是没发出半点儿声响，直到他轻踏水纹而来，用伞为我挡去花瓣雨："今天是好日子，应该开心才是，为何要哭？"

我只能看见视野模糊，只能轻轻摇首，却无法回答他一个字。

"我原以为今天见不着你，没想到……"他的眼神变得温柔许多，低声说道，"我们薇儿，真是越来越美。可惜的是，每一次看见我，你都会这样难过。"

"别说了。"

我又看了一眼他撑的伞，确定这就是我当初送他的那一把。从儿时起，每一次在幻境中遇到他，他都撑着伞。而且，他的手指上没有青玉戒指。事到如今，我已经猜出了个大概。这个胤泽，应该是真胤泽变出的幻影，从某一个时间点，回到过去见我许多次。而真的胤泽在何处，在做什么，我全无所知。更糟糕的是，关于真胤泽的去向，我心中有很不好的预感。很怕自己会后悔，我道："胤泽，我和臣之成亲了。"

"我知道。你们青梅竹马，原本便是天生一对，如今终成眷属，也是顺应了天意。"他答得很平静，"恭喜。祝你们永结同心，白头偕老。"

"或许现在说这话毫无意义，或许你不爱听，你甚至不一定能听到……哪怕你只是在骗我，哪怕你爱的是别人，哪怕对不起臣之……"我闭上眼，带着哭腔说道，"我这一生，只爱过你一人。"

我久久都未得到回应。只见又一阵花雨落下，他道："薇儿，不论有多少情分，我们终究无缘。"

尽管他说得毫不在意，但握着伞柄的手却收紧，关节也褪为无色。他转过身，长袍微摆，朝洛水走去。我往前追上去，大声道："胤泽，我知道你还喜欢着尚烟，但我也不知道为何，总觉得你是有苦衷的。所以，今日只是告诉你我的想法，过了今晚，我会把你忘得一干二净。因为，我已和臣之结为伉俪，以后，就再也不能多牵挂你一分。但我很想知道，你对我，可曾有过一时半刻的动心？可曾有一刻，你把我当成薇儿，而不是尚……"

说到此处，我已绕到他面前，却因震惊而说不出话来——他面无表情，脸上却也全是泪水。

"胤泽……"这是第一次见他落泪，尽管他什么也没说，看上去还是同样淡冷。但是，我却比他还难过，不自禁跟着哭了出来："你当初说爱我，可是真的？"

他只是冷漠地流泪，始终不曾回答我的问题。这一刻，我多么想握住他的手，但心中知道，一旦碰了他，他就会如烟散去。我只能握紧双拳，用凌厉的眼神逼问他："回答我啊，说你当时是撒谎，你从来都是玩弄我，让我死心，让我彻底忘记你，好吗？"

然而，不管我说什么，他都不再开口。到后来，我说了很多伤害他的话："你就是人渣，你就这样丢下我和曦荷不管，这么多年，都是我一个人，你就这样抛下我，让我一个人！你知道我这些年是怎么过的吗？你知道孩子没有父亲是什么样的生活吗？曦荷只要一睡觉，我就会哭，哭到比你这辈子任何时候都痛苦一百倍！都是因为你这人渣……"这些话却是一把双刃剑，当我挥着它刺伤他时，也狠狠刺痛了自己。

说到后来，我泣不成声，终于再也说不下去。我怎么会这样傻，明知道他不是真的，还要这般……

可是，他垂下头吻了我。

这个吻没有任何温度，我也感觉不到他的存在。我只是看见他靠近了，感觉了那属于他的微弱的气息。随即，他的周身散发出金色光点。又一场金色火雨倏地扩散，万千萤火虫般，瞬间飞向天地，他亦烟消云散。

没有哪一次看见胤泽的幻影，会像这一次这般令我痛苦。再也捕捉不到他的身影，有一种与他永世诀别的感觉，我跪在地上，失声痛哭："胤泽，你这负心薄幸的人！你为何不解释？你回来！你给我把话都说清楚……"

冷风呛入喉咙，我再说不出一个字。思绪只剩一片糨糊，统统化作眼泪流了出来。

后来，臣之发现我离去，出来寻我，将我抱回了卧房。当我意识到自己依靠的人是谁，只觉得又是绝望，又是自责，恨不得将那人从自己的记忆中抽离。

不过我们又迎来了一个好消息：这天半夜下了一场罕见的大雨。这是数十年来第一场暴雨，伴着雷电交加，与六界九天所有生灵的欢呼掌声。

好事来得这样快，我居然有些不能适应。

翌日清晨，我和臣之一起出去看雨，路过窗台，却见那里有一把水墨伞，伞下还有些积水。臣之道："昨夜不见你带伞出门，这可是官人的伞？"

我怔怔地望着这把伞，只觉得周围骤然安静，心跳也变得愈发缓慢。

若不是上面还有水，我会认为四十年前，自己不曾把它赠予离人。

不知为何，我心中有种难以言喻的沉重，使得自己无法撑伞。我只是飞奔到大雨中，任凭这瓢泼暴雨浇在自己身上。此刻，我竟觉得像是被那人拥在冰冷的怀抱中。

古人常言相思成疾，可真是有几分道理。我这是怎么了，连普通的雨水，都会给我这样的错觉。

这场雨下了整整一季，每一天都下得毫无保留，像是沧海之神倾尽生命，赐予了六界重生之水。在这三个月里，干涸的大海重生了，每一天海中都有成千上万的游龙，纷纷出水，身披风云，与雷电共舞。其景之壮丽，画图难足。而后，旱灾终于结束。万物复苏，江河不息，沧海也重新回到原本辽阔的模样。同年深秋，岁物丰成，穰穰满家，不论走到何处，都是一派欣欣向荣的景象。

其实，下大雨的第一天，我便想把这个好消息带给苏疏。然而，不知是我去得太晚了，还是冥冥之中自有安排，待我去到苏疏的房间时，他已不在，唯剩池中苏莲一朵。雨打浮萍，波上荷摇，这一回，不论我怎么唤他，他都再未化作人形。后来，我在他的房间里找到一封信，信里只写了一行字：苏某灵气终尽，愿为静荷，长伴卿左右。

翌年，我与臣之带着曦荷、玄月一起回青龙之天游玩。听闻胤泽神尊已回神界，暂无回仙界的打算。他将沧瀛府中人遣散，再过两年，连府邸也会拆迁。所以，我们回到天市城，也不用再面对与他重逢的尴尬。

抵达天市城是七月，是处艳阳无边，烟波万顷愁。曦荷为仙界美景所吸引，骑着玄月满城跑。仙人们虽见多识广，但看见一个小姑娘驾驭这么大一只神兽，还是会忍不住多瞧几眼。成亲以后，我比以往更加繁忙，玄月几乎变成了曦荷一个人的宠物。然而重回天市城，玄月看我的眼神也有些不同。我知道它想起了很多事，我又何尝不是。只是，往事再重也已矣，不必再提。我挽着臣之的胳膊，造访了一些故人，又到法华樱原一游。

虽已错过樱花开得最盛的日子，但这里好便好在，时时有花看。我与臣之共饮片刻，聊到当年的旧事。

"那还是我第一次……"成亲已久，臣之居然还有些腼腆，以手掩嘴，清了清嗓子，"总之，当时我就知道，自己已被你拒绝。"

我只颔首而笑，不作答。

"其实我知道，你对我有愧。"他顿了顿，也不知是否已发现我的异样，"你心中一直有师尊。"

我直直地望着他，更加不知如何作答。可他却从来不愿使我难堪，立即接道："薇薇，我不介意你心中有他。他是我们的恩师，对我同样如再生父母。所以，我不会强迫你忘记他。你永远都不用忘记他。"

他这样一说，我更觉得无比羞愧："臣之，我……"我做不到像你这样大度，也无法原谅自己。

"只是，既然我们已是夫妻，希望你在心中，也为我留一席之地，让我今后可以照顾你，陪……"

不等他说下去，我捂住他的嘴："不管是不是夫妻，你都是我最亲的人。"

他浅浅一笑，握住我的手："还记得吗？小时候我便告诉过你，有朝一日，我会抱着你，腾云驾雾，一日千里，游遍天地六界最美的河山。"

那已是多么遥远的记忆。我反握住他的手，将头靠在他的肩上："你做到了。"

而那个人的承诺，却一句也没有兑现。

一直在法华樱原待到日暮时分，天色渐晚，我们决意离去休息。途经浮屠星海，游人却比以往多了几倍。想起小时候我曾与胤泽来过这里，当时我还是他门下弟子，他对我的态度可真是夏日可畏。当时，还有一名叫桃花佛的算命神仙为我们看姻缘。然而这一回，我们停留了数日，不管走到星海哪一处，是白昼还是夜晚，都再未遇到那个老不正经的桃花佛。茫茫云海中，只有诗仙狂放饮酒，不时吟唱一首近些年广为流传的《浮屠海》：

> 浮屠众生浮屠人，浮屠海上浮屠魂。
>
> 桃花浮屠穿云过，笑把路人姻缘问。
>
> 朱雀正举九万里，神龟秋访白虎城。
>
> 不知青龙归何处，唯见沧海漫红尘。
>
> 飞镜岂知洛水恨，新月无情漏半轮。
>
> 白帝草深故人去，星海曾笑又一春。

这几日，我听到了关于胤泽神尊失踪的种种传说，但因为编得太离谱儿，所以一个也不愿意相信。倒是这一首诗里有一句"不知青龙归何处，唯见沧海漫红尘"，让我有少顷的出神。这是其中一个传闻，说胤泽神尊早已人神俱散，去到了辽阔天地之间，化作河川沧海，去年三个月的倾天暴雨便是铁证。

当然，我是一个字也不信。这些人都不了解胤泽，他不是那种心系苍生的救世主。相反，他所做一切，出发点都是一己私欲。就包括当年收我与臣之为徒，也只为了他喜爱的女人。所以我确定，他不过是回到神界，与尚烟甜蜜地过日子去了。

这一回回到青龙之天，我终于知道，没有胤泽的天市城，对我而言便毫无归属感。故地重游一次，此后我就几乎再未回来过。此后，我忙着辅助王姐建立邦交，利用人脉，为溯昭建立威望。其中，有雪神之徒建立的鸿雪国，有以黄米为食的伯服国，还有"沙漠之珠"流黄酆氏之国。因此，我们还多了一个节日，叫"雪节日"，便是每年腊月初五，请雪神之徒到溯昭祈雪，以求瑞雪兆丰年。这一习俗，一直维持到两百多年后。

就这样，在王姐的统治下，溯昭走完了又一个繁华时代。史书记载我们的时代，是为"洛神盛世"。虽然溯昭帝是王姐，但我守护溯昭有功，我们的母亲河又是洛水，所以，溯昭氏子民以及邦交之国，都会尊称我一声"洛神"。

当然，在夫妻生活方面，我也是一帆风顺。

两百二十七年后，我三百二十八岁，已是个尘满面鬓如霜的老太太，走路都要拄着拐杖，让人搀扶。这样的老太太，换作别人，恐怕都是守寡孤苦的命，可我身边却还有一个爱我如初的年轻仙公子，幸运了我，却也真是难为了臣之。衰老是件可怕的事，我早早便对此心存惧意，生怕面对外貌差异过大带来的别离。臣之却对我说，他爱的人是洛薇，那么只要洛薇这人还在，不管变成什么样，他都会不离不弃。当时我只当这是助兴的情话，压根儿没往心里去，却不想他真已做到。现在想想，若换作衰老的人是他，我想我也能做到像他这般。

花开花落，年去年来。倏忽之间，又是一年春季到来。距离王姐去世，已有百年光景。王姐原本身体无恙，怎么也可以再多活几十年，但孔疏命薄，早早去了，于是她也终日寡欢，伤心伤肺。记得王姐去世前，曾满目苍凉地抚摸孔疏留下的琴，对我说，不知为何，虽然我与孔疏厮守一生，却始终觉得我们是同床异梦，他那颗七巧玲珑心我是看不透，仿佛从未有过我一般。我笑着摇摇脑袋，说王姐你真是想得太多了，一个男人爱你的最高形式，便是娶你为妻，他若心中无你，还装谁去。王姐的叹气声沉沉地从喉中传出来，她感慨地说道，是啊，是啊……随后笑出了几道皱纹。

那之后不过一年，她便随孔疏去了。

现在我是名义上的溯昭帝，但手握实权的是她的儿子。我早已不管事，每日便是种种花，遛遛鸟，和臣之、玄月闲话家常。这一日晚上，明月孤高，独倚绣屏，臣之凑巧回了仙界，我却在自家寝宫门前遇到了一个故人。

"洛薇，真是好久不见。"凌阴神君对我轻佻一笑，还是没点儿正经，"没想到你老了还是这样风华万丈，真是让人万分神往啊。"

想我在溯昭已是德高望重，很久没人敢这样跟我说话了。不过对他而言，我再是衰老，也只是个小鬼。我双手撑在拐杖上，缓缓一笑："呵，神君亲临溯昭，有何贵干？"

"我还真无要事，只是今日夜观天象，察觉你也活不久了。已经过了两百多年，有些问题还是得问清楚。"

"什么问题？"

"这两百多年来，你可有把神尊放在心中？"

　　我心中一凛，眯着眼睛道："上界神尊可不止一个，我怎知你说的是哪一个。"

　　凌阴神君轻吐了一口气："真瞧不出来，你年纪一大把了，个性却是一点儿没变。还是这样碗里盛稀饭，装得一手好糊涂。你知我说的谁，神尊，胤泽神尊。"

　　我拄着拐杖，老态龙钟地走出屋，抬头看向空中巨大的圆月："我们溯昭别名月都，这月色可不辜负这名，你说是吧。"

　　"确实如此。不过，这可不是我问题的答案。"

　　"明月沧海，是我见过的最美的风景。"我眺望着明月，轻轻笑了，"只是，月光再是明亮，再是奋力普照沧海，也无法探索海的深邃。月与海本无交集，最好的结局，也不过是相望相守。"

　　凌阴神君望着我，沉思了少顷："你还是会时常牵挂他，对吗？"

　　这话题毫无意义。我只是安静望月，没有回答。

　　凌阴神君长叹一声："如此，他的牺牲也算是值。"

　　"牺牲？他有什么好牺牲的。"旧事重提，难免令我心生郁结，我冷冷笑道，"与我长相厮守的人，可不是他。"

　　"可若没有他的牺牲，你早已烟消云散，又谈何与人长相厮守？"

　　我愣了一下，转过身去，迷惑地望向他："什么意思？"

　　"他说过，让我不要跟你提及此事，让你后半生好好过日子。不过，我瞧你也命数将尽，想听这故事吗？"

　　可怕的预感当头袭来，我握紧杖头，手指有些发抖："你……你说……"

　　其实，我并不是愚昧到无法察觉其间的种种，只是不想知道自己是从何时开始愚昧的，也不敢相信他会把我放在重要的位置上。所以，宁可一生糊涂。

　　半个时辰过后，凌阴神君化云而去。

　　我终于知道，自己是真的老了，命不久矣。这残败而枯竭的身躯，再也承受不住这样大的打击。我徒步往回走，想要找个地方靠一下，却是再也走不动，只得压着拐杖头，竭力不让自己摔倒。可是，只要一想到胤泽的事，便无法平复情绪。拐杖不住地颤动，在地上划下痕迹。我闭着眼，胸口剧烈起伏数次，把涌出的一口血吞了下去。然后，我挥挥袍袖，施展了流水换影之术。一瞬间，天摇地动，满城石滚沙扬，花坠叶落，巨大的素娥也离我越来越远。

最终，溯昭穿过万千烟云，沉落在大海之中。

我一生为溯昭付出许多，却晚节不保，做了一件极为自私的事。明月已远，海声却近了。我倒在地上，失去了意识。

再度醒来，还是同一个夜晚，我已躺在寝宫的床上，却再也无力坐起来。察觉此处略有动静，臣之飞奔过来，坐在床边，一双眼睛红肿，像是刚才哭过："薇薇，你还好吗？"

"嗯。"我虚弱地应道，"你不是要七天后才回来吗？怎么提早……"

"仙尊临时有要事，所以为兄提前回来。"

听见这句"为兄"，我在他身上多扫了几眼——果然，他腰间有一根轻飘飘的红线。那里原来挂着我送他的小鹿冰雕。看来，他发现小鹿冰雕融化，登时赶了回来。瞒了他两百多年，我想，是时候让他知道他有这坏毛病了。我浅浅笑道："臣之，你发现了吗？每次你撒谎，都喜欢自称'为兄'。"

他微微一愣，无奈笑道："你也真是厉害，瞒了我这么多年。"

窗外的月亮变得极小，与人间别处月色，并无不同。春夜花暖，天地间一片鲜艳天真。我听见浪声吹岸，风临烟城，今宵我若能再踏出门去，恐怕便能看见令人怀念的沧海明月之绝景。只是，怕坚持不到那时。多么想跟臣之说，请把我的骨灰撒在海中。可臣之惜我一世，我决不能这样自私。我只是继续吃力地与他谈心，谈到我们少年重逢的感动，小时的糗事。终于后来我有些累了，便道："臣之，我有些饿了，想吃苏莲糕。"

"好。"他咬了咬牙，眼比方才更红，"我这便让人给做。"

相处这么多年，我们都很了解彼此。他完全可以嘱咐别人去做，但他还是亲自出去。他应该知道，我是想把最后的时间留给自己。他在我额上吻了一下，便起身走出去。

"臣之。"看见他停下来，我对他的背影笑了笑，"谢谢你。"

他静立片刻，并未回头，只是拉开门，大步走出去。

待门重新关上，我从怀中拿出一个被焐热的东西。借着月光，我虚眼看清它的模样：这是一枚青玉戒，但相较两百多年前我初次戴上它时，它的模样已改变了很多。记得当年，这枚戒指上原有精细的雕花，现已被摩挲得圆润光滑，成了一枚普通的戒指。

"嗷呜……"窗棂处，玄月的脑袋探了进来。

"玄月……乖，让我自己静一静……"我有气无力地道。

玄月大概也察觉到了离别在即，满眼悲伤，扑打着翅膀，依依不舍地飞去。

人们常说，岁月是人世间最伟大的事物，因为它可以轻易洗去所有的爱恨，淡化所有伤痛。纵观九天四海，六道轮回，任何有生命的东西，都敌不过它。再是强烈的感情，都会被它消磨得影灭迹绝。这也是我最喜欢用来劝说年轻孩子的话："莫要以为你经历的便是永远。时间一久，你会知道，与你白头相守的人，才是对的人。"因为，我应了那个人的祝福，真的与臣之走到了白头，做了我们都认为最正确的选择。

白头相守，齐眉举案。这世上总有诸多美满的词语，分明讲的是普通至极之事，却能让我痛心疾首，悲痛难绝。

我又曾在书上读到过诗句：执子之手，与子偕老。

这恐怕是世上最悲伤的八个字。

从四十二岁到三百二十八岁，从第一次偷偷喜欢上他到现在，已过去两百八十六年。这么漫长的时间里，我们真正厮守的时间，却不足一年。离开他以后，我是多么洒脱，合家团圆，子孙满堂，甚至可以做到完全不提他，好似他从未出现在我的生命中。

可又有谁人知晓，在这些年里，我没有一天，不在爱着这个人。

听到凌阴神君跟我说的前因后果，我是发自内心地感激他没有提早告知。因为，我若早些知道，怕也确实没有勇气活到今天。

如此沉重的感情，谁愿背负？

胤泽，这一回你真的不能怪我。毕竟你我之间，我一直是输家。只以为因你的无情，我都已经变成这样。如今知道真相，你可知道我会恨你？恨你不给我机会，让我当初随你而去。百川归海，这原本便是万物的定律。你分明是沧海之神，能容天地之川河，为何不能忍受我这一缕小小的清流，回到你的怀中？

人生中最美之事，便是知道你也如我一般，用情至深。

人生中最痛之事，便是知道你情深至何处。

真是成也在君，败也在君。

粉色桃李点缀着厚厚的窗栏，将窗子裹成了一个圈，在这轩窗之外，有一轮圆月高挂青冥。那儿有东方七宿，青龙之天，星斗璀璨环月，让我想起了两百年前，初次漫步在浮屠星海时，那一份少女的心动。这样的心动，已经很多很多年不曾有过。

我多么希望这份感情如当年的杨花般轻盈。如此，我便可以只把你当作我年少时，一个简单而遗憾的残梦，一个不经意错过的美梦。

那些年，我真是好年轻啊。当时傻傻叫着的"师尊"，也还站在我触手可及的地方。

还记得那一年的春天，你在曾对花仙子般插了满头桃花的我，露出了轻蔑的笑。

还记得那一年的夜晚，我在浮屠星海望见你回眸的一瞬，从此一生一世，再不回头。

此刻，双眼疲惫，我知道自己灵力即将散尽，握着青玉戒的手也渐渐松开。随着叮的一声响起，戒指掉落在地，悄然清脆，一如花瓣初绽的声音。随即，这一轻巧的声响，被沧海的浪涛声覆住。

终于，二百八十六年过去，我第一次真正听见了你的声音。

而你，可听见了此处的声音？

一场幻境花雨般飞过，在我人生尽头的思绪中，留下浮光掠影。周围的景色，像是浮屠星海，像是法华樱原，更像是在故乡溯昭。我不知自己究竟身在何处，只看见青天高远，落花纷纷，流水中自己的倒影，变成了两百多年前的模样：双马尾，雪肤青发，眼神青涩灵动，绽开一脸天真到犯傻的笑容。

正为自己的模样感到诧异，却听见一个人在身后唤道："薇儿。"

转过头去，只见星海浮屠载众生，那云雾邈邈处，站着一个眉目清远的青年。靛青长袍在风中摆荡，他的笑靥如冰，疏冷而美丽。而杨花却如雪，书写了上百年无穷无尽的思念。我朝他挥了挥手，雀跃地喊道："师尊！师尊！"然后，提起裙摆，奋不顾身地朝他跑去。

在这片朦胧之中，月光再度回到床前，金光散落寝殿。我吃力地睁开双眼，看见无相金莲大片开在床边。终于这一次并非做梦，时隔两百多年，我又一次真正看见了那人。他的水纹印记高高在上，他的长袍是一片遥远的云烟。他撑着水墨伞，对我微微笑着，站在大片金莲幻境前，还是如同往昔那般，风华绝代，一眼万年。

我就知道，你舍不得让我一个人走。即便是在两百多年前，你也会想到要在今日陪我，一同走完这一生。执子之手，与子偕老，我们到底还是做到了。此刻，我是真的已经满足至极，再无遗憾。看着他不曾改变的深情眼眸，我亦轻轻地笑着，与他凝视彼此，声音化作最后的叹息："胤……"

梦回百年明月笑，人面桃花辞溯昭。

胤泽，你听，月都的花开了。

【终】

君子以泽于二〇一四年十月十二日上海

胤泽篇

曾经沧海

乾坤大道固万金，山河歧路立孤亭。

轩辕烽火千年去，帝阙盛世无知音。

纵使九死犹未悔，会有应龙与共饮。

曾经沧海情难寄，今时明月携我心。

——胤泽神尊《沧海明月》

一

奈何我们是情深缘浅。这曾是尚烟的口头禅，上古时期溯昭初建，不管是看着花草鱼虫，还是山川星月，她都会想到紫修。而这句话，每隔一段时间，胤泽都要听她念叨一遍。对此他从来都是保持沉默。她嫌他固执，说他不知变通。然而，紫修这人如何，他毫不关心。不会因为尚烟喜欢紫修，他便要跟紫修如出一辙。她喜欢知而不争的人，要他变成那样，没门儿。

尚烟是他第一个动情的女子，无奈他们之间有太多的隔阂。他们相互吸引，但也相互猜忌，彼此之间不曾有过信任。胤泽过于刚愎自用，什么都会先考虑自己。例如想要什么样的生活，想去什么地方，还有跟他在一起的女人，必须待在神界水域天，这些都是早已计划好的。若是换作寻常女子，恐怕倒贴还来不及，毕竟高位男子多少会有些强势。然而，尚烟贵为昭华姬，却受不了这气。相比他的冷硬傲慢，紫修的柔情似水和满嘴谎言更加吸引她。

发现洛薇和尚烟容貌相似，是很早以前的事，远远早在一切尴尬开始前。

任何一个姑娘从小女孩过渡到妙龄少女，都会有巨大的转变。而洛薇的转变，是从四十二岁到五十二岁之间。一直以来，胤泽周围有太多浓如夏花的女子。对于美人，他还真已习惯到见怪不怪。所以，当洛薇渐渐长大，无数人夸赞她貌美，他都不曾有过共鸣。她是他的徒儿，他始终当她是晚辈、孩子，不曾觉得她有多么动人。直至她四十七岁的某一个早上。

那一日，她和同门师妹们出去采茶，午时就急匆匆地沏好茶为胤泽送来。胤泽素来有午休的习惯，这徒儿却分外精神，可以从鸡鸣蹦跶到天黑。得到他的勉强同意，她便像个小丫鬟似的在一旁伺候。他挥手让她去一边等待，她毫不冷场地走到他面前，为他奉茶。以往她都是跪着为他奉茶，但这一回因为是在榻上，她弯了弯腰，站着把茶盏递到他面前。他意识到她的头发已经长得很长，一直垂到臀部，因此，哪怕梳成双马尾，也还是有了几分妩媚的味道。她背光而站，表情并不清晰，可那轮廓却已有了故人的影子。那个中午，她又刚好在发辫里编了几片新摘的翠叶，这刚好也是尚烟最喜欢做的事。他正在出神，却被她的声音打断："师尊，请用茶。"

凑过来的脸笑眯眯的，颇是精致，却称不上美丽。在胤泽眼中，"美丽"二字，还是需要经过韶光的打磨才能拥有。也是因为如此，他恍然反应过来，这不是尚烟。尚烟外表柔弱，骨子里却相当自我，因而说话也总是底气十足，有时带着几分接近轻蔑的清高。他从未见过尚烟发自内心地大笑，可是对洛薇来说，大笑比常便饭还要频繁。这姑娘就是如此没心没肺，时刻都似在赌坊里赢了百万金一般。所以，哪怕后来他发现她们俩有相似之处，也从未想过把她们混作一谈。

然而，后来发生了一次意外。他们去九州一行，因为他的疏忽，她被孔雀精附了身。

当时已是午夜，她不经他允许，夜半推门而入，身上穿着薄丝轻衫，点亮了房里的油灯。其实，从她进来的那一刹那，看见那慢条斯理又充满风情的模样，他就意识到情况不对。一个是迷惑男人千年的妖精，一个是未经人事的少女，哪怕用着同一个身躯，依旧有天壤之别。然后，她侧过头来，轻拉下滑到肩部的纱衣，在他床边坐下。这般如丝媚眼，欲拒还迎，分明知道她已被附身，他却无法动弹。她拉住他的领口，酥软地唤道："师尊……"

胤泽一动不动地望着她。她又哀怨道："师尊，您为何一句话也不说？"

这等事，洛薇永远不会做。但是，又的的确确是她的模样，她的声音。胤泽闭着眼吐了一口气，道："从她身体里出去。"

"您不认识薇儿了吗？"她的手指划过他的颈项，跳动着往上，轻轻划过他瘦削的下颌，"还是说，您希望薇儿叫您'胤泽'？"

那一声"胤泽"，被洛薇熟悉柔软的声音一叫，令胤泽的思绪有了短暂的空白。

真是奇耻大辱。面对女色，他从未如此动摇过。他尚未清醒，她已整个人靠入他的怀中，抬头柔情无限地吻了他的唇。脑子里嗡的一声，他差点儿失控，把她拦腰抱过来回应她……

若不是理智忽然恢复，他真不知自己会做出什么事。

后来，孔雀精被他捕获。她不惧反笑，还笑得无比娇媚："胤泽神尊，我帮你发现了这么美的心事，你居然还恩将仇报，要把我关起来？"

"不知道你在说什么。"他漠然命令同行的仙君，"送她走。"

"你对你的爱徒心存邪念，她知道吗？"

一旁的仙君十分震惊，但在神尊面前只能噤声，垂下头去。胤泽不耐烦道："把她带走。"

"是，神尊。"

那之后，洛薇又变回原本的模样。看见她的眼睛小鹿一样眨动，天真灵动，无忧无虑，没有丝毫孔雀精散发的诱惑，胤泽稍微松了一口气。这才是她这年龄该有的样子。但是，每当她用简洁有力的声音叫他"师尊"，他的耳边都会响起那声绵长轻软的"胤泽"。之后许多天，他每夜都会回味被亲吻的瞬间，难以入眠。他知道，薇儿不会卖弄风骚，所以倘若是换作她本人直呼他的名字，必定不是孔雀精呼唤的那样。那将是何等情形？她单纯，却又有些小女儿情态，想来，会更加娇冶轻盈一些——每当想到这里，他都会强迫自己中止乱想。

后来许多天里，胤泽都不愿与洛薇接触，不愿多看她一眼。她只要一对他笑，他就觉得心烦。他向来不擅长掩饰烦躁。她很快就发现了他的异样，又无端来道歉请罪，那傻乎乎什么都不懂的样子，更是让人火大。她来一次，他就赶一次。

好在后来找到了代替品。那些雪肤清纯的仙妖，与洛薇相似，但又不是她，给了他慰藉。当时他坚信，他喜欢这类女子，是因为她们跟薇儿一样，都与尚烟有相似之处。

即便与别的女子床榻缠绵，亲吻她们浅色的头发，脑中一次次回味那一声违背伦理的"胤泽"，也只是一时冲动，与她毫无关系。

花 沧 花 月
开 海 落 都

二

　　"我家师尊是最厉害的！"不知不觉中，这句话已经变成了洛薇的口头禅。胤泽从来没有怀疑过徒弟们的忠心，可洛薇总是嘚瑟成那样，简直就像她自个儿便是天下第一似的。而且，说这句话时，只要他在场，她便一定会投来闪闪发亮的崇拜眼神。真是小孩子脾气，一点儿不改。由于她从小到大都是这般德行，他也从来不与她计较。

　　沧瀛门明文规定，所有弟子不得谈情说爱，但总是有那么多人明知故犯。尤其是那些春心萌动的少女，多多少少都会对仙术超群的英俊师兄产生爱慕之情，私下里偷偷讨论。只要她们做得不太过火，大部分师父也都是睁一只眼闭一只眼。当然，也有个别特别严苛的师父，非要揪徒弟们的小辫子；又有特别多事的徒弟，非要揪同门的小辫子。有了这些人的存在，流言蜚语便传得特别快。一直以来，胤泽听到的最多的名字，便是"天衡师兄"。傅臣之遗传了父母的美貌和力量，喜欢他的姑娘太多，连师姐们都忍不住对他暗许芳心。胤泽一直当这是一群小孩子在胡闹，却不曾料到有一日，这些桃色流言居然与自己挂上了钩。那天他途经白帝山，听见几名女弟子小声讨论道：

　　"洛薇师妹真是笑死我了，给出的答案总是这样出人意料。"

　　"怎么说、怎么说？"

　　"我们方才正在讨论，各位妹子觉得哪个师兄弟是最好看的，你知道的，天衡师兄又变成了话题重心。但洛薇师妹却忽然冒出一句：'你们难道没有发现，我们沧瀛门最好看的男子是什么人吗？'"

　　"她说的是谁？"

　　经对方一阵耳语，这女徒弟惊呼道："什么？！她胆子也太大了，居然敢对胤泽神尊……"

　　"没有没有，她也说了，只是觉得师尊生得好看，说若是未来夫君能长成那样就好了，她并无意冒犯神尊他老人家。"

　　听到此处，胤泽不禁陷入沉思。确实，身边的女子时常夸他貌美，但活了近八千年，一张脸好看与否他早已麻木，根本没放在心上。但是，在薇儿眼中，自己也算是好看的吗？一时略感心情微妙。只听见那两人继续窃窃私语——

"我见过神尊一次，他确实俊逸非凡，非寻常仙人可比。只是，神尊可是神啊，我从来都没想到那一层……可洛薇不同，她与神尊朝夕相处，你说会不会对他有那个意思啊？"

"其实，说实话……"另外一位女弟子也压低了声音，"我一直觉得洛薇暗恋胤泽神尊。"

"你也这样觉得？我也这样想，她提到胤泽神尊的次数实在太多了，让人不得不怀疑。而且，她还会经常捧着脸发呆，自言自语说什么'师尊在做什么呢'。"

"对对对，这哪里像是徒儿对师父的感情……"

不过几个思春期的小女子的胡思乱想，胤泽压根儿没打算相信这些话。就算后来有一日，他真的看见了洛薇写的那首《吾师美人》，他也只当是孩子调皮，并未往心里去。可是，看见这首诗时，凌阴神君正巧在场，大惊小怪地说道："神尊，这下可真难收拾。你这徒儿恐怕对你的想法有点儿多。"

"什么想法？"他留意到洛薇写的字都挺秀气的，与她那种马大哈的个性并不相似。半晌未得到凌阴神君的答复，他忽而抬头，看见对方眼中满是看好戏的调侃，他把那张纸放在桌面，漠然道："别乱说，她年纪还小。"

"'夜梦碧袍缥缈，汝心荡漾如烟。'诗文中但凡提到'汝等看见此人便会如何如何'，往往是指诗人自己心中的感受吧。"凌阴神君笑了起来，用洛薇的口吻娘娘腔地说道，"师尊，您可是九天至高水神，怎能连这简单的道理都不懂呢。"

"此事与你无关。"

"是，我闭嘴。"

虽说如此，胤泽却心不在焉了一整日。是夜，他招来洛薇训话。洛薇还是和以前一样，下台阶比谁都快，上来便给他磕了响头，无比诚挚地道歉。胤泽拨弄着茶杯盖，端茶小品一口，破天荒地没有罚她，轻易放过了她。那时，长空月冷，枕簟微凉，满庭杏红花醉，西窗一片玉堂光华，也不知是否夜色太动人，他不愿与她计较。她高兴坏了，跳起来喜道："谢谢师尊！"却不想这一动作骤然拉短了二人的距离。正巧晚风随意，乱红满桌，扬起了她两鬓的青发。她的肌肤白如初雪，大而机灵的双目盛着水般地明澈，小心翼翼地望着他。与他的目光相撞之后，她又带着一丝慌乱之色，把脑袋埋得低低的，睫毛上裹着满满的月光，却盖不住双颊的粉红。他知道，她又开始感到害羞。但这一回，她的害羞却毫无缘由——抑或是……他不敢细想其中的缘由。只见她一边玩弄着衣角，一边小声道："谢谢……谢谢师尊。师尊待我真好。"

杏花香气令他有些头晕，他竟觉得这一刻的洛薇如此美丽，是从画中走出来的人。他也看向别处："还不走吗？"

"啊，是是是，徒儿这就走啦……"

她的声音软软黏黏，比平时温柔乖巧了不知多少倍，转身跑出门去的步伐，也变得蝴蝶般轻盈。他发现，薇儿喜欢上一个人之后，和其他女孩并无两样。他有上百种方法可以令一个女子爱上自己，亦有上百种方法阻止这种感情的滋生。这原本只是鸡毛蒜皮的小事。

可这一晚，他彻夜未眠。她离去前脸上荡漾的甜蜜微笑，一直在他脑中挥之不去。

薇儿是自己的徒儿。她只能活三百来年。她长得像尚烟，他的心动必然也与这有关。这些道理，胤泽都明白。他也不会像情窦初开的少年那样，因为一时的情乱，便把生活也搅乱。他还是一如既往地冷静，该做什么做什么，丝毫未受影响。他只是不想过早让洛薇察觉他的拒绝。

不过，洛薇总是能带给他诸多"惊喜"。数日过后，她居然犯了门规，与傅臣之在法华樱原亲嘴。胤泽还是很清醒，知道她对臣之一直没那种意思，这一次接吻必然是臣之主动，或是她玩心大起，在做什么幼稚的游戏。

但是，还是有一股火气不可遏制地在心中滋生。

他原本以为，命人把他们二人送到九宗池，她就会和以前一样对他撒娇耍赖，却不想自己低估了她对臣之的重视。从臣之的反应，已看出是他惹的事，她却宁死也要为臣之辩护，非要说是她主动亲的臣之……看她那么心疼她哥哥，有那么一刹那，胤泽想取了傅臣之的性命。

走出九宗池，胤泽闭目平息了很久，觉得事态已经超出自己的控制，绝不能这样下去。洛薇和臣之青梅竹马，两小无猜，过些年出师他们成亲正好。作为长辈，他怎能和一群晚辈搅和不清。

与青戎神女来往后，他不是没有发现洛薇的失落。每次看见她想笑又笑不出来的样子，他都会有些于心不忍。只是，要掐断这段感情的萌芽，这是最好的方法。

几千年来，对于任何事，包括苦恼众生的男女情爱，他都能做到大局在握，成竹在胸。对于洛薇的个性，他也看得很透彻。她从小娇生惯养，出来之后确实受了点儿挫折，但本质还是一个喜欢卖乖的小王姬。她圆滑，但内里很骄傲，不会让自己吃亏。她对自己的喜欢，不过是少女懵懂的憧憬，一旦遭到拒绝，吃过教训，伤心几天便会放弃，然后学会务实。

若说有什么没看透，便是她喜欢他的程度。洛薇反应之激烈，完全在他意料之外。他怎么都不会想到，她居然会中了雪蛇的蛊惑，跑去化妖。

三

从东海回来以后，胤泽知道，不管是否与尚烟有关，自己对洛薇的感情都是再也拧不回来了。既然克制无用，那便尝试往前走走。这方面他向来不拖泥带水。不过，洛薇却一点儿也不负情窦初开的名号，迟钝得让人无法忍受。迟钝也就罢了，这丫头还胆小。因为做了一个桃色的梦，她便吓得跟受惊的小猫似的，躲躲藏藏不见他，在他面前连往哪儿搁脚都不知道，甚至还说出回去嫁给溯昭氏男子这种蠢话。既然知道是这结果，先前那些漫不经心的诱惑又算是什么？那段时间，只要一想到洛薇二字，胤泽就气不打一处来，连话都不想跟她说。

可是，他还是在白帝山上原谅了她。那时冬去春来，桃花绽放，他与青戊神女一同从云海落在山峰。在青戊神女的再三要求下，他勉强答应为她戴桃花，一抬手，却瞥见花枝缝隙间的一抹身影。居然是洛薇。看她的架势，原先应是缩着肩想要逃跑，但被他逮了个正着，她只能尴尬地踟蹰不前。他在千花之中看见了那双鲜活的明眸，好似载满晴空下的水光。四目相撞，她飞快地眨了几次眼。很快，青戊神女也发现了她，对她招招手道："胤泽，你快看，你徒儿也在那边。我们也为她别一朵花吧。"

胤泽自然不同意。女人的心思有时肤浅至极，有时又如海底针，但不论是哪一种，想要识破，对他来说都并非难事。像这一刻，他一眼便知晓，青戊神女不过是想在他面前照顾妹子，以展示女性体贴贤惠的一面。只是，洛薇这丫头是个惹祸精，现在素面朝天都时常弄得数位少年为她大打出手，她若真爱上了打扮，还不知会弄出什么麻烦事来。

原本洛薇就莫名有些不悦，听完他的拒绝后，她更是一脸的失望，小嘴都可以挂油瓶了。可是，青戊神女没听话，反而把洛薇拉到自己身边，娴熟地把她的发髻拆下来，把桃花一朵朵戴上去。胤泽轻叹一声，转过身去眺望云海，任这两个姑娘在一旁折腾。听她们在一旁叽叽喳喳地弄了好一会儿，他不经意地掉头过去看了一眼，却很没面子地呆住了：一时流云荡漾，千叶桃花胜百花。洛薇站在桃树下，瀑布青发散至腰间，花朵满满，一路从双鬓直戴到肩上。她睁大眼望着青戊神女，眼中写满了好奇，但又不敢多话。只见一阵风吹过，花瓣擦过她的脸颊，带着香气，卷到了胤泽面前。她顺着那些花瓣看过来，再次与他的视线撞上。他的肤色莹白如霜雪，美丽而冰冷，而她的双颊粉扑扑的，和桃花快成一个颜色了。

洛薇到底是个小女孩，完全不懂保护自己，也不会用虚伪的情绪掩饰内心。喜欢一个人，就这样赤裸裸地写在脸上，什么都不用说，他都能读出她内心的雀跃。此刻，他有些庆幸青戊神女在场。若她不在，恐怕他会一时冲动去拥抱洛薇。好在青戊神女忙完离开后，他也恢复了理智。他道："说吧，什么原因。"

"什么原因？"眼神闪烁，连装傻都不会。

"你最近一直在躲我，是什么原因？"

其实她担心的事，他全都知道。她心中满是不确定：不确定他是否喜欢她，不确定再往前走一步会发生什么事，不确定自己能陪他多久……可他是怎么了？在这件事上格外较真，非得她亲口说出来。

大概是因为他知道，一旦真的在一起，自己恐怕无法全身而退。寿命长的那个人，总是会更受折磨。对于他这种事事以自己为中心的人而言，要付出这么多，确实难以做到。所以，一定要她主动，他才不会觉得自己吃亏。

她绽开了甜甜的笑容，却相当尴尬："徒儿没有躲师尊，只是想学乖一点儿，少给师尊添乱。"

"薇儿，若有心事，或对我有要求，不妨坦率点儿说出来。我不会责罚你。"

万里晴空之下，她抬头飞快地看了他一眼，又垂下脑袋去，睫毛上有些潮湿，似乎是泪光："徒儿没有心事。"

他终于放弃。洛薇固执，恐怕憋死她，她也不会多说一个字。他犹豫片刻，道："其实有的事，你自以为不可能发生，却不是你想得那样难。我早告诉过你，没有什么可以难倒你师尊。"

四

"青龙大人……我真的好不甘。为何我只能活三百年？我真的好喜欢师尊，我只想永生永世都陪着他，为何……为何会这样难……"

这些感情他早已知道。但是，由她亲口说出来，却使他感到前所未有的动摇。在码头与洛薇道别时，他心中知道他们下次见面不会隔太久，但看见她拼命忍住眼泪的模样，他还是会感到不舍。所以，他化身青龙，送她回溯昭。听见她在悲伤抽泣，就连深长呼吸，也很难缓解心中的闷痛。

"不过，我觉得自己离开是对的。我自己已经没资格再待在师尊身边。我对他的喜欢已经很不正常了，我不喜欢青戌神女老跟着他，只想霸占他，一旦他不看我，我就会很生气。夜深人静时，只要想到他和别人在一起，就会辗转难眠，心如刀割。现在哪怕他不在我身边，我的心也好痛……"

反正她不知道自己的身份，试探一番，也并无大碍，毕竟还有退路。他原本这样想。却不知道，他在悬崖边行走，每往前走一步，便会自动封死回头的路。

一切的自欺欺人，都止于吻上她双唇的瞬间。

胤泽，你完了。

心底有一个声音如此说道。它化作一把利刃，一寸寸剜开悲剧的伤口。

之前有无数次预感，若是继续放纵下去，虽然很难再走出来，但应该还是有一丝转圜余地的。但当他真正拥她在怀，真正尝过拥有她的好，他清醒地知道，这已是自己的终点。

五

玄月是一头穷奇。穷奇，上古四大凶兽之一，其实就是只长着大翅膀的红老虎。既然是老虎，肯定也有老虎的习性，诸如喜欢近水，也爱晚上出来打猎。何况，穷奇本身就是共工后裔，在水中打滚，更是玄月所能想到的最幸福的事。哦，不，最幸福的事，应该是主人带着自己，在热带雨林中纵水飞舞，打只小野兔、小野鹿什么的。

玄月一直想不通，溯昭的帝王分明是流萤王，为何自己主人这灶王爷，偏生喜欢打扫人家的院子。只要是流萤处理不完的政事，她都要插一手。于是，没有主人的陪伴，玄月的生活很无聊。本想懒洋洋地睡到中午，却总是会在鸡鸣时分，被主人叫醒。

"玄月，玄月，我去王姐那里。你记得看好屋，别让其他人进我的房间。"

睁开眼睛，正对上的是一双又大又美的深青眸子。凝脂肤，束素腰，身姿轻盈，绰约妩媚，那一头及腰长发，就是碧华之色，又抹上了昼日苍穹的淡蓝。主人真真是个美人。或许是出于私心，放眼溯昭，玄月没见过一个比她漂亮的姑娘。只是，她从来不会好好珍惜自己的美貌，捏住它的耳朵，抓抓它的尾巴，每天对它的例行折磨，就跟三岁孩童一样无聊。玄月很想发作，但想想又将有长时间见不到主人，心情便很是郁闷。它飞起来，蹭了蹭主人的脖颈，发出了黏黏的声音。果然，主人很吃这一套，一双美丽明眸弯成了两条新月："我很快回来，你先乖乖在这里待着。"

还是和以往一样，她未有丝毫动摇。

作为一头上古凶兽，自己所能做的事，也就是当主人的看门狗。玄月很不开心，但又不敢对主人无礼，只能缩成一个圆溜溜的毛团，用圆溜溜的屁股对着她，静默而强烈地抗议着。终于，主人走远，它开始在宫殿内跟个螃蟹似的横着走，欺负一下宫女正喂养的玄蛇，踩蹋一下原已飞得很累的鹥鸟，还抬起后腿撒泡尿，拉坨便便，画地为牢，让十里内所有异兽都不敢靠近。当然，它不是无缘无故地如此霸道，而是在宫内听闻了许多令它不爽的悄悄话。

"哎哎哎，你们可有看见，最近陛下和孔公子走得可真近，我瞧啊，这第二桩喜事怕是要成。"

"是啊，陛下比孔公子年长，谁也没想到他们会走到一块儿去。其实从年龄和外貌上看，他更适合小王姬。"

"说到小王姬，我十分不懂。她长得是真好看，但也是真挑。这些年上门的追求者，不全都被她吓跑了？你倒是说说看，小王姬到底想要嫁给什么样的男子？"

"我这是掌磅秤的报数句句实话。你想想看啊，陛下初次虽嫁得失败，但也嫁了个仙人，小王姬又去仙界待了那么久，咱们溯昭男子估计也入不了她的眼。可偏生又没有仙人追求她，这情况，怕是有些尴尬。"

"也是啊，小王姬已是待嫁芳龄，她自己恐怕也是有些着急。"

"依我看啊，翰墨就挺好的，跟小王姬青梅竹马，又是军令侯的公子，他俩在一起，天造地设。"

作为一只忠心耿耿的兽，听见这些话，玄月几乎要在怒火中烧死，因此总是给这群混账东西使绊子。

玄月有一张比任何老虎、穷奇都要可爱的脸蛋，算是虎类异兽里的天之骄子。刚开始，紫潮宫里的侍女宦官都被它迷得七荤八素，但时间一长，本性暴露，谁也受不了它恶劣至极的个性。渐渐地，这些人也不敢再靠近它。于是，漫长等待的一日，便更加心酸。

黄昏时分，主人总算回来。她带回了一厚叠文书，最上方摆着一张镶金锦书，上面盖了个青龙印，印下有一个天市城的符号。玄月有些嗫嚅。谁说主人没人爱？这不，天衡仙君可宝贝她了，一直给她写信。

于是，玄月变成了一只小狗，在主人腿下蹭来蹭去，等她伏在案边给哥哥回信。终于一封信回完，她也有些累了，伸了个懒腰，抱着玄月，坐在杨花落尽的庭院中，静静地望月发呆。这十年来，它陪伴着主人度过了无数个日夜，也知道她就是个没心没肺的大孩子，但每到夜晚，独自一人时，她凝望夜空的样子，总是有些孤单。她的视线，总是停留在东方之天的星宿中央。玄月知道，主人是在思念师尊。天市城虽远，但若真要回去，也不是那么困难的事，何况天衡仙君还经常过来。就算回去不便，她也可以让天衡仙君帮忙捎信给师尊。但十年来，她不曾尝试过一次。哪怕是提及"师尊"二字，也很少为之。

不论是仙，还是灵，想法都实在太令人费解了。玄月想不通，只是张开口，用虎牙在主人的手臂上磨了磨。它听见主人笑了，她挠了挠它的脖子。

这是玄月一天中最为平静、快乐的时刻。它很享受蜷缩在主人膝上的感觉，不知不觉中，已半醒半眠。

夜半时分，昼伏夜出的玄月也醒了过来。天还是那片天，月还是那轮月，只是夜色更浓了一些。主人也和以往一样，坐在玉阶上，独倚栏杆沉睡过去。

长空中一道碧光划过，玄月知道那个人又将来到。

作为一只神兽，玄月并不能理解神的想法。

只见一个青年落在庭院中，他青袍玄发，眼眸清冷。他走过来的同时，玄月也自觉地从主人膝上跳下来。而后，他打横抱起主人，把她抱回房内，将她轻轻放在床上。床宽大而华贵，他的长袍铺成一片流水。

他的手指在她额上轻轻扫过，他抬头却看见瞪大眼睛望着自己的玄月。然后，他将戴了青玉戒的手指放在唇上，做了一个嘘声的动作。玄月捣蒜似的点头。

一夜过去，又是一个春暖花开的清晨。

"玄月？你怎么起这么早？我昨天居然睡死过去。是你把我送回房间的吗？"主人打了个呵欠，有些失落地望着空空的寝殿，"昨夜，我又梦到了师尊。"

六

在神界，是个人就知道天帝昊天和沧瀛神胤泽关系不怎么好。近日，百年前在神界便有端倪的旱灾终于降落九州大地，天帝对胤泽的态度，更是愈发微妙。上乾神殿里，只要有胤泽出现，四下必然一片死寂，当真是特殊待遇。这两个人几千年宿旧，彼此递个眼神，便知道对方肚子里在打什么算盘。尽管如此，上千年来，他们又都拿对方没辙儿，只能相互牵制。纵观九天，敢当面说天帝"揣奸把猾"者，怕只有胤泽一人。昊天贵为天帝，却极少动怒，别人说他是仁者、圣者。在胤泽看来，那不过是仁术。无棱无角，圆滑地滚，也就摔不成跤。如今，他还是决口不提天灾之事，反倒打发句芒来跟自己谈话。

句芒乃是春之木神，曾是少昊的后代，伏羲的心腹，现管辖神树扶桑与朝阳之地。因此，他地位不及胤泽，却又有资格与胤泽面对面谈话，不得不说天帝的用人之道，真是愈发老奸巨猾。但胤泽也知道，这主意不是天帝自己想的，私底下碧虚神君肯定捅了不少娄子。碧虚年长他二百三十岁，与他都是诞生于水域天的天之骄子，最终接替共工之位的人是他，这一直是碧虚神君心中的疙瘩。这家伙是一头笑面虎，对高位者总是逢迎客气马屁不断，放起暗箭来却丝毫不手软，和胤泽是完全相反的人。想起碧虚神君那阴恻恻的眼神，胤泽就觉得眼前的句芒顺眼了许多。

"胤泽神尊啊，你看，这海是真将枯尽了。"每每与胤泽徒步于水域天，句芒都会冷不丁地冒出这么一两句，再懊悔莫及地补充下一句，"这都是我之过。"

被天天换着法子灌输旱灾之苦，若换作别人，必已和他一样捶胸顿足。胤泽却不吃这一套，他甚至不会去问为何成了句芒之过。这六界又不是他的，关他何事？听闻先前已有人劝诫天帝说，即便六界的水都干了，只要胤泽神尊自个儿还能活着，他便不会考虑牺牲自己。说白了，便是别人常用以描述他的那两个字：自私。胤泽颇为赞同。既然懂他的脾气，就应该少嚷嚷。这些年他愿意下界施法治旱，已远远比他素日行事作风高尚，旁人最好别对他的修为动什么念头。

见苦情戏没用，句芒笑出声来："高山仰止，景行行止。胤泽神尊这份从容，句芒虽不能至，却心向往之。以前便听人说过，神尊不愿意的事，哪怕杀了神尊，神尊也不会去做。只是，这一回的旱灾，恐怕比我们想的都要严重些。"

句芒说话向来保守，当他说"不严重"，那便是"严重"；当他说"严重一点儿"，便是"非常严重"；当他说"严重些"，那恐怕已经到了无可挽回的程度。胤泽皱了皱眉，道："怎么个严重法？"

"若是继续恶化下去，将会天地大旱，水源干涸，四海枯竭，天数终尽。"看见胤泽怔住，他摆摆袖袍，"当然，句芒万万没有冒犯指责神尊之意。若水域天还归共工掌管，恐怕大旱之日还将提前。此乃天灾，确实无法避免。若不是后土娘娘解释，恐怕我也会蒙在鼓里。"

听过句芒解释大旱的原委，胤泽心中有了不好的预感，却还是平静地说道："那要如何才能阻止？"

句芒长叹一声，望着脚下一望无际的烟云，穿行飞翔的仙神龙凤，一如在俯瞰背负悲欢离合的滚滚红尘："胤泽神尊，你我均为神灵，高高在上，受众生顶礼膜拜，就不应负天道。我们既不受限于六道轮回，那么六道轮回便不应是我们的归宿。"

听到此处，胤泽已懂了他的意思。他想说，神是永生的，因而不会进入六道轮回。他们的归宿是天地和宇宙。也即是说，天帝希望他成为供奉给天下苍生的祭品，化作万物水源，回归到天地之中。他淡漠道："若我不喜欢这种归宿呢？"

句芒毫不吃惊，笑道："就知神尊会如此回答。若是换作句芒，句芒定会以苍生为重。现下危难当头，若治了水，恐怕过不了多久便会轮到吾等土木之神回归宇宙。但神尊不同，您素来如此，无牵无挂。"

前面那一通废话，胤泽全然没放在心上。他只听进了最后一句。

说得真好，无牵无挂。

他或许是真的无牵无挂。

七

几年的时间有多长？对寿命无尽的神来说，不过须臾之间。

但这几年中，洛薇的转变却是天翻地覆。随着岁月推移，他亲眼看见薇儿，从一个幼稚易懂的小丫头，变成了一个明妆俨雅、难以捉摸的女子。

原以为时间会冲淡所有思念，却不想重逢之日，意绪更甚往昔。若不经过这几年，胤泽不会知道，时间只是将相思之水冻结，短暂地麻痹自己，一旦再遇旧人，就会消融入骨。

都说关心则乱，真是大实话。从她回到天市城，他便看不透她是否还喜欢自己。他活了七千余年，没有哪个时期，比这段时间更混乱。尽管如此，还是会自欺欺人，告诉自己，一切都在掌控之中。直至她三番五次地激怒他，两人关系的明确已经近在眉睫，终于她用头冲破他的冰壁，不顾一切地吻了他。

"上次这样做，并不是徒儿头昏，是确实再也忍不住了。师尊，徒儿不孝，从今往后，请您好好照顾自己，徒儿不会再回来了……"

那一句藏在心中多年的话，也终于脱口而出。

终究要失去的东西，若是会令人牵肠挂肚，他宁愿选择一开始便不曾得到。但这一回，他决定改变做法。不管结果如何，只有这短短百年的欢愉也罢，他要洛薇。他甚至有一种侥幸心理：或许不需要等到百年，他便会对她厌烦。毕竟过去他身边的女人，不管是绝色，还是浓烈，都无法维持他长期的兴趣。

结果是，他高估了自己。

不论多少次拥抱、亲吻、抚摸、颈项交缠，都无法令这份"新鲜感"消失。他有很多事要做，却陪她回了溯昭。可是因为她太美丽？毕竟成年后的洛薇，确实比溯昭所有怒放的花朵都要动人。一定是因为这样。她总有色衰的一日，到时必定会好些。他一边如此想，又一边发现，他与她的相处模式，与其他女子截然不同。他们有那么多的共同话题，即便不触碰对方的手指，也可以从早聊到晚。对他来说，她确实过于单纯，可她那么好学机灵，但凡不懂的事，他解释一遍，她便能举一反三。

随着时间的推移，那一份想要与她终身相守的渴望，也化作枝条，蔓延至心底深处，牢牢地扎了根。意识到这种想法不对时，这根已经拔不出来了。不过，这些想法，都被藏在了他心中最隐秘的角落。在一起之后，他对她好了许多，她却不能从他的表面看出什么。

两人变得亲密无间，她也开始无法无天，还越来越爱跟他抱怨。如此胆大包天，是时候给她点儿教训了。他两天没理她。到了第三天晚上，她挨不住，跑来幽怨地望着他，还说了一些毫无意义的话。老实说，这些女人的嘀咕，若拿给元始天尊他老人家，他也没法儿讲清楚。不过她闹了一通，胤泽也算懂了她的意思。她就是嫌他太冷淡。两个人面对面望了片刻，她终于投降，把脑袋靠在他怀里，一副可怜巴巴的模样。

"胤泽，你一点儿都不爱我。"她抱着他的胳膊，下嘴唇包住上嘴唇，还不停地发抖。他到底是做了什么，让她觉得这样委屈？

"为何？"

"我不知道啊，你就是不爱我。你冷得像块冰，从早上起床就只知道看书，从来不抱我。"

他想起某个早上刚醒过来，自己照例拿出书本来读。她原本睡得很沉，忽然就醒了，在床上翻来滚去，抱着他的胳膊，说你起来应该搂着我。之后他照着她的话去做了，一只手把她搂到怀里，另一只手依然捧着书看。她下巴枕在他的胸前，长发如丝缠着他的臂膀，有些不悦地再度睡去。

原来，她讲的是这件事。他想了想，打算越过这个话题，指了指她的下巴："薇儿，你长了一颗痘。"

她微笑着用手掩住那颗痘，眨了眨眼："你知道吗？我的每一颗痘，都是被你气得长出来的……哦，不，如果真是如此，我的脸已经被痘盖满了。"

他只是笑着摇摇头，一副无可奈何的样子。她对他真是又爱又恨，憋了半天，只憋出一句："你什么都不懂，你是猪。"

他的目光回到书上，只平静道："那就把我吃了吧。"

"重点是前面那一句啊！"她一把抽回他的书，做出一副要撕书的架势，"我们冷战这么多天，你居然还可以这样若无其事地看书，你应该看着我！"

这丫头是不到黄河心不死。胤泽轻叹一声："薇儿，你理解的爱，与我理解的爱不同。"

"借口。"她难得强势。

"你是个年轻的女子，又是溯昭氏，你觉得爱人的方式，便是从早到晚跟在我后面，抱着我。"看见她小鸡啄米般点头，他摇摇头，"但我是神界之人，又是快八千岁的男人，并不习惯大白天与人腻在一起。"

"你的意思是晚上便……"洛薇扬了扬两条眉毛，露出一脸坏坏的笑，"哈哈。"

胤泽望着她，久久不语，弹了一下她的额头："心术不正。"

"心术不正的明明是你，天天色诱我，就像前几天晚上……"说到这里，她的脸居然唰地涨得通红，"总之，是、是你心术不正啊……在别人面前装得跟祭坛雕像一般神圣，实际根本就是……就是不爱我。"

"我之前已经说了，我比你大太多，我与你爱人的方式不同。"

"那你怎么爱？别说在心里，我才不信。"

她把双臂抱在胸前，四根手指轮换着敲打胳膊，那枚青玉戒指也跟着晃动，朱唇轻翘，满脸嫌弃，浑然一副妈妈桑逼良为娼的架势。但没敲多久，双臂就慢慢松开，她想起了什么，把那本书翻过来一看，上面写着《千山医宗鉴》。她呆住了："如此说来，你最近都在看医术典籍，是，是因为……"他在研究延年益寿的方法吗？

"不能确定能否奏效，毕竟人命有天数。"

"胤泽……"她眼眶一红，扑到他的怀里，搂着他发抖，"胤泽……"

在一起后，这丫头情绪起伏太大，让他有些招架不住。说着说着，她的眼泪居然就哗啦啦流下来。他除了轻轻叹一声，也只能耐心地抚摸着她的头发。

和句芒说的一样，他素来自私，无牵无挂。他宁可让全天下的人陪葬，也不愿牺牲自己拯救苍生。可这一刻，他却希望怀里这个弱小的生命活下去，不仅是这短暂的三百年寿命。他希望她的魂魄能进入轮回，有无数个生生世世。

八

开轩君、黄道仙君和如岳翁攻回溯昭，洛薇和傅臣之很快便把他们打败了。黄道仙君虽残忍不堪，却是条汉子，不堪羞辱便服毒自尽。开轩君和如岳翁两个贪生怕死的，一个溜之大吉，一个跪地求饶。对付这种蝼蚁，根本不费吹灰之力。把如岳翁带出紫潮宫正殿，轻描淡写的恐吓后，他便什么老实话都招了：

"是、是碧虚神君让我们来的。胤泽神尊啊，您可千万别跟他说是我说的，否则我这下场怕是要比您说的惨一万倍……"

毫不意外。胤泽沉吟片刻，道："此地信奉的神灵是我，是否碧虚神君告诉天帝，我有异心，天帝才下令，命你们前来屠城？"

"神尊明察秋毫，小的佩服得五体投地。"如岳翁还真跪在地上，磕了个响头，"但是，天帝的意思不是屠城，而是收灵。毕竟现在宇内旱灾四起，水源枯竭，连神界之水也不例外。刚好这溯昭又是您用神界之水造的，依小的看来，天帝是想把此地之水引回神界，补充神界水源。"

收灵，这与屠城并无区别。但令胤泽吃惊的并非天帝的决定。他怔怔道："你说，神界之水也已开始干枯？"

"是、是的。"

"是几时开始的事？"

"就是近些日子。"

"碧虚神君可曾告诉过你，神界之水寿命还有多久？"

"不足百年。"

"不足百年？！"

胤泽目光凛冽，扎得如岳翁一阵哆嗦。如岳翁颤声道："只有五十年不到。所以，他才如此着急，命我们在那之前抓到溯昭的把柄，让天帝认为您有意叛变……"

碧虚神君的诡计，他可轻易看穿。只是，听到这个"五十年不到"，他脑中有短暂的空白与死寂。溯昭的洛水源自神界，虽然河床在地理上并不接壤，但这里的所有生灵都是依仗着神界之水而活。倘若神界之水干涸，溯昭不仅将不复存在，就连此处的溯昭氏也会灰飞烟灭，连灵魂也不复存在。也就是说，若这五十年内旱灾不停，薇儿将彻底从世界上消失。

彻底消失……这是比永世不得超生还要可怕的事。

想得越多，他就越觉得头晕脑眩。三言两语结束对话，他调整情绪，带着如岳翁回到正殿。

当他提起华袍踏入殿门，艳阳金光赶巧射入殿堂。那里有水晶灯，琉璃盏，姹紫嫣红插满花瓶，却成了一身素色的小王姬的陪衬。她的发色一如清池中的蓝天，微曦中荡漾着光泽。原本望着如岳翁的眼神充满藐视，但不经意地望了他一眼，那浅浅羽毛般的睫毛扇动数次，刹那间，华堂中生成仕女图，只剩柔情无限。可是，这样美丽的侧影，却时时刻刻都会烟消云散，随风而去。

五十年的光景，这比他们计划的短了太多太多。

他更不曾想到，造化弄人，当日他们便发现了混元幡，又发现了活着的尚烟。

其实，听见尚烟那一句"若再给我一次机会，我一定选他"，若说完全没有动摇，那必然是谎话。他曾经单恋尚烟千年，又怀着遗憾看她死去，她始终是他心中的那一抹床前明月光。那一瞬间，他甚至告诉自己，若重新将心思放在尚烟身上也好，那样他便不必再为洛水的事心烦意乱。只要不再看薇儿的眼睛，不要再听她说话，他还是可以继续过着洒脱自在的生活的。

然而，从混元幡殿内出来，到底他还是听见了她的声音："胤泽。"

他不曾回头，只摆动长袍大步往前走。只是，那声音叫着他的名字，又太温软，太熟悉。

尚烟才是我喜欢的人。

我对这人的动情，仅是因为她和尚烟相像。

这样想着，便真的觉得好受了许多。

可是走了一会儿，他又听见了她微微发颤的声音："师尊……"

师尊。呵，师尊。原来，打碎两人长久建立起来的亲密与信任，是这样简单的事。良久，他才转过头去，半侧过头，冷漠地将她拒在千里外，却始终不敢看她："怎么了？"

这分明还不是最终的别离，可为何……

九

"胤泽以神尊之名私闯魔界，与魔族结仇挑事，犯下这等大罪，原不可轻恕，但念在其救同族心切，且此次与魔族交战仙神死伤不重，故而从轻发落。即日起，剥夺胤泽神尊千年修为，且五百年内离开神界，都须得有陆吾、英招同行。"

这个结果已经比胤泽想的轻。原本神界之水的事已令他心神不定，如今亲眼看见臣之死在自己的法术下，他也丧失了回溯昭重见洛薇的勇气。可是，一想到溯昭，他就想起碧虚神君从中作梗之事，于是又对天帝道："那溯昭该当如何处置？"

"自然是收灵。"天帝理所当然道。

"不！"他激动地往前走了一步，"不，除了这个，其他事我都能接受！"

众神都不由得有些吃惊。有的老神是看着胤泽出生的，都不曾见他如此激动过。神殿里空旷幽冷，鸦雀无声，唯有烟云从窗外探进殿来，模糊了柱上盘龙的容颜。天帝坐在最上方，白色镶金长袍垂至地上，面容与柱上盘龙一样已被模糊，声音温和却无情："胤泽，这事可由不得你。溯昭有魔界通道，又有你的私募兵马，我即便信你，也无法信这溯昭。"

"天帝大可以将魔界通道摧毁。"

"这不失是个好主意。"天帝顿了顿，用手背撑着脸颊，"那么，你的私募兵马该如何是好？"

"我尚是溯昭新客，谈何私募兵马？"

"你虽是新客，你的小徒弟可不是。"天帝轻轻笑了两声，"她是溯昭的继承人，她姐姐是溯昭帝，不是吗？"

至此，胤泽已经知道多说无用。天帝压根儿就知道是怎么一回事，所谓私募兵马，也不过是暗指收买人心，他不过是在等自己，在众神面前做出个交代。胤泽看着窗外，轻声道："我此生不再踏入溯昭半步，不再与任何溯昭氏有任何联系。水域天的兵权，我也会交出。"

就这样与洛薇诀别没什么不好，他们在一起的时间并不长。

天帝微微一笑："有你这句话，我也就放心了。"

既然离开神界便没有自由，住在青龙之天也便再无意义。从神殿中出来，想起洛薇送他的水墨伞还在天市城，胤泽当下便准备回去取伞，不想在路上遇到了尚烟，她因丧子之痛无法入眠，说要与他同行。

从神界飞至天市城不过眨眼的事，但落在沧瀛府门前，他却听见了身后的声音："师尊！"

这短短的一瞬间,他想起自己还在溯昭时,洛薇曾经做了一件傻事。她老缠着他,旁敲侧击地打听他喜欢什么样的女子,他总是很无意趣地说"不知道"。可她决意要和他战斗至死方休,他不回答,她便使出各种法子虐待他,例如不和他说话;不上饭桌;和他分房间睡觉;只要他出现,就用后脑勺对着他;等等。他被折磨得受不了,直接说你想问我喜欢什么女子,是吗?那便是和你相反的。她居然毫不动怒,眨眨眼道,怎样才是和我相反的?他道,安静顺从、成熟贤惠、不闹腾。她欢天喜地地溜了,弄得他莫名其妙。结果第二天,她带了一群顺从安静的美女到他面前道,这里面你喜欢哪一个的长相。他扫了一眼那些女子,又久久费解地望着她,问她什么意思。

"我死了以后,娶其他女子也好,逍遥独生也好,你得忘记我。"她跟老鸨似的叉腰站在那些女子面前,但那灿烂甜美的笑,却瞬间黯淡了所有佳人,"在我死之前,会给你时间,让你找好下一个陪伴你的人。到时候,我会为你挑新妻,也会参加你的婚礼。"

他看着她,眼也忘了眨。

"如何,是否已被我的机智震惊?"她嘚瑟地摇摇扇子,还意义未明地抖了抖肩膀,"要知道,看着你幸福,我才可以走得无牵无挂啊。"

他缄默了很久很久,把那些女子一一遣散,道:"薇儿,若有一天你寿命将近,你是希望我同你一起死,还是希望我继续活下去?"

"不准你有这种想法。"她居然暴跳如雷,用扇子使劲打他,"我希望你活着,不准死,不准!"

"你想太多了,我怎么可能为了你死?不过随口一问。"他云淡风轻地一笑,"这些姑娘里,我倒真看上了一个。等我老了,会让你帮我挑个类似的,再请你参加我的婚宴。"

她愣了一下,似乎有些受伤,但还是乖乖地点头道:"放心,我会的。"

到那时,纵使你已白发苍苍,青春不再,我也会再让你当一次新娘。

当时他未曾想过,自己此生都无缘与她结为夫妻。

他转过头去，在满城灯火，繁华仙楼中，看见了世界的中心。洛薇站在玉阶下，担心地望着他。数月不见，钻心之痛却未减丝毫。可是，他不能对她表现出半分爱意，一是因为希望她对自己死心，一是因为陆吾、英招很快便会化人跟来，陆吾与碧虚神君是一路人，若他知道洛薇与自己有关系，怕是会令她陷入危险之中。因此，他看上去并无不同，还是那个他，她畏惧爱慕，或许已有恨意的负心人。他走下台阶，到她面前，冷声道："你来做什么？"

思念的匕首终于切开了胸腔，把里面的东西生生剜开。

在世七千余年，他终于懂得了情为何物。

在让天下陪葬和让她活下来之间做选择，他想，他也终于有了答案。

十

看似无情总有情，看似多情总无情。

这话用来描述胤泽与天帝，简直再合适不过。被关在刹海心塔的三十个年头里，天帝居然一次都没有来看过他，也不许任何人来看他。直到满了三十年，才总算慢悠悠地过来，脸上挂着平易近人的笑，不痛不痒地对他扔了一句话："胤泽，三十年未见，你过得还好吗？"

胤泽侧头看了看自己的双臂。他的双手双脚都呈现出半透明状，被幻影枷锁铐住，高高悬吊在塔顶神力断绝的角落。他扯了扯嘴角，充满嘲意："对一条魂魄都怕成这样，可真不是你的作风。"

眼前的男子银发垂地，连眉毛都是雪白的。长发又与镶金雪袍混作一堆，云烟般无风自舞。他浅笑道："自诩魂魄，岂不太自贬身价？只剩了元神的神可是比魔还可怕，你这么想要换回天衡仙君，我还真是不知你究竟如何想的。为了尚烟？你可没这么爱她。"

"所以，你就觉得，我是想要救回臣之，再带他投奔紫修吗？"

"我可没这么说。"

"昊天，别跟我玩这套虚的，你我都清楚彼此在想什么。现在我已是强弩之末，你只管忙自己的事吧，待天灾到来之日再来找我，在这之前，不必记挂我。"

"我只是没想明白，你究竟为何会走到这一步。"

"随你慢慢猜。"

与洛薇最后一次见面后，胤泽决定在洛水干涸前夕归元万物，保住她与孩子的性命。也即是说，他们还有不足五十年的时间。而人以泥制，仙以水制，正巧用无相池水、莲花与凤羽重造一个仙躯，需要四五十年的时间。可惜的是，人命有天数，逆天而行，是需要付出代价的。若想让一个仙复活，必须有神用自己的身躯去交换。于是，胤泽对天帝说，自己同意归元救世，但前提是要让臣之复活，让天帝批准。天帝想了想，道："紫修的儿子我根本不想留。但是，看在昭华姬和我们过去的情分上，我答应你。"

是看在昭华姬的情面上吗？是看在归元的情面上吧。这家伙说话总是如此悦耳。但总觉得他话只说了一半，胤泽道："有话不妨直说。"

果然，天帝又提出了新的要求：等他元神离开躯体，元神必须锁在刹海心塔塔顶，直至归元日到来，方可出塔。这一招可谓毫无人性，暴露了天帝笑面之下疑心鬼的本质，胤泽却答应得很干脆。因为他知道，臣之死后，洛薇伤心欲绝，她一定比谁都希望他回来。所以，他希望臣之能在自己消失前重回她的身边。那一日，众神将他带到刹海心塔，天帝终于对他开门见山地说了一句话："胤泽啊，我很早就想除掉你，但真到了此刻，居然会觉得很是可惜。"

同行而来的尚烟，更是哭得满面通红。用洛薇那个傻丫头的话来说，便是"眼睛都快被烫泪烤化了"。她抓住他的袖子，哀求着摇晃他："胤泽，你不要这样，好吗？我爱紫修，但我能忍受这世上没有他，但你若离开，我会一辈子自责。"

"你只是不爱我罢了，不必自责。"

"可是，你用你永世的自由换取臣之……"

"这不是为了你，是为了薇儿。我会想办法出来的。旱灾的问题，我也会想办法。"

"你想不了办法。昊天把你关起来，就是想要折磨你，让你生无所恋，最终心甘情愿地奉献自己。"很显然，尚烟不像洛薇那样好骗。

"若真是那样，也只能怪我意志力薄弱吧。"胤泽淡然一笑，"何况，若我真的寻不到其他法子，那归元万物，也是我沧瀛神应做之事。"

尚烟诧异地望着他："你……你以前绝不会说这样的话……"

回想起三十年前与尚烟的对话，胤泽也发现，自己以前从不会说这样的话。大抵是真被那人改变了。于是，他又一次想起了洛薇的笑颜。这三十年来，他餐风饮露，唯一的食粮，便是对她的回忆。所以，哪怕他已记不住她面部轮廓的细节，却能牢牢地记住拥抱她的感觉。

"又走神了？"天帝笑道，"看你这样，我不禁怀疑，你所做一切，是为了一个女人。"

胤泽抬眼望着，不置可否。

"不，我了解你，你可不是情种。"

擅自否定这一想法后，天帝又与他聊了几句便离开。临行前，见胤泽已没了过往的气焰，他解开了胤泽身上的幻影枷锁。但他万万没想到，这才刚放下警惕，便引来了一头狼。那头狼的名字叫紫修。

与天帝来时的情况截然不同，紫修是属于暗夜的魔尊，在明月夜出现，自有一番瘆人的妖冶之美。看见胤泽，他咂咂嘴道："竟然惨成这样。若不是为了我儿子，我可真是丢不起这人。"

胤泽站着揉了揉手腕，冷漠道："我惨不惨，跟你丢不丢人有何关系。"

"你是我的情敌兼对手，你这么惨，会显得我也很寒酸好吗？你们神族我是不懂，造个身躯还要遭到天劫，我们魔族要造新躯简单得很。得了，你跟我来一趟魔界，我给你个新魔身。"

胤泽蹙眉道："那我岂不成了魔？"

"昊天天帝当得六亲不认，虚伪却是六界之最。只要有他在，你在神界就没出头之日。但魔界可不同，谁强谁成王。"

也不知六亲不认的人是谁。胤泽无语地看他片刻："你就不怕我走了，天帝要你儿子的命吗？"

"我的儿子我知道保护，不用你操心。"紫修勾起一边嘴角笑了笑，一双眼眸在夜中如紫水晶般透亮，他在地上布下一个传送阵，"走吧，随我去魔界。"

十一

入魔后近十年时光，每一夜的折磨都像在焚毁胤泽的生命，他却从未跟紫修提起过。因为，紫修显然不知他与天帝的约定，所以以为他能永世为魔，也给予了他十二分的信任。在最后的时间里，他并不想亏欠任何人，包括这个与他曾是千年宿敌的魔尊。

其实，他入魔的目的只有两个：一是四处寻找防止洛水干涸的方法，一是再见洛薇一次。无奈的是，十年来，二者都没有收获。要防止洛水干涸，只有让天宇变得越来越小，但如此逆天之事，哪怕是元始天尊也做不到。至于洛薇，她从来不曾离开溯昭。而溯昭早已被天帝下令看守，以他目前的状况，完全做不到自由收放周身魔气，也无法进入溯昭。所以，真正再次看见洛薇，是她与玄月独自出来的那一日。

在那高山平芜之处，霜花为风吹乱。玄月幻化成了白色，她就骑在那高高的虎背上，背脊挺得笔直，雪发玄袍，深目如冰。因风飞过平芜，那大片的雪发迎风乱舞，却丝毫不曾动摇她眼中的坚毅。若不是因为那不曾改变的容颜，胤泽会以为这是另一个人。

不，这真是薇儿吗？百岁后的她，连与玄月说话的声音，都变得低沉稳重了很多。四十年不见，她是如此陌生，又是如此熟悉。如今，他不再是高高在上的沧瀛神，她也不再是那个杏眼弯弯，有着桃花笑靥的年轻女子。现在的他们，都已不复当年的样子。纵使相逢，亦应不识。

倒是偷偷追随她而来的曦荷，那灵巧的样子，颇有薇儿小时候的影子。看见曦荷，胤泽初次感到了心都快融化的滋味。这么多年，他始终没有机会与她父女相认。他对她心怀满满的愧疚，又迫不及待地想多看几眼闺女。第三个晚上，当她在洛薇面前露面，被她硬塞到隔壁住下，他终于如愿以偿。

是夜红摇曳，月华抹云，再望那台阶上，是谁家的姑娘这样美丽，东风细腰，仙珮飘摇，白狐裘衬着凝脂玉肤，裙袍如十里青莲芳草。原是溯昭小小王姬，她正把玩着一只雏鸟，既是机灵动人，又是楚楚可怜，若是垂下泪来，都会连成一串珠宝。胤泽站在黑暗中望着女儿的身影，在她的眉目中寻找洛薇年轻时的影子，却忽然发现，她玩的那只鸟是飞诞鸟妖。而且，它眼冒红光，正在吸食曦荷的精气。

现在露面，恐怕会让洛薇怀疑。他想了想，把这鸟妖逼回房去，又逼回了原形，曦荷的叫声总算把洛薇引了过来。

不过，曦荷的优点像洛薇，缺点也很像洛薇。那就是到了黄河心也不死，脚踏进棺材还不掉泪。她再次弄来的横公鱼，惹来了个大家伙，便是鸣蛇。虽然曦荷这一点让人头疼，但是，好歹也给了他现身的机会。

当鸣蛇倒下，他收起长剑，重新背对着洛薇落在她面前，那颗已被魔性侵蚀的心，又再度怦怦乱跳起来。

"这位魔公子，我可随你处置，只求你放过我的女儿。"

听见她成熟沉稳的语调，他终于知道，不论他们之间如何改变，那融入骨肉的思念之血，却只会与日渐浓。

当他回头看见洛薇，看见曦荷，他想，那大概是他一生中最想要永远活下去的时候。

可是，他只能站在一定距离之外，像个陌生人一般与她对话。当她问起他的名字，他也只能临时想了个新名字，冷冰冰地答道："刹海。"

刹海，即佛语水陆。他最为想念洛薇的三十年，也是在刹海心塔中度过的。这名字还当真适合他。

与洛薇曦荷一路上什么都好，就是有个跟屁虫苏疏，令他有些不开心。他察觉到苏疏是苏莲之灵，神力还有些熟悉，却不知道是从何而来。他也无心理睬苏疏，他更想把心思放在妻女身上……想到"妻女"二字，却又不得不面对一个事实：洛薇并非他的妻子。

不过，这已不再重要。

他只知道，接下来与洛薇相处的最后时光，会是他四十年来最快乐的日子。

十二

胤泽夜观星象，发现天衡星璀璨明亮。臣之终于复生。

早春，十里樱花如红霞。他一路跟随洛薇，与她一同看见出现在樱原深处的臣之。其实，洛薇对臣之的态度发生改变，他早已有所察觉。她自小便活泼外向，比寻常小姑娘机灵，也笑得更多。这样的女子，往往颇为爱惜自己。若有人辜负她，她不会纠缠不放。他知道她时常为臣之扫墓，亦时常在坟前忏悔，大概是遭自己背叛，她总算意识到谁更加重要。因此，他也早有准备，待臣之一回来，她会立即放下过去，与他终成眷属。

活了近万年，要看透一个小女孩，并非难事。这一切当真都在胤泽的预料之中，没有一丝一毫的偏差。他也自认早已做好准备。然而，真正看见他们在樱花树下遥遥相望，他才发现，确实有什么不再受他的控制。那是他的心。他高估了自己的肚量，以为让她幸福便是好的。

后来，他们在亭中谈心。聊的都是无关紧要的旧事，但每一次的对望，每一抹笑意，都让他有一种想要动手杀人的冲动。他这是怎么了？把她拱手送到臣之面前的人正是他自己，不是吗？如果连普通对话都无法接受，以后等他们成亲，那他——不，他不会有机会看见那一幕。他们不会这么快成亲，他不用亲眼目睹那一天。现在臣之已经与她见面，确认她无事，他很快就能摆脱这具要人命的身体。

胤泽正垂头计算着剩下的时日，再次抬头，却看见了一个画面：臣之垂下头去，吻了洛薇。

这一刻，时间静止。过了很久，很久，他的眼里能装下他们亲吻的画面，脑袋里却是一片无声的空白。不知是否大白天身体也有了异样，他觉得气息堵在胸口，一时上不来。他撑着一株樱花树，待天旋地转之感散去，便头也不回地闪离此地。他已无法看下去。再多停留片刻，他会再一次杀了臣之。

他是真正高估了自己。已到这种时刻，为何他还抱着一丝希望？会认为洛薇将拒绝臣之，继续等他？他竟还自负地认为，离开了他，她和任何人在一起都不会幸福。他聪明一世，怎会有这样糊涂的时候？！

十三

喜欢是执着。爱是放手。

洛薇与臣之新婚之夜过后，胤泽终于想明白了这一点，且感到前所未有的轻松。其实算下来，离他的归元之日还有一段时间，但眼见她得到幸福，他想，早日解脱没什么不好。他敬佩紫修，但内心还是对魔族有着轻蔑与排斥。况且，他也受够了被这肉身折磨的日子。

他焚烧了肉身，便让元神毫无阻碍地冲出去，一口气穿梭九天，回到神界。途经无相池，他忽来兴致，落在池边观察下界天象。下界仍有地方飘着春雪，一如樱花翻飞。他忘却了之前看见的场景，想起诸多与洛薇在瑞雪中度过的冬季。此刻，无相池上空的无相金莲正凌空盛开，为仙气神雾滋养，在黑夜中静静旋转，绽放出灼灼光华，又有无数火光从莲瓣中飘出，在池水中洒下金光万千。光辉照亮了他的元神，在他透明的身躯上留下阴影，又将他的双眼照得宝石碎片一般。这一刻，若是无意重建肉身，他即便使用时间逆流之术，也不违背天条。终于，他闭目吐息，将神力注入一朵无相金莲中，轻挥袖袍，把这朵金莲推到了无相池中。

看见金莲缓缓升空，他知道元散之时已到，过一会儿六界便会开始下大雨。薇儿新婚燕尔，一时甜蜜，或许会忘记带伞出门。他眨眼工夫便取回她送的白底水墨伞。除此之外，还得在归元前想清楚，自己需要做什么。

第一件，薇儿小时候父母撒手人寰，那一个晚上，她一定很孤单，需要有人安慰。

第二件，溯昭遇难，薇儿逃亡的日子里，必然也希望有人陪着她，帮她排忧解难。

第三件，她怀孕时他不在身边，得安置个人去照料她。她既然如此喜欢那苏莲，便分些神力去让它化人。待重见薇儿，可以将神力注入在紫潮池塘的苏莲中，不用多久，这苏莲之灵便会化身成人，代替他好好照顾她。无法避免的是，这神力既然属于他，那他有多喜欢洛薇，这苏莲就会多喜欢她，但愿它可别长成个男子……想到此处，他又想起苏疏那熟悉的神力，恍然大悟。原来，竟是这样……

第四件，几个时辰前是她的洞房花烛夜，也不知她可还会想起自己，可会需要他祝福一声？

第五件，曾经他们有过厮守到老的约定，不管她到最后是否还对他有情，在她辞世那一天，他都应该去陪着她……

归元之前，他可以利用重启的沧海之力，施展时间逆流术，将元神送到过去四个时间点。而第五点所提及之事，则可分最后一丝元神，令其留守在溯昭，直至洛薇命数将尽。

随着第一滴雨水从天而降，滴入神界之水中，空中的无相金莲也徐徐绽开，落在正对明月的悬空都城中。随后，莲池周围的环境也跟着改变：雪地虚虚实实，玉树也看不真切，应是六十年前的溯昭。看见眼前的冬季雪景，他心中也展开了一片无声的雪原，只剩空白与前所未有的平静。然后，他听见了小女孩悲伤的抽泣声。转过身去，只见一个小姑娘刚没了父母，正跪在洛水旁伤心地哭泣。她扎着双马尾，青发雪肤，大眼睛中盈满泪水，真是可怜又可爱。

他撑着她赠他的伞，踏着水波，朝她走去。

这短暂的顷刻，他回想了自己这漫长又短暂的一生。

他与洛薇之间，有太多的阻碍与无缘。发展至此，已竭尽全力，更无后悔可言。他胤泽是沧海之神，早已不是事事贪图圆满的年轻傻小子。人情如人世，悲欢离合本是定律。无人知晓哪一刻是起点，哪一刻是终点，也没有人的一生，是绝对的喜剧或悲剧。幸运的是他们的感情曾经开花结果，始终美好，只是恰好断在了"离"这个点上。而他活了近八千年，司天地之水，管河川沧海，向来我行我素，风流落拓，不曾做过违背自己意愿之事。纵观九天六界，他在一人之下，万人之上，曾随昊天讨伐魔界，助轩辕氏大败蚩尤，鸿钧曾赐他沧瀛印记，伏羲亲自为他披上沧海神袍。当年他才五千余岁，意气风发，已被万千仙神景仰朝拜。最终哪怕归元天地，句号也画得相当漂亮。可以说，此生能活到这个份儿上，他已毫无怨言。

只是，要论遗憾，不能说完全没有。

若能听见女儿亲口叫一声爹爹，若能与心爱的女子成为哪怕一天名正言顺的夫妻……

罢了。不能把事情往坏处想。看看前方，她不正等着自己吗？

洛薇确实已经看见了他。她停止哭泣，怔怔地看过来。此刻，她还是那个懵懂的小丫头，无论如何都不会想到，他们之后会发生这样多的故事。大概也不会想到，他初次认定她，是在十年后那片郁郁芳芳的桃花下。想到此处，他已决定，在下一场幻境中，要为她幻化一片桃花源。

他微微一笑，向眼前懵懂的小丫头摊开手。看见他手心的无相金莲，她的大眼睛里闪烁着好奇的水光，整个人也凑近了一些，就像一只灵动的小鹿。他想起了他们的曦荷，又想起数十年后她在明月下回眸一笑的样子。他总算理解，为何历史上总有那么多顶天立地的英雄，会因怜惜一位弱女子而抛头颅，洒热血。他垂下头，与她一起看着那朵无相金莲，又看了看这时年幼的她，表情也变得愈发柔和起来。

你可知道，这世间所有流水桃花，都美不过你隔花眺望而来的眼。

曾经沧海情难寄，今时明月携我心。

薇儿，时隔多年，终于我们又重逢在人生初见时。

【终】

君子以泽于二〇一四年十一月四日上海

图书在版编目（CIP）数据

月都花落，沧海花开 / 君子以泽著. — 长沙：湖南
文艺出版社，2015.5
ISBN 978-7-5404-7090-6

Ⅰ. ①月… Ⅱ. ①君… Ⅲ. ①言情小说—中国—
当代 Ⅳ. ①I247.5

中国版本图书馆CIP数据核字（2015）第034949号

上架建议：畅销・青春言情

月都花落，沧海花开

作　　者：君子以泽
出 版 人：刘清华
责任编辑：薛　健　刘诗哲
监　　制：毛闽峰　李　娜
策划编辑：郑中莉　张园园
文案编辑：段　梅
营销编辑：吴　思　刘　珣　焦亚楠
封面绘图：ENO.
封面设计：熊琼工作室
版式设计：李　洁
出版发行：湖南文艺出版社
　　　　　（长沙市雨花区东二环一段508号　邮编：410014）
网　　址：www.hnwy.net
印　　刷：北京中科印刷有限公司
经　　销：新华书店
开　　本：640mm×920mm　1/16
字　　数：348千字
印　　张：24
版　　次：2015年5月第1版
印　　次：2020年1月第2次印刷
书　　号：ISBN 978-7-5404-7090-6
定　　价：49.80元

若有质量问题，请致电质量监督电话：010-59096394
团购电话：010-59320018

刹那间，风雨华梦，春归时候，似都在这人回首处。

大概，不光是这一生，几生几世，我都不会再如此喜欢一个人

君

子

以

泽

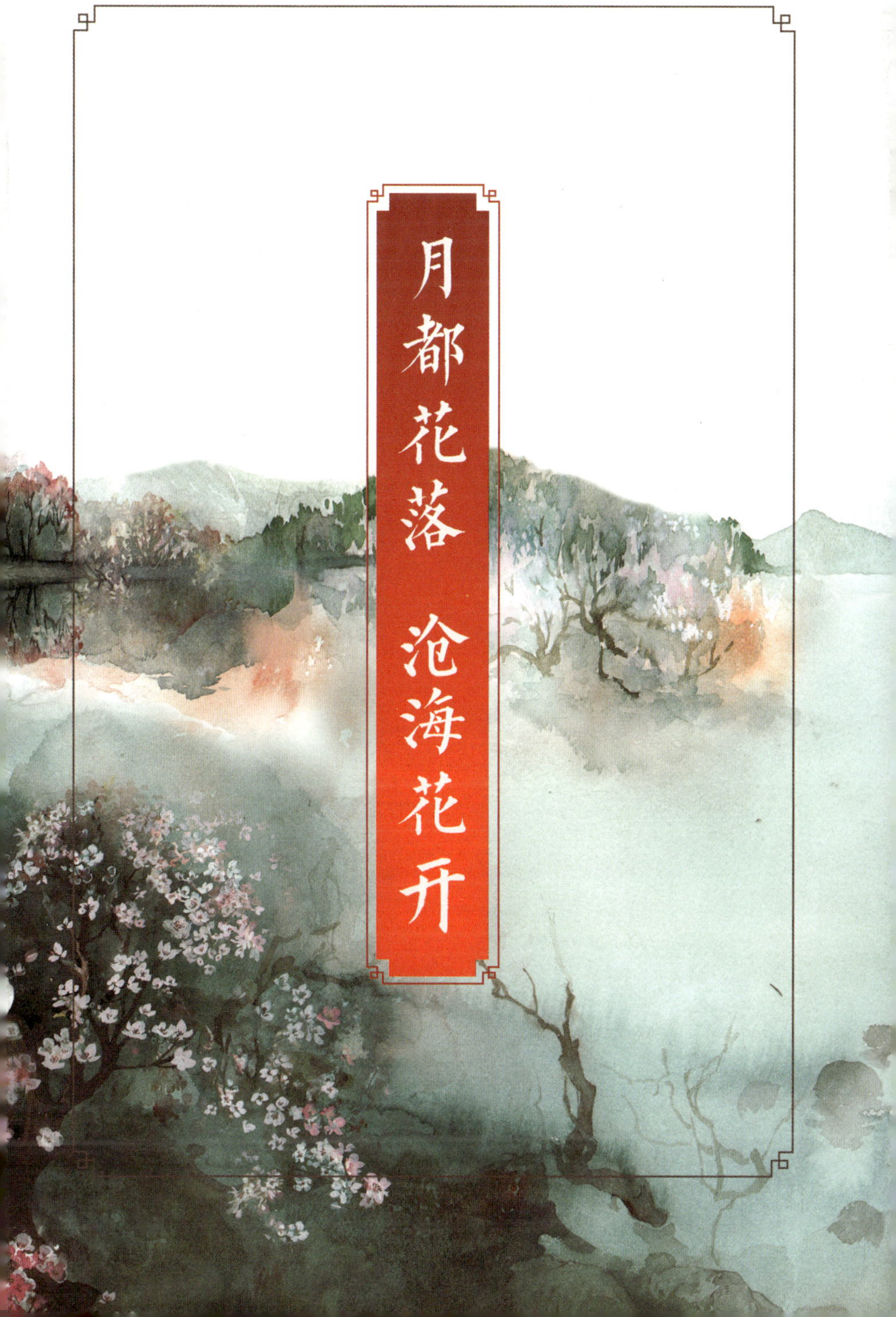
月都花落 沧海花开

你可知道，
这世间所有流水桃花，
都美不过你隔花眺望而来的眼。